北京大学课程思政丛书

丛书主编：何光彩　龚旗煌

丛书组编：北京大学课程思政教学研究中心

U0879213

口腔医学课程思政教学设计

周永胜 ◎主编

李铁军　彭　歆　胡文杰 ◎副主编

北京大学医学出版社　北京大学出版社

KOUQIANG YIXUE KECHENG SIZHENG JIAOXUE SHEJI

图书在版编目（CIP）数据

口腔医学课程思政教学设计 / 周永胜主编. -- 北京 : 北京大学医学出版社 : 北京大学出版社, 2025. 8.
ISBN 978-7-5659-3286-1

Ⅰ. G641

中国国家版本馆 CIP 数据核字第 2025Y4Q686 号

口腔医学课程思政教学设计

主　　编：周永胜
出版发行：北京大学医学出版社
地　　址：（100191）北京市海淀区学院路 38 号　北京大学医学部院内
电　　话：发行部 010-82802230；图书邮购 010-82802495
网　　址：http://www.pumpress.com.cn
E-mail：booksale@bjmu.edu.cn
印　　刷：北京信彩瑞禾印刷厂
经　　销：新华书店
责任编辑：郭　颖　　**责任校对**：靳新强　　**责任印制**：李　啸
开　　本：787 mm × 1092 mm　1/16　　**印张**：22.75　　**字数**：612 千字
版　　次：2025 年 8 月第 1 版　2025 年 8 月第 1 次印刷
书　　号：ISBN 978-7-5659-3286-1
定　　价：85.00 元

总 序

立德树人是教育的根本任务，深化思政育人是推动民族复兴的重要基础工程、战略工程。习近平总书记2018年在北京大学师生座谈会上深刻指出，“古今中外，每个国家都是按照自己的政治要求来培养人的，世界一流大学都是在服务自己国家发展中成长起来的。我国社会主义教育就是要培养社会主义建设者和接班人。”2024年9月，习近平总书记在全国教育大会上强调：“我们要建成的教育强国，应当具有强大的思政引领力、人才竞争力、科技支撑力、民生保障力、社会协同力、国际影响力”“要坚持不懈用新时代中国特色社会主义思想铸魂育人”。党的十八大以来，以习近平同志为核心的党中央立足民族复兴伟业，把教育事业摆在“国之大计、党之大计”的重要战略位置，围绕“培养什么人、怎样培养人、为谁培养人”这一根本问题提出一系列新理念新思想新观点，为做好新时代教育工作、培养堪当大任的时代新人提供了根本遵循。

2019年3月，习近平总书记在学校思想政治理论课教师座谈会上发表重要讲话，强调“要坚持显性教育和隐性教育相统一，挖掘其他课程和教学方式中蕴含的思想政治教育资源，实现全员全程全方位育人”。同年8月，中共中央办公厅、国务院办公厅印发《关于深化新时代学校思想政治理论课改革创新的若干意见》，明确提出高校要全面推进课程思政建设。2020年6月，教育部印发《高等学校课程思政建设指导纲要》，对高校课程思政建设工作进行具体部署。2022年7月，教育部等十部门印发《全面推进“大思政”建设的工作方案》，再次强调全面推进课程思政高质量建设，“推动各类课程与思政课同向同行”。

在党和国家大政方针指引下，北京大学坚守“为党育人、为国育才”初心使命，全面贯彻党的教育方针，深入落实立德树人根本任务。学校以新时代党的创新理论为指引，把加强学生思想政治教育作为培育时代新人的关键举措，扎实推进习近平新时代中国特色社会主义思想进课堂、进教材、进头脑；大力促进思政教育与专业教育紧密结合，充分结合北大各学科专业特点，完善兼具学科性和思政性的课程思政内容，将价值塑造、知识传授和能力培养三者融为一体；深入挖掘各类课程育人功能，紧密结合北京大学光荣革命传统和红色校史，把理想信念教育和社会主义核心价值观教育有机融入各门课程教学全过程各环节，把政治认同、国家意识、文化自信、人格养成等思想政治教育导向与各类课程的知识、技能传授等环节有机融合，将“四史”教育有机融入课堂教学、学术研究、课外实践等育人全过程，使各类课程与思政课程同向同行，构建全员全程全方位育人大格局。在课程思政建设上进行了新探索，形成了新经验。

一是建立党委统一领导、教学管理部门牵头、相关部门联动、院系落实推进的课程思政建设体系。为进一步加强对课程思政建设的支持，全方位构建具有北大特色的课程思政育人体系，2020 年 7 月北京大学成立了思想政治理论课和课程思政建设领导小组，之后又建设了北京大学课程思政教学研究中心，从顶层设计上推进思政课与课程思政协同发展，统筹协调全校课程思政建设工作，将课程思政建设范围覆盖到学校各学科、各院系。在课程思政建设过程中，学校多次组织召开研讨会，征求专家学者和一线教学科研人员意见建议，总结阶段性经验，并出台《北京大学深化推进课程思政建设实施方案》，持续提升课程思政建设质量。2021 年 9 月，学校进一步整合资源，在教务长办公室设立思政课与课程思政办公室，负责协调、统筹全校课程思政建设工作。同时，充分调动院系积极性，更好发挥院系作用，分三批建设了 14 个课程思政示范院系和 10 个课程思政示范院系建设单位，推动课程思政建设，在全校形成广泛开展课程思政建设的良好氛围，全面提高人才培养质量。

二是在全校范围内开展课程思政示范课程建设和评优推荐工作。2021 年 5 月，学校启动了课程思政示范课程建设培育项目，通过课程观摩、咨询指导、共建资源库等方式，全面支持和引导教师完成课程思政的内涵建设及课程的系统化设计。2021 年以来，学校组织评定了 66 门课程思政示范课程。其中，“田野考古实习”等 3 门课程获评教育部课程思政示范课程，“口腔修复学”等 8 门课程获评北京市课程思政示范课程。学校还在“北京大学课程思政教学研究中心”网站上对示范课程的教学档案进行展示，并录制展示了 16 门示范课程教学案例微课堂。通过举办北京大学课程思政示范课程建设经验分享会、课程思政示范课堂展示、课程思政建设研讨沙龙等活动，推广示范课程的典型经验和特色做法，发挥示范引领作用，以点带面，更好地促进课程思政建设。

三是结合学科、专业特点分类推进课程思政建设。学校对全校本科生培养方案进行修订，鼓励各学科专业深度挖掘提炼专业知识体系中所蕴含的思想价值和精神内涵，将课程思政建设全面融入专业建设和人才培养目标。组织各个示范院系深入梳理各专业核心课程的教学内容，结合不同课程的特点、思维方法和价值理念，深入挖掘课程思政元素，编写《课程思政教学指南 / 设计》，通过将课程思政建设的目标要求与教师自身的教学经验深度结合，提供可参考、可执行的教学设计、教学方法与手段、教学组织与管理、教学评价与考核策略，构建课程思政教学框架，更加科学地指导教师开展课程思政教学。

四是全方位开展课程思政教师队伍培育工作。办好课程思政的关键在教师，为充分发挥教师的积极性、主动性和创造性，学校以整体提升教师开展课程思政建设的意识和能力为目标，制定了《北京大学课程思政教师培训工作办法》，明确了课程思政教师培训的要求和内容。2020 年以来，学校举办了几十场多种形式的课程思政教师培训活动，建设北京大学课程思政教师培训平台，通过线上和线下相结合的方式，基本实现课程思政教师培训全覆盖。重点加强青年教师培训，在新入职教师培训中增加课程思政专题模块，从 2022 年起在北京大学青年教师教学基本功大赛中增设课程思政专项奖励，助力青年教师找准育人角度，提升育人能力。

五是加强课程思政教学研究，支持课程思政教改项目和教材建设，出版“北京大学课程思政丛书”。2020 年以来，学校在本科生、研究生教学改革项目中，设立了一百多个课程思政教学研究项目，研究各类课程推进课程思政的实施路径和建设方法。开展课程思政教材立项建设，推动在教材中将思政元素与专业内容相融合。2021 年以来，已立项 20 多个课程思政教材专项。充分发挥课程思政教学研究中心的作用，总结推广北大课程思政建设经验，持续开展“北京大学课程思政丛书”出版。该丛书是具有高度实用性的经验总结，也是北京大学课程思政教学研究的有益尝试。以上五个方面的经验是我们在课程思政建设实践中的初步探索。在这个过程中，一大批教学经验丰富的教师奋斗在立德树人工作一线，他们聚焦课程思政的教学实践和理论研究，探索课程思政的建设路径和教学方法等，形成了一批高质量研究成果和生动的教学实践案例，在北京大学课程思政教学研究中心组织推动下，现作为“北京大学课程思政丛书”出版。我们希望这套丛书介绍的经验和案例能为课程思政教学一线的教师提供借鉴，促进我国高校不断深化思政育人成效，提高人才培养质量，努力办好人民满意的教育，培养德智体美劳全面发展的社会主义建设者和接班人。

同时，由于我校课程思政建设还处于不断探索和完善的过程中，欢迎各位读者与教育界同仁多提宝贵意见和建议。我们期待与大家深入交流，以新时代党的创新理论为引领，共同推动课程思政建设，为党和国家培养更多有理想、有本领、有担当的时代新人。

北京大学课程思政教学研究中心
2025 年 4 月

《口腔医学课程思政教学设计》编委会

主　编　周永胜

副主编　李铁军　彭　歆　胡文杰

编　委（按姓名汉语拼音排序，单位均为北京大学口腔医学院）

曹　烨　崔念晖　邓旭亮　丁　冲　董艳梅　范宝林
韩建民　胡文杰　华　红　江　泳　蒋　楠　康　军
康艳凤　李斌斌　李　静　李铁军　李巍然　林　红
刘思毅　刘晓强　刘　燕　刘云松　柳大为　吕珑薇
潘　洁　潘韶霞　彭　歆　司　燕　孙志鹏　谭建国
王晓燕　王笑喆　夏丹丹　许向亮　闫志敏　杨慧芳
张　宇　章文博　赵电红　赵亦兵　赵玉鸣　甄　敏
郑利光　周永胜

秘　书　刘　杰（北京大学口腔医学院）

前 言

在高等教育的广阔天地中，医学教育始终占据着举足轻重的地位。口腔医学作为医学门类中的一级学科，其专业性与实践性并存的特性，使其在医学教育中独树一帜。然而，在新时代的背景下，我们需要的不仅仅是技术精湛的口腔医生，更需要具有深厚爱党爱国情怀、医德高尚、全心全意为人民口腔健康服务的医学人才。这正是《口腔医学课程思政教学设计》一书编撰的初衷与目的。

本书致力于探索口腔医学课程教育与思想政治教育的交融之路，旨在培养出技术精湛、医德医风优良、具有强烈社会责任感的新时代口腔医学人才。通过深入挖掘口腔医学课程中的思政元素，将思政教育巧妙地融入专业课教学之中，使学生在掌握专业知识的同时，也能深刻理解医生的职业操守、社会责任和爱党爱国情怀。

本书的编撰团队由多位在口腔医学教育领域具有丰富经验的专家学者组成。他们结合多年的口腔医学教育实践，精心编制了各门口腔医学课程思政设计方案。本书内容分为三个部分：总论、本科生课程思政教学设计和研究生课程思政教学设计。总论部分阐述了口腔医学课程思政的教学原则、教学策略和教学评价；本科生课程和研究生课程由于教学内容的深度不同，结合各自教学内容的课程思政教学设计也会有所不同。本书涵盖了口腔医学教育的多个层面，书中不仅提供了丰富的理论知识和实践案例，还详细阐述了具体的教学方法和课程思政教学设计以及实施建议，对于提升口腔医学教育的质量和水平具有重要的指导意义。本书以北京大学口腔医学院学科发展史、学科建设中的重要人物和前辈故事、北京大学口腔医学学科对中国和世界口腔医学的重要贡献等内容为特色，课程思政教学设计内容体现了北大口腔的自信和引领，作为模板、示范，可以为其他院校实施课程思政教学提供参考。本书提供的课程思政教学设计思路和案例不是一成不变的，教师也可以在此基础上通过进一步延伸，设计和讲授更为鲜活生动的案例。

除了救死扶伤的本职外，医生的职业道德和社会责任感尤为重要。我们希望通过本书，激发口腔医学教育工作者对思政教育的重视，共同探索口腔医学专业教育与思政教育相结合的新路径。同时，本书也可为其他医学专业领域提供有益的参考和借鉴，为推动整个医学教育的进步和发展贡献力量。

值得一提的是，本书在设计课程思政时，注重紧密结合习近平新时代中国特色社会主义思想、党的二十大精神中有关卫生与健康工作的要求和内容，及时将习近平总书记有关立德树人、卫生与健康工作、健康中国战略、教育强国、科技强国、人才强国等方面的重要论述，有效地融入口腔医学教材、课程进而深入学生头脑。在课程思政内容体系中，力图通过课程讲授、实践活动等多种方式，使学生明确自身的责任担当，树立为中国口腔医学事业发展、中国式现代化建设和实现中国梦奋斗的决心。本书还特别强调了对学生创新思维和批判性思维能力的培养。希望通过引导学生深入思考爱党爱国、医学创新、医学伦理、社会责任等议题，帮助他们形成正确的世界观、人生观和价值观，激发他们的创新思维，培养他们独立分析和解决问题的能力。

最后，我要衷心感谢所有为本书编撰付出辛勤努力的专家学者们，他们的智慧和汗水为我国口腔医学课程思政教学设计提供了重要参考。希望广大读者能够认可这份成果，从中汲取智慧和经验，为我国口腔医学人才培养继续贡献更大的力量。本教材基于知识点尽量多地提供课程思政设计方案，教师可以根据课程实际情况选择性地参考使用，而不是全部照搬或机械性地套用，避免专业内容讲授时间被过多占用或导致专业和思政内容融合不当。

由于本书编写者对课程思政的理解、掌握和认识还不到位，难免会有很多瑕疵和不足，敬请各位读者批评指正。同时，党的基本理论、基本路线和基本方略是一个不断创新发展的体系，我们衷心希望各位读者在参考本书时，能够结合发展及时更新理论，做到与时俱进。

展望未来，我们期待这本书能够在广大口腔医学教育工作者中产生良好的影响，共同为推动我国口腔医学教育事业的进步和发展贡献力量。

周永胜

2025 年 6 月

目 录 · CONTENTS

总　论

教育的根本任务是立德树人，即通过教育引导学生树立正确的世界观、人生观和价值观，培养他们成为有理想、有道德、有文化、有社会责任感的人，回答培养什么人、怎样培养人、为谁培养人这一教育的根本问题和时代之问。高等教育作为培养高素质人才的重要阶段，肩负着为党育人、为国育才的重要使命。习近平总书记在全国高校思想政治工作会议中的重要讲话，强调了课堂教学在立德树人中的主渠道作用，指出了要使各类课程与思想政治理论课同向同行，形成协同效应。这一重要讲话精神为高等教育中的课程思政建设指明了方向，也凸显了课程思政在为党育人、为国育才中的重要地位。

医学是研究疾病和健康的学科，它的研究对象是人，既具有自然科学属性，又具有人文社会科学属性。医学精神包括医学的科学精神与医学的人文精神，医学的根本任务在于以术济人，良好的医德必须以精湛的医术为载体。随着国家《“健康中国 2030”规划纲要》和新医科建设的实施，以及人民群众不断增长的医疗卫生健康需求，加快培养高质量医学人才成为现实需要。新时代医学人才的培养不仅要有医学专业技术和理论知识的传授，还要有思政教育和医学人文教育的引导。在这一背景下，医学课程思政建设的重要性愈发凸显。它不仅是医学院校提升医学生人文素养的关键环节，更是培养具备高尚医德和优良医风的医务工作者的必由之路。通过课程思政的熏陶，医学生将更加深刻地理解医学的社会责任和道德要求，从而在未来的医疗实践中更好地为人民健康服务，为健康中国贡献力量。同时，不能忘记的是，新时代的医学生肩负着未来推动国家医疗卫生事业发展的重任，因此，应将爱党爱国情怀和健康中国的理念深深植根于心中。医学教育不仅要培养技术精湛的医者，更要培养心怀祖国、忠诚于党和事业、致力于提高全民健康水平的医学人才。这是医学教育的崇高使命，也是每一位医学生的光荣责任。

口腔医学既是医学的一个重要分支，又具有鲜明的独立性。口腔器官和口颌系统相对独立，但口腔健康是全身健康的重要组成部分。口腔医学的实践性和操作性很强，是科学和艺术紧密结合的学科。对于口腔医学生的培养需要打通学科专业壁垒，培养创新人才，同时注重医文融合，重视人文精神和以人民为中心的思想的培养，引导学生树立医者仁心的理念。口腔医学专业课程需要在课程教学中注重加强医德医风教育，引导学生始终把人民群众生命安全和身体健康放在首位，提升综合素养和人文修养。此外，在口腔医学人才培养过程中，还需特别强调爱党爱国情怀和为健康中国战略、健康口腔行动计划服务的精神培养。鼓励学生将个人发展与国家需求相结合，积极参与到健康中国的建设中来。通过这样的教育理念和实践，以期培养出既具有专业技能，又富有爱党爱国情怀和高度社会责任感的优秀口腔医学人才。

一、口腔医学课程思政的教学原则

全面推进课程思政建设是落实立德树人根本任务的战略举措之一，课程思政建设是全面提高人才培养质量的重要任务，高校教师必须深刻理解、准确把握新形势下课程思政的内涵和要求，明确课程思政建设的目标要求和内容重点，扎实推进课程思政建设。

（一）课程思政的内涵

课程思政是指以三全育人的格局，深入挖掘各类课程和教学方式中蕴含的思想政治教育资源，使学生通过学习，掌握事物发展规律，通晓天下道理，丰富学识，增长见识，塑造品格，努力成为德智体美劳全面发展的社会主义建设者和接班人。教师不仅要教书，还要育人，因此各专业、各门课程都要进行思想政治教育工作。专业作为高校人才培养的基本单位和基础平台，专业课程作为专业教育的主要渠道，在立德树人教育体系中具有特殊的重要性。

专业课程作为高等教育的基本单元和重要阵地，应该承担育人职能，不能仅是教授学生知识或谋生的技能，更重要的是针对学生的成长特征和成才需求，使其在爱国意识、思想认知、理想信念、社会道德和心理意志等方面均衡发展，培养健全的人格，培养爱国、独立、求新、质疑的科学家精神，培养创新实干、严谨负责的职业精神，培养生存能力、适应能力和自我发展能力，使学生最终成为中国特色社会主义事业的合格建设者和可靠接班人。通过课程学习使学生懂中国、懂社会、懂世界、懂自己，帮助学生解决世界观、人生观和价值观问题，是课程思政的应有之义。

课程思政建设工作要求各专业课程都能“守好一段渠”和“种好责任田”，相互协调配合，把教书育人规律、学生成长规律和思想政治工作规律紧密结合起来，共同围绕目标齐心协力地推进，最终产生协同效应。课程思政工作具有开放性的特点，要与党和国家的政治、发展目标、经济文化背景相适应，不断适应社会需求，与外部环境保持互动，提高课程思政建设工作质量。

（二）口腔医学课程思政的基本要求

口腔医学专业课程本身蕴含丰富的思政元素，具有和思政教育的高度统一性，高质量的口腔医学课程能将知识传授、能力培养、素质教育和价值引领融为一体。在口腔医学课程中融入思政教育，需要教师精准地掌握专业教学和思政教育的平衡点，需要注意以下教学原则。

1. 形成思政课程与口腔医学课程思政互促互补的格局 为了全面贯彻“显性教育与隐性教育并重”的教育理念，必须认识到专业思政课程的显性教育虽然重要，但并非万能。因此，需要将口腔医学的各门课程视为思政教育的重要载体，深入挖掘其中的思政元素，构建口腔医学课程思政体系。围绕立德树人这一教育的根本任务，积极探索思政课程与口腔医学课程思政的深度融合，力求实现两者在内容和方法上的互促互补与提升。通过实施一系列富有成效的教学措施，可以有效推动“课程思政”隐性教育的深入发展，使学生在学习专业知识的同时，也能潜移默化地受到思政教育的熏陶。这种教育模式不仅有助于提升学生的思想道德水平，还能培养他们的国家意识和社会责任感，利于早期塑造学生的医者情怀。只有将口腔医学课程思政与思政课程真正实现有机融合，才能构建起一个相互促进、相得益彰的育人体系，从而培养出既具备专业素养，又拥有高尚医德的优秀口腔医学人才，为中国式现代化贡献力量。

2. **尊重口腔医学课程的专业教学体系** 口腔医学课程的专业教学体系是历经多年理论和实践考验而形成的，其所包含的课堂教学、实验教学、临床实习、评测考核体系体现着鲜明的专业特色，紧密服务于专业教学的教学目标。因此，在口腔医学各专业课程中融入思政教学，必须首先尊重口腔医学课程的专业教学体系，不能为了思政而思政，过多挤占专业教学时间。如果随意将思政内容生硬植入专业教学体系，不但会破坏专业教学的教学体系，阻碍专业教学的开展，更无法得到学生的认同，无法开展有效的课程思政教育。口腔医学课程思政可以更多结合学科历史、重要人物、发展经验、临床案例等，进行专业性和科学性解释，启发学生形成正确的世界观、人生观和价值观，树立爱党爱国情怀和良好的职业道德。

3. **顺应医学生的成长规律** 大学时期是医学生世界观、人生观和价值观形成的最重要时期，青年医学生的认知尚未成熟，知识经验不足，思考问题也容易偏激、片面。信息时代飞速发展，各种思想潮流不断涌现，就业竞争和工作前景等的压力，使医学生的价值取向容易发生偏离，责任意识淡化，注重个人利益和价值的实现，强调专业技能的掌握和科研成果的产出，却忽视人生观、价值观和职业道德的养成。医学生尚处于接触临床工作的初期阶段，既要熟悉临床工作流程及诊治疾病，又要直面医患关系；既要掌握和积累专业技能，又要加强医德医风和个人品质修养的培养。口腔医学课程思政不仅要关注社会需求与外部环境，而且要注意教学方式的生动性与互动性，还要结合口腔医学生的理论学习、实习室学习、临床见习和临床实习等学习环境变化，顺应医学生的成长规律，强调思想政治、医学人文元素和专业教育内容的内在逻辑关系，并结合临床学习场景，由浅入深、由简到繁、循序渐进。

4. **发挥教师主导作用与学生主体作用** 教学是教师和学生共同活动的过程，既要助力学生自我成长，又不能忽视教师的作用。教师必须深刻理解口腔医学课程思政的要求，由于青年大学生在知识、经验、认知等方面并不成熟，教学工作更多是由教师主导组织和安排的。充分发挥教师的主导作用能有效促进学生德智体美劳的全面发展，与此同时，学生是学习的主人，课程思政工作强调以学生成长为中心，只有充分调动、发挥学生的主观能动性，才能保证教学效果。

（三）口腔医学课程思政的目标和定位

课程思政是一种“课程承载思政，思政寓于课程”的育人理念和方法，要求所有专业课程都承担育人职能，从而落实高校全员育人、全程育人、全方位育人的任务。口腔医学专业课教师要深刻认清自身所肩负的社会使命和立德树人的根本任务，充分挖掘专业课程中所蕴含的育人资源，强化育人理念，与思想政治理论课同向同行，形成协同效应和育人合力，从而全面提升学生的思想觉悟、道德品质、文化素养、医者情怀。因此，口腔医学课程思政的目标和定位包括以下两个方面。

1. **坚守立德树人的主阵地** 口腔医学专业课程是口腔医学生学习的最主要内容，学生的绝大多数时间是在接受基于专业学习、围绕专业发展、面向社会需求的专业教育。由于口腔医生职业的特殊性和重要性，要求其不仅具有扎实的专业理论知识和熟练的操作技能，还需具有良好的医学人文素养和高尚的医学职业道德。古希腊医学家希波克拉底指出：“医术是一切技术中最美和最高尚的。”这就要求在对医学生的培养过程中要特别注重思政教育和医学人文教育协同发力。因此，占据最主要学习内容和学习时间的专业课程成为立德树人的主阵地。只有充分理解课程思政的内涵，口腔医学专业课程的教学团队才能将课程思政的理念贯穿专业教育全过程，在专业课程讲授中厚植爱党爱国情怀，传输思想品德、救死扶伤、科学精神、人文素养、家国情怀等在内的各种“营养”，从而把学生培养为具有道德感、创新性、多种才能，并能推进“健康中国”建设、保障人民健康的口腔医学优秀人才。

2. **拓宽润物无声的主渠道** 2019 年 3 月，习近平总书记在学校思想政治理论课教师座谈会上发表重要讲话，强调“要坚持显性教育和隐性教育相统一，挖掘其他课程和教学方式中蕴含的思想政治教育资源，实现全员全程全方位育人”。对应于显性的思政课程，课程思政的重要特点就是“润物无声”，而口腔医学课程的课程思政是能实现潜移默化式育人效果的。口腔医学专业课程蕴含着口腔医学发展史、科技创新、救死扶伤、科研诚信等丰富的思政元素，充分挖掘专业课程和教学方式中蕴含的思政教育资源，就能发挥课程思政润物无声的作用，实现不同课程之间的协同互促。专业课程的学习过程就是培养学生自主、自觉和自信的专业品质的过程，是引导学生自主探索、形成创新性思维的过程，也是树立学生世界观、人生观、价值观，培养职业道德和行为素养的过程，自然也是潜移默化、隐性柔性地向学生传递正能量的过程。

二、口腔医学课程思政的教学策略

口腔医学课程思政是基于口腔医学课程的思政教育，因此，口腔医学各课程的课程思政必然带有口腔医学的专业特色，它既服务于口腔医学的课程教学，又要从课程育人的角度发掘、整理和传递蕴含在专业课程中的思政元素。由于这些思政元素和口腔医学的知识与价值体系浑然一体，只有同时具有专业知识、思政教育意识和相应的教学策略的口腔医学专业教师才能较为自如地开展课程思政教学。

（一）口腔医学课程思政的教学过程总体安排

口腔医学课程思政的教学过程总体安排是按照教学准备、教学过程和教学效果三个阶段顺序展开。

1. **教学准备** 口腔医学专业教师在授课之前的教学准备工作包括：详细了解教学内容，发掘专业教学内容中潜在的思政元素，并进行系统整理，然后在备课过程中设定相应的教学技巧，将这些源自专业知识的思政元素融入计划讲授的课程知识内容中。

2. **教学过程** 口腔医学专业教师在教学过程中，需巧妙运用教学技巧，将思政元素渗透于各个教学环节，并注意将思政元素紧密依附于具体的知识点进行传递。

3. **教学效果** 教学效果往往取决于思政元素和教学技巧的配合。最理想的教学效果是：这些思政元素能伴随着专业知识一起固化于学生的知识体系中，并在日后运用专业知识的过程中时时闪现，使专业知识与思政元素相互交融，在润物细无声中，最终达成学生思想价值观的内化，实现专业教育和思政教育的统一，达到全人教育目标。

（二）口腔医学课程思政的实施方案

口腔医学课程思政工作要落地，还需要一套行之有效的策略和可行方案。

1. **融入习近平新时代中国特色社会主义思想、党和国家重大战略部署精神** 习近平新时代中国特色社会主义思想和习近平总书记的重要讲话精神、指示批示精神内涵丰富，蕴含着对卫生与健康工作、健康中国战略、科技创新、立德树人等方面的重要思想和论断，党的二十大精神和其他党和国家重大战略部署也深刻阐述了教育、科技、人才、卫生健康、新质生产力等方面的重要工作理论、路线和方略，将上述重要内容、精髓和要义合理有效地融入口腔医学教材和课程，进而使之进入学生头脑是口腔医学课程思政建设的首要内容。在课程思政内容体系中，还要通过课程讲授、实习训练、社会实践活动等等方式，使学生深刻领会习近平新时代中国特色社会主义思想的精髓和要义，增强对党和国家的认同感和归属感，明确自身的责任使命和树立为党和国家、为中国口腔医学事业发展奉献的决心。

2. 发掘口腔医学知识体系中自然蕴含的思政元素 口腔医学各专业课程均具有共同的学科价值观和医学人文精神，主要包括：刻苦钻研和吃苦耐劳精神、救死扶伤和医患同心思想、全心全意为人民服务的信念，以及实事求是和科研诚信的要求等，而这些又与当代大部分的社会主义核心价值观有着契合之处。因此，在口腔医学各课程的教学过程中，应当努力发掘各专业、各章节、各知识点中隐含的思政元素，并以专业的教学语言加以呈现。

3. 彰显学科发展历史和先辈楷模的示范作用 在口腔医学的发展史上涌现了很多先辈楷模，无论是他们的科研探索精神，敬佑生命、救死扶伤、甘于奉献、大爱无疆的医者精神，热爱教育教学的教育家精神，为中国口腔医学发展献身的勇气，还是为大家舍小家的家国情怀，无不是思想教育的绝佳样板。因此，在口腔医学各课程的课程思政教育中，要特别彰显这些前辈楷模的事迹，以人为范，以情动人。在具体的教学设计中，可将先辈楷模的感人事迹与知识点合并讲授，并注意通过选择不同人物的事迹特点，渗透不同方面的思政元素。同时，口腔医学的发展历史无不体现着救死扶伤、科技创新的历史，承载着中国口腔医学人自立自强、努力拼搏的厚重历史，这些思政元素也是培养学生建立科技自信、文化自信，自觉履行科技自立自强使命担当的良好素材。

4. 突出口腔医学专业与人民健康的关联 随着国家《“健康中国 2030”规划纲要》的实施，推进健康中国建设和健康口腔行动计划，提高人民健康水平，已成为国家重大战略任务。口腔健康是全身健康的重要组成部分，口腔医学的临床、科研和教学内容与人民健康密不可分，而在这些与人民健康密切关联的知识点和教学环节中，蕴含着大量可发掘的与爱国主义、社会责任、时代担当等有关的思政元素。口腔医学专业教师可以此为抓手，进行课程思政教学，激发青年学生的社会责任感和投身国家健康事业的热情与激情。

5. 强化临床案例真实可信的体验 口腔医学是一门实践性很强的学科，专业学习过程中的临床见习和临床实习需要与病患进行直接接触和沟通，无论是口腔检查、牙齿充填、牙周洁治，还是口腔颌面外科手术，这些环节都是开展课程思政非常理想的情境。通过真实可信的临床案例，使学生体会到理论与现实之间的差异，也能现场体会救死扶伤和医患同心的医学人文精神。教师应当在此时注意观察学生的学习过程与心理变化，并善于借助学生的心理变化进行言传身教，引导学生建立良好的思想品德和医学人文素养。

（三）开展课程思政对口腔医学专业教师的要求

开展口腔医学课程思政教学并不是单纯的“专业 + 思政”，而是“课程承载思政，思政寓于课程”，这需要专业教师在不同学科课程之间、不同知识点之间、专业和思政之间取得平衡，做到融会贯通。同时，教师也要具备坚定的政治方向、高尚的道德和社会良知、健全的人格、积极向上的人生观念，并获得学生的认可。这些都对专业教师提出了更高的要求。

1. 对专业知识的精深理解 口腔医学课程的课程思政，是依附于专业的思政教育形式。因此，开展课程思政首先依赖于教师对自身的专业知识是否有精深的理解。只有对专业知识有深刻的理解，才能体会到专业知识点的“弦外之音”，从而敏锐地觉察思政元素的存在，正确地剖析这些思政元素在知识点构成中的分布及其与知识点的融合度，并最终将思政元素成功表达于专业课堂上。

2. 对思政原理的准确领悟 口腔医学专业教师应当积极主动学习思政教育相关政策和文献，准确领悟习近平新时代中国特色社会主义思想、党的二十大精神、习近平同志《论教育》、全国教育大会精神等思政教育的原理和内涵，这样才能在专业知识的内涵外延中准确判断什么是可融入的思政元素以及相关思政元素在课程思政教育中的作用，才能正确、有效、主动地开展课程思政教学，做到课程思政与口腔医学知识的同向同行、协同育人。

3. 对社会环境的及时把握 当前的国际国内社会环境充满多种变数，要使课程思政贴合实际，口腔专业教师必须时时注意了解社会环境，站在新时代和实现中华民族伟大复兴的中国梦立场上思考这些变化中的专业和思政元素，并善于将这些变化转变为各种专业和思政案例，并通过专业和科学的解读，帮助青年学生塑造积极开放的世界观、人生观和价值观，厚植爱国爱党情怀，培育爱岗敬业和创新发展精神。

4. 对教学技能的灵活掌握 课程思政特别讲究专业和思政的完美融合，做到如盐在水，因此对教师的教学技能提出了很高的要求。灵活掌握教学技能的教师能很好地掌控专业与思政的平衡和融合，用自然从容的教学语言引出与专业知识浑然一体的思政元素，并将其深深嵌入学生的知识体系中，达到润物细无声的教学效果。

三、口腔医学课程思政的教学评价

教学评价是专业教学体系的有机组成部分，承担着控制教学质量、评估教学成效、监督教学过程、推动教学改革等重要职责。课程思政与专业课程的教学特点有所不同，需要依托科学的评价体系进行全面客观的教学评价。

（一）口腔医学课程思政的教学评价原则

1. 采取多元评价方式 课程思政是一种隐性教学，可能以多种形式和形态存在于专业课程的各个环节。口腔医学不同专业教师对专业知识的理解、拓展以及教学风格存在很大差异，其人生经历和生活感悟也各不相同，这必然导致不同教师即便对于同一堂课、同一个知识点的课程思政设计和教学方式也会大相径庭。对于课程思政的教学评价，不能机械而生硬地对教学形式、教学内容进行限定，应当鼓励教师发挥主观能动性，不拘一格地采用灵活巧妙的课程思政教学方式，以实现“春风化雨”“润物无声”的教学效果。因此，课程思政不能通过单一的评价者或评价方式完成，而要引入更多的评价主体，从多种视角、运用多种方式进行评价，从而得到综合的评价结果。例如，可以充分发挥学生评价作用，为教师提供细致的反馈和质量提高指引；也可通过学校督导组巡查听课评价、学院专家组评价、邀请国内同行评议等方式，达到以评促教的效果。

2. 突出重点评价内容 尽管课程思政教学是一种隐性教学，重在对学生思想品格的塑造，而不是思政知识的灌输，其教学成效未必能用客观知识的考核来进行评价，但是，成功的课程思政教学必然会引导学生形成积极而正确的世界观、人生观、价值观，以及高度的专业自信与自豪感。因此，对于课程思政的教学评价，需要重点评价课程与思政元素的融合程度，学生对习近平新时代中国特色社会主义思想、党的二十大精神、党和国家相关重大方针政策的理解，学生对专业学习的态度，学生对教师教学过程的认可，以及学生对党和国家社会发展的关注度和认同感，这样才能体现课程思政教学评价的真正内涵和符合专业教学特点的务实性。因此，进行课程思政教学评价时，务必遵循课程思政的教学精神，感悟教学过程和教学方法对学生和评价人员思想和情感的触动，并以“感悟”的质量与程度作为评价的重要内容。

（二）口腔医学课程思政的教学评价策略

教学评价是对任课教师和教学成效的检验与建议，在一般的专业课程中，其评价策略一般可分为内部评价与外部评价。内部评价一般采用教学测验和问卷调查等形式，其评价结果可供教师自身参考使用；外部评价则往往来自同行、教学督导和教学管理人员，通常采用听课或管理部门的课程评价信息化数据统计等策略进行。由于课程思政教学的教学成效往往很难用知识性测试来进行评价，因此课程思政的教学评价策略与传统的教学评价策略有所差异。

1. **教师教学态度和敬业精神评价** 在评价教师的教学态度和敬业精神时，需注重以下几个方面：教师是否维持得体的仪表风范，是否事先精心备课并准时开展教学活动，授课过程中是否洋溢着饱满的热情，以及是否能让学生深切感受到教师对教学事业和学生的深切关怀。这些要素共同构成了教师给予学生的首要且深刻的印象。从更深层次来看，教师对于教学的敬业精神，实质上构成了最基本的课程思政元素。试想，倘若教师授课作风欠佳，态度敷衍，甚至上课迟到，这无疑会在无形中给学生留下不良示范，影响他们的价值观形成；反之，那些敬业的教师，他们严谨认真的态度会激发学生对专业的敬畏之心，为他们在未来职业生涯中树立敬业精神奠定坚实的基础。因此，在对教师进行课程思政考核评价时，其敬业精神和教学态度无疑是最为根本的评估指标。这些不仅关乎教师个人的职业素养，更直接影响学生的成长与发展，是塑造学生正确价值观和职业精神的重要基石。

2. **专业学习成效的评价** 课程思政是立足于专业的隐性思政教学，理想的课程思政教学应该能够激发学生对专业学习的热情，培养他们基于专业的职业担当和责任感。因此，课程思政教学的一个重要评价方向是定位于专业学习的成效。通过课堂表现与课程考试成绩分析，判断课程思政教学对学生专业学习态度和学习成效的影响。

3. **融于专业考核的思政考核评价** 由于课程思政是融合于专业的隐性教学，教师对课程思政的教学考核也应该是隐性的。教师可以在口腔医学专业学习的过程性考核（课堂汇报、课后作业、教学讨论）和终结性考核中，将思政元素融于专业考核之中，从中评价课程思政教学的有效性。比如在牙体牙髓病学考试中，设计“如何缓解牙痛患者就诊时的心理焦虑”问题，这一问题既可考查学生对牙痛症状临床特点的掌握，又可考查学生对相关医学人文知识的理解和应用程度。对此类问题的仔细分析，能使专业教师掌握学生对课程思政元素的理解和接受度，并做出相对客观的教学评价。

4. **思政教学元素的评价** 专业课程教学中的思政元素的应用是教学评价中的重要内容。教学目标具体明晰、教学内容合理准确、教学方法灵活巧妙、教学情境真切感人、教学考核细腻无形是具体的教学评价标准。教师本人及教学评价者可以按照上述标准，对教学目标、教学内容、教学方法、教学情境设置和教学考核的手段进行定性或量化评价，从而建立覆盖教学全过程的课程思政评价体系。

5. 主观描述性反馈评价 课程思政教学以引导并影响青年学生的思想道德、理想信念等为主要教学目标。由于学生的思想觉悟、认知水平、性格习惯、生活背景存在很大差异，课程思政的教学成效在不同学生中的表现也会有所差异。因此，主观描述性反馈是课程思政评价的一种实际可行的评价方式。例如口腔颌面外科学口腔颌面部肿瘤课程中展示了一名口腔癌患者治疗的全过程，专业教师可以通过教学平台要求学生提交数百字的思想感悟，通过此类主观描述性反馈评价，一方面分析学生的不同反馈意见，了解思政寓于专业内容的教学效果；另一方面也便于专业教师进一步改进思政元素的呈现方式和教学方法。

6. 量化问卷评价 在课程思政的教学评价中，问卷调查是一种可以补充使用的教学评价方法。评价者可以设计一系列符合本课程特点的，以调查学生是否感受到、理解、认可和接受课程思政内容为主要目标的问题，在课程结束后进行匿名的问卷调查，并根据调查结果进行数据分析。

口腔医学的课程思政教学内容具有实践性很强的特点，其专业本身蕴含丰富的思政元素，课程思政重在“融盐入汤”和“春风化雨”，其教学形式不拘一格，灵活多样。因此，根据不同单位的实际情况和不同教师的个人风格，课程思政的教学评价必然是多元化考核形式，只要紧紧抓住课程思政的内涵和要求，突出重点评价内容，就能保障课程思政的教学质量，全面落实立德树人的根本要求。

综上，“口腔医学课程思政”是推动口腔医学高等教育内涵式发展和创新改革的重要举措之一。通过持续的创新与融合，特别是运用新颖的教学手段和内容，可以有效提升课程思政的教学效果。构建全面、有深度的口腔医学课程思政教育体系，不仅能深化学生对口腔医学知识的理解，还能培养他们的爱党爱国情怀、道德素养和职业操守等。为了使“口腔医学课程思政”理念真正被学生接受并喜爱，我们需要不断创新教学方式，使课程思政在口腔医学课程教学和实践教学中焕发活力，为培养中国口腔医学事业合格建设者和接班人，为实现中国式现代化贡献口腔医学教育力量。

第一篇
本科生课程思政教学设计

第一章　口腔生物学

一、课程定位和课程思政建设目标

（一）口腔生物学课程定位

口腔生物学（oral biology）是应用多门基础学科阐释口腔临床医学问题的科学，是基础医学与口腔临床医学的桥梁课程。随着生物医学科学与技术的发展，口腔生物学课程内涵不断扩展，形成以口腔微生物学、口腔生物化学、口腔免疫学、口腔分子生物学、口腔细胞生物学、口腔骨组织生物学为中心的教学体系。

口腔生物学课程教学任务包括：①深入学习口腔颌面部生物学基础知识及相关疾病的病因、机制；②结合口腔生物学知识，研发口腔疾病治疗的新技术和新疗法，以促进临床疾病的诊疗；③培养学生基础科研思维，规范学生科学研究习惯。本科阶段的学习任务主要是围绕口腔微生物学、生物化学、分子生物学、细胞生物学、口腔免疫学、口腔骨组织生物学，学习基本理论和基本知识，培养学生在口腔生物学探索过程中的科研素养及品格，引导学生增加对基础领域方面的认识，并注重科学人文、科研法理方面的教育，为学生提供成长为新世纪口腔医学 - 科学复合型人才的平台。

（二）口腔生物学课程思政建设目标

口腔生物学课程思政建设目标主要包括以下几点。

第一，讲授口腔生物学的基本知识和基本理论。课程围绕口腔微生物学、生物化学、分子生物学、细胞生物学、口腔免疫学、口腔骨组织生物学基本知识，重点讲授口腔颌面部生物学基础知识和相关疾病的病因及机制。

第二，提高学生将口腔基础理论与实际临床疾病相结合的分析能力。在讲述微生物、细胞、分子等不同层面基础知识的同时，融入口腔材料研发团队、唾液腺疾病治疗团队的研究成果介绍，引导学生构建医学基础和临床实践融会贯通的知识体系，建立透过现象看本质的医学思辨能力。

第三，树立正确的科研观念和科研道德。通过讲述口腔生物学发展历程中的重要人物及科技创新案例，激发学生的科研兴趣，帮助学生明确守正创新的科学精神和实事求是的科学态度，鼓励学生致力揭示生命和疾病本质，使学生形成不断创新的意识和提升为人民口腔健康服务的责任感。

二、教学内容和思政要点设计

本课程的教学内容、知识点和对应思政元素设计及呈现如表 1-1 所列。

表 1-1　口腔生物学的教学内容、知识点和对应思政元素设计及呈现

教学内容	知识点	思政元素设计及呈现
口腔微生物学	1. 口腔生物学历史 2. 口腔生态系 3. 口腔常见微生物 4. 口腔微生物形态学	1. 口腔微生物学是口腔生物学的起始点，通过介绍北京大学口腔医学院口腔生物学教研室的发展历程和取得的成绩，引导学生树立爱校荣校意识，激发对专业的热爱和追求 2. 辩证唯物观点解读口腔生态系变化 3. 从微生物研究发展史介绍国内外口腔微生物研究关键节点；通过介绍巴斯德名言，“科学没有国界，但科学家有自己的祖国”，强调科学家的爱国情怀 4. 在实习中培养严谨的态度
口腔生物化学 - 口腔组织的形成和代谢	1. 牙釉质、牙本质和牙骨质的化学组成，牙周膜代谢的特点 2. 口腔黏膜上皮代谢特点及口腔黏膜上皮更新及其影响因素 3. 牙周膜胶原的主要类型 4. 口腔黏膜结缔组织的代谢特点	1. 以口腔组织的化学组成和代谢为核心，介绍目前顶级学术期刊相关研究进展，鼓励本科生积极开展科研学习，紧跟科技前沿 2. 激发学生的科学兴趣，注重基础科学研究，培养科学探索精神及透过现象看本质的医学思辨能力
口腔生物化学 - 唾液腺、唾液及龈沟液	1. 唾液成分及其功能 2. 龈沟液来源和功能	1. 以唾液的生化作用为核心，介绍北京大学口腔医学院俞光岩教授研究团队，及其在人工调控唾液腺分泌领域的研究成果，培养学生“除人类之病痛，助健康之完美”的使命感和责任感 2. 引导学生在夯实基础理论知识的同时，注重科研与临床的结合；鼓励学生积极思考，从临床实践中提炼科学问题，勇于创新、敢于超越；激励学生在科学求实精神的引领下，揭示疾病的本质
口腔生物化学 - 牙菌斑生物化学	1. 牙菌斑的化学组成，包括无机组成和有机组成 2. 菌斑内物质代谢，包括糖的无氧酵解、胞外多糖的合成和变形链球菌的糖分解代谢特点，以及氮源化合物中尿素和精氨酸的代谢特点 3. 牙菌斑引发口腔疾病的机理	1. 强调深入研究牙菌斑对于了解和预防龋病和牙周病 - 口腔两大常见疾病的意义，激发学生对基础课的学习兴趣；强调成为研究型人才应具备的素质，培养“知其然且知其所以然”才能为患者提供更好服务的理念 2. 通过深入讲解牙菌斑中产酸代谢与龋病形成的关系，以及产碱代谢与龋病转归的关系，引入饮食改变对于口腔疾病以及全身疾病预防的意义，引导学生将预防理念渗透于临床工作之中，强调建立国民大健康概念的意义 3. 概括讲解牙菌斑生态失衡引发口腔疾病的机制，延伸强调维护生态平衡、爱护环境、敬畏自然的重要性

续表

教学内容	知识点	思政元素设计及呈现
口腔生物化学 - 牙齿硬组织矿化	1. 生物矿化，包括生物矿化的机制和牙齿硬组织的矿化过程 2. 脱矿的过程和机制及再矿化的机制和应用	1. 讲解生物矿化的一般原则和牙齿的矿化机制，同时介绍最新研究发现，通过宣讲老一辈科学家的科研历程，鼓励学生利用国家现有科研资源和条件，勇于源头创新 2. 通过展示北京大学口腔医学院脱矿 - 再矿化的相关研究成果，使学生更好地理解研究过程对于最终理解疾病的重要意义；通过展示目前研究进展，鼓励学生对科研创新的兴趣和探索欲望
口腔分子生物学	1. 口腔组织发育的分子生物学基础，包括颌面部发育和牙齿发育的分子调控机制 2. 口腔疾病的分子生物学基础，包括龋病相关因子、牙周病相关因子、口腔肿瘤相关因子、口腔常见发育异常的分子生物学基础 3. 口腔疾病分子生物学最新研究进展	1. 通过深入讲解颌面部发育、牙齿发育机制，激发学生对基础课的学习兴趣，培养“知其然且知其所以然”才能为患者更好服务的理念 2. 通过深入讲解口腔常见疾病的分子生物学基础知识，引导学生构建医学基础和临床实践融会贯通的知识体系，建立透过现象看本质的医学思辨能力，激励学生立志开展创新性疾病机制的基础研究，致力揭示疾病本质 3. 通过介绍口腔基础研究领域 3 位重要人物，同时也是北京大学口腔医学院杰出校友——王松灵、王存玉、柴洋三位院士为解决口腔医学难题而奋斗的精神，鼓励学生从事创新研究，激发学生的科研内驱力
口腔细胞生物学	1. 细胞生物学的起源（细胞的发现、细胞学说的建立、细胞生物学学科的建立） 2. 干细胞（定义、分类、当前研究进展、临床应用前景） 3. 口腔干细胞（5 种牙源性干细胞以及其他几种口腔干细胞的发现、定义、生物学特征和临床应用前景） 4. 细胞体外培养（概念、体外培养的角质形成细胞的特点、正常细胞的永生化原理、最新的类器官培养技术以及细胞培养过程中的注意事项）	1. 引导学生认识临床医学与基础科学之间的密切联系，理解“病”与“细胞”的关系，培养临床学生的科研思维能力 2. 带领学生回顾轰动全球的刺激触发性多能性获得细胞（stimulus-triggered acquisition of pluripotency cells，简称 STAP 细胞）造假事件，培养学生守正创新的科学精神和实事求是的科学态度 3. 学习我国科学家发现口腔干细胞的科学事迹，引导学生建立自强自立的科技决心 4. 学习我国科研诚信管理条例，培养学生的科研诚信
口腔免疫学	1. 口腔免疫器官和口腔免疫细胞的类型和基本功能 2. 口腔非特异性免疫系统的组成和功能，口腔特异性免疫应答过程 3. 龋病免疫中的龋病抗原、龋病的免疫反应和免疫防龋	1. 紧密结合本章节教学知识点，介绍由舍格伦综合征引起的唾液腺炎发生发展的免疫学特点，体会免疫学相关研究课题的设计思路；鼓励本科生多阅读文献，培养学生的创新精神和实践能力，激发学生的科研兴趣和持久的内驱力，帮助学生明确守正创新的科学精神和实事求是的科学态度

续表

教学内容	知识点	思政元素设计及呈现
口腔免疫学	4. 牙周病免疫中的牙周病抗原、牙周病的非特异性免疫和特异性免疫 5. 口腔黏膜病免疫中的单纯性疱疹免疫、口腔念珠菌病免疫口腔表现 6. 肿瘤抗原的概念	2. 围绕口腔疾病的免疫治疗，介绍使用干细胞治疗口干症的研究前沿，通过分析文献的研究思路，把免疫学和口腔疾病的诊疗结合起来，更好地深化课程内容；鼓励本科生在学习中使用免疫学的基础知识，分析相关疾病的发生、发展和治疗，促进基础学科和临床知识的有机融合，使学生形成不断创新的意识和提升为人民口腔健康服务的责任感 3. 介绍肿瘤免疫治疗的新进展，强调严谨的医学逻辑思维，以及医学科研人文素养；激发学生从事创新性的科学研究，努力解决临床中“卡脖子”的实际问题，走出一条自己的科学研究和成果转化道路
口腔骨组织生物学	1. 骨改建的细胞生物学基础 2. 机械力在牙周组织骨改建中的作用 3. 口腔骨改建的临床应用及生物学基础	1. 明确虽然骨改建的基础理论知识是得到验证和通用的，但更要以发展的眼光学习科学知识和投身科学研究 2. 通过讲解骨改建基础理论知识在临床中的应用，引导学生思考如何理解基础研究与临床学科的关系，帮助学生认识交叉学科的发展趋势，鼓励学生投身临床基础研究

三、教学设计与方法

口腔生物学课程是口腔基础科学与口腔临床医学紧密结合的课程，以口腔微生物学、口腔生物化学、口腔分子生物学、口腔细胞生物学、口腔免疫学、口腔骨组织生物学为主要教学内容，引导学生理解基础研究与临床学科的关系，揭示临床现象和疾病的本质。课程全程贯穿思政教育，培养学生科技创新意识，提升学生重视基础研究以及转化研究的责任感。课程体现全员育人，口腔生物学教研室所有教职人员，从主讲到辅助技术教师，强调为人师表、立德树人，将培养复合型、创新型口腔医学人才目标融入口腔生物学课程教学全过程。

1. **联系科学发展史、国内外人物贡献，厚植口腔学科科技自强自立理念**　依据不同章节教学内容，在教学过程中注重介绍我国口腔干细胞（口腔细胞生物学）、唾液腺治疗（口腔免疫学）以及新型材料自主研发（口腔骨组织生物学）等口腔基础医学研究领域的进展，激发学生敢于挑战“卡脖子问题”，树立口腔学科科技自立自强的信心。

2. **介绍杰出校友和人物的科技创新事迹，培养科学家精神**　通过介绍口腔基础研究领域的重要人物及里程碑事件，例如北京大学口腔医学院杰出校友王松灵、王存玉、柴洋等院士面对口腔医学难题迎难而上的精神，取得的国际领先水平的研究成果，颂扬生物前辈的执着与贡献，激励学生为我国未来口腔研究事业不断努力，成为有担当的新时代人才。

3. **坚持创新发展，引导学生树立“创新是民族进步之魂”思想** 课堂传授的内容是口腔医学与多学科交叉的基础知识。通过讲解临床现象或疾病的一般原则，带领学生阅读经典文献、著作，鼓励学生立足于临床问题，拓展研究内容与口腔微生物学、生物化学、生物材料学等内容相结合，并利用现有资源和条件，勇于源头创新，为我国人民口腔健康事业的发展贡献最强力量。

4. **将“课程思政”从课堂内延伸到课堂外** 将思政教育贯穿于课堂的同时，利用不同形式的课后作业、内容考核，鼓励学生主动思考，巩固课堂知识，为后续基础课程及临床课程的学习奠定基础。

四、课程思政教学案例

课程题目：口腔疾病免疫

授课教师：丁冲（副教授、副研究员）

学时数：2 学时

1. **教学内容分析** 口腔常见疾病与免疫的关系是本章节的重点，尤其应重点掌握每种疾病的免疫反应过程及特点。本节课在教学内容安排和设计方面进行了融合和拓展，例如：在课程讲述过程中，首先，结合临床病例，以舍格伦综合征引起的唾液分泌降低为切入点，深入分析由 T/B 淋巴细胞介导的免疫失衡在疾病发生发展中的作用，激发学生的科研兴趣和内驱力，培养学生的创新精神；其次，结合免疫学研究前沿和北京大学口腔医学院研究特色，介绍如何调控免疫重塑，对疾病进行干预的研究成果，深化基础和临床的有机融合，培养学生开拓进取的创新意识和提升学生为人民口腔健康服务的能力；最后，通过介绍肿瘤免疫治疗新进展，强调严谨的医学科学逻辑思维，以及医学科研人文素养；激发学生从事创新性的科学研究，努力解决临床中“卡脖子”的实际问题，走出一条自己的科学研究和成果转化道路。课程始终以培养复合型和创新型人才为目标，努力实现科技自立自强，激励学生勇于源头创新，成为有担当的新时代人才。

2. **教学目标**

（1）掌握： 龋病免疫中的龋病抗原、龋病的免疫反应；掌握牙周病免疫中的牙周病抗原、牙周病的免疫反应；掌握肿瘤抗原和免疫逃逸的概念。

（2）熟悉： 牙髓炎免疫中的牙髓炎抗原、牙髓炎的免疫病理过程；熟悉根尖周病免疫中的免疫病理过程；熟悉口腔黏膜病免疫中的单纯性疱疹免疫、口腔念珠菌病免疫中的抗原和免疫特点；熟悉肿瘤免疫中的免疫逃逸机制及免疫治疗策略。

3. **课程思政目标**

（1）培养综合型思维，增强科技自立自强信心： 通过讲解由舍格伦综合征引起的唾液腺炎发生发展的免疫学特点及诊疗思路，树立科技自立自强的信心，并引导学生立足临床问题，从认识“机制”到思考临床治疗“策略”的全链条医学研究思路，提升学生为人民口腔健康服务的能力。

（2）培养科研创新能力： 通过介绍应用干细胞治疗口干症的研究前沿，培养学生的创新精神和实践能力，激发学生的科研兴趣和持久的内驱力，为我国人民口腔健康事业的发展贡献最强力量。

（3）**增强自主学习能力**：通过介绍肿瘤免疫治疗研究前沿成果，使学生领悟免疫学相关研究的课题设计思路，培养学生缜密的科研设计思维和迎难而上的科研精神，激发学生努力解决临床中“卡脖子”的实际问题，走出一条自己的科学研究和成果转化道路，成为有担当的新时代人才。

4. **教学重点难点**

（1）**教学重点**：龋病免疫和牙周病免疫中的免疫反应过程。**教学对策**：结合牙体硬组织和牙周组织的结构及化学组成，巧妙地分析和记忆龋病和牙周病发生时的免疫病理过程。

（2）**教学难点**：口腔黏膜病免疫中的免疫反应过程。**难点分析**：口腔黏膜病涉及多种疾病类型，每种疾病均有自己独特的免疫病理特点，学生缺乏整体认识，较难把握。**教学对策**：①从临床病例出发，使免疫病理过程具象化：通过介绍相关的临床病例，展示该疾病所涉及的免疫学检查结果，启发并加深学生对该疾病免疫病理过程的认识；②横向对比，纵向归纳：通过对比不同疾病的免疫病理过程，以各自的免疫病理特点为抓手，深化理解不同疾病的免疫学进程；同时，结合免疫应答机制，以天然免疫和特异性免疫为切入点，纵向分析口腔黏膜病免疫进程的启动和发展，全面梳理和构建口腔黏膜免疫学知识体系。

5. **学情分析** 学生在学习本节课之前，已学习过口腔免疫细胞和口腔免疫体系内容，但对它们在口腔疾病发生发展中的作用知之甚少，故本节课重点介绍各种口腔疾病的免疫应答过程。在授课过程中，将课程内容巧妙地与思政教育相结合，进行如下创新设计。

（1）**突出重点，突破难点**：讲授过程中，通过问题引导、回顾重点、病例展示、启发思考、横向对比、纵向归纳等形式，深化对重点和难点的把握，便于学生理解记忆。

（2）**源头创新和科技自信**：通过介绍由舍格伦综合征引起的唾液腺炎发生发展的免疫学特点，以及肿瘤免疫治疗新进展，体会免疫学相关研究的课题设计思路。鼓励本科生多阅读文献，激发学生的科研兴趣和持久的内驱力；并激发学生从事源头创新和努力解决临床中“卡脖子”的实际问题，实现科技自立自强。

（3）**以培养复合型和创新型人才为目标，培养学生的全链条医学研究思路**：介绍应用干细胞治疗口干症的研究前沿，把免疫学基础知识和口腔疾病的诊疗结合起来，鼓励学生在今后的学习中利用免疫学基础知识，分析相关疾病的发生发展和治疗，促进基础学科和临床诊疗的有机融合，以培养复合型和创新型人才为目标，使学生形成源头创新的意识和努力提升人民口腔健康水平、服务国家、服务社会的观念及能力。

6. **教学设计思路** 通过问题引导，将教学主线内容、重要知识点和课程思政贯通起来，通过启发式、对比式和归纳式教学，以视频和动画为载体，生动地讲授口腔疾病中的免疫应答过程，具体教学设计思路如图 1-1 所示。

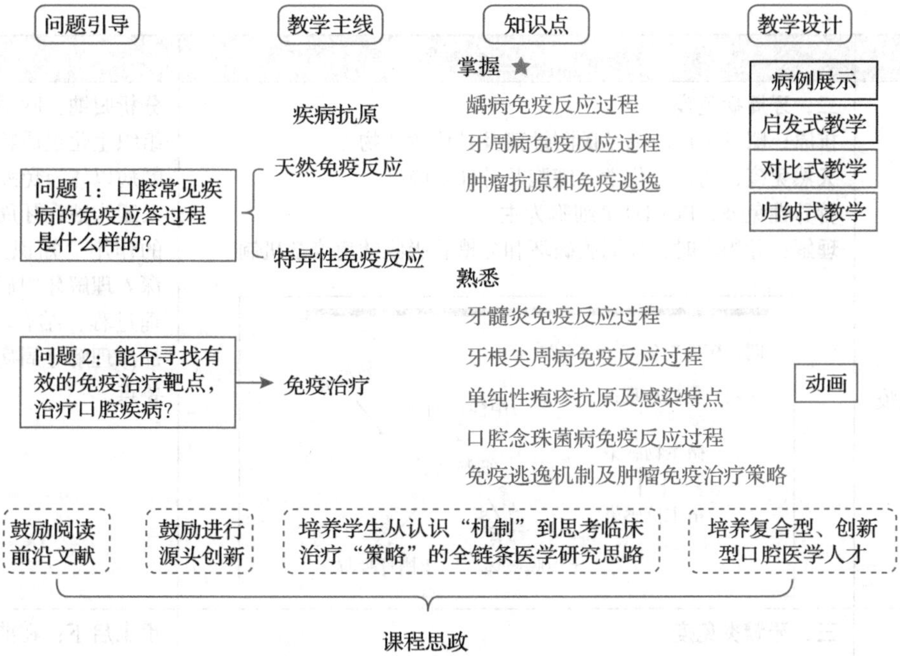

图 1-1　口腔疾病免疫教学设计思路

7. 教学过程　具体教学过程如表 1-2 所列。

表 1-2　口腔疾病免疫的教学过程

教学目标	教学内容	教学设计
课程导入	**课程导入**：通过展示免疫相关的口腔疾病病例，**提出 2 个问题贯穿本次课程的主线：** **课前问题 1：口腔常见疾病的免疫应答过程是什么样的？** **课前问题 2：能否寻找有效的免疫治疗靶点，治疗口腔疾病？**	**病例导入**：用临床常见病例引入本节课内容，吸引学生的注意力，引发对两个重要问题的思索
★ 掌握 龋病和 牙周病免疫	**复习：口腔免疫体系的组成** 抗原 天然免疫系统 获得性免疫（特异性免疫）系统 **一、龋病免疫** **抗原**：菌斑中的变异链球菌和远缘链球菌 **天然免疫**：物理、化学、细胞、生物屏障 **特异性免疫**：体液免疫为主，细胞免疫为辅 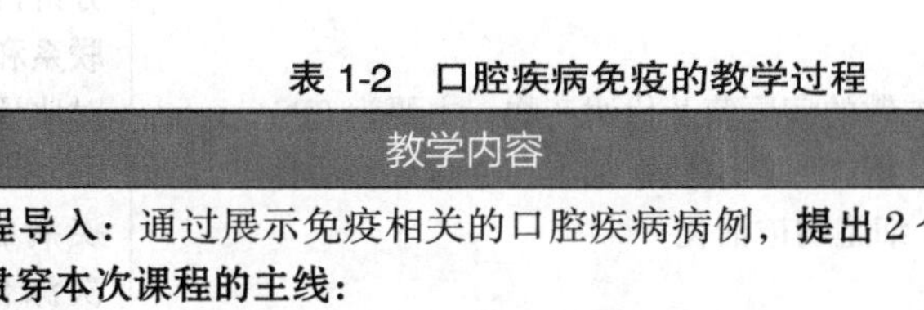 	**复习提问**：口腔免疫体系的组成 **对比教学**：对比龋病、牙周病免疫反应过程，结合疾病临床病理改变，体会免疫学在口腔常见疾病发生发展中的重要作用，引发免疫应答体系在龋病和牙周病进展中的作用机制思考，并结合图片形象展示

续表

教学目标	教学内容	教学设计
★ **掌握** 龋病和 牙周病免疫	**二、牙周病免疫** **抗原**：龈下菌斑内革兰氏阴性菌及其代谢产物 **天然免疫**：物理、化学、细胞及补体屏障 **特异性免疫**：以 $CD4^{+}T$ 细胞为主 **理解**：牙周炎时，牙周膜破坏和牙槽骨吸收的免疫学机制 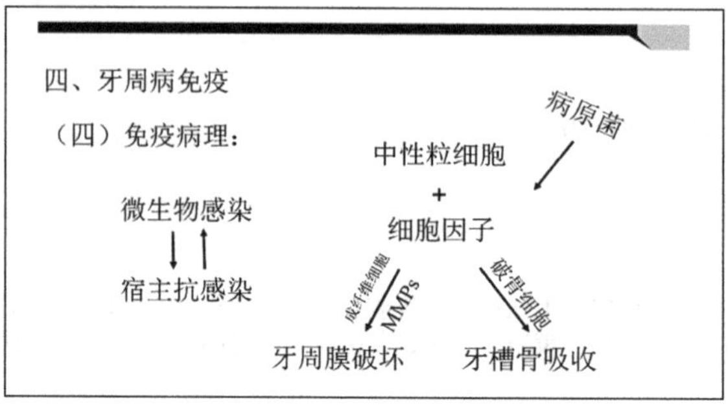 	**分析归纳**：联系牙及牙周组织生化组成特点，强化龋病以体液免疫为主，以及龈沟液在牙周病进展中的作用等知识点的记忆；深入理解牙周病的免疫病理过程，结合临床表现，加深理解牙周病免疫知识要点
熟悉 牙髓炎免疫、根尖周炎免疫和口腔黏膜病免疫的免疫应答过程 **拓展** 舍格伦综合征免疫	**三、牙髓炎免疫** **抗原**：革兰氏阴性杆菌细胞壁的脂多糖 **天然免疫**：补体系统激活和大量中性粒细胞被趋化 **特异性免疫**：以 T 细胞活化为主，B 细胞被趋化 **四、根尖周免疫** **抗原**：由根尖孔扩散的病原菌及代谢产物，主要为 LPS **天然免疫**：朗格汉斯细胞、中性粒细胞、巨噬细胞活化 **特异性免疫**：T/B 细胞均被活化 **五、口腔黏膜病免疫** **单纯性疱疹**：Ⅰ型单纯性疱疹病毒 原发性感染——潜伏感染——继发性感染 **念珠菌病**：白念珠菌 **拓展**： **介绍舍格伦综合征**： 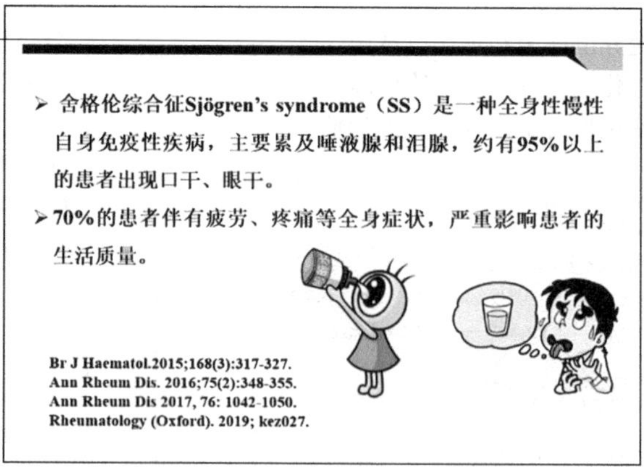 	**承上启下**：在前期教学设计基础上，从龋病到牙髓炎，再到根尖周病，按照临床疾病进展，开启此部分讲授 **联系和对比教学**：联系和对比牙髓炎和根尖周病变的免疫应答过程，结合疾病临床病理改变，再次深化理解免疫学在口腔常见疾病发生发展中的重要作用 **课程思政（从临床实际问题出发，不断突破的科学探索精神）**：结合临床病例，以舍格伦综合征引起的唾液分泌降低为切入点，深入分析由 T/B 淋巴细胞介导的免疫失衡在疾病发生发展中的作用，激发学生的科研兴趣和内驱力，培养学生的创新精神

续表

<table>
<tr><th>教学目标</th><th>教学内容</th><th>教学设计</th></tr>
<tr>
<td>熟悉
牙髓炎免疫、根尖周炎免疫和口腔黏膜病免疫的免疫应答过程

拓展
舍格伦综合征免疫</td>
<td>展示炎症在疾病进展中的作用：
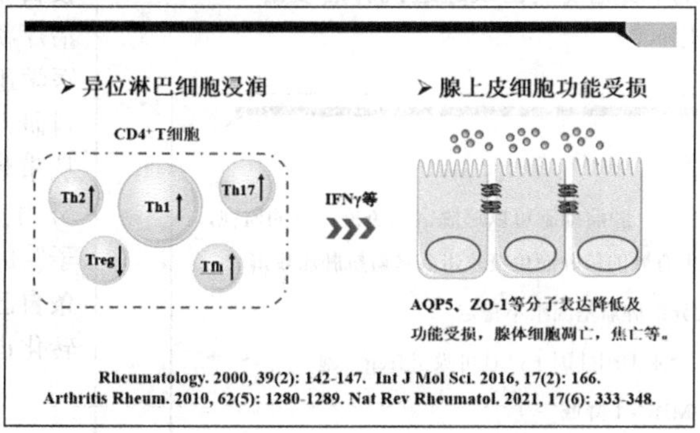

结合北京大学口腔医学院研究，提出以T细胞为靶点，治疗该疾病的研究策略：
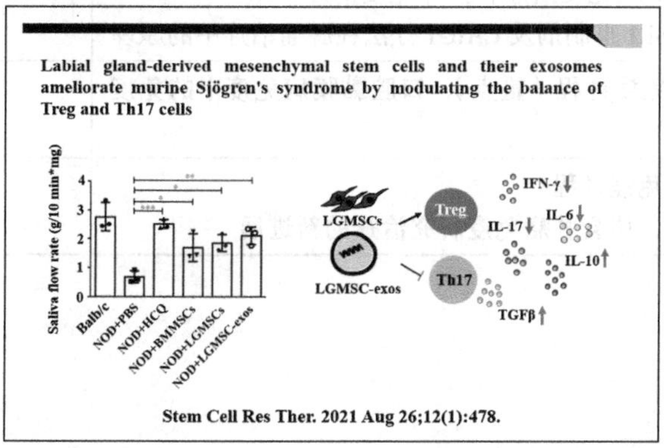

</td>
<td>课程思政（以培养复合型和创新型人才为目标，培养学生的全链条医学研究思路）：结合免疫学研究前沿和北京大学口腔医学院研究特色，介绍如何调控免疫重塑，对疾病进行干预的研究成果，深化基础和临床的有机融合，培养学生形成源头创新的意识，提升学生为人民口腔健康服务的能力</td>
</tr>
<tr>
<td>★
掌握
肿瘤抗原及免疫逃逸

了解
肿瘤免疫治疗</td>
<td>六、肿瘤免疫
1. 肿瘤抗原：细胞恶变过程中表达的特异蛋白质，是体内的新抗原，分为肿瘤特异性抗原和肿瘤相关抗原

六、肿瘤免疫
（一）肿瘤抗原：
细胞恶变过程中表达的特异蛋白质，是体内的新抗原，分为肿瘤特异性抗原和肿瘤相关抗原。
肿瘤特异性抗原：只在肿瘤细胞中有表达，在正常细胞中不表达
HPV：HPV E6，E7
肿瘤相关抗原：正常细胞表达，但在肿瘤细胞中表达量不同

延伸一：肿瘤特异性抗原在疾病筛查中发挥重要作用
延伸二：细胞系的建立原理</td>
<td>启发教学：引导学生思考肿瘤抗原的意义
课程延伸：以肿瘤抗原的概念为出发点，理解其在癌前筛查中的作用，以及在建立细胞系中的作用
启发教学：由浅入深地讲述肿瘤产生免疫逃逸的原因</td>
</tr>
</table>

续表

教学目标	教学内容	教学设计
★ **掌握** 肿瘤抗原及免疫逃逸 **了解** 肿瘤免疫治疗	**2. 免疫逃逸：肿瘤细胞可以逃脱宿主免疫反应的监视，使宿主不发生有效的抗肿瘤免疫攻击或逃避抗肿瘤攻击** **3. 肿瘤的免疫治疗** 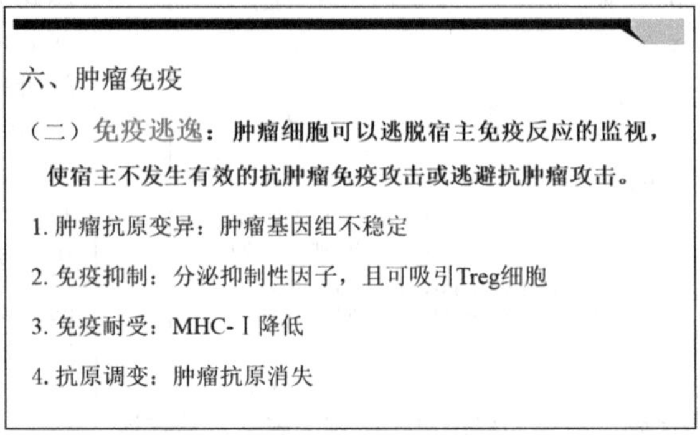 细胞因子治疗，细胞免疫治疗和抗体免疫治疗 延伸三：PD-1/PD-L1 抑制剂及 CAR-T 疗法在肿瘤治疗中的原理	**课程思政（源头创新和科技自信）**：介绍肿瘤免疫治疗新进展，强调严谨的医学逻辑思维，以及医学科研人文素养；激发学生从事创新性的科学研究，努力解决临床中“卡脖子”的实际问题，走出一条自己的科学研究和成果转化道路
总结	**龋病和牙周病的免疫过程（重点）、口腔黏膜病免疫中的免疫反应过程（难点）**	
思考题与课后作业	**1. 简述牙周病的免疫过程** **2. 阅读相关文献，体会肿瘤免疫研究治疗的新进展**	

第二章　口腔药物学

一、课程定位和课程思政建设目标

（一）口腔药物学课程定位

口腔药物学是现代药学与口腔医学相结合的一门临床应用型学科，是口腔医学高等教育体系中一门重要和基础的专业课程。口腔药物学的范畴涉及广泛的药学和口腔医学基础知识，主要研究在口腔疾病预防、治疗及诊断中，应用药物的药理学、药剂学、药物治疗学和药事管理学的特点和规律，总结口腔临床应用药物的经验和规律，提高口腔医师的合理用药水平。

口腔药物学的主要任务包括：①介绍口腔临床涉及的药物学基本知识，包括药物剂型、处方、药品不良反应、药源性口腔疾病、药事管理法律法规、药物临床试验、药物代谢动力学、特殊人群用药等；②介绍口腔临床基础用药，包括抗菌药物、局部麻醉药、镇痛药、抗焦虑及镇静催眠药、止血药、糖皮质激素类药、免疫调节药、消毒防腐药、口腔急救药、抗肿瘤药等；③介绍口腔专科用药，包括牙体牙髓病用药、牙周病用药、口腔黏膜病用药、口腔科其他用药等。本科阶段的学习内容主要是药物学基本知识、口腔临床基础用药、口腔专科用药等，讲授其基本理论、基本知识和基本技能，培养学生在口腔药物治疗过程中运用循证医学方法合理用药，培养学生规范的临床处方行为，使其成为“以患者为中心”的合理用药实践者。

（二）口腔药物学课程思政建设目标

口腔药物学兼具药学和口腔医学两方面特点，是北京大学口腔医学院五年制、八年制口腔医学生的一门专业必修课。口腔疾病的药物治疗对口腔医学生的理论知识和实践能力要求较高，药学和口腔医学两方面特点都很突出，这就要求学生不仅要具备扎实精湛的专业技术，更需要对患者保有“敬佑生命、救死扶伤、甘于奉献、大爱无疆”的仁爱之心，对我国口腔医学事业发展持有探索未知、追求真理、精益求精的敬业精神。北京大学口腔医学院对口腔医学生的培养目标是以培养临床能力强的口腔医学专业人才为主，同时兼顾科学研究和创新能力培养，使学生成为德才兼备、全面发展的口腔医学人才。

因此，口腔药物学课程思政建设目标主要包括以下内容：第一，开展口腔临床用药现状的国情教育，培养学生的爱国情怀、文化自信和责任意识；第二，开展国内外口腔药物学的发展现状教育，培养学生的进取心和自主创新的意识及能力；第三，开展药学领域的名人名家榜样教育，提升学生的职业道德水平，培养学生的科学研究精神。

二、教学内容和思政要点设计

本课程的教学内容、知识点和对应思政元素设计及呈现如表 2-1 所列。

表 2-1　口腔药物学的教学内容、知识点和对应思政元素设计及呈现

教学内容	知识点	思政元素设计及呈现
概论	1. 口腔药物学的研究对象 2. 口腔药物学的任务 3. 口腔疾病的药物治疗特点	1. 据司马迁史记《扁鹊仓公列传》记载，汉初著名医学家淳于意曾用苦参汤漱口治疗龋齿疼痛。通过介绍中医药、西医药各自用于口腔疾病治疗的发展历史，展示我国几千年悠久文明的中医药宝库，显示中医药治疗口腔疾病的独特优势和持久生命力，鼓励学生进一步探究、挖掘 2. 通过介绍我国在药物学发展历史中的光荣历史和先进人物事迹，如发现青蒿素的屠呦呦，激励学生以这些先进人物为榜样，学习他们的科学精神和爱国情怀，努力提升自身的专业素养和综合能力 3. 通过介绍口腔药物学的任务，引导学生运用循证医学方法合理用药，培养学生以患者为中心、关爱患者的理念和情怀 4. 通过介绍口腔疾病药物治疗特点，鼓励学生从口腔疾病治疗特点出发，培养学生开发新药物、新剂型的科研创新意识
药物剂型与处方	1. 药物剂型的发展 2. 常用剂型 3. 缓释、控释和迟释制剂 4. 处方内容 5. 处方颜色 6. 处方规定	1. 通过学习剂型的发展历史、现状以及各种剂型的特点，培养探索未知、精益求精的创新精神 2. 介绍处方原则（安全、有效、经济）时，指出安全、有效、经济亦为合理用药原则。介绍近几年的医改成功经验（医改促进了临床合理用药，减轻了国家和患者的医药费负担），引导学生树立以患者为中心的思想 3. 通过介绍处方种类和要求，加强对学生法治意识的培养
药品不良反应与药源性口腔疾病	1. 药品不良反应基本概念 2. 药品不良反应的类型 3. 药品不良反应因果关系评价 4. 药品不良反应的监测和报告 5. 药源性口干 6. 药物变态反应性口炎 7. 药源性牙龈增生 8. 药源性味觉障碍 9. 药源性牙病变 10. 药源性舌病变 11. 药源性下颌骨坏死	1. 通过学习药品不良反应的概念和类型，避免用药错误、药品滥用等问题，加强学生尊重生命、珍惜生命、以人为本的医学人文教育 2. 介绍世界各国发生的重大药害事件，告诫学生重视用药安全，敬畏生命，切实用好每一片、每一粒、每一支药 3. 通过介绍国内药品不良反应监测体系，反映国家越来越重视患者用药安全，社会监督管理体系正在日益完善，使学生了解国家在药品安全领域的扎实工作 4. 通过学习药源性口腔疾病的类型、致病药物和处理措施，培养学生临床诊治的辩证思维

续表

教学内容	知识点	思政元素设计及呈现
药事管理法律法规	1. 药品管理 2. 药品不良反应上报 3. 处方管理 4. 国家基本药物使用 5. 抗菌药物应用 6. 特殊药品的管理	1. 通过介绍国家近几年的医改成功经验，使学生看到中国特色社会主义制度在解决民生问题、推动社会进步方面的强大能力和显著优势 2. 通过介绍药事管理法律法规，培养学生树立依法执业思想
抗菌药物	1. 抗菌药物概述 2. 抗生素 3. 合成抗菌药物 4. 抗真菌药 5. 抗菌药物的合理使用	介绍抗菌药物合理用药内容时，强调抗菌药物使用须遵循相关临床应用指南、指导原则，并扩展介绍国内专家制定的万古霉素治疗药物监测指南，该指南被美国国立临床实践指南文库正式收录，是其收录的首部来自中国大陆的临床实践指南。这一成就说明中国医药学界正实现从“跟跑”到“并跑”乃至“领跑”的转变，反映了我国在医药研究与实践方面的深厚积淀与创新能力
局部麻醉药	1. 局部麻醉药概述 2. 常用局部麻醉药	介绍进口药品阿替卡因肾上腺素注射液，其具有操作便捷、针头细、能减轻患者注射时疼痛感的优点。国产仿制药复方盐酸阿替卡因注射剂也在不断进步中，从过去的普通安瓿包装，到如今在成分、注射方式上已与进口药达到基本一致的水平，这一转变充分展示了国产药在技术创新和品质提升方面的显著成就
镇痛药	1. 阿片类镇痛药 2. 解热镇痛抗炎药 3. 其他镇痛药 4. 复方镇痛药	强调麻醉药品、精神药品如果流入社会，被不法分子利用，就会成为毒品。我国是全世界禁毒力度最大和成果最为显著的国家，2018 年我国吸毒人数仅占全国人口总数的 0.18%，社会和谐、稳定。与我国相反，2002 年以来，美国吸毒者占全美人口的 8.2%，造成了严重的社会问题。该国最大的毒品供应国墨西哥，也因为贩毒集团的强大，带来严重的社会问题。上述正反两方面结果，反映了我国禁毒工作的成就，显示出中国特色社会主义的道路优势
糖皮质激素类药	1. 糖皮质激素类药的分类 2. 糖皮质激素类药的药理作用 3. 糖皮质激素类药的合理应用 4. 常用糖皮质激素类药	1. 以案例、图片和视频等多种形式介绍糖皮质激素类药物长期使用易引发的不良反应，使学生知悉合理用药的重要性，加强对学生医者仁心职业道德的培养 2. 介绍中药甘草中的甘草酸具有类糖皮质激素作用，传统中药强调“调和诸药”而非单用大剂量，避免激素样副作用，显示祖国传统医学的合理性

续表

教学内容	知识点	思政元素设计及呈现
免疫调节药	1. 免疫抑制药 2. 免疫增强药	1. 通过学习免疫抑制药和免疫增强药的概念、种类及代表性药物在口腔疾病治疗中的应用特点，培养学生精益求精的敬业精神和勇于探索的创新意识 2. 引入从传统中药芍药的根中提取出白芍总苷可用于治疗口腔黏膜病等临床案例，鼓励学生加强中医药在口腔疾病诊治中的传承、创新和发展 3. 介绍左旋咪唑、沙利度胺超说明书用于免疫调节，以及超说明书用药的国内外立法情况、国内相关学会发布的超说明书用药规定，使学生认识到我国医药法律法规、专家共识、指南在不断完善，使学生相信在党和政府的领导下，我国的医药事业将不断取得新的进步和发展
消毒防腐药	1. 消毒防腐药概述 2. 醇类 3. 酚类 4. 醛类 5. 碱性药物 6. 卤素类 7. 氧化剂 8. 表面活性剂 9. 染料类	通过介绍消毒防腐药在疾病防控、日常卫生防护中的作用，加深学生对公共卫生安全重要性的认识
牙体牙髓病用药	1. 防龋药 2. 抗牙本质敏感药 3. 牙漂白药 4. 盖髓术药 5. 牙髓切断术药 6. 根管治疗药 7. 根管冲洗剂 8. 根管消毒药 9. 牙髓失活剂	1. 通过介绍专科用药在口腔疾病诊疗中的发展、重要人物和事件，引导学生增强社会责任感，确立服务国家、服务人民的职业理想 2. 通过学习口腔专科用药中各类药物的作用特点和代表性药物的优缺点，鼓励学生带着辩证的观点学习书本知识，培育学生勇于探索、追求真理、科学求实的人生信念 3. 介绍国产药、进口药在牙体牙髓病诊治中的应用情况，通过国产药的不断上市，显示出国内医药企业的进步，鼓励学生积极投入未来的新药、新材料和新技术的研发
牙周病用药	1. 全身用药 2. 局部用药	介绍国产药、进口药在牙周病诊治中的应用情况，通过国产药的不断上市，显示出国内医药企业的进步，引导学生树立科技创新和转化意识

续表

教学内容	知识点	思政元素设计及呈现
口腔黏膜病用药	1. 全身用药 2. 局部用药	口腔黏膜病的临床表现各异，病因大多尚不完全明确，临床上很多时候采用中西医结合治疗。通过简要介绍中医药治疗口腔黏膜病的作用机制，以及北京大学口腔医学院四种委托加工中药制剂对口腔黏膜病患者治疗的有效性，说明传统中医药在口腔黏膜病治疗中大有作为，引导学生珍视和利用好中医药宝库，深入挖掘和传承中医药的宝贵财富
口腔科其他用药	1. 颞下颌关节紊乱病用药 2. 医学影像对比剂 3. 菌斑显示剂 4. 血管硬化剂	介绍进口药品和不断上市的国产药品，显示出国内医药企业的进步，使学生看到中国在医药领域取得的进展，鼓励学生积极投入创新实践

三、教学设计与方法

口腔药物学作为口腔医学生重要的专业理论必修课，课程内容不仅包含口腔临床常见疾病的药物治疗，还要精确传递德医交融理念，培养学生立医德、树医人的光荣使命感和责任感，树立以患者为中心、终生学习的观念。

培养具有创新能力的口腔医学生，需坚持以素质教育为主线的改革方针，将智育和德育有机结合在一起，挖掘口腔药物学课程中蕴含的思政元素，运用具体化、生动化的有效教学载体，在“润物细无声”的课堂教学中融入理想信念层面的精神指引。

根据口腔药物学课程的研究对象和任务，结合医药类专业育人要求和特点，以合理用药为主线，在教学中有机融入思政元素，调整教学理念，重构教学内容，改革教学方法，将知识传授、价值塑造和能力培养三者结合起来，将上述思政教育融入课程教学的各个环节、各个方面，全过程、全方位、全员进行思政教育。始终把立德树人放在首位，落实教书育人的责任，培养具有家国情怀、崇高医德、专业精湛的可信赖的卓越口腔医学人才。课程教学中需要将思政元素与知识传授、价值塑造、能力培养等有机结合起来，将思政内容融入口腔药物学知识点应具有针对性，做到自然衔接，达到“润物细无声”的效果。

口腔药物学课程中蕴含大量的思政元素，只有将其充分挖掘、提炼出来，才能使口腔药物学课程与思政育人更好地结合起来。例如，在一些重要理论的教学过程中，可以增加孙思邈、李时珍、张仲景、屠呦呦等药学名家的介绍，激发学生追求真理的志趣，增强学习动力，传承科学家的高尚品德，还能树立学生的民族自尊心、集体主义与爱国主义情怀，需要在课堂教学中自然切入这些思政元素。

口腔药物学涵盖“基本知识”“基础用药”和“口腔专科用药”等内容。在教学中，力求将口腔药物学的学科特点与口腔疾病药物治疗中应用到的药物剂型、处方、药品不良反应、药事管理法律法规、药物临床试验、药物代谢动力学及特殊人群用药等药学基础知识、口腔疾病治疗中常用药物、口腔专科用药等与课程思政教育结合起来，将职业道德、人文素养、科学精神等育人元素贯穿、渗透于课堂教学中。在教学方法上，加强问题导入和师生互动，注重课堂思政教育形式的多样性和话语思政传播的有效性，从而引发学生的知识共鸣、情感共鸣和价值共鸣。

在教学过程中，围绕口腔药物学课程的口腔临床特色和药学专业特征，从药物学发展简史、药物学在口腔疾病诊疗中的发展历程和重要事件入手，从爱国情怀、职业理想、职业道德、仁爱之心、学术自信、传承能力、求是精神、创新精神等多个维度，选取适当的视频材料、图片材料和案例分析等，向学生讲述科学故事、中国故事、生命故事、药学故事，增强学生对于口腔医学事业的使命感和荣誉感，提升学生的思想文化水平和文化素养，促使学生将个人发展与人民口腔健康事业达成统一，助力学生成长为德才兼备、全面发展的口腔医学人才。

四、课程思政教学案例

课程题目：药品不良反应

授课教师：赵电红（主任药师）

学时数：1 学时

1. **教学内容分析** 药品不良反应与药源性口腔疾病是口腔医学生需要重点掌握的基本内容，尤其是需要重点掌握药品不良反应的概念、类型、判定和报告。本节课在教学内容的安排和设计方面进行了精心设计。例如：在课程中，通过讲授药品不良反应与药品不良事件两者的概念和范围，使学生在临床中辨析两者的异同，尊重生命、以人为本，避免用药错误、药品滥用等药品不良事件的发生。示例近年来发生的重大药害事件，如 20 世纪与 21 世纪交替前后几年的关木通事件即马兜铃酸肾病事件，龙胆泻肝丸是一个历史悠久的配方，疗效显著，原配方中为“木通”，主要指不含马兜铃酸的木通科白木通或毛茛科川木通，20 世纪 80 年代后逐渐被马兜铃科关木通取代，造成服用该药物的患者出现大面积的马兜铃酸肾病。通过药害事件示例，加强学生对合理用药的认识和理解，加强“敬佑生命、救死扶伤、甘于奉献、大爱无疆”的仁爱之心的培育，帮助学生确立服务国家、服务患者的社会责任感和职业理想，培育学生严谨求实、谨慎细致的学风精神和求真创新的意识，促使学生将个人发展与人民口腔健康事业达成统一，鼓励其成为德才兼备、全面发展的口腔医学人才。

2. **教学目标**

（1）**掌握**：药品不良反应、药品不良事件、用药错误的概念，药品不良反应临床表现形式、严重程度分级。

（2）**熟悉**：药品不良反应分型及发生机制、判定及处理、上报方式及流程、用药错误分级。

（3）**了解**：药品不良反应的临床表现形式、发生机制。

（4）**拓展**：药品不良反应和药品不良事件的辨别和处理。

3. **课程思政目标**

（1）**安全用药意识**：通过讲授药品不良反应、药品不良事件和用药错误的概念和类别，培养学生尊重生命、敬佑生命，时刻以患者为中心，增强安全合理用药意识。

（2）**爱伤观念**：通过视频或图片介绍重大药品不良事件的原因、经过、严重后果等，鼓励学生掌握扎实精湛的专业技术，培养爱伤观念，更需要对患者保有“敬佑生命、救死扶伤、甘于奉献、大爱无疆”的仁爱之心。

（3）严谨求实的学风：在讲授重大药品不良事件过程中，通过图片、视频等示例有机融入思政元素，培育学生严谨求实、谨慎细致的学风和一丝不苟的敬业精神。

（4）科研创新思维：培养对我国口腔医学事业发展积极探索、追求真理、精益求精的科研创新思维。

（5）个人发展与人民口腔健康事业达成统一：鼓励学生成为德才兼备、全面发展的口腔医学人才，引导其将个人发展与人民口腔健康事业达成统一。

4. 教学重点难点

（1）教学重点：药品不良反应的定义、种类及处理方法。**教学对策**：通过对药品不良反应的4个重要特征（合格药品、正常用法用量、与用药目的无关、有害反应）的阐述，记忆药品不良反应的定义。通过对不同分类方法的比较，帮助学生掌握药品不良反应的种类和处理方法。

（2）教学难点一：药品不良反应与药品不良事件的区别与联系。**难点分析**：药品不良反应与药品不良事件都是指用药过程中发生的不良事件，但两者之间有所区别，学生了解不多，不易把握。**教学对策**：从两者的概念和特点入手，介绍两者之间的区别与联系。强调必须同时符合4个重要特征才属于药品不良反应。药品不良事件则是用药过程中发生的任何不良事件，其范畴更广，不仅包括药品不良反应，还包括药品质量缺陷、用药错误、药品滥用等相关的不良后果。

（3）教学难点二：药品不良反应因果关系的判定与报告。**难点分析**：药品不良反应因果关系评价是药品不良反应监测中最关键、最困难的问题，因果关系评价方法目前有20多种，但至今仍无统一的国际性评价标准。临床工作中，明确判断一个药品不良反应有时很困难。**教学对策**：我国采用关联性评价方法，根据药品和不良事件的关系程度，运用综合分析方法，将因果关系关联程度分为肯定、很可能、可能、可能无关、待评价、无法评价6个等级。主要关注：①开始用药时间与不良反应出现时间有无合理的先后关系；②所怀疑的不良反应是否符合该药已知的不良反应类型；③停药或减量后，反应是否消失或减轻；④再次使用怀疑药品后是否再次出现同样的反应；⑤反应是否可用其他合并药的作用、患者病情的进展或其他治疗的影响来解释。

5. 学情分析　本节课的教学内容丰富，需要掌握和记忆的知识点较多，药品不良反应、药品不良事件、用药错误等各自的概念、类别以及相应的临床处理方法等，均较为抽象、枯燥，很容易混淆，不易记忆，单纯依靠死记硬背，事倍功半，效果不佳。因此，在教学中，尽可能采用启发式、问题式、互动式、案例式等多种教学方式，激发学生兴趣，启迪学生的创造性思维，激发其创新的内在动力。比如，在讲授药品不良反应和药品不良事件的概念后，列举因药品标准缺陷、药品质量问题、用药错误、药品滥用等造成的不良案例，询问学生对两者异同特点的理解和判断是否正确，加深学生理解，培养学生爱伤观念，尊重生命，以人为本，避免在临床工作中出现用药错误、药品滥用等问题；同时通过列举近年重大的药品不良事件如关木通事件，培养学生严谨细致、精益求精的治学态度。

6. 教学设计思路　采用问题式、启发式、互动式、案例式等多种教学方式，将教学主线、重要知识点和课程思政融合起来，讲授药品不良反应相关的全部内容，具体教学设计思路如图2-1所示。

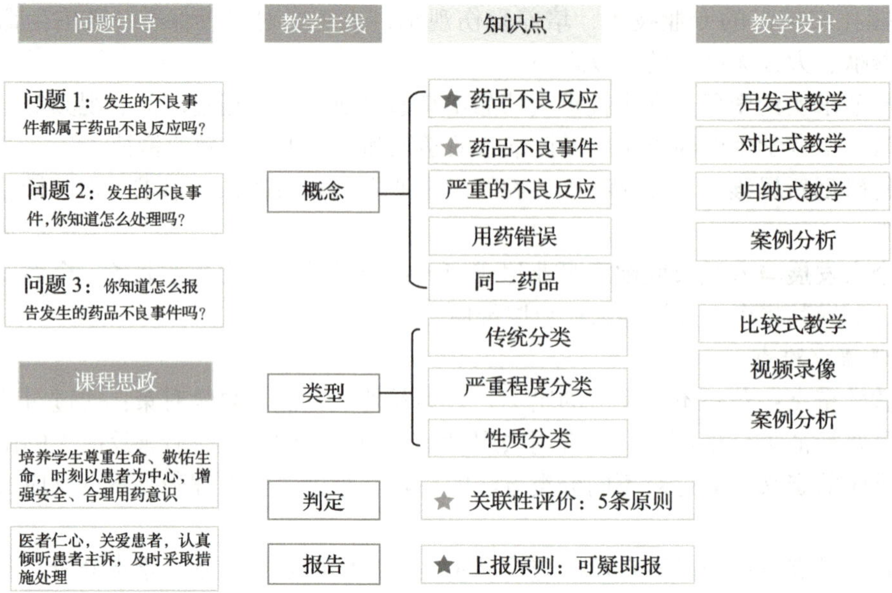

图 2-1　药品不良反应教学设计思路

7. **教学过程**　具体教学过程如表 2-2 所列。

表 2-2　药品不良反应的教学过程

教学目标	教学内容	教学设计
课程导入	**课程导入：通过层层递进的启发式问题引入** 3 个问题贯穿课程主线： **导入问题 1：发生的不良事件都属于药品不良反应吗？** **导入问题 2：发生的不良事件，你知道怎么处理吗？** **导入问题 3：你知道怎么报告发生的药品不良事件吗？**	**问题导入**： 通过询问学生自己、朋友或家人在用药过程中遇到过哪些不良事件，引入课程，吸引学生的注意力，引发学生对于“什么是药品不良事件”“发生的药品不良事件都属于药品不良反应吗”“药品不良反应需要满足哪些条件”的思考
★ **掌握** 药品不良反应的定义	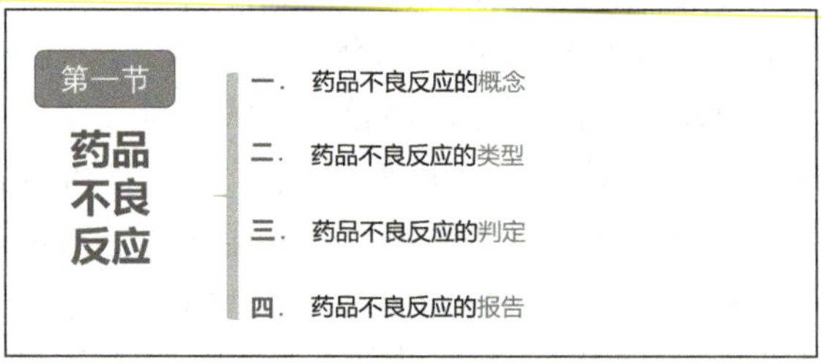	**案例教学**：近年重大的药品不良事件——关木通事件，培养学生严谨细致、精益求精的治学态度 **分析归纳比较**：将药品不良反应的定义拆解为 4 个特征，便于学生掌握记忆以及与药品不良事件相区别

续表

<table>
<tr><th>教学目标</th><th>教学内容</th><th>教学设计</th></tr>
<tr><td>★
掌握
药品不良反应的定义</td><td>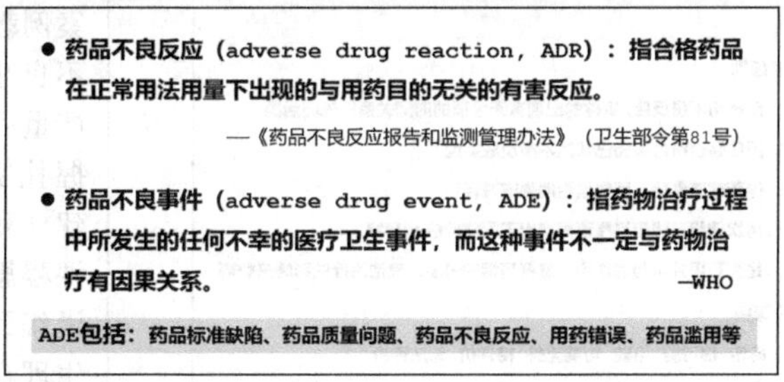

药品不良反应（adverse drug reaction，ADR）**的定义**：拆分为四个特征。
讲授药品不良反应和药品不良事件的概念，使学生明白药品不良反应是药品固有特性，是不能完全避免的，而用药错误、药品滥用等问题则是可以避免的，列举因药品标准缺陷、药品质量问题、用药错误、药品滥用等造成的不良案例</td><td></td></tr>
<tr><td>**熟悉**
药品不良反应的不同分类方法和相应处理措施</td><td>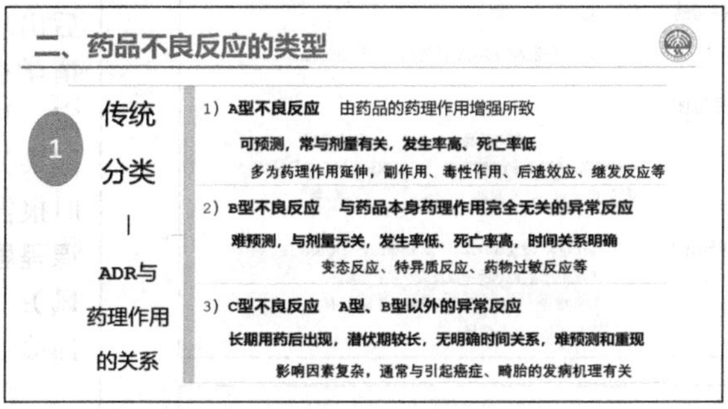
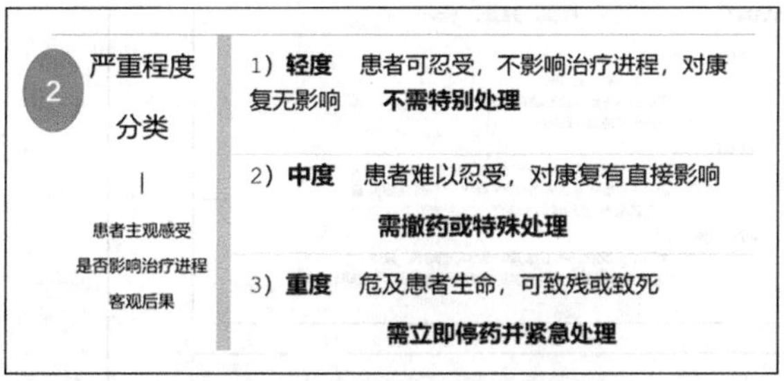
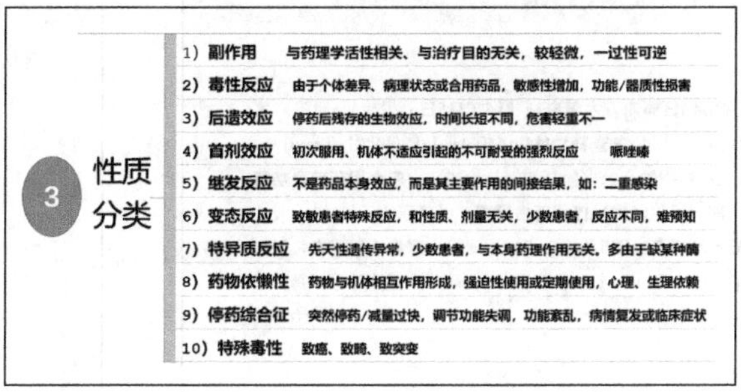

使学生学会辨别临床常见的药品不良反应属于何种类型，采取什么样的处理措施更为合适</td><td>**启发教学**：引导学生思考针对不同类别的药品不良反应如何采取合适的处理措施
案例教学：穿插临床常见的不良反应案例。如：①服用长效镇静催眠药后，次日仍有困倦、头昏、乏力等后遗效应；②一些耐药菌如耐药性葡萄球菌及白念珠菌等可能大量繁殖，引起葡萄球菌假膜性肠炎或白念珠菌病等继发感染等。加强学生对合理用药的认识和理解
课程思政（爱伤观念、社会责任感）：加强“敬佑生命、救死扶伤、甘于奉献、大爱无疆”的仁爱之心的培育，帮助学生确立服务国家、服务患者的社会责任感和职业理想，培育学生严谨求实的科学精神
承上启下：了解药品不良反应后，如何处理和报告</td></tr>
</table>

续表

<table>
<tr><th>教学目标</th><th>教学内容</th><th>教学设计</th></tr>
<tr>
<td>★
掌握
药品不良反应的关联性评价</td>
<td>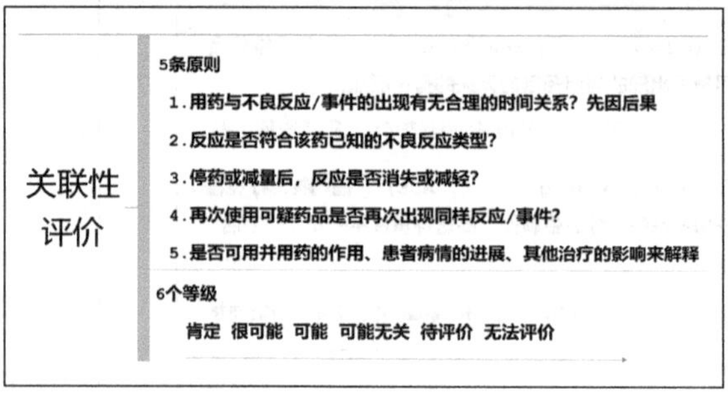

掌握药品不良反应判定的关联性评价原则，临床上遇到不良事件时如何从时间关系、反应类型等方面进行评价，明白如何处理、判断报告以及不同类别的报告时限</td>
<td>**案例教学**：介绍重大药品不良事件的原因、经过、严重后果等，鼓励学生掌握扎实精湛的专业技术，建立和巩固爱伤观念
课程思政（爱伤观念、严谨细致的学风）：加深学生理解，培养学生的爱伤观念，尊重生命，以人为本，避免在临床工作中出现用药错误、药品滥用等问题；培养学生严谨细致的学风和精益求精的治学态度</td>
</tr>
<tr>
<td>★
掌握
药品不良反应的报告</td>
<td>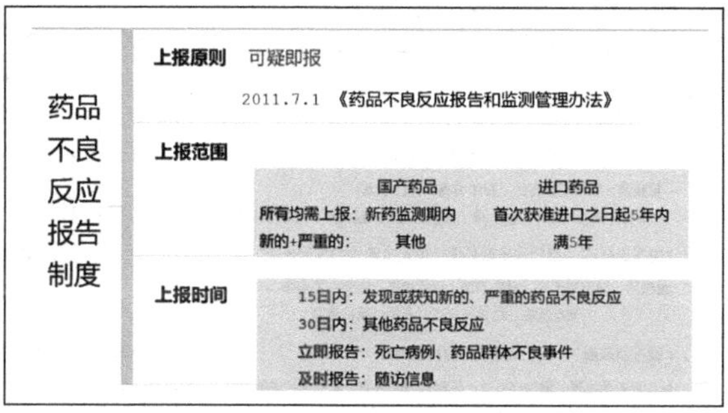

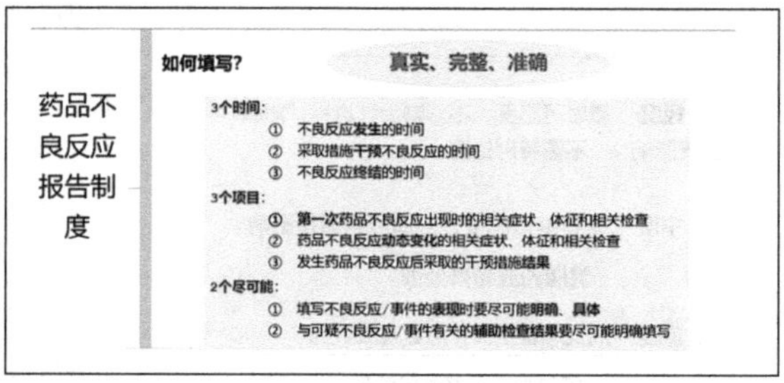

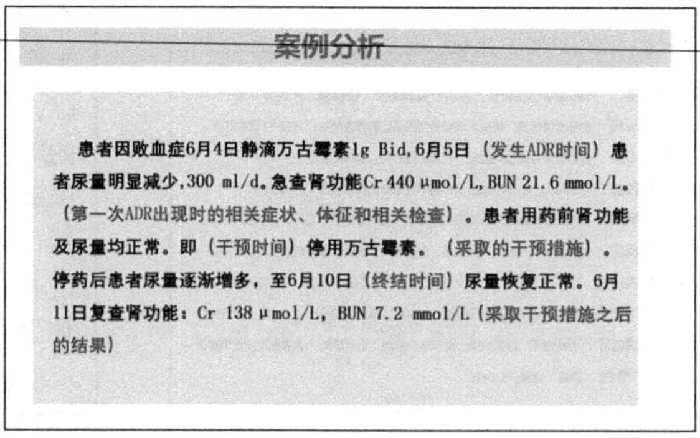
</td>
<td>**案例教学**：穿插两例用药后出现不良事件的案例，请学生根据描述自行判定，并说明药品不良反应因果关系的判定条件，同时报告时应填写哪些内容
课程思政（严谨细致的学风）：培养学生严谨求实、谨慎细致的学风</td>
</tr>
</table>

续表

教学目标	教学内容	教学设计
★ **掌握** 药品不良反应的报告	药品不良反应报告的原则即“可疑即报”。通过案例分析，鼓励学生积极填写报告发现的不良事件，要求学生报告药品不良反应时，要真实、完整、准确地完成“3个时间、3个项目、2个尽可能”的填写	
总结	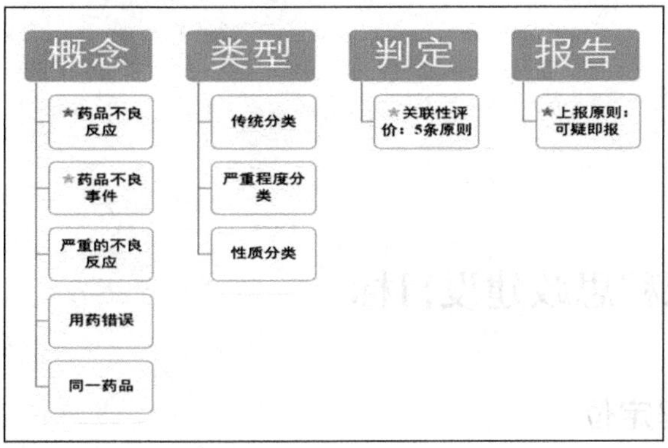 帮助学生回忆、巩固本节所学重难点，加深记忆和理解，使所学知识条理清晰	**互动式教学**：提问学生，考察学生掌握情况；学生回答后，加以补充，帮助学生加深理解和记忆
思考题与课后作业	1. 药品不良反应的概念是什么？与药品不良事件的异同有哪些？ 2. 药品不良反应有哪些类型？应如何处理？ 3. 药品不良反应的判断标准有哪些？	

第三章 口腔设备学

一、课程定位和课程思政建设目标

（一）口腔设备学课程定位

口腔设备学是口腔医学与其他自然学科密切结合并在实践中逐步发展而形成的一门新的交叉学科，以理工学科为理论基础，与口腔医学基础学科有密切联系，课程内容涉及口腔医疗设备的原理、结构、操作、维护及管理等各部分内容，是一门理论与实践相结合的课程。口腔设备学旨在同步培养学生对于设备的基本原理、操作常规、简单的维护保养等基础理论知识和实际动手实践的能力。通过讲授口腔临床基本及常用的设备、口腔教学类必备设备以及相关数字化设备的历史沿革、发展趋势、系统原理和操作常规、维护保养等内容，达到提高设备安全使用意识和使用效率，增强设备日常维护、排除简单故障的能力，从而为临床操作时充分发挥设备功能、顺利开展诊疗工作奠定理论和实操基础。

（二）口腔设备学课程思政建设目标

口腔设备学课程思政建设目标主要包括以下几点。

第一，帮助学生树立对口腔医学装备学科的认同感和爱国热情。北京大学口腔医学院专科医疗服务规模世界领先，同时也意味着北京大学口腔医学院拥有能够顺应医院发展方向与趋势的先进的口腔医学装备，这些都是一代代口腔人筚路蓝缕奋斗至今的结果。通过介绍该课程从无到有的历史沿革、相关医学装备从只能依赖进口到国产工业化生产的转变，总结前人的奋斗精神，激发学生的爱国热情以及对中国制造、中国“智造”等医学装备的认同感和自豪感。使学生了解当前医院配置口腔医学装备在国际和国内的领先优势，将口腔医学院校设备领域的专业优势转化为教学资源，激发学生的学习热情，促使学生积极学习设备知识。

第二，培养学生正确的设备使用观念。课程通过讲课、演示及实操同类型、不同国别制造的医学装备在原理、结构和具体使用方面的差异，引导学生深入关注不同国别同类装备的应用场景、应用特点、科技水平等现实问题。经过深入了解和思考不同设备的原理、结构、操作方式和维护成本，辩证看待国产和进口设备的异同，能够根据需要选择适宜的设备，培养学生使用国产口腔设备的习惯。

第三，培养医工交叉人才，推动口腔医学装备的发展。从源头转变学生的思维方式，激发创新热情。医学生不仅仅是设备的使用者，还是设备发展的需求方和推动者。通过讲解口腔医学装备领域的发展和研究方向，了解行业的发展状况和技术水平，提升学生的工科综合素养。列举医生通过医疗工作推动医学装备发展的创新实例，说明医学装备创新与医疗水平质效提升相辅相成，激励学生在以后的工作中做有心人，通过设备创新促进口腔医学进步以及设备高质量发展。

二、教学内容和思政要点设计

本课程的教学内容、知识点和对应思政元素设计及呈现如表 3-1 所列。

表 3-1　口腔设备学的教学内容、知识点和对应思政元素设计及呈现

教学内容		知识点	思政元素设计及呈现
理论课	口腔设备概况	1. 如何学习口腔设备学 2.《口腔设备学》教材的历史沿革和发展历程	1. 对比过去与现代口腔设备中国产装备的应用情况。学习口腔相关设备发展史，了解其发展现状，从设备发展的缩影中，展现设备国产化的重要性，激励学生在未来的医疗实践中勤思考、勇于探索，为国产设备创新发展贡献力量 2. 从教材内容的迭代中，帮助学生认识到改造、创新是促进医学装备发展不可或缺的部分。在设备发展方向上坚持自立自强、顺应时代发展的潮流和社会主义现代化建设的发展方向
	口腔基本设备	1. 口腔综合治疗台的分类 2. 口腔综合治疗台的结构、工作原理、日常维护方法和简单故障的维修 3. 牙科专用高速手机的结构、工作原理、日常维护方法和简单故障的维修 4. 牙科专用低速手机的结构、工作原理、日常维护方法和简单故障的维修	1. 培养学生在设备使用过程中的“主人翁”意识，设备进步与医学进步相辅相成；深刻认识到只有正确地使用和维护保养，才能够最大程度发挥设备的效能，使学生理解该门课程的意义，激发学习热情 2. 正确认识并掌握相关设备的分类、构造、使用和维修维护方法，思考国产和进口设备在原理上是否有实质性区别。了解我国口腔医疗器械在相当领域已达到了世界先进水平 3. 从口腔设备不良事件的故障案例中寻找故障发生的原因，思考解决方法，为故障的减少、诊疗的改进和设备的迭代提供思路 4. 医生在诊疗过程中，发现设备的创新点，装备的创新也是个人进步和医学装备进步有机结合的载体 5. 鼓励学生在课后查阅相关文献，对于学习和实践中发现的问题以及感兴趣的方向深入挖掘，就设备结构、原理、改进方法等方面积极思考，提交自己的感悟 6. 国产设备带来的一系列变化，说明了科技自立自强引领口腔医学装备能力的提升
	口腔内科设备	1. 学习超声洁牙机、LED 光固化机、牙髓活力测试仪、根尖定位仪、高频电刀的正确使用和日常维护方法 2. 学习超声洁牙机、光敏灯、牙髓活力测试仪、根尖定位仪、热牙胶充填器、口腔显微镜的基本结构和工作原理 3. 了解超声洁牙机、LED 光固化机、牙髓活力测试仪、根尖定位仪、热牙胶充填器、口腔显微镜的简单故障排除方法	

续表

<table>
<tr><th colspan="2">教学内容</th><th>知识点</th><th>思政元素设计及呈现</th></tr>
<tr><td>理论课</td><td>口腔修复工艺设备</td><td>1. 高频离心铸造机的结构、工作原理、使用方法和日常维护
2. 箱型电阻炉的结构、工作原理、使用方法和维护保养
3. 技工微电机的结构、工作原理、使用方法和日常维护
4. 喷砂机的结构、工作原理、正确使用方法和日常维护方法
5. 数字化口腔加工设备的分类、基本结构、工作原理和日常维护方法</td><td></td></tr>
<tr><td rowspan="3">实习课</td><td>口腔综合治疗台及牙科手机</td><td>1. 学习使用和维护口腔综合治疗机和牙科手机
2. 分别拆开口腔综合治疗机和牙科手机，观察其结构、体会其工作原理和练习简单故障排除
3. 思政内容：人体工程学在口腔医学的应用和医疗器械不良事件案例</td><td rowspan="3">1. 普及设备操作的安全使用意识，能够按说明书的要求操作设备，同时在操作设备的同时，也注意人身安全，提示学生在实习中以及后续的临床中时刻绷紧安全操作和生产的弦，树立正确的设备使用观念
2. 深刻认识不同国别、不同型号间口腔设备的结构异同、原理差异和使用异同；能够正确理解不同国别、同类型口腔医疗设备的原理差异和使用差异，能够客观评价同类设备的性能
3. 设备的维修维护是保证设备安全有效使用的重要环节，设备维修的成本涉及社会经济学等原理，是设备全生命周期管理中的重要环节
4. 了解口腔医疗设备的应用效果，鼓励学生在以后的工作学习中广泛使用和推广性能相当的国产口腔医疗设备</td></tr>
<tr><td>口腔内科常用设备</td><td>1. 实际操作和维护超声洁牙机、LED光固化机、根尖定位仪、牙髓活力测试仪、热牙胶充填器、口腔显微镜
2. 部分拆开超声洁牙机、LED光固化机、根尖定位仪、牙髓活力测试仪、热牙胶充填器、口腔显微镜，观察其结构，体会工作原理和安全操作方法，并学习简单故障的排除方法
3. 思政内容：光固化机等内科治疗设备的使用方法和治疗效果的关系</td></tr>
<tr><td>口腔修复工艺设备</td><td>1. 观摩箱型电阻炉、高频离心铸造机、喷砂机、数字化加工设备的工作过程，实际操作技工微电机，并学习日常维护方法
2. 部分拆开技工微电机，学习排除简单故障的方法
3. 思政内容：掌握口腔技工设备安全操作的必要性</td></tr>
</table>

三、教学设计与方法

提前了解学生对口腔设备的理解和知晓程度。面对刚接触该门类学科的学生，使用通俗易懂的语言和生动详实的案例切入知识点；在讲述具体的设备时，正确使用科学学术名词，避免口语化；在讲述较难理解的科学技术原理时，使用生动形象的语言类比，例如根据箱型电阻炉控温热电偶感知温度的方式和体温计水银膨胀感知温度的方式进行类比，帮助学生理解设备原理。

（1）课程的教学目的在于使学生熟悉并掌握设备的基本结构、维护保养方法和操作常规；了解工作原理、相关分类、工作条件等知识。进行案例讲解，例如口腔设备以及北京大学口腔医学院建设等发展史，了解进口及国产设备的发展现状。选用对比的方式，例如在没有实现国产化之前，在设备使用、采购、学术等方面依赖进口设备，与国外客服沟通的困难，使得学生充分理解自主创新的意义，理解设备国产化的重要性，树立民族自信心，激发学生的学习热情。其间融入各类设备的发展趋势，我国口腔医疗器械在相当领域已达到了世界先进水平；通过国产品牌与进口品牌之间的功能对比等内容，使学生形成初步的概念和印象，思考国产和进口设备在原理上是否有实质性区别，以及不同品牌、国别设备构造的异同。用实例促使学生直观了解中国制造的伟大之处，促使学生在今后的医疗实践中发挥勤于思考、勇于探索的精神，为国产设备创新发展贡献力量。

（2）在实习课的教学中，充分发挥教师和学生面对面的双边活动特色。在组织学生学习的过程中，充分保持与学生的交流。尤其是通过观看实物以及教师对照讲解的方式授课。教师进行现场操作演示，边演示边讲解操作规程及注意事项，操作完成后讲述维护保养知识。在此过程中，通过设备的运转，把原理讲透，揭示自主创新产品的重要性，阐明该类设备是否是“卡脖子”设备，“卡脖子”设备后续可能产生的使用费用、维修成本等一系列问题。在技术发展的浪潮中，国家和个人都需要进步，国家的进步离不开技术和教育的推动，引导学生就设备结构、原理、改进方法等感兴趣的方面查阅文献，就设备的发展方向积极思考，发扬爱国和自强精神。

四、课程思政教学案例

课程题目：口腔综合治疗台

授课教师：范宝林（管理副研究员）

学时数：1 学时

1. **教学内容分析** 口腔综合治疗台是口腔诊疗中最基本的设备。本节课主要介绍口腔综合治疗台的结构组成、工作原理、操作常规、维护保养和常见故障排除等内容，教授学生正确操作医疗设备，降低诊疗过程中医疗器械不良事件的发生率，提升对设备使用的安全意识，最终达到服务患者、提升患者满意度的目的。课程要求学生熟练掌握口腔综合治疗台的正确操作和日常维护方法。本节课的教学内容安排如下：通过介绍口腔综合治疗台的发展趋势，指出我国在该制造领域已达到世界先进水平；在课程中融入高质量发展的理念等思政内容，包括讲述口腔综合治疗台的人体工程学设计、结构，体现“以人为本”的理念。通过使用图片、原理图等方式，使学生熟悉和了解口腔综合治疗台的结构和功能，以及不同口腔综合治疗台的结构功能和原理异同点，国产与进口品牌之间的功能对比等内容，使学生形成初步的概念和印象，思考国产和进口设备在原理上是否有实质性区别；通过将以往的口腔设备应用情况与现在国产医疗设备相对比，体现国家对医学装备发展的重视和创新成果转化的促进，教育学生坚持自强自立，顺应社会主义现代化建设的发展方向，促进学生对于设备变革的理解，培养其在实践中有效运用设备学知识解决医学问题的思路和能力，为国家培养医工交叉人才。

2. 教学目标

（1）掌握口腔综合治疗台的基本结构和日常维护的方法。

（2）通过举例、案例分析的形式，熟悉口腔综合治疗台的基本功能和常见故障排除方法。

（3）了解口腔综合治疗台的工作原理、工作环境和分类。

（4）目前我国已是口腔综合治疗台的世界生产基地，“中国制造”和“中国智造”的口腔综合治疗台已经走向世界。培养学生对于国产和进口的口腔综合治疗台的个性和共性的辩证思维能力，增强民族自信心和自豪感，树立科技自信，为后续口腔综合治疗台的更新迭代埋下伏笔。

3. 课程思政目标 口腔综合治疗台是口腔诊疗活动中最基础、最重要的设备。口腔设备学是一门知识更新快、综合性较强的医工融合交叉性学科。在本节课程中，要求学生掌握口腔综合治疗台的基本结构和保养方法。本课程主要通过理论讲解、实践、历史和现实相结合的方式，讲授口腔综合治疗台的发展；口腔综合治疗台产业随着工业、电子技术、数字化技术发展到现阶段的持续性改进；现代化不同口腔综合治疗台的结构、使用、维护等内容，体现了口腔医学装备的传承和创新，认识到医学装备的发展同样凝聚着中华民族的智慧和贡献。引导学生正确认识国产口腔设备，在日后的医疗工作中注重发现、发明和更新诊断治疗方法及工具材料，推动口腔医学学科的进一步发展，使学生掌握过硬的本领，在服务于国家和人民口腔健康事业的同时，推动口腔医学装备的创新性发展。

4. 教学重点难点 口腔综合治疗台的正确操作和日常维护的方法等内容是该节课的重点难点问题。同时，本节课的重点和难点为如何将口腔综合治疗台的故障排查与改革创新精神相结合；在设备使用过程中既有现有技术的传承，又要顺应科学发展趋势推陈出新。

5. 学情分析 第一，培养学生在设备使用过程中的“主人翁”意识，设备进步与医学进步相辅相成；深刻认识到只有正确使用和维护保养，才能够最大程度发挥设备的效能，使学生理解该门课程的意义，激发学习热情。第二，要正确认识并掌握相关设备的分类、构造、设备使用和维修维护方法，思考国产和进口设备在原理上是否有实质性区别。了解我国口腔医疗器械在相当领域已达到了世界先进水平。第三，设备的原理、操作的规程有其既定的运行规则。第四，国家为医疗器械行业的进步制定了相应的规则政策，促使国产医学装备高质量发展。第五，从口腔设备不良事件的故障案例中寻找故障发生的原因，思考解决方法，为故障的减少、诊疗的改进和设备的迭代提供思路。第六，医生在诊疗过程中，发现设备的创新点，将设备的创新发展作为个人与医学装备进步有机结合的载体。第七，鼓励学生在课后查阅相关文献，对于学习和实践中发现的问题以及感兴趣的方向深入挖掘，就设备结构、原理、改进方法等方面积极思考，提交自己的感悟。第八，通过介绍国产化设备带来的一系列变化，体现科技自立自强引领口腔医学装备能力提升，为学生在实习中以及后续的临床中时刻绷紧安全操作和生产的弦，树立正确的设备使用观念。

6. **教学设计思路**　讲好口腔设备学的课程内容，将其作为充分发挥思政内容的主要载体，以理论课和实践课的内容为先导，通过口腔综合治疗台发展历史的引导，将教学主线内容、重要知识点和课程思政贯通起来，以此作为思政内容的支撑。通过启发式、对比式、互动式和归纳式教学，以视频录像、板书、图片等为载体，生动讲授口腔综合治疗台的内容，具体教学设计思路如图 3-1 所示。

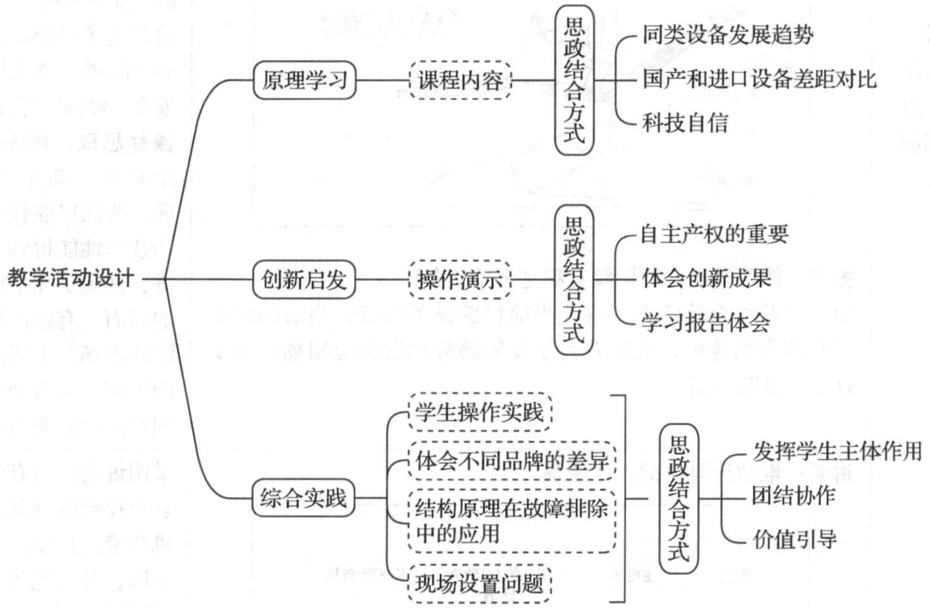

图 3-1　口腔综合治疗台教学设计思路

7. **教学过程**　具体教学过程如表 3-2 所列。

表 3-2　口腔综合治疗台的教学过程

教学目标	教学内容	教学设计
课程导入	**课程导入：** 通过小短片展示口腔综合治疗台的发展历史 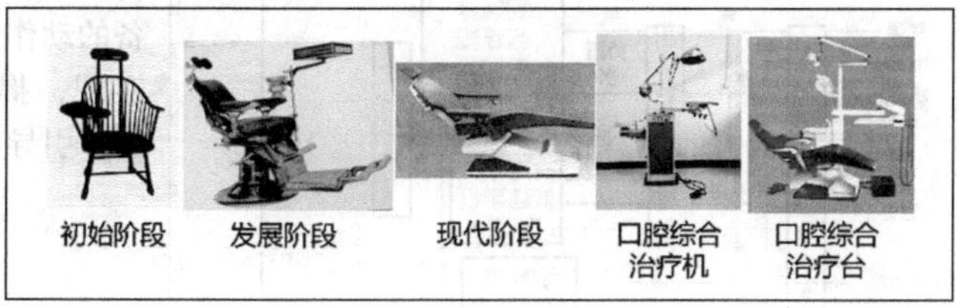 通过口腔综合治疗台的发展，启发学生思考设备的发展对于口腔临床的意义	**视频导入：**用简明扼要的视频片段开始本次课程，吸引学生的注意力，讲述“口腔综合治疗台”的发展历史沿革，引出其功能结构变化对于口腔诊疗意义的思考，提出设备的重要性

续表

教学目标	教学内容	教学设计
了解 口腔综合治疗台的分类与组成结构	**讲解：介绍口腔综合治疗台的分类与组成结构** 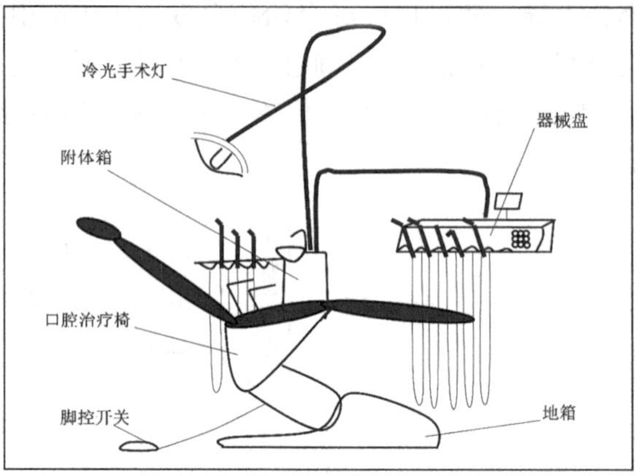 **提问：能否说出口腔医院有哪些医疗设备?** 引出口腔综合治疗台。讲述当前口腔设备现状，当前的设备既有技术的传承，又随着科学发展趋势和设备应用场景的变迁不断推陈出新	“工欲善其事，必先利其器”。口腔设备的性能直接影响着口腔疾病治疗工作的开展和治疗效果。医学模式的转变和口腔医学发展的需求，对口腔设备的性能不断提出新的要求，这促进了口腔设备不断向着“高效、微创、直观、安全、经济”等方向发展 **课程思政：**随着新材料、新技术、新工艺不断发展，我国口腔设备的生产和技术性能得到了相应改进，摆脱了完全依靠进口的局面，有些产品还出口海外市场，上述产品出海的事例，可帮助学生树立国产品牌的使用自信
了解 电动牙科椅和口腔综合治疗台工作原理示意	**讲解：电动牙科椅的工作原理** 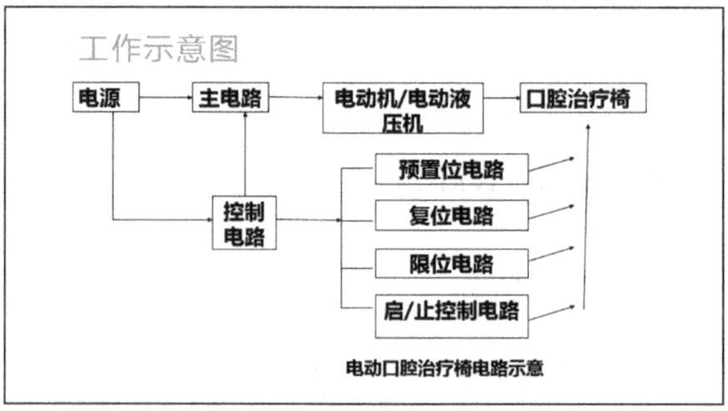 电动口腔治疗椅电路示意 **对比：口腔综合治疗台工作原理示意** 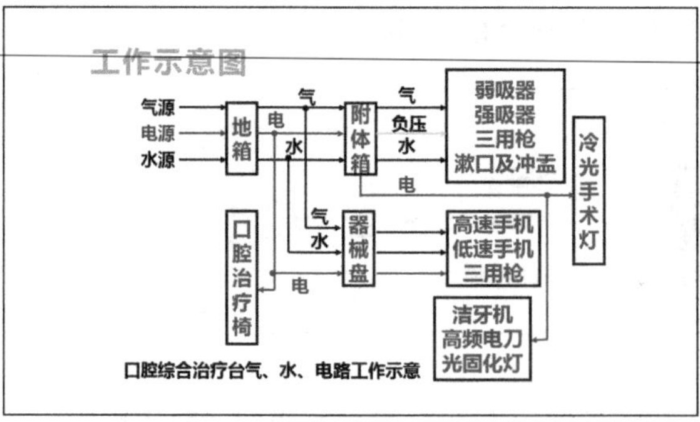 口腔综合治疗台气、水、电路工作示意 液压：在不适宜的温度和湿度下，液体流动不畅 电机：设计时需要一定的启动角度 **思考：**两种启动方式对于使用者来说，影响大吗?	**举例说明：**现有的口腔综合治疗台的升降多采用电机和液压传动，二者原理不同，各有优势，是否有实质性差别 **课程思政（传承创新）：**在设备原理的更迭中，既体现现有技术的传承，又要顺应科学发展趋势，推陈出新 **课程思政（辩证思维）：**在知识的讲授中包含隐含的价值导向，在工作原理的讲述中，同样的机器设备的动作由不同的原理来实现，揭示出原理的差别，引导学生辩证看待

续表

<table>
<tr><th>教学目标</th><th>教学内容</th><th>教学设计</th></tr>
<tr><td>★
掌握
电动牙科椅的基本机构</td><td>电动牙科椅的结构设计："以人为本"
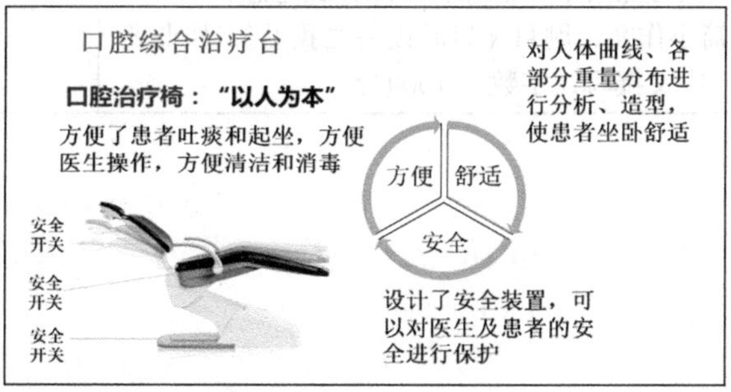

提醒学生在诊疗中时刻贯穿"以人为本"的精神，体现医学装备的人文理念</td><td>通过电动牙科椅的构成理念，即"方便、安全、舒适"，引导出"以人为本"的根本原则
课程思政：口腔综合治疗台结构功能中的升降、俯仰、扶手设计的思考，体现的"以人为本""以患者为中心"的精神</td></tr>
<tr><td>★
掌握
口腔综合治疗台的日常维护保养方法</td><td>口腔综合治疗台的日常维护保养方法
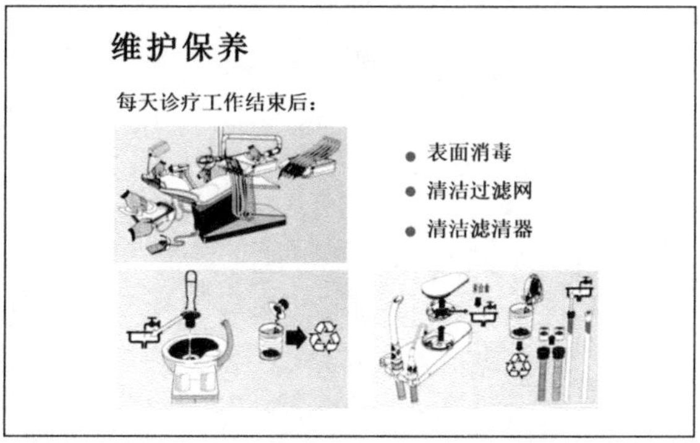

设备维护保养的知识，能够最大程度发挥设备的功效，保证诊疗效果，是实现临床工作中"以人为本"的坚实基础和必不可少的环节</td><td>培养学生多方位思考的精神，提示其不仅仅是设备的使用者，还是设备的管理者。在设备的选用中应充分考虑卫生经济学的原理，考虑设备的维护保养等成本，提升学生对设备全面了解和管理的能力
课程思政：能够根据需要选择适宜的设备，培养学生使用国产口腔设备的习惯和自信。设备的维护和保养同样需要与时俱进，提升学生的科学管理理念</td></tr>
<tr><td>熟悉
口腔综合治疗机常见故障的排除方法</td><td>枚举法：口腔综合治疗台的常见故障分析
常见故障排除
<table><tr><th>故障现象</th><th>可能原因</th><th>排除方法</th></tr><tr><td>吸唾器和强吸器无负压或负压弱</td><td>负压管路或过滤网堵塞
负压过滤器堵塞</td><td>清理负压管路或过滤网
清洗或更换过滤器</td></tr><tr><td>痰盂堵塞</td><td>痰盂过滤网堵塞
痰盂下水管路堵塞</td><td>清洗痰盂过滤网
疏通下水管路</td></tr></table>
正确认识口腔综合治疗机，针对设备使用的易用性、国产和进口设备在故障处理、故障发生点位、维护费用异同等问题提出思考</td><td>启发教学：正确认识到不同国别产品的差异，正视短板，对自主知识产权设备的耐用性等方面提供参考意见和改进方向；帮助学生自主思考解决方法，提升设备使用效率；为故障的减少、诊疗的改进和设备的迭代提供思路</td></tr>
<tr><td>总结</td><td>电动牙科椅的基本结构（重点）、口腔综合治疗台的使用及维护保养措施（重点）</td><td></td></tr>
</table>

续表

教学目标	教学内容	教学设计
思考题与课后作业	1. 如果使用吸唾器后没有吸杯清水，可能会造成口腔综合治疗台什么故障？以及可能给下一位患者带来什么隐患？ 2. 作业：撰写一篇小作文，题目《口腔设备之我见》，作业要求：小标题自拟，中文撰写，字数≥ 1000 字	

第四章　口腔材料学

一、课程定位和课程思政建设目标

（一）口腔材料学课程定位

口腔材料学是涉及各种口腔材料内部结构及材料性能与其应用之间依存关系的一门学科，是口腔医学的重要组成部分，是口腔临床医学的基础学科之一。口腔材料学的教学目的是通过介绍各种口腔材料的基本理化性能和生物性能及其操作特点，使学生能够较系统地掌握口腔材料学的基础理论知识，为今后在临床工作中合理地选择和正确使用口腔材料打下基础。

（二）口腔材料学课程思政建设目标

口腔材料学课程思政建设目标主要包括以下几点。

第一，《口腔材料学》旨在为国家培养口腔医学领域的专业人才打下材料学基础，通过理论授课讲授各种口腔材料的组成、原理、特点和应用，再通过示教、实验操作等环节，使学生掌握口腔材料学的基础理论、基本知识和基本技能，使学生具备服务健康中国的能力。

第二，通过价值引领将专业知识体系与思政教育有机融合。通过口腔材料学发展简史和重要人物，向学生讲述我国学者在艰苦环境下对口腔材料的自主研发故事，树立学生自立自强的信心，培养学生科研探索精神和以“患者为中心”、甘于奉献的医者精神，树立正确的价值观。

二、教学内容和思政要点设计

本课程的教学内容、知识点和对应思政元素设计及呈现如表 4-1 所列。

表 4-1　口腔材料学的教学内容、知识点和对应思政元素设计及呈现

教学内容	知识点	思政元素设计及呈现
口腔材料性能	1. 口腔材料物理、机械、化学和生物性能的定义和基本概念 2. 口腔专业标准及标准化组织的基本内容	1. 通过讲述北京大学口腔医学院老一辈教授对口腔材料学发展做出的卓越贡献，主动作为，北京大学口腔医学院承担口腔材料标准化工作和对口国际标准工作，为口腔材料产品质量提供技术支撑，体现了北京大学口腔医学院的社会责任担当，使学生领悟科技自信和不畏险阻的探索精神

续表

教学内容	知识点	思政元素设计及呈现
印模材料和牙科用蜡	1. 弹性印模材料的分类、概念、性能和临床应用特点 2. 非弹性印模材料的分类、概念、性能和临床应用特点 3. 牙科用蜡的分类、原料组成和性能	1. 培养学生从临床需要的角度出发，以材料学知识为基础，个性化地为患者选择最合适的材料和方案，树立良好的价值观 2. 讲述藻酸盐印模材料的国产化发展史，从依赖进口到自主创新，体现科技自信 3. 讲述北京大学口腔医学院老一辈科学家对藻酸盐印模材料国产化做出的卓越贡献，使学生在更直观地认识印模材料的重要性、成分与性能的关系的同时，树立自立自强的信心 4. 讲述口腔数字化印模的发展过程，向学生强调科学训练、科学思维的重要性，激发学生通过科研为口腔医学做贡献的责任感和使命感
义齿基托、合成树脂牙、软衬材料及颌面赝复材料	1. 高分子材料的基本概念、分类、结构、性能 2. 热凝义齿基托材料的分类、组成、制备、性能和临床应用特点 3. 自凝义齿基托材料的分类、组成、制备、性能和临床应用特点 4. 义齿软衬材料及颌面赝复材料的分类、性能和临床应用特点	1. 讲述高分子材料国产化的过程，将研究人员坚持真理、求真务实、永不放弃的研究精神传递给学生 2. 通过讲述口腔高分子材料的现状以及待解决的问题，激发学生努力学习的决心和对科研的热情
模型材料和铸造包埋材料	1. 牙科石膏的基本概念、分类、制备过程以及结构对性能的影响 2. 铸造包埋材料的分类和应用特点 3. 不同包埋材料（石膏、磷酸盐、硅胶、模型）的主要特点	1. 包埋材料是口腔科的基础材料，讲述其国产化现状，引起学生努力做好基础科研的共鸣 2. 通过讲述铸造包埋材料的发展过程，有效地激励学生产生学习内驱力，促进学生对专业知识的理解、掌握、拓展和深化 3. 通过讲述包埋材料的研发现状，鼓励学生具有攻坚克难的科研精神
铸造合金	1. 金属材料的基本概念、分类、结构和性能 2. 贵金属合金（金、钯、铂及合金）的分类、组成、制备、性能和临床应用特点 3. 非贵金属合金（镍、钴、铬、钛及合金）的分类、组成、制备、性能和临床应用特点	1. 讲述金属材料的基本概念、发展史，使学生明白金属材料的重要性 2. 讲述贵金属和非贵金属的区别，使学生明白要以发展的眼光学习口腔材料学，了解口腔材料的发展规律 3. 结合不同材料的优缺点，实事求是地依据患者状况选择最适宜患者的材料，做到心中有患者，以患者健康和利益为主，体现医者仁心
锻制合金及金属制品	1. 不锈钢的基本概念、分类、组成和性能 2. 镍铬合金和镍钛合金的组成及特性 3. 钎焊的定义、分类、材料、焊接原理和临床应用	1. 培养和引导学生以材料学知识为基础，为患者个性化定制不同材料修复体，减少患者负担，为患者服务 2. 引导学生思考如何辩证地选择材料

续表

教学内容	知识点	思政元素设计及呈现
口腔陶瓷、金属烤瓷修复体系	1. 陶瓷的基本概念、分类、结构、性能 2. 全瓷材料的制备、性能和临床应用 3. 烤瓷材料的分类、组成、制备、性能和临床应用特点	1. 通过讲述陶瓷材料发展史，使学生理解材料的发展，以及新材料新技术助力口腔医学发展的规律 2. 学习我国学者在陶瓷材料发展国产化中做出的卓越贡献，特别是CAD/CAM陶瓷方面，激发学生的创新意识和自主研发材料的勇气，为国民健康服务 3. 通过陶瓷学习使学生意识到口腔材料学理论是后期临床学习的基础，在日后的临床工作中需要根据材料学知识，辩证思考修复体的选择
树脂基充填材料和粘接材料	1. 树脂基充填材料的基本概念、分类和临床应用 2. 复合树脂材料的组成、操作和性能的关系 3. 粘接材料的分类（牙釉质和牙本质粘接）、制备、粘接机理和临床应用	1. 讲述牙科树脂材料的发展史以及现在树脂类材料存在的问题，引发学生思考，启发学生辩证看待现有材料的优势与局限性 2. 讲述北京大学口腔医学院老一辈科学家在粘接机理、耐磨耗机理、耐磨填料开发和国产树脂开发方面做出的卓越贡献，激励学生努力科研，不断突破创新，为祖国的口腔医学事业做出贡献
银汞合金	1. 银汞合金的使用过程和微观结构 2. 银汞合金的性能（抗压强度、弹性模量、蠕变、拉伸强度、尺寸变化和锈蚀） 3. 银汞合金的临床应用特点	1. 介绍我国科研单位自主研发银汞合金产品的过程，明晰发展历程，培养学生自主创新意识 2. 讲述汞的优缺点，特别是对环境的影响，鼓励学生研发替代产品的意识，并从多角度考虑材料的应用
牙科水门汀	1. 牙科水门汀的基本概念、分类、结构和性能 2. 磷酸锌水门汀、氧化锌丁香酚水门汀、聚羧酸锌水门汀、玻璃离子水门汀、氢氧化钙水门汀、树脂基水门汀的组成、固化反应、性能和临床应用	1. 讲述水门汀的发展史，国产化情况以及临床应用，使学生明白在不同临床状况下，材料选择直接影响治疗的成功率 2. 激励学生以发展的眼光学习口腔材料学，虽然磷酸锌水门汀目前在临床上应用较少，但开发新型水门汀时可以作为对照和参考 3. 讲述北京大学口腔医学院学者早年间为解决临床缺少材料的问题，自制氧化锌丁香酚水门汀的故事，使学生体会到科研要与临床紧密结合，要考虑患者治病的需求，科研要为民众健康服务
牙髓及根管治疗材料	1. 盖髓材料（氢氧化钙制剂、氧化锌丁香酚水门汀和MTA）的基本概念、性能和临床应用特点 2. 根管充填和封闭材料（固体、糊剂和液剂）的组成和临床应用特点 3. 桩核材料（金属桩、纤维增强的树脂桩和烤瓷桩）的性能和临床应用	1. 讲述我国根管治疗材料的发展历史，以及根管治疗材料在临床的应用。目前根管治疗材料国产化程度低，关键技术还处于“卡脖子”阶段，学生应了解临床上对材料的需求点，国产口腔材料与国际知名品牌的性能差距，鼓励学生投身根管治疗材料研发领域 2. 讲述纤维桩逐渐替代金属桩的过程，使学生了解材料设计的一般规律

续表

教学内容	知识点	思政元素设计及呈现
预防保健材料	预防保健材料（窝沟点隙封闭剂、含氟防龋材料、牙膏、洁牙剂、口腔保护器）的基本概念、分类、结构、性能以及在临床的应用	1. 讲述我国预防保健材料的发展历史以及对儿童健康的影响 2. 讲述我国对儿童氟防龋工作的贡献和重视，增加学生的职业价值认同感和爱国热情，同时强调医患沟通的重要性
口腔种植材料	口腔种植材料（金属类和陶瓷类）的基本概念、分类、性能以及在临床上的结合方式	讲述口腔种植材料的发展历史，引导学生多角度考虑选择最适合的种植体
切削、研磨和辅助材料	1. 切削和研磨的原理、材料和应用 2. 辅助材料（清洁剂、分离剂、义齿稳固剂和咬合调整材料等）的应用	1. 辅助材料在临床、技工室的作用，虽然是辅助用材料，但也是临床必不可少的，鼓励研究创新材料 2. 口腔材料学对整个口腔医学的重要作用，培养学生的整体观

三、教学设计与方法

口腔材料学是以口腔医学、材料科学、物理学、化学、冶金学、工程学等多种学科为基础的交叉学科。口腔材料学的内容涉及材料学的基本知识、基本结构、各种口腔材料的组成以及各成分的作用、内部结构、性能特点及其临床应用之间的关系，是口腔医学的重要组成部分，也是口腔医学教育中重要的基础课之一。口腔材料学是口腔基础专业必修课，这门课程蕴含着丰富的人文元素和专业知识，以口腔材料学的发展史、关键技术突破、关键人物等为范本向学生展示爱国主义精神、时代精神和科学家精神。

1. **系统规划口腔材料学课程的思政内容，保证学科内容与思政内容有效融合** 立足于本科生阶段的课程教学目标，将思政元素自然融入专业课程的知识点教学中，将有较高契合点的思政内容贯穿到课程内容中，将内容分类整合，体现思政内容和教学内容的匹配性，在讲述中注重层次性和递进性。例如在讲述材料发展史时，以递进的方式讲述同类材料在不同阶段发展的重大意义，如对比20世纪50年代氧化锌丁香酚水门汀国产化之前，材料采购、进口的诸多困难，以及我国第一种氧化锌丁香酚水门汀的问世过程，以及后续昂贵的硅酸盐根管充填材料成功国产化的意义，以循序渐进的方式使学生理解创新的意义以及培养学生自主创新的责任意识。

2. **建立理论课与实验课的协同机制，提高思政内容的连贯性** 建立不同学习阶段的协同机制有利于推动专业教学与思政育人的一体化建设。口腔材料学由理论课和实验课两部分组成，因此在构建课程思政内容时，需统一布局、综合考虑、协同规划，注重连续性。在理论课中讲述材料的发展进程，其中包括国产化进程、创新材料研发等；在实验课中尽可能包括发展进程中的大多数材料，例如树脂基材料和水门汀材料，虽然化学固化树脂和磷酸锌水门汀已很少在临床应用，但在口腔材料学实验课中，仍安排了化学固化树脂和磷酸锌水门汀的相关内容，目的是让学生结合这些材料的发展过程，学习材料设计的基本原理和材料创新的主要依据，通过学习前辈的创新思维，深化学生对创新的理解与践行。

3. **深挖课程内容中蕴含的思政元素，并注重思政目标的达成度** 口腔材料学蕴含众多思政元素，更多、更好地挖掘这些元素，并“润物细无声”地融入教学是口腔材料学的教学目标。教师通过集体备课的方式研究讨论思政元素如何融入课程，比如通过临床病例引导学生思考如何选择合适材料、列举生活中与口腔粘接理论通用的例子、讲述我国面临的关键口腔材料“卡脖子”技术领域等，充分激发学生的创新精神，培养百折不挠、勇往直前的意志。

四、课程思政教学案例

课程题目：口腔印模材料

授课教师：林红（研究员）

学时数：2 学时

1. **教学内容分析** 印模材料是口腔医学生应重点掌握的内容，是口腔多门专业课都需要用到的基础课程内容，重点应掌握印模材料的分类，不同类别的代表性印模材料的组成、凝固机理、性能特点和应用。本节课在教学内容的安排和设计方面进行了创新设计，例如：用对比法使学生迅速理解不同印模材料的相同点和不同点；讲述我国老一辈口腔材料学家研发粉末藻酸盐印模材料的先进事迹和国产化的成功案例，使学生深刻领悟习近平总书记一直强调的中国需要在科技领域实现自主创新，不依赖他国的核心技术，即实现高水平科技自立自强，提高学生对“基础研究”的重视度。

2. **教学目标**

（1）掌握印模材料的概念和分类。掌握藻酸盐印模材料的组成、凝固机理、性能特点、适用范围，掌握各组成成分的作用和影响凝固时间的因素；琼脂印模材料的胶凝温度、凝胶与溶胶转换温度、尺寸稳定性的影响和临床应用注意事项等；掌握弹性体印模材料的概念、分类；加成型硅橡胶、缩合型硅橡胶和聚醚橡胶的主要组成和聚合反应特点、尺寸稳定性等性能特点和临床应用特性。

（2）熟悉其他印模材料的性能特点，聚硫橡胶、印模膏的特点等。

（3）通过纵向对比分析，培养学生从临床需要出发，以患者为中心，根据不同材料的特点选择最适合的印模材料，提高治疗效果。

（4）在专业知识讲授中融入多种思政元素，培养学生多角度考虑问题、热爱基础研究、致力于科技创新的自信心和责任感。

3. **课程思政目标** 通过讲授我国老一辈口腔材料学家徐恒昌教授带领北京大学口腔医学院材料研究室研发粉剂藻酸盐印模材料，并成功国产化的过程，增强学生努力解决“卡脖子”难题的决心和勇气；通过横向对比不同材料的结构和性能差异，使学生学会从临床角度出发，培养学生以“患者为中心”、医者仁心的医学人文素养，为患者选择最适合的印模材料，培养学生树立正确的价值观；通过拓展传统印模材料向数字化印模材料的发展进程，鼓励学生立足于临床需求，通过列举综合运用多个学科和交叉学科的最新研究成果解决本专业待解决的问题，培养学生立志高远、勇攀科学高峰的责任感和使命感。

4. **教学重点难点** 藻酸盐印模材料、琼脂印模材料、硅橡胶印模材料的组成、凝固机理、影响因素、性能特点等内容是本节课的重点难点内容。同时，本节课课程思政融合的难点和重点，表现为如何使学生深刻理解立足于口腔临床实际需求的发展思想，努力创新，开拓进取，着力于新型材料、数字化材料等的研发。

5. **学情分析**　学生在学习本节课之前，已学习口腔材料的基本性能，但对印模材料和临床知识知之甚少，学习起来有一定难度。因此，首先应使学生从生活中可以理解的物体的阴模入手理解印模膏等，再引申到口腔印模。其次，通过图片、视频等手段使学生初步了解临床如何制取印模，使学生对印模材料有直观认识，补充缺乏的临床知识。再次，采用对比法重点讲述不同类别印模材料的组成和性能差异，帮助学生建立根据不同临床情况和不同材料特点，选择最适合材料的基本原则。此外，通过讲解印模材料的发展历程，既能使学生感受老一辈科学家为材料国产化做出的贡献，也可启发学生的科研思维，促进其更好地解决“卡脖子”问题，为高水平科技现代化、科技自立自强做出应有的贡献。

6. **教学设计思路**　通过问题引导，将教学内容、重点掌握内容和课程思政融会贯通，通过对比式教学、互动式教学、启发式教学、归纳式教学，通过教具、视频影像、板书等载体讲述印模材料。具体教学设计思路如图 4-1 所示。

教学主线	知识点	教学设计
定义和分类	弹性、可逆性	病例导入、对比教学
性能和要求	安全性、有效性	分析归纳、板书
水胶体印模材料	藻酸盐、琼脂	中英对照、现场演示
国产化过程	进口、国产化	启发提问、课程思政
弹性印模材料	硅橡胶、聚醚橡胶	视频教学、板书加强
非弹性印模材料	印模膏等	提问复习、课程思政
印模材料发展历程	数字化印模的发展和展望	启发思考、课程思政、对比归纳、复习总结

图 4-1　口腔印模材料教学设计思路

7. **教学过程**　具体教学过程如表 4-2 所列。

表 4-2　口腔印模材料的教学过程

教学目标	教学内容	教学设计
课程导入	**课程导入：通过生活中的印迹和临床病例提出问题** 无牙颌患者，从无牙颌到种植修复完成，需要取多次印模 问题 1：每次印模用的材料一样吗？ 问题 2：不同材料之间的组成、性能有什么区别呢？ 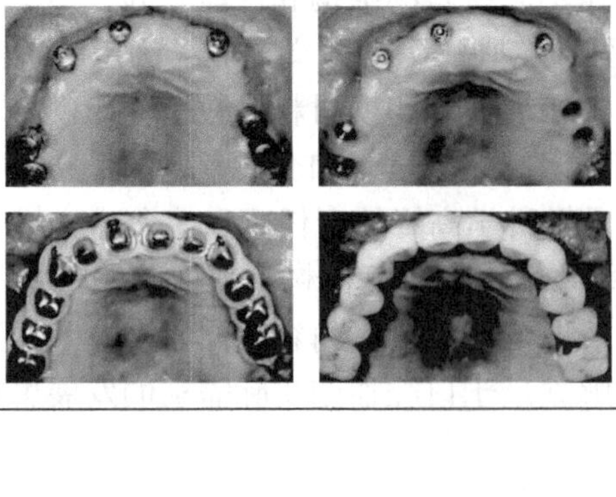	**举例 + 病例导入**：通过生活中的印迹，解释什么是物体的阴模，引申至牙齿的印模。再通过无牙颌患者全口种植修复的病例，引出课堂问题：全口种植义齿需要取很多次印模，每一次印模所用的材料一样吗？选择不同材料时材料组成和材料性能的区别有哪些？ **启发教学**：思考不同组成的印模材料的凝固机理和性能特点 **课程思政**：建立学生的爱伤意识，以材料学知识为基础，个性化地为患者选择最适的材料和方案，更好地为患者服务

续表

教学目标	教学内容	教学设计
★ **掌握** 印模材料的定义和分类 **熟悉** 印模材料的性能要求	**一、概述** **印模材料**：记录口腔各组织形态及关系的阴模所使用的材料 **阳模**：口腔组织或颌面，是实体 **印模**：物体的阴模 **（一）口腔印模材料的分类** 1. 弹性印模材料：可逆性和不可逆性 2. 非弹性印模材料：可逆性和不可逆性 **（二）印模材料的性能要求**	**对比教学**： 结合物体的阴模和模型的特点；并结合图片与教具形象理解印模材料的定义 **分析归纳**：印模分成弹性和非弹性两大类，每一类再分为可逆材料和不可逆材料。并用实物展示代表性例子 **启发教学**：为了满足临床需要，口腔印模材料需要满足哪些性能？
★ **掌握** 藻酸盐印模材料的组成、各成分作用、凝固机理、性能特点和影响因素等	**二、水胶体印模材料** **（一）藻酸盐印模材料** 1. 组成和各成分作用 基质：藻酸盐 胶凝剂：硫酸钙 缓凝剂：磷酸钠 填料、增稠剂、指示剂等 2. 凝固反应 sol → gel：**线性大分子连成网状大分子** 3. 性能：凝固时间 2 ~ 5 min，流动性好，有弹性，尺寸稳定性受含水量影响 4. 影响藻酸盐印模材料凝固时间的因素：缓凝剂、藻酸盐与硫酸钙的比例、温度、水 / 粉比 5. 应用	**对比归纳**：成分和作用 **现场演示**：加入不同量的缓凝剂，凝固时间不同 **播放动画**：凝固反应原理、过程 **启发提问**：根据藻酸盐印模材料的组成和凝固反应机理，推断其性能 **对比总结**：通过藻酸盐印模材料的组成和反应机理，总结凝固时间的影响因素
了解 国产化过程	**第一阶段**： 早期的藻酸盐印模材料：依赖进口，后期国产化糊状产品出现 **第二阶段**： 1990 年初，口腔材料研究室徐恒昌教授带领北京大学口腔医学院材料研究室自主研发粉剂藻酸盐印模材料，开发了藻酸盐印模材料的粉体原料，彻底解决了 20 世纪 90 年代印模材料“卡脖子”问题 **第三阶段**： 产业转化，粉状藻酸盐印模材料实现国产化	**启发教学**：引导学生思考材料研究中的要素 **课程思政**：讲述我国自主研发粉状藻酸盐印模材料，解决材料依赖进口的艰辛过程，增强学生的科研自信和使命感；强化学生立足于临床实际，积极探索、不断突破的科研精神
★ **掌握** 琼脂印模材料的组成、凝固机理、性能特点、临床应用等	**（二）琼脂印模材料（agar impression materials）** 1. 组成：琼脂、高岭土、甘油、硫酸钾、硼砂、麝香草酚、水 2. 结构：水胶体，网状骨架含水达 80% 3. 性能：可逆性水胶体，流动性好，印模清晰，准确性高，具有弹性，可因渗润和凝溢作用影响尺寸稳定性，抗撕裂强度小 4. 应用：半流体状态取模、作为复制模型的印模材料 **水胶体印模材料小结**	**对比教学**：对比不可逆的藻酸盐印模材料，学习可逆印模材料中琼脂的溶胶、凝胶转变 **形象教学**：视频操作，增加直观理解 **启发教学**：溶胶 - 凝胶转变材料在口腔中还可能有哪些应用？

续表

教学目标	教学内容	教学设计
★ **掌握** 弹性体印模材料的概念、分类，加成型和缩合型硅橡胶的主要组成、聚合反应、性能特点和临床应用	**三、弹性体印模材料** **（一）硅橡胶印模材料** **1. 缩合型室温硫化硅橡胶印模材料（Ⅰ型）** （1）组成： 基质：聚二甲基硅氧烷（末端含羟基） 交联剂：硅酸乙酯或三乙氧基硅烷 催化剂：辛酸亚锡或月桂酸二烯 （2）固化机制 交联缩合反应：线状聚合物→网状缩聚物＋乙醇 （3）性能：尺寸稳定性好，凝固时间受室温、催化剂量影响，精度高 （4）应用 **2. 加成型硅橡胶印模材料（Ⅱ型）** （1）组成： 基质：聚甲基乙烯基硅氧烷 交联剂：含氢硅油 催化剂：氯铂酸、铂酸盐 （2）固化机制：交联加成反应，线状聚合物→网状聚合物，反应完全，无副产物 （3）性能：尺寸稳定性、印模精度优于缩合型，凝固时间快、强度高 （4）应用 **3. 硅橡胶印模材料小结**	回顾课程最初的全口义齿种植修复病例，引出种植修复需要用什么印模材料才具有更好的尺寸稳定性，引出硅橡胶印模材料的特性 **启发思考：**根据缩合型硫化硅橡胶和加成型硅橡胶的成分，推导两种硅橡胶材料的固化机制和性能特点以及学习材料的组成 - 性能关系 **视频教学：**硅橡胶的凝固和调和后性状 **对比、归纳教学：**对比归纳两种硅橡胶的相同点，便于学生理解和记忆 **课程思政：**讲述硅橡胶印模材料过去依赖进口，价格昂贵。国内企业攻坚克难，实现国产化，解决“卡脖子”问题，让更多患者受益，并提高治疗质量。增强学生科研自立自强的信心，为建设健康中国贡献力量
熟悉 聚醚橡胶印模材料	**（二）聚醚橡胶印模材料** 弹性不可逆性精密型双组分印模材料 1. 组成：基质＋催化剂＋增塑剂＋填料 2. 凝固反应：交联反应，无副产物 3. 特性：工作及固化时间短、尺寸稳定性好、亲水性好、强度高、精度高、流动性和柔韧性差 4. 应用	**对比分析：**在组成、凝固反应、性能方面与硅橡胶印模材料对比，分析优缺点
了解 聚硫橡胶印模材料	**（三）聚硫橡胶印模材料** 弹性不可逆，强度好、弹性高、韧性大、光洁度高、印模精确 1. 组成：基质＋催化剂＋增塑剂＋填料 2. 凝固机制：低分子链→高分子缩合物 3. 性能：工作时间长、弹性高、强度高、精度高 4. 应用	**归纳教学：**聚醚橡胶和聚硫橡胶的差异和各自的优缺点 从关爱患者，以患者为中心的角度，使学生了解为何聚硫橡胶印模材料已逐渐被硅橡胶印模材料替代，引导学生要有不断创新的意识

续表

教学目标	教学内容	教学设计
熟悉 非弹性 印模材料、 弹性体咬合 记录材料、 数字印模	**四、非弹性印模材料、牙科复制印模材料、弹性体咬合记录材料、数字印模材料** 非弹性印模材料临床已很少应用，主要有印模膏、氧化锌-丁香酚印模糊剂、印模石膏，其中印模膏是非弹性可逆的印模材料。其他是非弹性不可逆的印模材料 数字化印模材料：有口外和口内两种采集方式，通过扫描，采集扫描设备对石膏模型或对牙体和相关软、硬组织直接扫描，获取数字化印模。与传统印模相比，省去了制取印模、灌注模型的过程，节省了材料，提升了患者的舒适度	**启发思考：**1. 所学的印模材料中，哪种可以作为牙科复制印模材料？ 2. 与弹性印模材料对比，非弹性印模材料有哪些特有的应用？ **提问复习：**在已经学习的印模材料中，哪种材料的性能可以作为咬合记录材料？同时复习硅橡胶印模材料的性能 **课程思政：**印模材料的种类很多，通过学习已知的印模材料，引导学生以患者为中心、从临床角度出发，思考如何根据材料的组成、原理选择最适合的材料。培养学生的爱伤意识、人文素养和医学思维
了解 数字化印模 的发展历程	数字化印模的发展历程：口腔印模材料经历了从非弹性印模材料到弹性印模材料再到数字化印模的发展过程 在数字化普及的大环境下，信息技术在口腔医疗领域的应用越来越广泛，口腔数字印模的出现符合口腔医疗数字化的发展所趋。口腔印模是修复临床和正畸临床必需的关键环节，在此背景下，数字化口腔印模的研发引起了口腔临床医生和口腔科研工作者的广泛关注。相比于传统印模方式，数字化口腔印模具有精度高、效率高、质量好、节省时间等优势，数字化口腔印模开启了口腔印模的数字化时代	**课程思政：**通过讲述印模材料的发展历程、数字化印模的研发应用，启发学生的科研思维 鼓励学生要以发展的眼光，运用交叉学科的思维和其他学科的先进科学技术解决口腔领域、医学领域存在的问题，积极学习尖端技术，以推动口腔医学的持续进步和创新
总结	印模材料的分类，各种弹性印模材料的性能特点及临床应用（重点）；各种印模材料的主要组成及固化机理（难点）	
思考题与 课后作业	1. 硅橡胶类印模材料能完全替代藻酸盐类印模材料吗？为什么？ 2. 印模材料的分类及各类印模材料的主要特征	

第五章　口腔颌面医学影像学

一、课程定位和课程思政建设目标

（一）口腔颌面医学影像学课程定位

口腔颌面医学影像学（oral and maxillofacial medical imaging）是口腔医学专业必修课程之一，主要包括口腔颌面放射生物学、口腔放射防护、口腔颌面医学影像检查技术和牙及牙周组织病变、颌面骨炎症、颌骨囊肿、肿瘤和瘤样病变、创伤、唾液腺疾病、颞下颌关节疾病，系统疾病在口腔、颅、颌面部的医学影像学表现，以及口腔颌面部介入放射学和口腔种植放射学等方面的内容。该课程以口腔颌面放射学为基础，涵盖计算机X线体层摄影成像、口腔颌面部锥形束CT、超声成像、核素显像及磁共振成像等医学影像检查内容。

口腔颌面医学影像学是衔接口腔临床医学与口腔基础医学的桥梁，对于提高学生的综合素养和临床胜任力具有重要作用。通过口腔颌面医学影像学的学习，学生可以掌握口腔颌面部疾病的影像学表现、诊断和鉴别诊断，为全面的口腔临床医学实践打下坚实的基础；培养学生的科学思维和创新能力，储备学生在医疗实践中终身学习、积极探索和守正创新的创造力；通过学习口腔颌面医学影像学发展历史和前景，进一步增强科技自信。

（二）口腔颌面医学影像学课程思政建设目标

口腔颌面医学影像学课程思政建设的主要目标是在口腔医学知识和技能的学习中落实社会主义核心价值观全程教育，激发学生不断提升职业道德和人文素养的主动性，引导学生牢记社会使命，树立良好的医德医风，为人民健康服务。

第一，培养德才兼备的口腔医学人才。通过课程思政建设，使口腔医学生深刻理解社会主义核心价值观的内涵，树立正确的世界观、人生观和价值观。讲授影像诊断在口腔疾病诊断中的重要意义，一名合格的影像科医生不仅需要具备能够正确诊断的知识和能力，还需要高度的责任感和使命感、终身学习的意志和毅力，更加需要的是始终服务于他人的信念和初心。通过影像学习这一具体事例，延伸至一名优秀的医生所需要的对自我人格培养的要求，以及延伸至作为一名普通的公民，所需具备的社会主义核心价值观。一名优秀的医生所需要具备的知识和技能只是基础，个人人格的不断提升、道德修养的不断提高才是做好本职工作、服务他人的根本动力。正确的影像诊断不仅需要坚实的专业知识、敏锐的观察能力和丰富的临床经验，还需要对医学事业的高度热爱、心系患者生命安全的高度责任心、终身学习提高的坚定信念，以及维系患者生命健康的使命感与责任感，使学生领悟人民至上、生命至上的医学理念，以全心全意为人民服务的宗旨履行职责。

第二，提高学生的文化素养，培养口腔医学生的人文关怀意识。结合口腔放射防护等课程，引导学生关注患者的心理需求和情感需求，使其在医疗过程中，充分尊重患者的人格尊严和隐私权，为患者提供温暖、关怀和个性化的医疗服务。通过讲授 X 线检查可能带来的对患者的辐射损害，加强学生的爱伤意识，引导学生学习医疗卫生行业九项准则，避免过度检查与过度医疗。

第三，强化职业道德教育，培养口腔医学生的职业道德和职业操守，进一步明确自己的职业责任和职业使命，始终保持高尚的医德医风，以诚信、责任、公正的态度对待每一位患者。结合口腔影像诊断的特点，每次影像检查都可能会产生大量的影像资料，需要医生对患者高度的负责精神，保障患者在影像检查中获益。

第四，培养团队协作精神，培养医学生的协作互助精神，使其在工作中学会与同事沟通、协作、配合，共同为患者提供优质的医疗服务。

第五，培养科学思维和守正创新能力，鼓励学生在医疗实践中不断探索、创新，既坚守为人民服务的初心，又能不断在实践中发现问题、解决问题，为保障患者的生命健康贡献力量。通过案例教学，启发学生建立对影像分析和病例分析的科学思维，客观分析影像诊断结果，对每个病例建立正确的影像诊断。

二、教学内容和思政要点设计

本课程的教学内容、知识点和对应思政元素设计及呈现如表 5-1 所列。

表 5-1　口腔颌面医学影像学的教学内容、知识点和对应思政元素设计及呈现

教学内容	知识点	思政元素设计及呈现
绪论	1. 口腔颌面医学影像学的概念及学习方法 2. 医学影像学检查方法在口腔颌面部疾病诊断中的选择与应用 3. 口腔颌面影像学的发展史和特点 4. 口腔颌面影像技术的特点及常用设备概况 5. 现代影像学技术在口腔医学诊断中的应用	1. 以我国口腔颌面医学影像学科“从无到有”的发展历程为线索，了解我国口腔放射历史上许多的“第一”，帮助学生树立正确的世界观、人生观和价值观，增强科技自信 2. 将介绍口腔颌面影像技术与我国口腔医学影像学前辈的真实经历相结合，使学生通过学习掌握事物发展规律与哲学思想，在丰富学识的同时不断夯实为人民健康服务的人生理想
口腔颌面影像技术特点		

续表

教学内容	知识点	思政元素设计及呈现
口腔放射生物学及防护概述	1. 放射物理学概述 2. 放射生物学效应 3. 放射防护	1. 通过对放射防护知识的学习，培养学生的爱伤观念、自我保护意识与责任感 2. 建立尊重生命、以人为本的观念，学生应理解放射防护的目的和意义，认识到保护患者和医护人员的生命安全是首要任务，同时也要理解放射防护对环境和公众的影响。使学生在学习过程中不断积累人文素养，对生命价值有正确的认识和理解 3. 学生需要运用科学思维来分析问题，评估风险和效益。课程思政目标应注重培养学生的批判性思维能力，使其能够理性地对待问题，独立思考并做出决策。同时，要鼓励学生敢于创新，勇于探索新的方法和途径，以推动口腔放射防护技术的不断进步
口内 X 线片及正常 X 线解剖	1. 根尖片投照及原理 2. 根尖片显示牙及牙周组织正常 X 线表现 3. 根尖片显示有关颌骨正常解剖 X 线表现 4. 殆片的种类、投照、用途及正常 X 线表现 5. 殆翼片的投照、用途及正常 X 线表现	1. 了解北京大学口腔医学院放射科老一辈技师所研制的根尖片投照定位装置，大力弘扬以改革创新为核心的学习精神 2. 专业素养，价值观、团队协作与创新实践的综合培养 口内 X 线片及正常 X 线解剖的课程思政可以包括以下几个方面： （1）培养学生的专业素养和职业道德：通过学习口内 X 线片及正常 X 线解剖，学生可以了解口腔医学的专业知识和技能，同时也可以培养他们的职业道德和职业素养，如责任心、敬业精神等 （2）引导学生树立正确的价值观：通过学习口内 X 线片及正常 X 线解剖，学生可以了解医生的职责和使命，从而引导他们树立正确的价值观，尊重生命、关爱患者 （3）培养学生的创新意识和实践能力：通过学习口内 X 线片及正常 X 线解剖，学生可以掌握口腔医学的基本理论和技能，同时也可以培养他们的创新意识和实践能力，为未来的学习和工作打下坚实的基础
牙体牙周疾病的影像诊断	1. 牙发育异常的 X 线诊断 2. 龋病、牙髓、根尖周炎和牙周炎的 X 线诊断	1. 培养学生良好的医德医风、职业素养和社会责任感 2. 结合牙体牙周疾病的影像诊断案例，引导学生分析病例，培养学生的临床思维和解决问题的能力。融入社会主义核心价值观、医学伦理、医患沟通等元素，培养学生的职业素养和社会责任感

续表

教学内容	知识点	思政元素设计及呈现
口腔颌面骨炎症的影像诊断	1. 曲面体层片、下颌骨侧斜位和下颌升支切线位正常X线影像和相关解剖标志 2. 颌骨化脓性颌骨骨髓炎、Garre骨髓炎、放射性骨坏死、化学性骨坏死、慢性硬化性骨髓炎、婴幼儿颌骨骨髓炎、牙源性上颌窦炎的X线诊断	1. 培养学生在影像学诊断中的哲学辩证思维，建立影像学诊断必须紧密结合临床的意识，"同影异病"与"同病异影"的概念，了解X线片中可能会出现的"假象"，在医疗实践中辨别真伪 2. 正确的诊断是疾病治疗的根本，建立学生以患者利益为首要目标的医学人文思想
口腔颌面创伤影像诊断	1. 华特位和下颌骨开口后前位正常X线影像和相关解剖标志 2. 颌面骨骨折的X线诊断 3. 牙折、牙根折裂的X线诊断 4. 骨折愈合过程中X线征象变化规律 5. 系统病在颌骨的表现	1. 通过口腔颌面创伤影像诊断的学习，学生需要掌握严谨审慎的观察和分析方法，培养对口腔颌面部创伤准确诊断和鉴别诊断的能力 2. 通过讲解影像诊断在口腔颌面部创伤诊治中的重要作用，培养学生的奉献精神和为人民健康服务的意识 3. 通过介绍我国在口腔颌面部外伤影像诊断领域的发展成就和技术创新，培养学生的科技自信
口腔颌面骨肿瘤及瘤样病变的影像诊断	1. 颌骨囊肿的X线诊断 2. 颌骨瘤样病变的X线诊断 3. 颌骨良性肿瘤的X线诊断 4. 颌骨恶性肿瘤的X线诊断 5. 颌面颈部软组织肿块的影像诊断 6. 口腔颌面部介入放射学的概念、临床应用 7. 栓塞剂的分类 8. 栓塞术前、术中、术后注意事项及栓塞并发症	1. 正确的影像评估是临床合理检查、合理治疗的基础，培养学生"敬佑生命、救死扶伤、甘于奉献、大爱无疆"的医者精神，引导学生始终把人民群众生命安全和身体健康放在首位，尊重患者，善于沟通，敦促学生不断加强自身人文和科学素养，避免过度检查与过度治疗 2. 正确认识医学的限度，建立精益求精、以患者健康为目标的理念
颞下颌关节疾病影像诊断	1. 许勒氏位片、髁突经咽侧位、CBCT、关节侧位体层片正常影像 2. 颞下颌关节造影及颞下颌关节MRI正常图像 3. 颞下颌关节紊乱病的影像诊断 4. 感染性关节炎、创伤性关节炎、类风湿性关节炎的影像诊断 5. 髁突发育异常的影像诊断 6. 颞下颌关节强直的影像诊断 7. 颞下颌关节脱位的影像诊断 8. 关节囊肿及肿瘤的影像诊断 9. 颞下颌关节少见病	1. 在知识点讲解的基础上强调颞下颌关节疾病研究中中国学者的贡献，注重在潜移默化中培养奋斗精神，提升创新意识 2. 强调医生的职业责任和敬业精神 3. 颞下颌关节疾病的诊断和治疗技术不断发展更新，在课程中可以引导学生认识到终身学习的重要性。同时，强调医生应该具备创新意识和探索精神，关注医学前沿和发展趋势，不断提升自己的专业素养和职业能力

续表

教学内容	知识点	思政元素设计及呈现
唾液腺疾病影像诊断	1. 唾液腺发育异常的影像诊断 2. 涎石病的影像诊断 3. 涎瘘的影像诊断 4. 唾液腺炎症的影像诊断 5. 唾液腺肿瘤的影像诊断 6. 舍格伦综合征的影像诊断 7. 唾液腺良性肥大的影像诊断	1. 以唾液腺检查方法的进步与革新，培养学生科技创新思维以及对新技术新疗法不断探索的进取精神 2. 培养学生的爱伤观念和以患者为中心的观念，影像学检查应当以临床病史采集和仔细的临床检查为基础，检查目的明确，影像学检查获得的信息应有助于临床诊治，还应当考虑到影像学检查对患者造成的经济负担、痛苦和创伤性
口腔颌面种植放射学	1. 各种 X 线检查技术的特点和选择 2. 种植相关影像解剖学 3. 三维影像数据在数字化口腔种植中的应用	1. 通过讲解口腔种植放射学的发展历史及现代口腔精准治疗的发展目标，使学生感受到医学进步给人类健康带来的成就感，培养其不断创新进取、解决医学难题的精神 2. 口腔种植诊疗中影像检查应遵循患者利益最大化的原则。诊断成像的基本原则是对患者的益处远远大于与辐射相关的风险。在临床实践中形成正确的思辨能力来处理专业问题

三、教学设计与方法

“口腔医学影像学”是口腔医学专业必修课程之一，包括对口腔颌面部疾病的 X 线、CT、磁共振成像及超声等现代医学影像技术的检查与诊断以及口腔颌面部介入放射学。

1. **坚持历史与发展相延续原则**　深入、全面学习学科历史沿革，以北京大学口腔医学院医学影像科从无到有、由小到大的发展简史，以老一辈学者真实的经历、详实的案例，启发学生对于本学科的思考，唤起学生的家国情怀与专业认同感，引导学生树立正确的人生观、价值观，引发学生在学习中不断开拓的进取精神。此外，通过对传统口腔颌面医学影像学的学习与认识，开拓学生未来在临床、科研等方面的创新思维。

2. **坚持传承与创新相融合原则**　引导学生充分认识医学图像处理新技术的重要性，激发学生的爱国热忱与敬业精神，把推动我国口腔颌面医学影像学的发展和技术创新作为使命追求，培养学生严谨认真、坚持不懈、精益求精和勇于探索的科学精神，树立职业自信与责任感。所谓教学相长，在教师教学的同时，亦能开拓教师知识与思维的深度和广度。

3. **坚持理论与实际相统一原则**　学科的理论知识源于临床、归于临床，扎实的理论知识可铺就未来临床工作的坚固基石。培养学生将书本知识与临床相结合，强化在临床与科研工作中的辩证思维，拓宽视野，培养严谨的治学精神、提升学生的“三创”素质；培养学生多角度、全方位地思考问题，不畏困难、勇于创新的精神。

四、课程思政教学案例

课程题目：口腔放射防护

授课教师：李刚（教授，主任医师）

学时数：2 学时

1. **教学内容分析** 口腔放射防护是口腔颌面医学影像学的重要基础，也是口腔医学生须重点掌握的内容。其中，放射防护原则、口腔放射检查防护原则和具体措施是要重点掌握的内容。

本节课的教学内容设计在形式上创新的同时，融入了课程思政元素。在课程导入部分，通过“临床实际投照过程”图片引入口腔放射防护的主题，使学生对口腔放射防护有基本印象和认识。先引入影响 X 线辐射强度的有关因素，帮助学生初步了解 X 线的影响因素；再将口腔放射防护原则与影响 X 线强度的相关因素相对应，使学生体会“射线与防护”的因果关系，建立由因到果的思考过程，可以使学生有更深入的理解和记忆。在介绍防护原则的基础上，对常用防护措施逐一讲解（展示铅围脖、铅衣的使用方法），并进行相关的图片展示，使学生对具体的防护措施有更直观的理解。通过将思政内容渗透到课程中，强调社会责任和公共安全意识相契合，培养学生的职业素养和社会责任感。例如，对在临床投照工作中如何对工作人员以及患者采取适当防护措施等内容的掌握，可以帮助学生更好地理解社会责任和公共安全的重要性，提高综合素质。强调临床工作中的“安全性稳定性”，在增强学生的专业技能的同时，培养学生的社会责任感和职业道德，促进其全面发展。

2. **教学目标**

（1）知识目标：了解影响 X 线辐射强度的有关因素，熟悉口腔常用 X 线检查的辐射剂量，掌握放射防护、口腔放射防护的原则，掌握口腔放射防护的具体方法。

（2）能力目标：熟悉口腔颌面部常用 X 线检查的辐射剂量，在临床影像工作中，能够结合影响 X 线辐射强度的有关因素，遵循放射防护的基本原则，对患者和投照者采取有效、合理的防护措施。

（3）人文素养目标：通过学习口腔放射防护相关知识，培养学生的爱伤观念、责任心与自我保护意识。

3. **课程思政目标** 通过对 X 线辐射强度影响因素及口腔常用 X 线检查辐射剂量的学习，培养学生的爱伤观念、自我保护意识与责任感。通过学习放射防护基本原则及口腔放射检查防护原则和具体措施，建立尊重生命、以人为本的观念。学生应理解放射防护的目的和意义，认识到保护患者和医护人员的安全是首要任务，同时也要理解放射防护对环境和公众的影响。使学生在学习过程中不断积累人文素养，对生命价值有正确的认识和理解。学生需要运用批判性思维来分析问题，评估风险和效益。课程思政目标应注重培养学生的批判性思维能力，使其能够理性地对待问题，独立思考并做出决策。同时，要鼓励学生敢于创新，勇于探索新的方法和途径，以推动口腔放射防护技术的不断进步。

4. **教学重点难点**

（1）放射防护原则：放射防护原则包括三个方面：①实践正当性；②辐射防护的最优化；③个人剂量的限制。分别对三个原则进行详细讲解，采用相应的图片、介绍相关基本概念（如 ALARA 原则、ICRP 规定等）、结合临床案例，使学生对课程内容的理解更充分、印象更深刻。

（2）口腔放射检查防护原则和具体措施：与放射防护三原则相比较，口腔放射检查防护原则的特点是更为具体和实际；口腔放射检查防护具体措施的特点是细致而全面。

5. **学情分析**　在课程导入部分，通过"临床实际投照过程"的照片引入口腔放射防护的主题，使学生对口腔放射防护有基本印象和认识；除屏蔽防护外，其余口腔放射防护原则均与影响 X 线强度的相关因素相对应，通过对影响 X 线强度的有关因素部分的介绍和常用防护措施的逐一讲解（展示铅围脖、铅衣的使用方法），以及相关的图片展示，使学生对具体防护措施有更深入的理解；在课程总结部分，通过回顾课程导入部分的图片，回答口腔放射投照过程中最常采取的防护措施，加深印象。

6. **教学设计思路**　通过问题引导，将教学主线、知识点与课程思政有机地结合在一起，并采用联想式、演示式、探究式、启发式等多种教学设计方法，以经典案例、板书、教具、实物展示等多种形式为载体，将口腔放射防护的内容生动地呈现给学生。具体教学设计思路如图 5-1 所示。

图 5-1　口腔放射防护教学设计思路

7. **教学过程**　具体教学过程如表 5-2 所列。

表 5-2　口腔放射防护的教学过程

教学目标	教学内容	教学设计
课程导入 （提问式）	课程导入（提问式）： 根据所学的放射物理学及放射生物学效应的课程内容，影响 X 线强弱的因素可能有哪些？ 在实际投照过程中，可能有哪些防护措施？ 围绕以上问题对课程展开讲解	**启发式教学**：使学生对口腔放射防护有基本思考和印象

续表

教学目标	教学内容	教学设计
了解 重点讲解：影响X线强弱的有关因素 **熟悉** 口腔常用X线检查的辐射剂量	**复习** **回顾：** 1. 放射物理学 2. 放射生物学效应 **引入：** 影响X线强弱的有关因素 **一、影响X线强弱的有关因素** 1. 投照时间和管电流 2. 管电压 3. 滤线板 4. 光束准直仪 5. 投照距离 **二、口腔常用X线检查的辐射剂量** 1. X线平片检查的辐射剂量 2. 口腔颌面锥形束CT的辐射剂量 **三、放射防护原则（重点）** 1. 实践的正当性 2. 辐射防护的最优化 ALARA（as low as reasonable achievable）原则 3. 个人剂量的限制 职业人员平均年有效剂量限值：20 mSv 普通人员平均年有效剂量限值：1 mSv	**联想式教学**：通过回顾放射物理学、放射生物学效应的内容框架，引入影响X线强弱的有关因素，帮助学生初步了解X线的影响因素 **课程思政**：建立尊重生命、以人为本的观念，理解放射防护的目的和意义，认识到保护患者和医护人员的生命安全是首要任务 **探究式教学**：将口腔放射防护原则与影响X线辐射强度的相关因素相对应，使学生体会“射线与防护”的因果关系，建立由因到果的思考过程
★ **掌握** 放射防护原则 口腔放射检查防护原则和具体措施	**四、口腔放射检查防护原则和具体措施（难点）** 1. 减少照射时间 （1）尽量用摄影代替透视 （2）提高记录和显像系统的灵敏度 （3）减少重复检查 2. 屏蔽防护 （1）使用长遮线筒及限制射线束的大小 （2）限制X线管组装体的X线泄漏 （3）使用持片器 （4）患者防护屏蔽 （5）工作环境的屏蔽 3. 提高X线透过系数 （1）适当提高管电压 （2）适当增加射线管口滤过厚度 4. 距离防护 （1）工作人员距离 （2）被照射部位皮肤至射线源的距离 （3）其他部位至射线源的距离	**课程思政**：学生需要运用科学思维来分析问题，评估风险和效益。同时，要鼓励学生敢于创新，勇于探索新的方法和途径，以推动口腔放射防护技术的不断进步

续表

教学目标	教学内容	教学设计
总结	放射防护原则（重点），口腔放射检查防护原则和具体措施（难点）	
思考题与课后作业	1. 放射防护原则是什么？ 2. 口腔放射防护的原则是什么？	通过思考题和课后作业，促使学生积极思考并开展复习，进一步巩固课堂上学到的知识，从而为后续课程的学习奠定坚实的基础

第六章　牙体解剖与口腔生理学

一、课程定位和课程思政建设目标

（一）牙体解剖与口腔生理学课程定位

牙体解剖与口腔生理学（dental anatomy and oral physiology）是描述正常的自然牙体和牙列形态，研究分析其形态与功能的关系，讲授𬌗与颌位的概念，并联系临床实际阐明口颌系统的生理功能现象与规律的一门口腔学科，是口腔医学的重要分支和组成部分。目的在于使学生通过学习能够辨识形态结构的特点，掌握功能的活动规律，为临床课程学习奠定基础，以及在临床中应用牙体解剖与口腔生理学的基础知识分析问题和解决问题，因此，牙体解剖与口腔生理学既是口腔医学的基础学科，又是口腔临床与口腔基础研究的桥梁学科。北京大学口腔医学院牙体解剖与口腔生理教研室始建于1978年，是我国最早的咀嚼生理研究室，是我国口腔生理专业的摇篮，在国内口腔生理学界享有较高的学术声誉和专科影响力。

（二）牙体解剖与口腔生理学课程思政建设目标

牙体解剖与口腔生理学的课程思政建设目标主要包括以下几点。

第一，立德树人。通过学科发展历史和医学前辈对口腔医学事业做出的奉献，帮助学生树立正确的医学人文精神和职业精神。

第二，专业育人。本课程基于牙齿牙列及口腔颌面的解剖形态、生长发育特点和生理功能，将牙体解剖、口腔生理与完整的口腔临床体系有机结合，为学生今后的临床和科研工作打下夯实的理论基础，培养符合社会需要的德才兼备的高素质医学人才。

第三，志向培养。通过丰富多样的实习课程、学生实际动手操作，激发学生对学科的喜爱和兴趣，培养其服务于国家和人民口腔医学事业的热情。

第四，职业塑造。通过对学科前沿知识和技术的介绍，培养学生以人为本、健康为本的职业精神，扎实临床思辨能力和勇于探索、求实求真的科学态度和科研精神，成为扎根中国大地、服务健康中国、全面发展的中国口腔医学事业建设者和接班人。

二、教学内容和思政要点设计

本课程的教学内容、知识点和对应思政元素设计及呈现如表6-1所列。

表 6-1 牙体解剖与口腔生理学的教学内容、知识点和对应思政元素设计及呈现

教学内容	知识点	思政元素设计及呈现
绪论	牙体解剖与口腔生理学的概念、研究范畴及学科发展	1. 通过结合口腔健康在全身健康中的重要性和健康中国战略，使学生深刻领悟“要推进健康中国建设”“人民健康是民族昌盛和国家强盛的重要标志，把保障人民健康放在优先发展的战略位置”的意义，帮助学生树立成为一名优秀口腔医学工作者的理想，坚定为“健康中国”“健康口腔”建设贡献力量的信念 2. 通过引用恩格斯的名言“没有解剖学就没有医学”，回顾解剖学对于大医学的重要意义，引导学生重视牙体解剖学的学习 3. 通过引用达芬奇的名言“人体是一个工程和艺术的杰作”，介绍牙体解剖中形态与功能相辅相成、紧密连结的关系，帮助学生建立对牙体解剖学学习的兴趣，激发其探究口腔健康和功能的热情
颅、颌、面、𬌗的演化与发育	各类动物的牙体形态及其特点 牙的结构、分类、功能以及发育 临床牙位记录法 应用名词及表面解剖标志	1. 介绍前辈们在牙体解剖学的探索和积累中的付出和贡献，以及口腔医学的发展来自一批批矢志奉献国家口腔医学事业的引领者、推动者，引导学生传承创新、坚定为“健康中国”“健康口腔”建设贡献力量的决心 2. 通过结合人类只有双牙列，乳牙、恒牙功能以及牙的缺损和缺失对口颌系统功能的影响，培养“敬佑生命、救死扶伤”的职业精神 3. 介绍实习中如何使用和爱护离体牙、教学模型，并强调离体牙标本收集中教研室老师们的辛勤付出，将思政教育、医学人文和职业精神等内容有机融入教学当中
牙体解剖	切牙 尖牙 前磨牙 磨牙	1. 通过介绍中国人牙体解剖数据测量中前辈学者的杰出工作，激励学生传承创新，坚定为“健康中国”“健康口腔”建设贡献力量的决心 2. 通过临床病例展示口腔治疗中对牙体解剖形态的恢复，以帮助患者恢复美观、功能和自信，激发学生对口腔医学的兴趣和热爱，树立爱伤观念，自觉培养设身处地“以患者为中心”的医疗行为习惯
乳牙	乳牙牙体形态的生理意义 牙齿异常	结合牙齿发育异常疾病为患者带来的痛苦及目前医学的研究成果，激发学生投入口腔医学临床和科研工作的决心和努力
牙髓腔解剖	恒牙各牙位髓腔解剖形态特点 乳牙与恒牙髓腔形态的比较	结合意外露髓、根管治疗或者桩核修复中的侧穿等，强调熟练掌握髓腔解剖形态特点的重要性，并帮助学生树立爱伤观念
牙列、𬌗、颌位	颅颌关系与口颌系统	结合烈士颅骨纪念碑等事迹，讲述来北京大学口腔医学院就诊的维和战士下颌骨损伤的案例；医生和战士都有保护人民生命健康的职责，在此基础上介绍教研室所有完整头颅和下颌骨牙列模型的由来，前辈老师们为此付出的心血和努力，激发学生对先辈和英雄的感恩之心和对学科的热爱

续表

教学内容	知识点	思政元素设计及呈现
口腔功能	下颌运动 咀嚼功能	经过历代的研究，国产下颌运动轨迹描记设备的研发和运用不再受国外设备数据保护的限制，激励学生对科研工作的热情，在临床工作中重视患者的个体化功能差异
其他功能	发音功能 临床修复后功能评价	以往对患者修复效果的发音临床检测方法均是英文发音，目前由前辈老师们研发了中文四十一、四十四等汉语发音检测法
感觉功能	痛觉的检测 疼痛疾病发病特点	结合东西方对疼痛药物的不同认知和不同使用方法，从中国人对疼痛的理解与忍耐力来重新制定疼痛疾病的判定标准 培养学生的爱伤观念以及预防为主的观念，减少患者在治疗过程中的不适或疼痛感
口腔美学	修复后生理评价指标和美学评价指标	结合美学评价指标由西方审美到东方审美的转变，说明国力的强大和国内医学水平的提高，激发学生的爱国主义情怀。强调爱伤观念和以人为本的职业精神，将患者利益放在第一位，通过医学治疗恢复甚至提高患者的美丽和自信

三、教学设计与方法

牙体解剖与口腔生理学是口腔医学重要的基础课程之一，包含了口腔医学专业中牙体解剖学和口腔生理学两大类基础知识和理论，是学习口腔医学临床课程的重要基石，为了培养出新一代的扎根中国的德才兼备的高素质口腔医学人才，本课程在专业课构建中，既要引导学生对专业知识的掌握，也要关注学生的心理特点和主体性发展，从而更为有效地实现专业课教学的育人作用。

1. **提高学生的科技自信感**　例如在理论课绪论部分讲授王毓英教授为学科和专业发展奉献终生，在实习课中引入其代表我国自主研发的口腔生理检测等先进设备，对比中外技术的不同，在拓宽国际视野的同时增强学生的科技自信感。将这些思政教育闪光点与相关的知识点有效结合，以丰富的形式讲给学生听，讲好北大口腔故事，勉励学生求实创新、培养博学弘医精神，树立为健康中国勇于奉献的坚定信念。

2. **培养学生的责任感和使命感**　将牙体解剖与口腔生理学的学科发展历史、中外口腔医学前辈的光辉事迹、身边的老师们为了学科发展做出的不懈努力，例如教研室创始人王毓英教授在解放初期科研条件极为艰苦的情况下，坚持不懈地致力于口腔生理学的相关研究，并成立了国内第一家咀嚼生理研究室，为牙体解剖与口腔生理学、𬌗学的奠定和发展贡献了不可磨灭的力量。促进口腔科学知识传授与社会主义核心价值观培育紧密结合，使学生感受到医学进步给人类健康带来的成就感，培养其不断创新进取解决医学难题的精神。

3. **提高学生的思辨能力**　在课堂上加入多学科融合教学，引导学生更全面、更深入地认识口腔功能和疾病本质，引导学生阅读一些学科发展文献，要求学生通过思辨、讨论、实践等方式积极参与到课程思政中来，并结合自身专业知识进行分析，从而使学生思考自身专业所承载的社会责任，激发学生思考的热情，培养正确的思辨能力，进而学习和掌握专业问题，不断解决矛盾，助力学术型口腔医师的培养。

4. 加强学生的实践能力和创新精神 在实习课程中注重思政融合，教研室引进了数字化教学模式，配置国内最先进的数字化设备，构建四维立体动态的咬合模型，使实习效果更加真实、有趣，引导学生将所学的理论知识应用到实际中，并在实际应用中认识到学科发展的迅速以及国内外医学科技的差异，既培养了其动手能力和团队合作精神，也培养了其创新思维和科技兴国的意识。

四、课程思政教学案例

课程题目：切牙的解剖特点

授课教师：李健（副教授、主任医师）

学时数：1 学时

1. 教学内容分析 切牙的解剖特点是口腔医学生应该重点掌握的内容，尤其要重点掌握切牙的共同解剖特点和生理功能，以及掌握上颌和下颌中切牙、侧切牙的解剖形态特点、相互之间的解剖形态异同点和辨认方法。本节课基于有利于引导学生重视牙体解剖学知识的学习，产生学习的兴趣，并有利于学生对记忆型知识点的记忆和掌握，对教学内容的安排和设计进行了创新，例如：通过切牙缺损、缺失后对美观、发音和咀嚼的影响，引导学生学习归纳切牙在牙列中的重要位置及其生理功能；通过将切牙的解剖特点与生活用具、常见图形进行关联，使学生形象记忆解剖特点及其对应的生理意义和功能。在课程讲授中，巧妙融合思政内容，尤其是健康中国建设要求，激励学生理解天然牙的解剖特点与功能的契合统一，重视精准修复，为保障人民的口腔健康而持之以恒、不折不扣地努力，甚至有决心通过投身“牙再生”的基础研究，为实现人类的“第三牙列”做出努力和贡献。

2. 教学目标

（1）**掌握**：切牙的共同解剖特点和生理功能。上颌和下颌中切牙、侧切牙的解剖形态特点。

（2）**熟悉**：切牙之间的解剖形态异同点和辨认方法。

（3）**了解**：切牙形态的变异。切牙的应用解剖知识。

3. 课程思政目标

（1）**自主学习能力**：培养学生善于以解剖特点与功能的相辅相成为线索，记忆切牙的解剖特点，理解切牙的生理功能。

（2）**医学人文素养**：通过切牙缺损、缺失后对美观、发音和咀嚼的影响，培养爱伤观念，重视解剖特点与功能的契合统一，重视精准修复，引导学生下决心为保障人民口腔健康而持之以恒、不折不扣地努力。

（3）**科研创新能力**：引导学生有决心通过投身“牙再生”的基础研究，为实现人类的“第三牙列”做出努力和贡献。

4. 教学重点难点

（1）**教学重点**：上、下颌中切牙、侧切牙的解剖形态特点。教学对策：通过讲解切牙的共同解剖特点和生理功能，引导学生以此为基础对比记忆不同切牙的解剖形态特点。

（2）**教学难点**：上、下颌中切牙、侧切牙的解剖形态异同点和辨认方法。教学对策：①形象化：通过利用“铲子”等生活常见用具，以及教师的手持大牙模型、学生人手一套的树脂牙模型进行形象化的讲解。②相互对比，加深记忆：以切牙的共同解剖特点为基础，在不同切牙之间对比讲解独特的、显著的区别点。③归纳总结：使学生抓住不同牙位切牙以及左右侧辨别的显著解剖特点。

5. **学情分析**　本节课需要学生掌握四颗不同切牙的解剖形态特点，基本为记忆型知识，而且琐碎、枯燥；同时学生刚开启口腔医学基础和专业知识的学习，学科相关的思政教育和人文素养的培养也正处于关键时期。本节课针对学生的特点进行了如下创新设计。

（1）**课程思政，巧妙融入**：①通过切牙缺损、缺失后对美观、发音和咀嚼的影响，培养爱伤观念，引导树立以患者为中心的责任感和服务理念；②在讲解上颌切牙解剖特点的过程中提出重视解剖特点与功能的契合统一，引导学生认识口腔治疗中要为实现精准修复做不折不扣的努力；③在讲解下颌切牙解剖特点的过程中提出天然牙解剖外形和功能的精准修复的终极目标，引导学生有决心通过投身“牙再生”的基础研究，为实现人类的“第三牙列”做出努力和贡献；④讲解上颌中切牙的唇面形态与性别、性格、年龄也有关，提出口腔治疗中要实现精准修复，不仅要关注患者口腔内的情况，还需要综合考虑患者的性别、年龄、性格等，由此才能真正体现“以人民健康为中心”的理念；⑤本节课在小结时和学生回顾古诗词中关于牙的诗句——《史记》中“齿如含贝”，李白《咏牙》中“牙齿皎洁如山玉”，《红楼梦》中“笑靥如花，牙如含贝”，再次强调牙在美观和全身健康中的重要地位。引导学生关注牙之美，热爱口腔学科之“美”，立志做一名优秀的口腔医生或者口腔医学工作者。

（2）**强调重点，归纳难点**：教学中反复强调与回顾重点，通过提问、手持大牙模型、手绘板书等方法拆解难点；在课程多处设计便于记忆的合成词或短语，引导学生学习归纳的方式。

（3）**启发互动，自主学习**：通过启发式提问、互动讨论等形式鼓励学生主动思考和记忆，助力培养高素质人才。

6. **教学设计思路**　通过导入提出本节课的主要学习内容，引起学生对学习牙体解剖学知识的兴趣和重视，将教学主线内容、重要知识点和课程思政贯通起来，通过启发式、对比式、互动式和归纳式教学，以板书、教学模具、视频录像等为载体，生动地讲授切牙的解剖特点内容。具体教学设计思路如图 6-1 所示。

问题引导 寻找答案	教学主线	知识点	能力培养 思政教育	教学设计
问题 1：打掉的牙齿还能装回去吗？	定义	切牙位置	归纳总结能力	案例导入 问答互动
问题 2：牙齿折断了怎么办？	表述方法	切牙主要功能	逻辑分析能力	结合病例 引发思考
	临床记录法	牙冠形态特点	对比分析能力	手绘板书 模型教具
问题 3：缺失的牙齿还能再长出来吗？	解剖特点	唇、舌、邻面形态	医学人文素养	形象类比 动画演示
	同名牙特点	牙根形态特点	学习探索能力	对比回顾 拓展延伸
	与侧切牙区别	侧切牙形态及区别	科研精神培养	启迪思考 鼓励自主
	下颌切牙特点	下颌中、侧切牙形态	对比分析能力	前后呼应 故事完整
	应用解剖学	近舌下腺导管口影响	中华美学传承	板书总结 提示引领

图 6-1　切牙的解剖特点教学设计思路

7. **教学过程**　具体教学过程如表 6-2 所列。

表 6-2　切牙的解剖特点教学过程

教学目标	教学内容	教学设计
课程导入	**课程导入：通过切牙变色、切牙缺损或者切牙排列异常的临床病例导入教学内容** 切牙的位置和数目、形态、功能 复习并导出本节课程学习内容 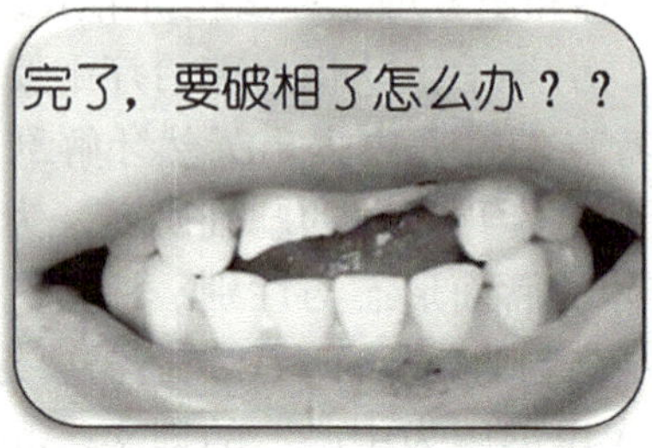 	**病例导入：**引入一段篮球运动员比赛中切牙受伤折断的真实视频。启发思考切牙的位置、功能等 **课程思政：**通过切牙缺损、缺失后对美观、发音和咀嚼的影响，培养爱伤观念，引导树立以患者为中心的责任感和服务理念
★ **掌握** 切牙的 位置和功能	**切牙的数目、分布位置、记录牙式、主要功能** 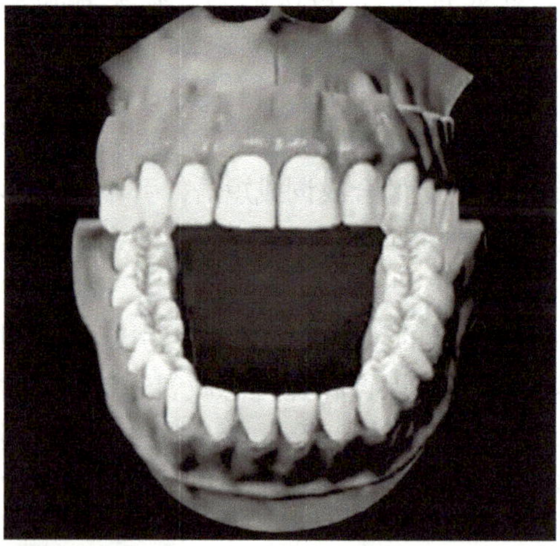	对比分析归纳不同切牙的位置、分布和数目的差别，帮助学生记忆 **承上启下：**从美观和功能角度分析为什么对于切牙缺损患者要尤为注意以患者为中心的治疗理念
★ **掌握** 切牙的共同 解剖特点	1. **牙冠呈铲形** 2. **唇、舌、邻面形态特点** 3. **牙根特点** 4. **体积分布规律：** 上 1 ＞ 上 2 ＞ 下 2 ＞ 下 1 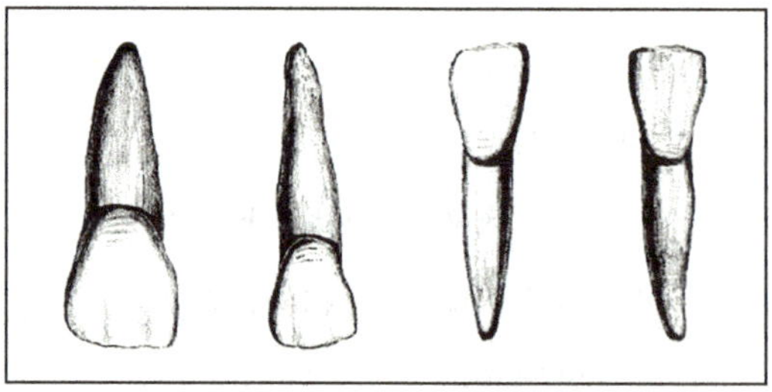	**启发教学：**引导学生思考切牙的功能与对应的解剖特点的相辅相成 **课程思政：**重视解剖特点与功能的契合统一，引导学生认识口腔治疗中要为实现精准修复做不折不扣的努力 **科研创新能力：**提出天然牙解剖外形和功能的精准修复的终极目标，引导学生有决心通过投身“牙再生”的基础研究，为实现人类的“第三牙列”做出努力和贡献

续表

教学目标	教学内容	教学设计
★ **掌握** 上颌中切牙的解剖形态特点	**1. 唇面解剖形态** **➤ 与面形协调一致** 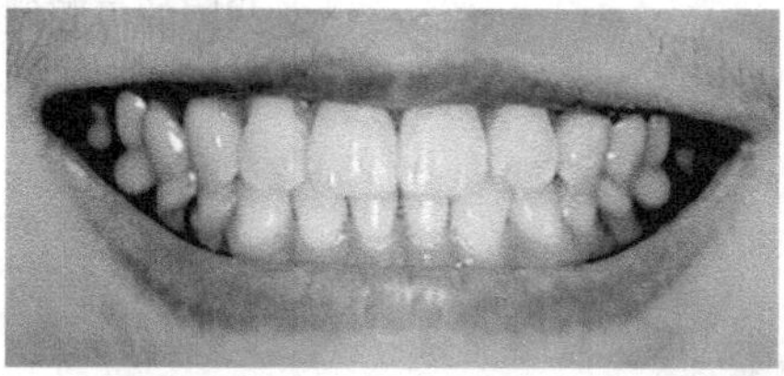 2. **舌、邻面、牙根**解剖形态 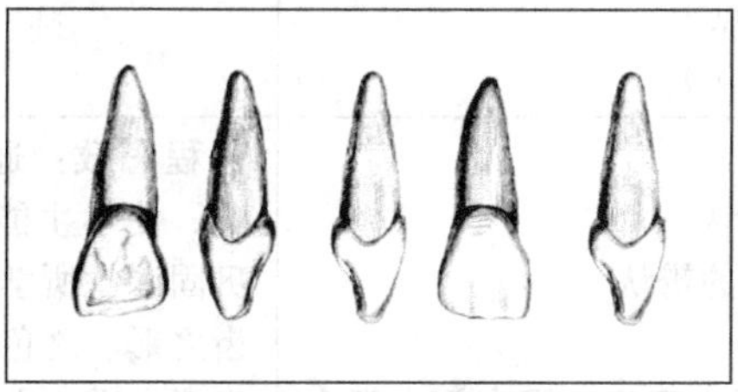	**归纳拆解、形象教学**：利用模型形象化讲解，拆分牙齿不同解剖面的特点，配合幻灯中的旋转模型增强直观性，穿插提问和复习 **课程思政**：上颌中切牙的唇面形态与性别、性格、年龄也有关，口腔治疗中要实现精准修复，除了关注患者口腔内的情况，更要综合考虑患者的性别、年龄、性格等，真正体现以人为本、以患者利益最大化的个性化修复的理念
熟悉 上颌中切牙的左右辨认	**左右对称同名牙，其解剖形态相同** **➤ 先辨唇舌侧：唇面平坦，舌面有窝** **➤ 再分邻面：远中面短突，近中切角尖** 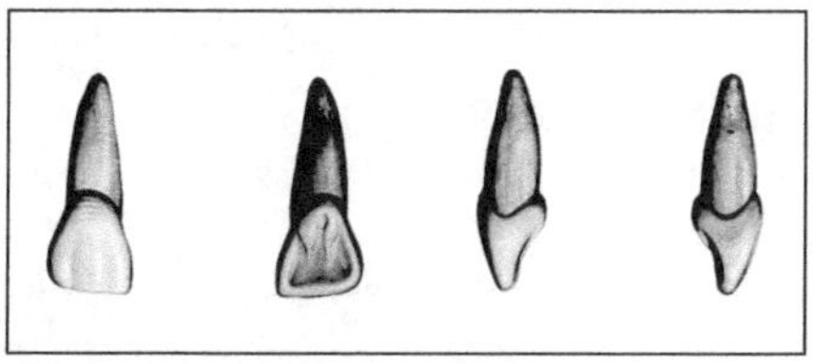	**回顾历史，人文教学**：向学生讲述教研室离体牙的由来，使其了解历代口腔人为了口腔医学事业发展所做出的努力，激励学生坚定口腔医学理想和努力学习的热情
★ **掌握** 上颌侧切牙、下颌中切牙和侧切牙的解剖形态特点	**上颌侧切牙与上颌中切牙的区别** 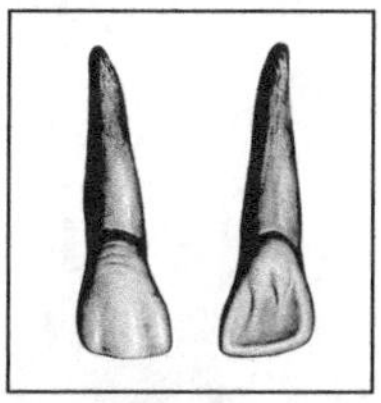 **下颌中切牙牙冠、牙根特点** **➤ 牙冠：窄长梯形，左右对称，切缘平直近远中切角为锐角，舌面窝与嵴不明显** **➤ 牙根：突而扁，唇舌径>近远中径，根尖微向远中** **下颌侧切牙与下颌中切牙的区别** 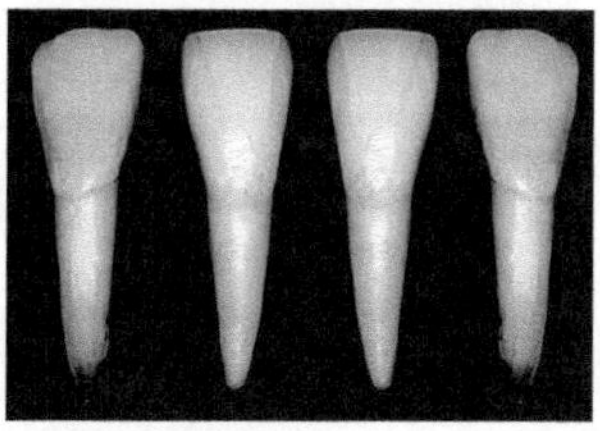	**对比归纳**：利用教具将上颌侧切牙与上颌中切牙的区别从唇面、舌面、邻面、切嵴和牙根五个方面进行对比讲解，便于记忆 **课程思政**：《史记》中“齿如含贝”，李白《咏牙》中“牙齿皎洁如山玉”，《红楼梦》中“笑靥如花，牙如含贝”，再次强调牙在美观和全身健康中的重要地位。引导学生关注牙之美，热爱口腔学科之“美”，立志做一名优秀的口腔医生或者口腔医学工作者

续表

教学目标	教学内容	教学设计
了解 下颌切牙的应用解剖	**下颌切牙接近舌下腺导管口，发生龋坏的机会较少，但舌侧颈部常有牙垢沉积** 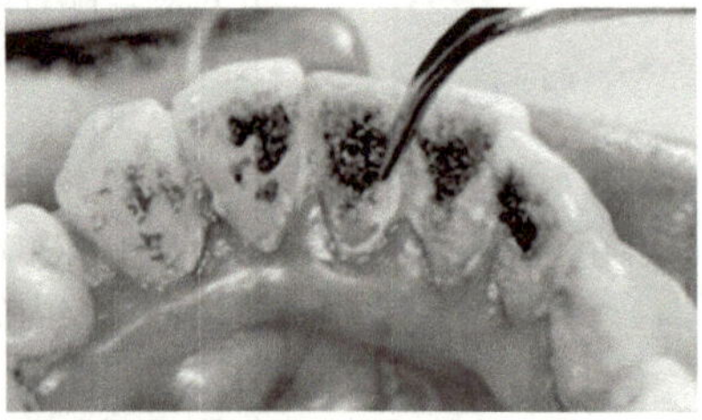	**启发思考**：口腔健康宣教中如何提高国人的口腔健康理念，整体提高我国的口腔健康水平
总结	1. 切牙的共同解剖特点（重点） 2. 冠根各面的解剖特点（难点）	
思考题与课后作业	**1. 牙位辨认：** **中切牙与侧切牙之间的辨认** **上颌切牙与下颌切牙之间的辨认** **左右切牙之间的辨认** **2. 采用素描的方式，在白纸上画出一颗右侧上颌中切牙和一颗右侧上颌侧切牙的唇面、舌面、近中面和远中面的冠根轮廓**	**课程思政**：通过思考题和课后作业，使学生能够主动思考和复习，巩固课堂所学，掌握口腔医学中牙齿之形、之色，深植于心并服务于患者之需、之美

第七章　龋病学

一、课程定位和课程思政建设目标

（一）龋病学课程定位

龋病是危害全身健康的最常见、最多发的口腔疾病，其特点是牙齿的慢性、进行性破坏，一旦形成牙齿的缺损，必须靠人工方法予以修复。龋病如果得不到及时控制，可导致牙髓根尖周病，甚至累及全身健康。我国龋病学研究和教学工作的开拓者郑麟蕃教授在20世纪50年代初撰写的《口齿疾病》中，把对龋病的介绍放在了开篇的重要位置。龋病学本科阶段的教学目标是要求学生掌握龋病的流行特点、病因和发病机制、病理特点、致龋微生物、临床表现和诊断与治疗原则，以及龋病预防和管理的基础理论知识。课程的核心是以培养学生的临床胜任力为导向，使学生牢固掌握龋病的病因和发病机制，树立预防为主、防治一体化的理念，掌握龋病控制和治疗的基本方法。

（二）龋病学课程思政建设目标

龋病学及龋病防治涉及多个学科相关知识，既有医学，也有自然科学，还涉及社会学、经济学、心理学等多方面的问题。因此，龋病学课程思政建设设计可与现实社会充分结合，通过详实的案例和真挚的情感，引导学生树立救死扶伤和爱伤观念以及高度的责任感，把立德树人作为目标，通过以下途径做好课程思政建设。

第一，龋病学是一门临床实践学科，因此，在龋病学的教学过程中，教师要注重将理论知识与实际问题相结合，课程围绕龋病病因和发病机制，强化龋病防治的重要性，加深学生对理论知识的理解和掌握。

第二，课程核心是培养学生未来在临床上解决龋病相关问题的胜任力。教学中教师将科学研究的案列，如确立致龋菌、蔗糖等在龋病发病机制中的作用研究，启发学生科学研究的思维方法。结合具体实例，使学生掌握龋病诊断、治疗、预防的方法，启发学生建立临床诊疗思维，提高临床分析问题和解决问题的能力。

第三，既要注重培养学生的批判思维能力和创新能力，又要注重培养学生的社会责任感，凸显价值引领和知识传授的同频共振。聚焦“立德树人”根本任务，在保证本学科知识专业属性的基础上，有效提炼专业知识本身蕴含的社会责任和道德情感，使学生在学习过程中建立医疗工作者的责任感、对患者的关爱，在未来积极参与到龋病防治工作中去，推动龋病学的进一步发展。

二、教学内容和思政要点设计

本课程的教学内容、知识点和对应思政元素设计及呈现如表 7-1 所列。

表 7-1　龋病学的教学内容、知识点和对应思政元素设计及呈现

教学内容	知识点	思政元素设计及呈现
绪论	1. 龋病的定义 2. 龋病的疾病特征 3. 龋病的危害	龋病发病率高，累及人群广，严重影响人类健康，对个人和社会都造成了巨大的负担，因此国家把 12 岁年龄组龋病控制指标纳入“健康中国 2030”战略。作为口腔医务工作者，要把龋病防治放到战略的高度，教育学生临床工作必须为人民服务、为患者服务
龋病的流行病学	1. 龋病的测量 2. 龋病的流行状况和流行趋势 3. 影响龋病流行的因素	1. 介绍龋病流行病学常用的指数时，结合第四次全国口腔健康流行病学调查时所选用的龋病测量的指数，强调第四次全国口腔健康流行病学调查的意义，以及其结果有利于了解我国人群龋病患病状况及其影响因素，并对我国人群的知、信、行及口腔卫生服务利用和生活质量有一定的了解，同时对我国口腔疾病防治策略的制定有指导意义 2. 介绍龋病流行状况时，首先介绍世界卫生组织（WHO）官网上提供的世界范围内龋病流行情况。对应再了解我国龋病患病状况，帮助学生清楚认识到我国儿童乳牙龋患病情况严重，且分布极不均匀，大部分龋齿集中在少数患病严重的儿童中。另外，使学生了解我国 12 岁儿童恒牙患龋状况在全球范围内不算严重，但是我国在《“健康中国 2030”规划纲要》中提出“以提高人民健康水平为核心”“全方位、全周期维护和保障人民健康”“加强口腔卫生”，以及“2030 规划目标”中提出到 2030 年把 12 岁年龄组患龋率控制在 30% 以内。使学生清醒认识到目前我国居民患龋的严峻程度，鼓励学生为降低我国居民患龋水平贡献力量

续表

教学内容	知识点	思政元素设计及呈现
龋病病因学理论	1. 龋病发生的三个主要因素；各个因素在龋病发生中的作用及相互间的关系，菌斑的形成过程、结构及其与龋病发生的关系 2. 化学细菌学说的主要内容；变异链球菌等细菌与龋的关系；时间因素在龋病发生发展中的作用 3. 蛋白溶解学说及蛋白溶解—螯合学说	1. 通过讲述国内外口腔医学领域的科学家在龋病研究中不断探索的历程，培养学生科学求实、勇于探索和钻研、为解决口腔医学难题而奋斗的精神 2. 激发学生作为中国口腔医学工作者的自豪感，鼓励他们在科技赋能、创新驱动的国家发展全局中明确自己的使命担当，为中国口腔医学事业的发展做出自己的贡献
龋病致病因素		
龋病微生物学	1. 致龋微生物的特点、生物膜的概念 2. 微生物致龋机制；口腔常见致龋微生物 3. 常见致龋微生物以外其他微生物与龋病的关系	致龋微生物的研究有近百年的历史，改革开放后我国口腔工作者贡献突出，通过介绍北京大学口腔医学院杰出口腔微生物研究学者及国内几所口腔院校的科研成果及科研发展思路，引导学生不拘泥于书本，培养创新意识
龋病生化机制	1. 龋形成的动力学过程 2. 牙体硬组织矿物及其液体微环境体系 3. 氟化物防龋的由来、机理及安全应用	1. 通过引用、展示北京大学口腔医学院氟防龋研究室相关研究结果，宣扬本院老一辈研究者在20世纪80年代国家发展早期阶段，克服困难、无私忘我、默默坚守，推动本专业科研工作的精神，启发学生的爱国之情 2. 在讲解龋病机制的同时，密切联系临床对疾病预防的原则和措施，激发学生对基础课的学习兴趣，强调未来成为研究型人才应具备的素质，培养知其然且知其所以然，才能更好地为患者服务的理念 3. 通过对本研究方向的展望，并联系国家经济发展以及现今良好的科研条件，激发和树立学生未来进行源头创新的决心和信心
龋病病理学	1. 釉质龋肉眼所见的表现；釉质龋在光镜下的分层；牙本质龋未成洞前的病理变化；牙本质龋成洞后的四层病理变化；牙骨质龋的病理变化 2. 釉质平滑面龋、窝沟龋、牙本质龋及牙骨质龋发展的特点；釉质龋的超微结构；牙本质龋的超微结构 3. 龋病的形态学研究方法；牙髓 - 牙本质复合体对龋的反应	1. 展示我国龋病学教学和研究工作的开创者郑麟蕃教授亲手绘制的龋病的病理表现示意图和郑教授的工作照，回忆郑麟蕃教授等前辈艰苦创业、攻坚克难、科技报国的光辉历史 2. 鼓励学生继承老一辈口腔医学工作者厚德尚医、科学求实、钻研创新的精神，继承和发扬以爱国主义为底色的科学家精神

续表

教学内容	知识点	思政元素设计及呈现
龋病的临床表现与诊断	1. 龋的好发牙齿、好发部位；龋的临床分类 2. 各种类型的龋病及其特征 3. 浅中深龋的诊断要点，基本的临床诊断技术 4. 需要与龋鉴别的牙齿特征和疾病名称	用老一辈研究者钻研创新的精神鼓励学生传承创新 早在 1960 年，北京大学口腔医学院郑麟蕃教授主编的第一本全国高等医学院校统编教材《口腔内科学》中，就提出根据龋损的破坏程度对龋齿进行临床分类，后来我国教材不断更新，对龋的分类和临床表现也被编入第一版《口腔内科学》中。这套临床诊断术语在我国已广泛使用逾半个多世纪，简明、清晰，在各种诊疗规范和执业医师资格考试大纲和指南中也均予应用
龋病的治疗策略	1. 龋病的防 - 控 - 修复原则；龋损的修复治疗原则 2. 龋病治疗方法的选用原则 3. 非手术治疗方法：再矿化治疗 4. 非手术治疗方法：药物治疗、浸润治疗	1. 龋病的“防 - 控 - 修复”原则强化以患者为中心，强化培养学生在医疗行为中注重疾病预防和控制措施，在医疗实践中贯彻以人为本的理念 2. 龋病治疗方法的选择遵循最小损伤原则，首选对患牙损伤最小的非手术治疗方法，最大程度使患者受益。培养学生微创和爱伤观念 3. 龋病修复原则的综合思考，培养学生临床辩证思维能力，同时培养学生爱伤和人文关怀能力，为患者提供高质量的治疗
儿童青少年龋病诊治特点	1. 乳牙龋病 2. 年轻恒牙龋病 3. 儿童龋病的预防，乳牙龋病的治疗方法（药物治疗、修复治疗），年轻恒牙修复治疗中的注意事项 4. 儿童龋病的流行情况，ICDAS 龋病编码系统，胎儿期、婴儿期、幼儿期、学龄前期、学龄期、青少年期的口腔保健	1. 科学思维能力培养，儿童龋病的标本兼治，以预防为主 2. 培养学生对患儿的爱伤观念以及预防为主的观念，使学生意识到乳牙龋齿的手术治疗为患儿带来的身心负担及经济负担，引导学生思考如何采取更好、更有效的方法获得良好的疗效 3. 强调治疗过程中的无痛观念，将爱伤观念体现在实处
龋病的预防	1. 龋病三级预防的定义 2. 龋病三级预防的措施和方法 3. 社区龋病预防的适宜技术	1. 中华人民共和国成立以来，国家多次公布卫生工作方针，但最前面的八个字“预防为主，防治结合”从未变化 2. 从 2016 年以来，国家出台了一系列政策，包括《“健康中国 2030”规划纲要》《中国防治慢性病中长期规划（2017—2025 年）》《全民健康生活方式行动方案（2017—2025 年）》，以及《健康口腔行动方案（2019—2025 年）》，其内容都涉及了口腔健康，包括针对龋病（乳牙龋、恒牙龋）提出具体的指标。比如《“健康中国 2030”规划纲要》提出 12 岁年龄组到 2030 年不超过 25% 的患龋率；《中国防治慢性病中长期规划（2017—2025 年）》提出 12 岁年龄组的患龋率不能超过 30%；《健康口腔行动方案（2019—2025 年）》也提出了一些相应的具体措施

续表

教学内容	知识点	思政元素设计及呈现
龋病的预防		3. 中华人民共和国成立以来，唯一一个最大的公共卫生项目，也是中央财政唯一支持的口腔项目就是全国儿童口腔疾病综合干预项目。它以窝沟封闭、局部用氟为抓手。窝沟封闭主要针对学龄儿童，主要预防恒牙列的龋齿。局部用氟主要针对学龄前儿童。针对乳牙，预防乳牙列的龋齿 从以上三个方面就可以看出，国家从大的政策到措施到项目，都十分关注人民健康，关注口腔健康，而且特别强调预防为主，防治结合
龋病管理	1. 龋病管理的必要性 2. 龋病管理的途径 3. 龋病风险评估、因素与系统 4. 龋病临床管理方法与实施方案	龋病防治是国家战略，关乎人民健康，是口腔医务工作者的责任。一名合格的口腔医生在临床工作中要树立龋病控制的理念，不仅要会治病，也要懂防病，善于健康促进，守护人民口腔健康
龋病病理学前期实习	1. 回顾理论课知识要点，包括龋病的定义、早期釉质龋、牙本质龋的特点 2. 简介龋病相关磨片及切片制作过程 3. 示教和指导观察早期釉质龋、牙本质龋磨片 4. 通过牙本质龋切片观察细菌侵入和牙髓牙本质复合体对龋的反应 5. 示教和指导观察牙颈部龋、牙骨质龋磨片	1. 简介国内外科学家在龋病研究中不断探索的历程，重点介绍中国龋病学研究的开创者郑麟蕃教授，培养学生科学求实、勇于探索、刻苦钻研、为解决口腔医学难题而奋斗的精神 2. 介绍病理科老一辈技师苏良道先生制作磨片和硬组织切片过程中精益求精的敬业精神，引导学生从中感悟社会主义核心价值观中公民层面的价值目标：爱国、敬业、诚信和友善 3. 通过介绍牙髓牙本质复合体对龋的反应，培养学生对患者的爱伤观念，使学生意识到龋病的危害，引导学生思考如何更好地预防和治疗龋病

三、教学设计与方法

1. 坚持历史与发展相延续原则　在全面、深入了解龋病的历史沿革和研究发展过程中，以老一辈学者真实的经历、详实的案例，启发学生对于学科的思考，唤起学生的家国情怀与专业认同感，引导学生树立不断开拓的进取精神。

2. 坚持传承与创新相融合原则　引导学生充分认识龋病学的重要性，培养学生严谨认真、坚持不懈、精益求精和勇于探索的科学精神，树立职业责任感。

3. 坚持理论与实际相统一原则　学科的理论知识源于临床，归于临床，扎实的理论知识是未来临床工作的坚固基石。引导学生将书本知识与临床相结合，融会贯通。培养学生严谨治学、不畏困难、勇于创新的精神。

四、课程思政教学案例

课程题目：龋病管理

授课教师：董艳梅（教授、主任医师）

学时数：1 学时

1. **教学内容分析**　本节课是针对国内外龋病防控中存在的问题动态设置的一节课。龋病防治是国家战略，关乎人民健康，是口腔医务工作者的责任。一名合格的口腔医生在临床工作中要树立龋病控制的理念，不仅要会治病，也要懂防病，善于健康促进，守护人民口腔健康。希望学生根据已经学习的龋病知识，认识龋病管理的重要性和面临的挑战。课堂教学强调口腔临床工作者要将龋病管理贯穿在整个临床治疗工作中。

（1）**重点内容及深度：**掌握龋病管理的理念和途径。强调龋病管理的两个层面，即社会公共卫生层面的龋病管理和专业层面的龋病管理。讲解专业层面龋病管理的方法。

基于慢性病管理策略，龋病管理应树立全生命周期的理念，针对不同年龄阶段和生理特点，进行龋病的群体管理；针对不同风险因素和风险程度，进行龋病的个性化管理，以期最终实现控制龋病进展的目标。

（2）**一般要求内容及深度：**熟悉龋病风险评估的目的，以及影响龋病风险评估的主要因素。理解识别龋易感人群和龋易感者的目的是为其提供合适的预防和治疗方法，从而阻止龋病的发生和发展。

（3）**扩展要求内容及深度：**掌握口腔诊疗工作中龋病管理的方法，不同专科诊疗工作中龋病管理的方案（扩展）。

2. **教学目标**

（1）**掌握：**龋病管理的理念和途径。

（2）**熟悉：**影响龋病风险评估的主要因素。

（3）**掌握：**口腔临床诊疗工作中龋病管理的方法。

3. **课程思政目标**　通过在专业知识讲授中有机融入思政元素，培养学生以人民口腔健康为己任，树立龋病管理理念，为全社会龋病控制做出专业贡献。

4. **教学重点难点**　龋病相关的教学内容包含了口腔组织病理学、口腔生物学、牙体牙髓病学、儿童口腔医学和口腔预防医学等专业知识，各专业从不同角度对龋病进行了介绍，解决了“为什么会这样”“为什么是这样”的问题，但学生整体印象不深。本节课以疾病机制为中心，牢牢抓住“应该怎样解决”这一问题，启发学生的临床思维，促使学生将理论联系到实践，帮助学生做好从“学生”到“医生”角色的转变。

5. **学情分析**　学生在开始本节课学习之前，已经通过口腔组织病理学、口腔生物化学、口腔微生物学的基础理论，理解了龋病的发病原因、发病机制和疾病特点，并且通过牙体牙髓病学、儿童口腔医学、口腔预防医学临床理论的学习，初步掌握了龋病诊断、预防和治疗的技术，为本节课的学习打下了基础。

6. **教学设计思路**　龋病管理是龋病学融合课程最后一节课的教学内容，教学重点是将龋病基础理论和临床防治理论融汇贯通（图 7-1）。因此要求理论与临床实践结合，深入浅出。经过前面 19 个学时的学习，学生已经具备了龋病学相关知识，但欠缺条理，通过本节课的学习，可以对前述知识进行梳理，内化为新的知识和认知结构。因此本节课采用的教学策略是先行组织者教学策略，在课堂中分阶段按顺序呈现先行组织者、学习任务和材料、扩充完善学生认知结构。

与此同时，授课全过程贯穿正确的科学观、健康观，教育学生将爱伤、预防、微创的理念融于整个医疗过程，以患者健康为中心，强化大健康意识。

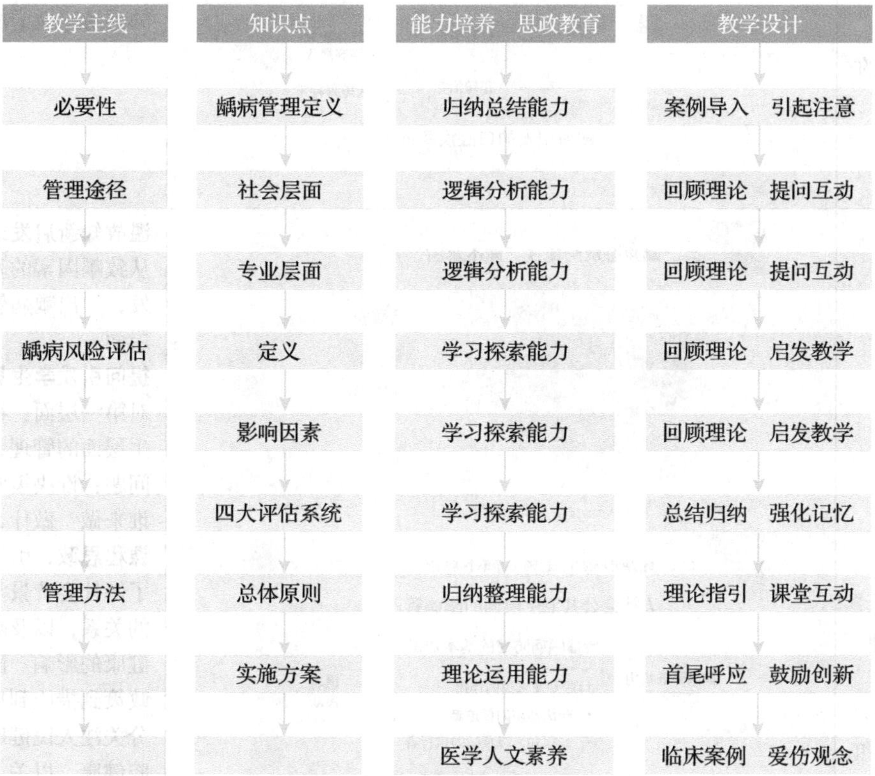

图 7-1　龋病管理教学设计思路

7. **教学过程**　具体教学过程如表 7-2 所列。

表 7-2　龋病管理的教学过程

教学目标	教学内容	教学设计
★ **掌握** 龋病管理的概念	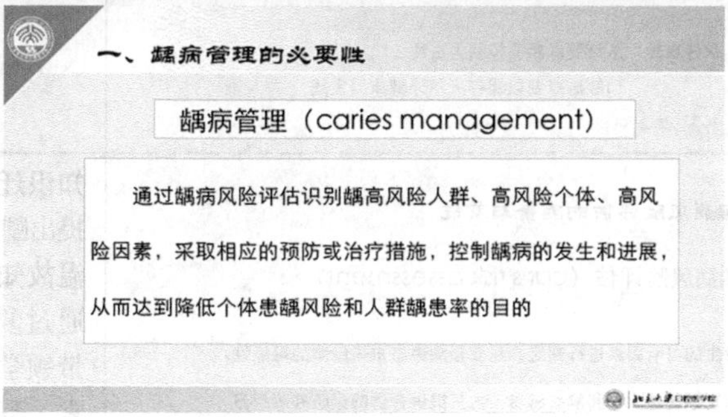	**启发式教学** 温故引出概念 **提问：** 何为龋病管理？ 龋病管理为何？

续表

<table>
<tr><th>教学目标</th><th>教学内容</th><th>教学设计</th></tr>
<tr><td>★
掌握
龋病管理的必要性</td><td>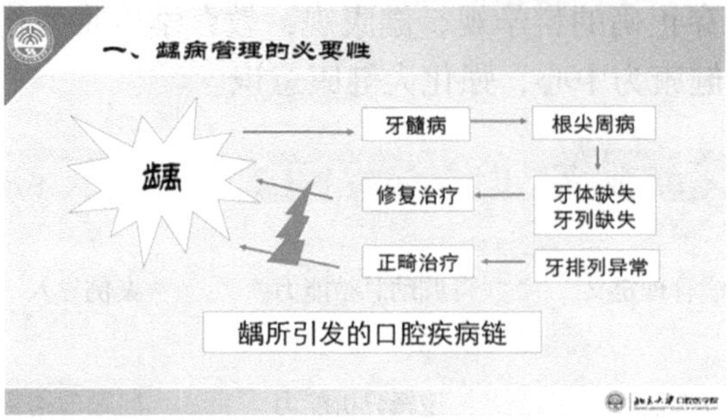
</td><td>临床实例
继发龋
义齿修复、正畸治疗引发的龋易感性增加</td></tr>
<tr><td>★
掌握
龋病管理途径
两个层面：
社会层面和专业层面</td><td>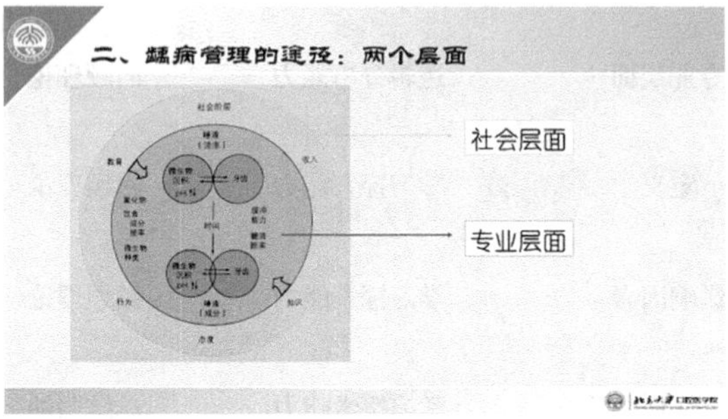

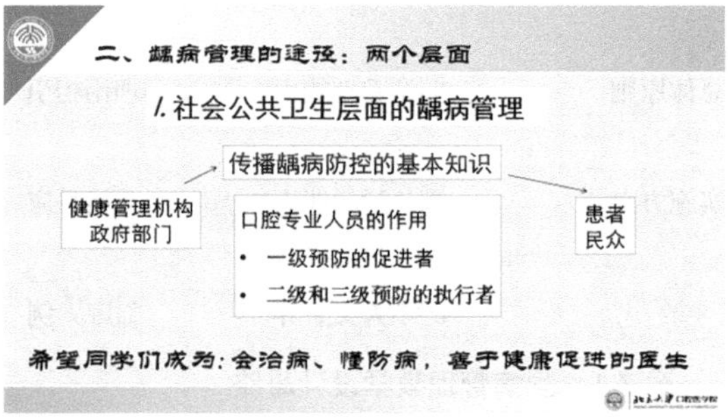

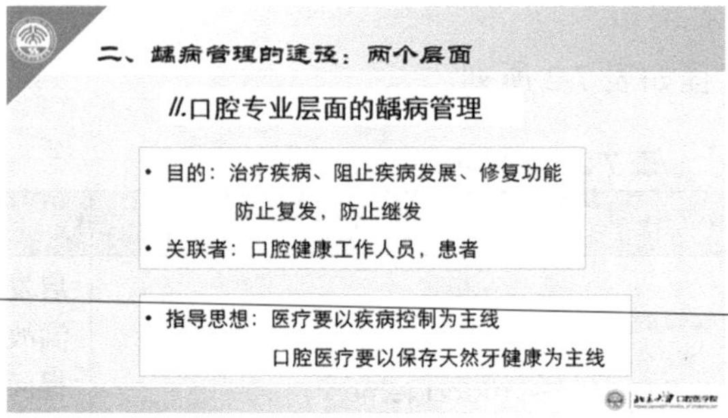
</td><td>温故知新启发式
从致龋因素的基础理论出发，导出龋病管理的两个层面
提问引发学生思考
对第一层面：社会公共卫生层面的管理，提出4个问题：谁决策？谁来管？谁来做？做什么？
课程思政：引导学生深入了解社会背景与龋病之间的关系，以及龋病对社会健康的影响。国家从大的政策到措施到项目，都十分关注人民健康，关注口腔健康，以关心人民健康为己任</td></tr>
<tr><td>★
掌握
龋病风险评估的概念，及其主要影响因素</td><td>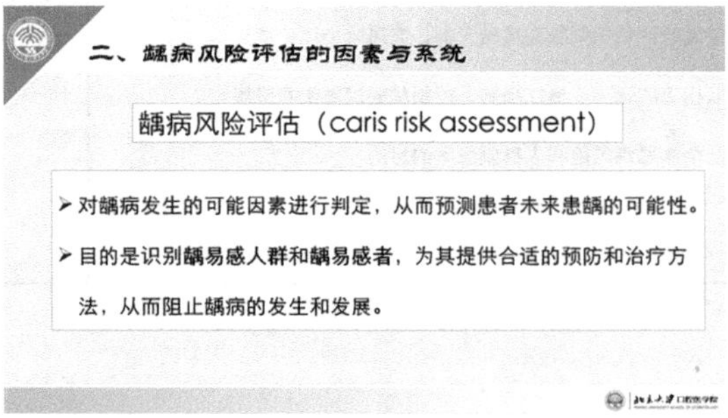
</td><td>知识迁移
提出龋病风险评估的概念
温故知新
通过复习龋病发病机制，带领学生认识患龋风险因素。复习的同时引入新知识，在学习者的认知结构中增加联结的数量</td></tr>
</table>

续表

<table>
<tr><th>教学目标</th><th>教学内容</th><th>教学设计</th></tr>
<tr><td>★
掌握
龋病风险评估的概念，及其主要影响因素</td><td>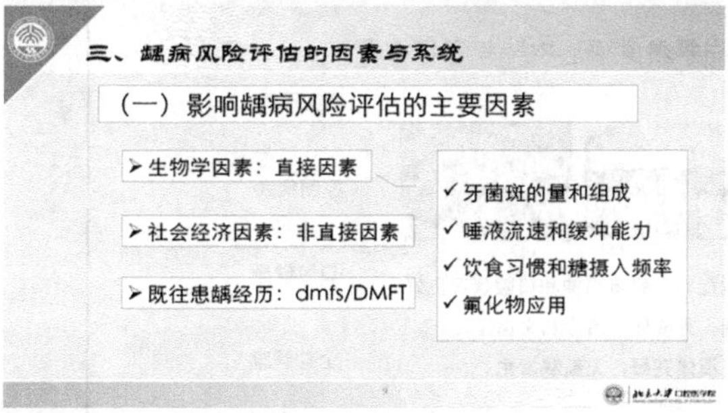
</td><td></td></tr>
<tr><td>★
掌握
口腔门诊治疗中龋病管理的方法和实施方案</td><td>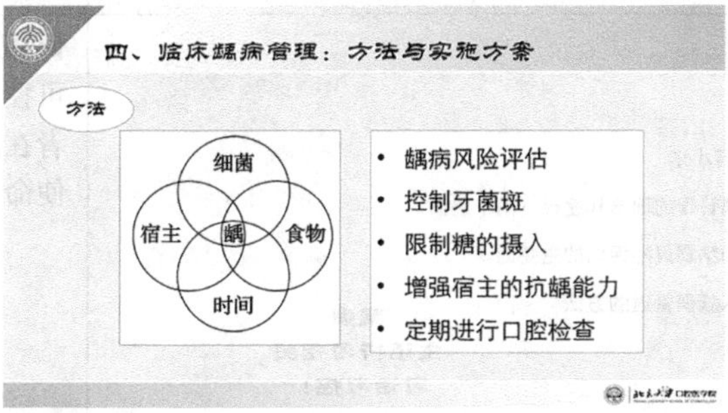

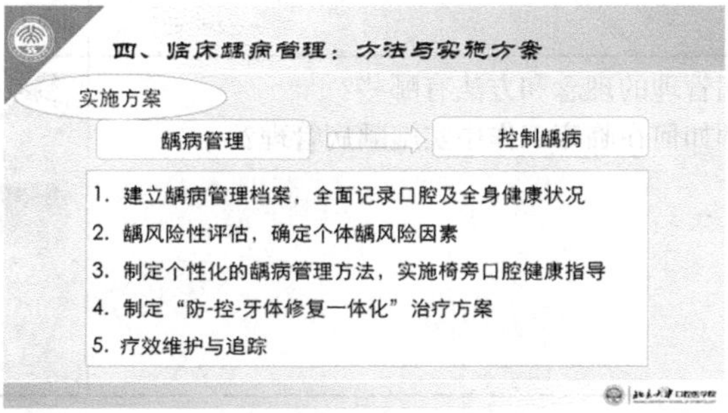

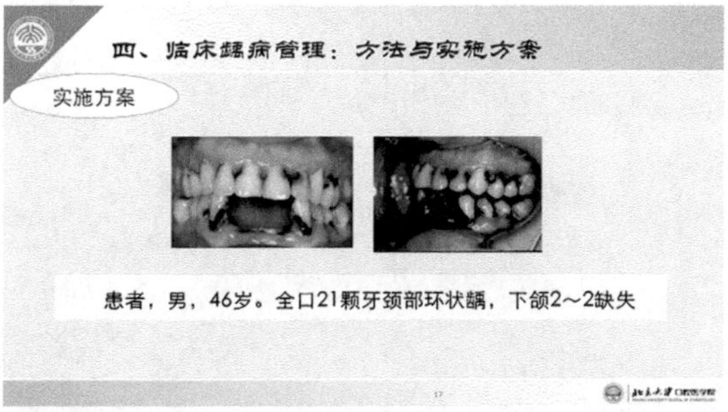

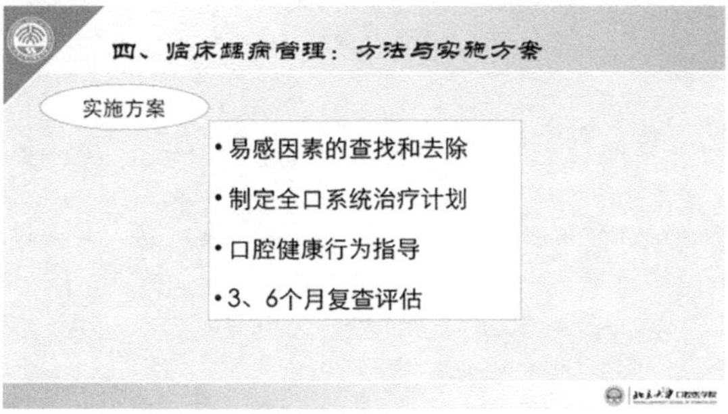
</td><td>**温故知新启发式**
复习龋病发病的四联因素，并由此导出临床龋病管理的方法
临床案例教学
举例说明如何贯彻实施方案及临床效果
课程思政：引导学生将理论知识有效转化为解决临床实际问题的本领和能力，使学生在学习过程中树立对患者的关爱和责任感，培养学生爱伤和人文关怀能力，为患者提供高质量的治疗，在未来积极参与到龋病防治工作中去</td></tr>
</table>

续表

教学目标	教学内容	教学设计
★ **掌握** 口腔门诊治疗中龋病管理的方法和实施方案	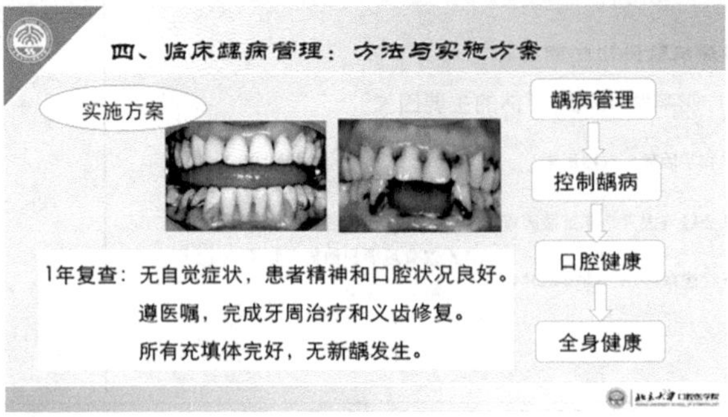 	
总结	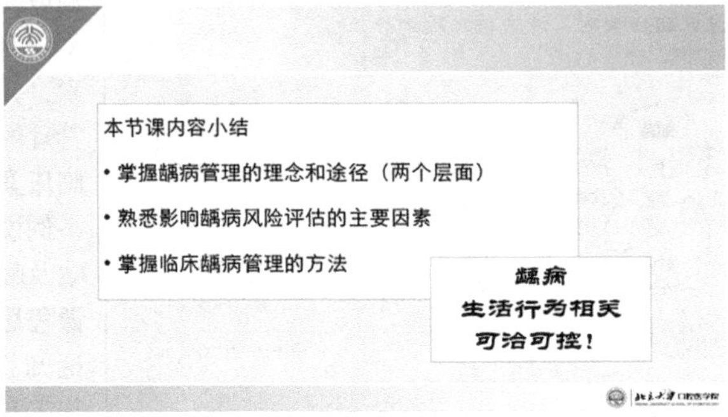 	**课程思政：**提出龋病可治可控，以及口腔医务工作者在龋病管理中的责任和使命
思考题与课后作业	1. 临床工作中龋病管理的理念和方法有哪些？ 2. 口腔各专业医师如何在临床工作中实施龋病管理？	参考书  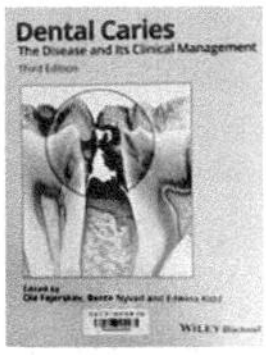

第八章　牙体牙髓病学

一、课程定位和课程思政建设目标

（一）牙体牙髓病学课程定位

牙体牙髓病指发生在牙体硬组织的病患，包括龋病、牙齿发育异常、牙齿急慢性损伤等，还包括发生在牙髓组织及根尖周围组织的病患，是一组密切关联的牙病。牙体牙髓病学（cariology，endodontology and operative dentistry）是研究牙体牙髓病的学科，研究聚焦于牙体牙髓病，包括病因、病理、临床表现、诊断与鉴别诊断、防治方法等，是口腔医学的重要分支和组成部分。

牙体牙髓病学的教学方式包括：①理论课：系统讲授牙体牙髓病学的基础理论知识；②临床前实习室训练课：通过在仿头模离体牙模型上的操作训练，使学生掌握牙体牙髓病学诊疗技术的操作方法；③临床实习：通过临床实践，使学生掌握诊治牙体牙髓疾病的方法和常用技术。

本课程以培养学生临床胜任力为核心，教学中注重培养学生的爱伤观念、医德医风和医患沟通能力，目的是使学生扎实掌握牙体牙髓病学的基本理论、基本知识和基本技能。本科阶段的学生通过本课程的学习，应能够独立诊断和治疗牙体牙髓病学的常见疾病，并具有良好的医学人文品格，成为为人民口腔健康服务的合格人才。

（二）牙体牙髓病学课程思政建设目标

在牙体牙髓病学课程中，立德树人一直是贯穿理论教学和临床教学的重点，始终贯穿理论授课、前期实习和生产实习的全过程，应使学生掌握牙体牙髓病学的基本理论、基本知识和基本技能，并具有探索和创新精神，成为服务于健康口腔的一流人才。本课程的思政建设目标主要包括以下几点。

第一，在理论课的讲授过程中融入医德医风、政策法规和人文关怀等内容，以鲜活的临床实例，引导学生树立救死扶伤、厚德尚医、责任担当、爱岗敬业、勇于探索的优秀思想品德，培养学生成为具有临床岗位胜任力的人民好医生。同时，向学生讲述中国科学故事、中国和北大口腔故事、北大牙体牙髓故事等，培养学生从患者的问题出发，不断探索、勇于创新的精神，使学生具备一定的科研思维。

第二，在前期实习教学中，通过实习课小讲课、示教、实习操作等环节，使学生掌握牙体牙髓病学诊疗技术的操作方法。并利用从课堂理论到临床患者的过渡阶段，向学生传达和树立爱伤观念，强调仿头模体位的调整、操作支点的稳固和对仿头模的保护，养成临床诊疗中重要的爱伤操作习惯。

第三，在临床诊疗的操作训练和教学中，注重夯实基本功，严格要求规范化操作，严格把控医疗质量，将规范严谨的诊疗操作和认真负责的诊疗态度传递给每一个学生。从始至终贯穿对学生爱伤观念的培养，以及对患者认真负责的责任感。

二、教学内容和思政要点设计

牙体牙髓病学的教学内容、知识点和对应思政元素设计及呈现如表 8-1 所列（龋病学相关内容见“龋病学”部分）。

表 8-1　牙体牙髓病学的教学内容、知识点和对应思政元素设计及呈现

教学内容	知识点	思政元素设计及呈现
牙体牙髓病学序言	1. 牙体牙髓病学的课程概述 2. 牙体牙髓病学发展简史和当前社会需求 3. 学科特点和学习方法	1. 结合学科发展简史和当前社会需求，强化“以患者为中心”的牙体牙髓病学课程学习的重要性，激发学生学习的动力；通过学科发展历程，展现勇于攻坚领先的榜样精神 2. 围绕学科特点，提出口腔医学生“健康口腔，守护天然牙”的使命 3. 在学习方法上，进一步强化人文关怀和以人为本，学好为人民服务的本领
非龋性牙体硬组织疾患	牙齿发育异常	1. 通过讲述牙体科在王嘉德老师和高学军老师带领下在牙发育异常疾病方面的基础和临床研究，实践对患者的人文关怀，勇于探索疾病科学真理的精神，培养学生对患者的爱伤观念和科学素养，培养学生对遗传性发育异常患者家系的人文关怀和口腔多学科综合治疗的理念 2. 会运用基础的分子遗传知识进行分子诊断和遗传咨询，达到对疾病正确的诊断、治疗和预防的目的
	牙外伤	1. 关注患者的全身健康：牙外伤患者可能还伴有全身颅脑损伤、其他部位骨折等疾病，通过对病史的询问、全身生命体征的检查，要及时发现这些问题，并予拟定治疗计划 2. 关注患者的心理健康：牙外伤可能会对患者的口腔健康和生活质量造成严重影响，还可能会导致患者产生焦虑、恐惧等心理问题。医生除关注疾病本身外，还需要关注患者的心理健康，帮助他们建立信心和积极的心态，鼓励他们积极治疗 3. 培养科技自信：北京大学口腔医学院李宏毅教授提出的牙外伤李宏毅分类法简单实用，为中国牙外伤的诊断、治疗和发展做出了重要贡献 4. 预防意识：牙外伤在很多情况下是可以避免的，医生需要向患者宣传口腔健康知识，尽可能预防牙外伤的发生。比如在冬奥会上，北京大学口腔医学院医生为预防运动员发生牙外伤而制作个性化、快速制备的运动护齿，可有效防止运动造成的牙外伤

续表

教学内容	知识点	思政元素设计及呈现
非龋性牙体硬组织疾患	牙慢性损伤：包括磨损、隐裂、楔状缺损、牙根纵裂、酸蚀症等	1. 强调健康的生活方式和口腔卫生习惯：牙慢性损伤与一些不良生活习惯、不良口腔卫生习惯有关，在诊治过程中要注重针对病因的分析，给予对因治疗，及必要的口腔卫生习惯、生活方式等方面的宣教指导，预防疾病的发生和终止疾病的进展 2. 培养学生从患者的问题出发，不断探索的精神：北京大学口腔医学院王嘉德教授为解除患者疾苦而努力钻研，对楔状缺损进行了系统研究，其主持完成的研究课题“牙齿颈部磨损的临床与实验研究”获江西省科学技术进步奖；王嘉德教授还针对牙隐裂研究空白，主持完成了“牙齿咬合病的临床诊断、治疗和发病机制的研究”的课题，并获得北京市科学技术进步奖 3. 医患沟通：牙慢性损伤的治疗有时需要长期进行，需要患者有耐心和毅力，医生需要与患者进行充分的沟通，了解他们的病情和需求，提供个性化的治疗方案和建议，还需要向患者解释治疗的风险和注意事项，如隐裂牙的风险
	牙本质敏感症	1. 强调牙本质敏感症不是疾病，而是症状：牙本质敏感症不是一种独立的疾病，而是多种牙体疾病共有的一种症状 2. 培养学生同理心：牙本质敏感症会给患者带来疼痛和不适，影响他们的日常生活和工作，医生需要关注患者的体验，听取他们的诉求，并为他们提供个性化的治疗方案 3. 培养学生严谨认真的学术精神：高学军教授针对学界和群众对牙本质敏感症的认识不足、概念不清的问题，撰写了相关学术专论，理清了相关理论和知识，为推动科学研究、普及大众知识打下了基础
牙髓病、根尖周病	牙髓病： 1. 牙髓病概述 2. 病因、发病机制、临床病理 3. 分类 4. 临床表现、诊断和鉴别诊断 5. 治疗	1. 培养学生的同理心：牙髓病可能会给患者带来明显的疼痛不适，尤其是急性牙髓炎，会严重影响患者的生活和工作，作为医生要有同理心，理解患者的感受并给予正确的治疗，解除患者痛苦 2. 培养学生的专注和耐心：牙髓病的诊断和鉴别诊断较为复杂，需要学生掌握正确的问诊、检查、诊断、鉴别诊断等知识，并在临床中熟练运用 3. 人文关怀：在接诊牙髓病患者时，医生不仅需要关注患者的病情，还需要关注患者的心理状态，给予一定的心理安慰和关怀 4. 在课堂上以鲜活的临床实例，引导学生树立救死扶伤、厚德尚医、责任担当的优秀思想品德。如牙体牙髓科医生积极开展急诊工作，缓解患者的急性病痛，为护佑人民健康做出自己的贡献

续表

教学内容	知识点	思政元素设计及呈现
牙髓病、根尖周病	根尖周病： 1. 根尖周病概述 2. 病因、发病机制、临床病理 3. 分类 4. 临床表现、诊断和鉴别诊断 5. 治疗	1. 培养学生的同理心：急性根尖周病可能会给患者带来明显的疼痛不适，尤其是急性根尖周炎会严重影响患者的生活质量，作为医生要有同理心，理解患者的感受并积极治疗，解除患者痛苦 2. 引导学生掌握正确的治疗原则：根尖周病，尤其是急性根尖周炎的治疗，需要学生牢记其治疗原则。急性根尖周炎，除开髓建立引流外，还需要适当调𬌗，并给予全身抗炎止痛措施。在课堂上要引导学生掌握正确的治疗方法，在临床实践中才能真正解决患者的问题 3. 在课堂上以鲜活的临床实例，引导学生树立救死扶伤、厚德尚医、责任担当的优秀思想品德。如在2022年北京冬奥会期间，牙体科派出医护人员为运动员的口腔健康保驾护航
牙体疾病治疗学	1. 牙体疾病的治疗原则 2. 非手术治疗 3. 手术治疗（牙体缺损的直接修复）	1. 培养学生不忘医者初心：作为一名医生，既然选择投身医学事业，就不能忘记自身的使命，为人类健康保驾护航。医生是临床问题的第一发现者，科研对于医学的作用在于推动医学的进步和发展，为临床工作提供新的诊疗策略、方法、工具和材料。同时，身为医生和科研工作者，应在临床工作中积极思考、发现问题、总结原因，通过科研为临床问题提供解决方案，从临床中来，到临床中去 2. 培养学生从患者的问题出发，不断探索的精神：我国无论是儿童、青少年、中年人还是老年人，因为龋病和非龋病需要进行牙体缺损直接修复的人群数量都非常巨大，北京大学口腔医学院科学家们在这方面也做出了巨大的贡献，如在王满恩教授的带领下，牙体牙髓科与北京钢铁研究院合作研制了GK高铜银汞合金，填补了当时我国牙科材料中高铜银汞合金的空白，由此荣获1989年“北京医科大学科技成果奖” 3. 培养学生刻苦钻研、力争自主研发的精神：在现代牙体疾病诊疗过程中，牙体缺损的复合树脂直接粘接修复也是最常见的治疗过程，树脂材料和粘接系统不可或缺，但目前主流的树脂修复材料和粘接系统多为进口材料。作为北医人，依托北京大学医学部和北京大学口腔医学院两个国内顶尖的平台，应努力解决被进口材料“卡脖子”的问题，利用临床和科研经验，研发自主知识产权的修复材料，为直接粘接修复材料国产化贡献力量

续表

教学内容	知识点	思政元素设计及呈现
牙髓治疗学	1. 概述：目的、方法、原则 2. 牙髓和根尖周急症处理原则和方法 3. 活髓保存术的原理、方法和适应证 盖髓材料 疗效判断	1. 培养学生从患者的问题出发、不断探索的精神：介绍在20世纪50年代，我国缺医少药，难以开展复杂的根管治疗时，以王满恩教授为代表的前辈创立了塑化治疗术，借以简化操作、缩短疗程，提高牙髓治疗的疗效，扩大患牙保留范围，为人民群众保留了大量的天然牙。引导学生树立救死扶伤、勇于探索、敢于创新的精神 2. 培养学生持续学习与发展的精神：活髓保存术在成年恒牙中的应用曾经适应证非常窄，但随着牙髓生物学、牙髓病理学、盖髓材料、治疗方法的发展，其适应证也越来越广，引导学生要不断学习新的理论知识、治疗方法和技能，更好地为患者服务 3. 培养学生的人文关怀：在根管治疗术中，医生不仅需要关注患者的病情，还需要关注患者的情感和心理状态。要做好麻醉，实现无痛治疗，最大程度减轻患者的痛苦
	根管治疗术： 1. 髓腔进入和冠部预备 2. 根管清理与成形 3. 根管封药 4. 根管充填 5. 根管治疗器械 6. 并发症的预防及处理	1. 引导学生掌握原则问题：从临床上的常见问题出发，引导学生牢记“感染控制”的原则，以此指导之后的临床实践，如开髓前一定要先去净腐质等 2. 培养学生不断探索、不断学习和创新发展的精神：在根管治疗术开始用于牙髓病和根尖周病的治疗时，高学军教授带领牙体牙髓教研室在根管治疗中不断传承、发展、创新，为治疗技术的进步贡献了力量 3. 培养爱伤观念：介绍临床治疗中的一些为人民解除病痛的暖心故事和根管治疗并发症的病例，从正反两方面将规范严谨的诊疗操作和认真负责的诊疗态度教授、传递给每一位学生。从始至终贯穿爱伤观念以及对患者认真负责的责任感 4. 培养科学精神：根管治疗术是一种技术性的治疗过程，也需要医生具备科学精神和严谨的态度，从基本理论、基本知识出发，指导技术操作，并在过程中不断思考，提出问题和探索解决方法，促进临床进步 5. 培养民族自豪感和为中华民族振兴而努力奋斗的精神：在讲授根管治疗器械的发展与进展时，引入思政教学内容“国产口腔医疗器械的发展”。以北京冬奥会期间国产显微镜发挥的作用作为案例，使学生了解我国国产口腔医疗器械的发展大大带动了国内口腔事业的发展，由此激励学生要更努力学习，为人民群众的口腔健康保驾护航

三、教学设计与方法

本课程以培养学生临床胜任力为核心，努力培养学生既掌握牙体牙髓病学的基本理论、基本知识和基本技能，又具有探索和创新精神，以及良好的医德医风，成为为人民口腔健康服务的合格人才。本课程在教学过程中全面融入思政教育，做到**“三全育人”，即全员育人、全程育人、全方位育人**。**①全员育人：**牙体牙髓病学教研室的所有授课教师和教职员工都应树立思政育人的意识，树立良好的师德师风，在日常基本理论、基本知识和基本技能教学的同时，引导学生树立牢固的家国情怀，把个人发展和国家发展相结合，培养学生健全的医学人文品格。**②全程育人：**将思政教育融入牙体牙髓教学中的各个部分、教师的每次授课和每次的实习指导中去。**③全方位育人：**在牙体牙髓教学过程中的每一处细节上都有思政教育的影子。将牙体牙髓病学发展的历史、里程碑式的人物事件、爱伤观念与医患沟通技巧等与教学的知识点相结合。把思政教学的情景、要点和方法渗透到课堂的方方面面，从课件、板书的设计，到教材的内容和课堂的互动，以至于教师的讲授方式和仪容仪表等都应该有思政教育的体现。学生进入课堂后能受到潜移默化的思政教育的影响，深刻理解北大口腔在中国口腔医学发展中肩负的重要历史使命。

在具体的教学实践中，主要采取以下教学方法。

1. **理论教学** 理论教学方面，收集我国口腔医学界、北京大学口腔医学院、牙体牙髓科科室和学科发展历史中的人物、故事和精神传承事迹，进行整理和记录，提炼其中思政教育的主题点和关键词，形成医学人文、医德医风、学科发展与社会发展、北大口腔精神与优良传统传承等方面的思政案例，结合牙体牙髓理论教学阶段的特点，补充和穿插在理论教学的适宜节点。例如王满恩教授是牙体牙髓科德高望重的前辈，也是新中国建设初期，牙体牙髓病学建设和发展的重要奠基人，她勇于探索、敢于创新的精神一直激励着一批又一批牙体人不断在摸索中前行。

2. **前期实习** 针对前期实习中爱伤观念的思政教育主题，设计和扩展相应的课程内容，进行相关资料课件的制作和补充，形成爱伤观念思政教育案例。落实和融合到前期实习教学中，根据课程设计增补相应教案、课件和教学内容安排。增加虚拟仿真训练，优化仿头模练习课程，培养学生医患沟通技巧，进一步强化爱伤观念，塑造学生“以人为本”的职业观，尊重患者，敬畏生命。

3. **临床教学** 在生产实习的临床教学中收集典型病例和案例，充分讨论，提炼总结，通过若干年的案例收集和整理，形成医德医风、职业素养和医学人文思政案例库，选择临床教学中适合的教学节点融入思政内容，形成稳定的思政案例教学，帮助学生在临床实习中进一步提高医患沟通、人文关怀、职业素养方面的思政水平。同时向学生全面展示牙体牙髓病学先进完善的诊疗技术和设备，使学生在应用和比较中体会创新对学科发展的重要性，培养学生的创新精神和爱国情怀。

四、课程思政教学案例

课程题目：根管治疗术（第二讲）——根管冲洗、根管封药、根管充填

授课教师：王祖华（副教授、主任医师）

学时数：2 学时

1. 教学内容分析　根管治疗术是理论体系完善、操作步骤规范、器械设备标准化的一种保存患牙的治疗方法，由于其疗效肯定，已成为治疗牙髓病和根尖周病的首选方法，是口腔医学生应该重点掌握的内容。本次课是根管治疗术的第二讲，第一讲已经讲授了髓腔进入的目的、步骤、原则，根管预备中的工作长度、工作宽度以及步退技术要点等，本次课程将讲授根管治疗术中的根管冲洗、根管封药、根管充填的原理和适应证、方法、时机、操作步骤和评价标准。本次课在教学内容的安排和设计方面进行了创新设计，例如：采用大量图片和视频的多媒体教学方式，有助于学生理解和记忆根管冲洗、根管封药和根管充填的原理及方法等；展示一些根管治疗并发症的病例图片，引导学生要注重夯实基本功，严格规范化操作，严格把控医疗质量，将规范严谨的诊疗操作和认真负责的诊疗态度贯穿临床学习和工作的始终，从始至终培养学生树立和养成爱伤观念，以及对患者认真负责的责任感。在课程讲授中，潜移默化地融入思政内容，比如在讲授根管治疗器械的发展与进展时，引入我国国产医疗器械的发展大大带动了国内口腔行业的蓬勃发展，引导学生更加努力学习，为人民群众的口腔健康贡献自己的力量。

2. 教学目标

（1）掌握各种根管冲洗剂的特点和冲洗方法。

（2）掌握根管封药相关药物的特点和封药的适应证及方法。

（3）掌握冷牙胶侧方加压技术，了解热牙胶垂直加压技术。

（4）掌握根管治疗的各种器械及其用法。

（5）熟悉根管治疗的并发症及预防、处理措施。

3. 课程思政目标　通过讲解根管治疗术的目的、步骤、原则，使学生知其然并知其所以然，培养学生以基本理论为中心指导临床诊疗的意识；通过讲解根管治疗的并发症，引导学生要注重夯实基本功，严格规范化操作，严格把控医疗质量，将规范严谨的诊疗操作和认真负责的诊疗态度贯穿于临床学习和工作的始终，树立和养成爱伤观念，以及对患者认真负责的责任感；通过讲解根管治疗器械的发展及进展，引导学生刻苦钻研和追求自主知识产权的精神。

4. 教学重点难点　本次课的内容主要是根管治疗术的根管冲洗、根管封药和根管充填，这也是本次课的重点和难点。同时，本次课程的思政融合的难点和重点在于，如何更好地按照习近平总书记在全国高校思想政治工作会议讲话中指出的“使各类课程与思想政治理论课同向同行，形成协同效应”，在课堂中将思政内容潜移默化地传授给学生，使学生树立和养成爱伤观念和对患者认真负责的责任感，引导学生建立家国情怀和刻苦钻研、追求自主知识产权的精神。

5. 学情分析　学生在根管治疗第一讲已经学习了根管治疗术的原理和适应证、髓腔进入、根管机械预备，对根管治疗术有了大概的认识，但还不了解根管冲洗、根管封药、根管充填的内容。本次课的重点内容在于：第一，进一步强化根管治疗术的核心——“控制感染”，从上一次课的内容导入，开始讲解根管预备的另一重要部分——根管冲洗，讲清为何要进行根管冲洗，冲洗液的选择和根管冲洗的方法，其间说明错误冲洗方法的危害；第二，讲解根管封药的适应证和方法，以及相关药物的特点；第三，讲解杜绝根管再感染的关键——根管充填和冠方封闭，说明其重要性和关键点；第四，讲解根管治疗的各种器械及其用法，其间通过讲解根管治疗器械的发展及进展，引导学生刻苦钻研和追求自主知识产权的精神；第五，讲解根管治疗的并发症及预防、处理措施，引导学生要注重夯实基本功，严格规范化操作，才是真正为人民的口腔健康负责；第六，对根管治疗术进行总结。

6. **教学设计思路**　通过根管治疗术原则的讲解，将根管治疗术的各项治疗步骤按时间顺序贯通起来，通过归纳式、启发式、互动式教学，以 PPT 板书、视频、图片、临床案例等教学方式，生动地讲授根管治疗术的内容（图 8-1）。

教学主线	知识点	能力培养 思政教育	教学设计
定义	目的、方法	归纳总结能力	案例导入 问答互动
发展历史	塑化治疗	科研探索精神	回顾历史 引发思考
原则	感染控制	拓展分析能力	手绘板书 指导实践
★髓腔进入	开髓洞形制备	逻辑分析能力	微创预备 学以致用
根管清理	根管预备步骤	学习探索能力	机化结合 提高疗效
根管封药	冲洗药物	对比分析能力	动画演示 强化记忆
★根管充填	根管充填步骤	学习探索能力	临床视频 课堂互动
治疗器械	根管治疗器械	科技自立自强	首尾呼应 鼓励创新
并发症	处理及预防	医学人文素养	临床案例 爱伤观念
总结	原则和步骤	归纳整理能力	课堂问答 思考预习

图 8-1　根管治疗术教学设计思路

7. **教学过程**　具体教学过程如表 8-2 所列。

表 8-2　根管治疗术（第二讲）的教学过程

<table>
<tr><th>教学目标</th><th>教学内容</th><th>教学设计</th></tr>
<tr><td>课程导入</td><td>课程导入：简要复习根管治疗术第一讲的内容
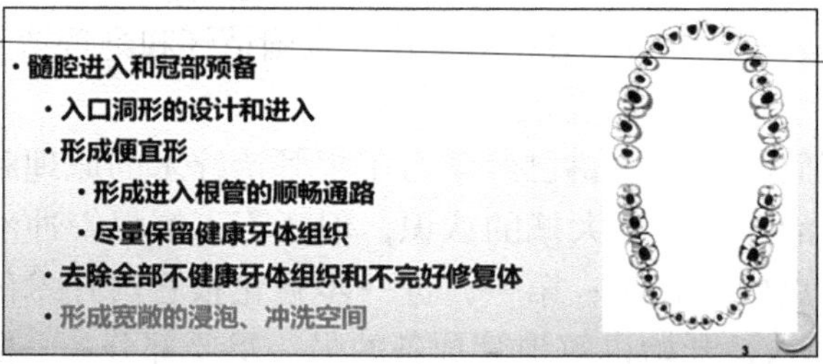

提出本节课的问题：根管机械预备能否实现根管的彻底清创？</td><td>复习巩固：启发学生复习根管治疗术的原理和适应证、髓腔进入、根管机械预备
启发教学：思考去除根管内感染的难点</td></tr>
</table>

续表

教学目标	教学内容	教学设计
★ **掌握** 根管系统的冲洗与封药	复习：根管治疗的目的与原则 根管冲洗的目的 各种冲洗药物：次氯酸钠、EDTA、氯己定（洗必泰）。冲洗并发症（展示） **根管封药的适应证**：根管感染严重、根尖急性炎症表现、根管内有活动性渗出、无法一次完成根管治疗	**承上启下**：使学生了解机械预备的局限性，认识到根管冲洗的重要性 **课程思政（从临床问题出发，不断解决问题的科学探索精神）**：通过讲解根管冲洗药物、冲洗方法的发展，引导学生思考如何能更有效地去除根管内的感染，从而更好地保留患牙
★ **掌握** 根管充填	目的：利用生物相容性材料将经过清洁和成形的根管进行严密的充填和封闭 根管充填时机： 完善的根管预备 根管内干燥，无异味，无渗出 牙齿无疼痛、不适等自觉症状 临床检查无肿胀、叩痛等异常情况 根管充填材料：牙胶和根管封闭剂 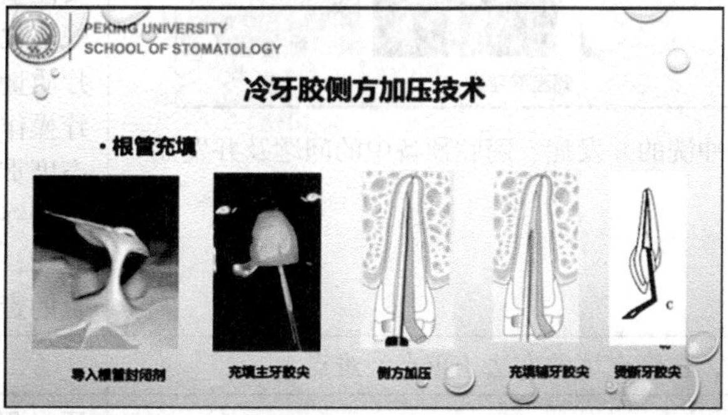 热牙胶充填技术（了解）	**引导式提问**：根管治疗的目的是什么？感染控制的临床判断方法有哪些？→根管充填的时机是何时？使用的材料有哪些？ **对比教学**：对不同根管充填糊剂、不同充填方法进行对比，使学生更加直观地掌握课堂重点内容 **课程思政**：根管治疗过程复杂、耗时长，引导学生除了关注技术本身，也要重视患者在治疗过程中和治疗后的感受
★ **掌握** 根管治疗器械	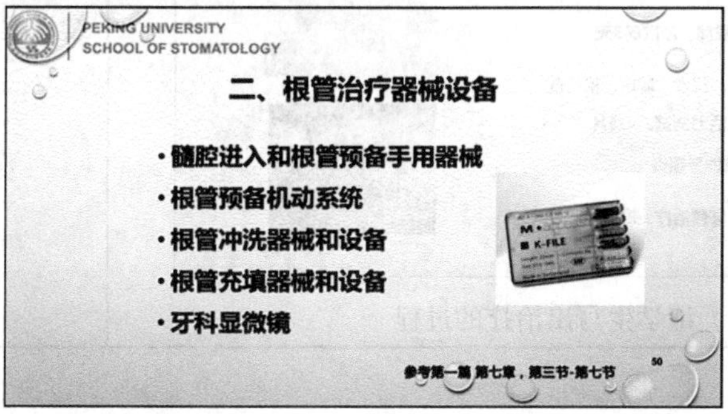	**实物展示**：学生上手实际感受器械的规格、材质，体会ISO标准的意义 **操作视频**：通过观看显微镜下治疗的视频，可使学生更加直观地感受器械的发展给牙体牙髓治疗带来的便利

续表

教学目标	教学内容	教学设计
★ **掌握** 根管治疗器械	**ISO 标准** **手用根管预备器械** 根管治疗器械的发展及进展 牙科显微镜（了解）	**课程思政（不断创新的科学探索精神）**：北京冬奥会期间，北京大学口腔医学院医疗团队在先进医疗器械的辅助下保障运动员口腔健康。使学生认识到国家对口腔健康和口腔卫生事业的重视，引导学生产生家国情怀和使命感。通过讲解根管治疗器械的发展及进展，引导学生养成刻苦钻研和追求自主知识产权的精神，为我国的口腔健康事业添砖加瓦
熟悉 并发症的处理及预防	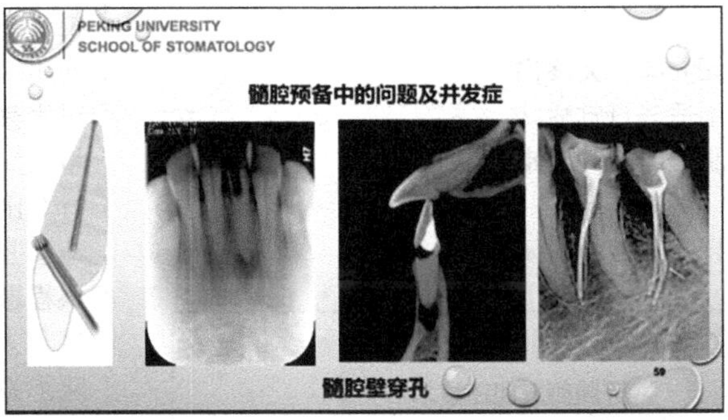 讲解：次氯酸钠冲洗的并发症、髓腔预备中的问题及并发症	**形象教学**：用案例展示根管治疗中的并发症，如次氯酸钠冲洗的并发症、髓腔预备中的并发症 **课程思政（以患者为中心的爱伤观念）**：引导学生要注重夯实基本功，严格规范化操作，严格把控医疗质量，将规范严谨的诊疗操作和认真负责的诊疗态度贯穿临床学习和工作的始终，树立和养成爱伤观念，以及对患者认真负责的责任感
总结	根管冲洗的目的，根管充填的方法（重点、难点）	
思考题与课后作业	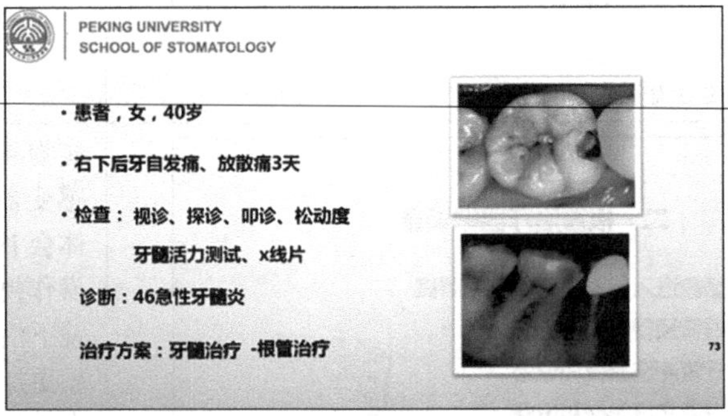 从一个病例出发，请学生写出治疗的过程	通过思考题和课后作业，使学生能够主动思考和复习，巩固课堂所学，为后续课程学习奠定坚实基础

第九章　牙周病学

一、课程定位和课程思政建设目标

（一）牙周病学课程定位

牙周疾病（periodontal diseases）是指发生在牙周支持组织（牙龈、牙周膜、牙槽骨和牙骨质）的各种疾病。牙周病学（periodontology）主要研究牙周组织的结构、生理和病理变化以及牙周疾病的防治；牙周病学的另一个名称 periodontics 则是指偏重研究牙周疾病的诊断、治疗和预防的临床学科。牙周病学作为一门独立的专门学科，是口腔医学极为重要的分支和组成部分。

牙周病学的工作任务：①研究牙周疾病的病因、机制、病理、诊断和防治方法；②研究牙周疾病和全身健康的关系；③正确诊断常见牙龈病和牙周炎并正确分型，不断探索牙周病的综合治疗手段，促进患者口腔健康和身心健康；④研究和探索种植技术在牙周领域的应用以及种植体周病的病因、临床表现和防治方法；⑤贯彻牙周疾病和种植体周病的预防措施并做好健康教育，保留更多天然牙，提高种植牙的长期效果，促进口腔健康、功能和美观，造福人类。本科阶段的主要学习任务是针对牙周疾病的病因、病理和临床诊治方法及预防措施，学习其基本理论、基本知识和基本技能，并在牙周疾病诊疗过程中培养口腔医学专业本科生的医学人文品格。

（二）牙周病学课程思政建设目标

牙周病学的课程思政建设目标主要包括以下几点。

第一，讲授牙周病学的基本理论和基本知识。本课程基于牙周组织的结构、生理和牙周疾病的病理变化，着重讲授如何进行牙周疾病的检查、诊断、治疗和预防的专业知识，从而维护牙周健康、保留更多天然牙，维持功能和美观，促进口腔健康和全身健康。

第二，培养本科生诊治常见牙周疾病的临床胜任力，掌握检查、诊断及治疗常见牙周疾病的基本技能和方法。本课程通过理论授课、前期实习和生产实习等环节，使学生掌握牙周病学的基础理论、基本知识和基本技能，具备牙周病常见临床诊治技术的应用能力，并积极贯彻牙周疾病的预防措施及做好健康教育。

第三，基于牙周病学学科历史和发展的介绍，引导学生树立正确的价值观。本课程从牙周病学发展简史、改革开放以来中国牙周病学发展历程、影响学科发展历程中的重要人物、临床上医患沟通中的技巧与艺术、牙周疾病与口腔健康、全身健康的关系等方面，向学生讲述世界和中国口腔医学界的真实故事，以及北京大学口腔牙周病学前辈的真实故事等，培养医学人文品格和职业精神，引导学生树立正确的世界观、人生观和价值观。

二、教学内容和思政要点设计

本课程的教学内容、知识点和对应思政元素设计及呈现如表 9-1 所列。

表 9-1　牙周病学的教学内容、知识点和对应思政元素设计及呈现

教学内容	知识点	思政元素设计及呈现
牙周病学概述和牙周组织	1. 牙周病学概述 牙周病学的定义及概念 牙周病的危害与预防的重要性	1. 培养学生认识医学学科发展的规律性，通过牙周病学发展历程，了解医学和科学的区别和相互促进关系 2. 通过改革开放后中国牙周病学的发展，了解国情特点、口腔医学发展和牙周专业今后面临的任务和责任 3. 培养学生的爱伤观念以及预防为主的观念，使学生意识到牙周病的危害及其给患者带来的健康影响、身心负担及经济压力，引导学生思考如何早诊断、早治疗、早预防牙周病
	2. 正常牙周组织 牙龈、牙周膜、牙槽骨、牙骨质	1. 针对四种牙周组织的各种镜下观察特点，体会生命的本质 2. 从组织学研究和方法的不断发展，了解科学和医学各自的特点、区别和相互关系
	3. 牙周组织临床应用解剖 牙龈表面解剖及临床表现 龈牙结合部 结合上皮	1. 培养学生的辩证思维，由表及里，结合表面特征联系组织学结构 2. 从龈牙结合部，联系软硬组织封闭的重要性和独特结构，为未来理解牙周疾病进展和防治打下扎实基础
牙周病病因学	1. 历史背景	通过 200 年来人们对牙周病局部临床特征、与全身关系及牙周病病因认识、探索的过程，培养学生认识疾病的科学思维、整体观念，理解“病”与“人”的主次关系，思考微观与宏观、局部与整体的辩证关系
	2. 微生物和牙菌斑 （1）菌斑生物膜 龈上与龈下菌斑 附着与非附着性菌斑 （2）牙石 龈上与龈下牙石 牙石的形成与矿化	1. 从牙周病的病因研究历程，使学生了解在时代背景不同、研究方法存异的前提下，在牙周病病因理论中牙菌斑认识的两大派系出现的科学必然性 2. 引导学生在未来科学研究和临床实践中始终保持质疑求真的态度，同时认识到充分运用日新月异的科学方法对病因进行深入研究的重要性 3. 通过牙石和菌斑关系的分析，以及对菌斑作为牙周病始动因素的认识，使学生理解预防和控制牙周病发生、定期维护牙周健康的必要性

续表

教学内容	知识点	思政元素设计及呈现
牙周病病因学	3. 咬合创伤 𬌗创伤和创伤性𬌗 原发性和继发性咬合创伤 过大𬌗力与牙周炎症	1. 通过对咬合创伤概念和分类的认识，使学生理解人体包括牙周生理形态和结构的精妙之处，及与其承担的生理功能相适应的客观规律 2. 通过对咬合与牙周的关系分析，使学生认识咬合创伤在牙周疾病发生发展过程中的作用
	4. 食物嵌塞 垂直与水平食物嵌塞 邻接触关系	1. 通过典型临床照片，引导学生关注患者主诉、重视临床局部小问题 2. 引导学生发现食物嵌塞形成的多方面原因，以及对牙周病病因的促进作用
	5. 其他解剖形态因素 根分叉解剖 根面凹陷 釉突与釉珠 系带附着异常	1. 通过异常的解剖形态特征，引导学生理解在相同的牙菌斑始动因素下，有不同程度牙周疾病进展的原因 2. 引导学生重视局部和整体的关系，培养学生综合思考的能力
	6. 不良习惯 口呼吸 吐舌习惯 刷牙创伤	培养学生辩证思维能力，注重行使口腔功能时关注客观生理特点和主观维护能力两方面的重要性
	7. 医源性因素 不良充填体 不良修复体 不良正畸装置	1. 通过典型病例、典型临床照片及影像学资料，强化医生的职业道德、爱伤观念，引导学生一步一步树立要在强化保护牙周组织健康和规范临床诊治意识的前提下，按照各专业治疗原则从事诊疗工作 2. 同时介绍中国牙周疾病现况的国情特点和每一位口腔医学专业人士应该维护牙周健康的责任
	8. 全身因素 吸烟与牙周病 系统性疾病与牙周病 遗传因素与牙周病	通过全身因素与牙周病病因研究、探索和认识过程，培养学生认识疾病的科学思维、整体观念，理解“病”与“人”的双向关系，思考微观与宏观、局部与整体的辩证关系
牙龈病	1. 急慢性牙龈炎症 2. 全身因素相关牙龈病 3. 牙龈瘤性病变	1. 引导学生形成临床思维过程，从病因、临床、病理、转归等过程全方位思考 2. 结合全身因素与局部牙龈疾病的关系，理解“病”与“人”、局部与整体的辩证关系

续表

教学内容	知识点	思政元素设计及呈现
牙周炎	1. 总论 牙周炎症状 牙周检查与诊断 牙周炎分类	1. 通过分析牙周炎和牙龈炎的症状和特点，引导学生形成临床思维过程，从病因、临床、病理、转归等各个方面全方位思考 2. 培养学生关爱患者，从专业和经济的角度注重正确、全面的牙周临床检查（特别是牙周探诊检查）和必要的影像学辅助检查，从而正确诊断和分类 3. 通过介绍过去30多年来三次牙周病分类的变化，特别是国际牙周病学界两次邀请北京大学口腔医学院孟焕新教授参加国际分类会议的经历，体现我国医疗、科技自信
	2. 牙龈炎和牙周炎病理 不同类型牙周病病理变化 牙周病不同时期病理变化	培养学生形成临床思维，知其然并知其所以然，结合病因和临床症状，一步一步展示不同类型牙周病的病理变化过程
	3. 牙周病流行病学 牙周疾病的全球与中国流行情况	充分结合国内外牙周疾病的流行病学情况，特别是第四次全国口腔健康流行病学调查结果，强化国情特点教育，增强口腔医学人的责任感和使命感
	4. 牙周炎各论 慢性牙周炎 侵袭性牙周炎 牙周炎的伴发病变	1. 通过不同类型牙周炎患病率和发病年龄、发展进程特点，培养学生临床思维和科学分析能力 2. 结合病因和临床特点，学会正确诊断和鉴别诊断，形成正确的治疗理念，掌握正确的治疗原则
牙周医学	1. 牙周病对全身的影响 2. 口腔病灶学说 3. 伴全身疾病患者及特殊人群的牙周治疗	1. 通过口腔医学界和牙周病学界对牙周病和全身因素100余年的认识历程和观念变迁，以及各个时代代表性人物的观点由来，培养学生树立辩证思维，即专业学界对此经历了一个“认识上的循环和上升”过程，即病灶学说盛行→被否定→牙周医学的兴起，从而更好地理解牙周医学的内涵 2. 通过北京大学口腔医学院曹采方教授1997年参加牙周医学第一次国际会议介绍关于口腔幽门螺杆菌与消化道关系的研究，体现我国牙周病学家在20多年前就开始涉足牙周医学相关领域的研究 3. 引导学生认识和理解“病”与“人”及局部与全身的相互关系

续表

教学内容	知识点	思政元素设计及呈现
治疗学	1. 牙周病预后判断和治疗计划 预后判断分级 牙周治疗目标 牙周治疗程序	1. 培养学生结合牙周疾病的现有知识（循证医学）、经验和患者对疾病的认识，强化疾病预后判断的科学依据和“人”的因素 2. 树立爱伤观念和体现维护牙列完整的意义，始终贯彻恢复健康、改善功能和美观，促进口腔健康和全身健康，践行健康中国的使命
	2. 消除始动因子，控制炎症 菌斑控制 龈上洁治 龈下刮治与根面平整	1. 结合国情特点和国外先进经验，从正反两个方面强调控制炎症、阻止疾病进展的重要性，坚持牙周病病因治疗的理念，扎扎实实打好规范化牙周基础治疗和维护治疗的基本功 2. 通过实习带教老师的精心指导，一步一步循序渐进掌握技术要点，强化爱伤观念 3. 通过耐心、细致的椅旁健康教育，以“知信行”为目标，促进医患合作达到良好的诊治效果 4. 以北京大学口腔医学院曹采方、孟焕新教授为例，介绍老一辈牙周人对国外引入和国内推广规范牙周基础治疗的贡献
	3. 解除𬌗创伤（咬合治疗） 𬌗治疗 选磨法 松牙固定	1. 从咬合治疗的宏观理念，到牙周选磨法精细运用，引导学生领会口腔医学多学科素养的重要性和专业的局限性 2. 结合北京大学口腔医学院牙周科开展松牙固定的临床研究和经验积累，充分考虑前牙牙周组织生理特点和中国国情特点，从适应证的把握、改善功能效果、患者经济代价等方面综合考量，为患者推迟拔牙、保留更多天然牙提供更多选择
	4. 药物治疗 局部与全身用药选择 牙周常用药物	1. 依据循证医学知识，比较机械治疗和药物治疗的特点，培养学生辩证思维能力，更好地理解药物治疗在牙周病治疗过程中的辅助作用 2. 使学生了解中医药在牙周治疗中的作用，关注中医药的传承与创新发展
	5. 牙周手术 各类手术的目的、原理及适应证 手术方法选择 术后愈合方式	1. 从牙周手术发展简史，结合手术方式和理念更新，引导学生客观认识牙周临床治疗技术发展、治疗目标提升和牙周病学科学研究（病因病理研究、机制转归研究、材料器械研究等）的相互关系 2. 引导并强化学生在牙周实习中牙周基础性手术基本功的学习，夯实“三基” 3. 始终遵循牙周疾病诊疗的正确理念，通过扎实的理论学习和前期实习、生产实习的能力训练，掌握牙周手术的原则、练好手术基本功

续表

教学内容	知识点	思政元素设计及呈现
	6. 牙周炎患者修复与正畸治疗 修复与正畸治疗时机 牙周健康相关修复体设计要求 正畸治疗中对牙周组织的保护	1. 从牙周健康的角度，辩证分析口腔医学各专业，特别是修复和正畸治疗与牙周治疗的密切关系，既从牙周系统治疗的全过程，宏观分析修复和正畸治疗对于恢复牙周健康、保留更多天然牙的意义；又从修复和正畸治疗的实施过程，强调保护牙周组织、维护健康的重要性 2. 结合正反两方面临床典型病例，强化学生具备口腔多学科素养的重要性和树立爱伤观念的必要性
	7. 牙周维护治疗 维护治疗内容 疗效维持评估	1. 结合菌斑作为牙周病始动因素的特点，培养学生的辩证思维，贯彻防重于治、定期维护的理念和保持治疗效果的长远目标 2. 强调发挥患者的主观能动性对控制疾病进展的作用
牙周病预防	牙周病三级预防 （1）龈炎的预防 （2）牙周炎的预防 （3）牙周炎的积极治疗	1. 通过全球牙周疾病预防的形势、经济负担的测算及牙周病对民众口腔健康和全身健康的分析，引导学生建立牙周病早诊断、早治疗、早预防的基本理念 2. 对照发达国家的成功经验，结合第四次全国口腔健康调查，使学生深刻认识国情特点和我国口腔医学界预防和控制牙周病的严峻形势、重大责任和强烈紧迫感
种植体周病	种植体周组织特点、疾病表现与防治 （1）种植体与周围组织的界面结构特点 （2）种植体周病的致病因素 （3）种植体周黏膜炎和种植体周炎的临床表现和评估 （4）种植体周病的预防和治疗	1. 通过对种植体周组织与牙周组织特点、疾病表现与防治的对比分析，培养、引导学生透过现象看本质的医学思辨能力 2. 通过种植体周病的几十年临床认识、研究分析和国际新分类，培养学生建立预防种植体周病的意识，立志做好牙周炎患者种植治疗的临床研究和相关基础性研究，致力于揭示疾病本质，并为我国人民提供高质量种植治疗、预防和控制种植体周病发生做出贡献

三、教学设计与方法

牙周病学课程的教学目标是基于牙周组织疾病的病因、病理和临床特点以及牙周疾病和全身健康的关系，讲解和训练常见牙龈病和牙周炎的检查和分型、全面治疗设计并制订阶段治疗计划、牙周病基础治疗等多种综合治疗手段，从而达到恢复牙周健康、重建功能和改善美观的治疗目标，同时在教学过程中始终贯彻牙周疾病预防为上、早诊断、早治疗和做好健康教育的正确理念。

本课程坚守立德树人初心，牢记为党育人、为国育才使命，针对牙周疾病患病率高、预防和治疗任务重的国情特点，以课程思政为统领，搭建思政育人构架，将培养德才兼备的一流口腔医学人才目标融入牙周病学课程教学全过程。

1. **以医学人文为核心，培养仁心仁术的职业道德观**　通过多学科融合教学，引导学生全面认识疾病的本质，认识和理解“病与人”、局部与全身的相互关系，尊重患者选择，制定个性化诊疗方案。注重培训医患沟通技巧和爱伤观念，全面培养学生的医学人文品格和“以人为本”的职业观，使其树立起对生命和健康的敬畏意识，尊重并维护患者的权利。

2. **以杰出人物为榜样，激励学生崇尚科学家精神**　向学生讲述我国牙周病学前辈在艰难的条件下白手起家、开拓创新的事迹，以牙周病学名师的真实故事启迪学生的心智。在牙周教研室的前辈中，多位老师堪称牙周病学泰斗级人物，例如曹采方教授，她是我国现代牙周病学的创立者和实践者，同时也是我国当代牙周病学专业教学的奠基人；孟焕新教授为北京大学口腔医学院牙周科的快速发展和与国际接轨做出了重要贡献。通过讲述这些真实事例，引导学生追随榜样的足迹，崇尚科学家精神，立志成为未来牙周病学领域的开拓者。

3. **以自主创新案例为示范，增强学生的科技自信**　北京大学口腔医学院牙周病学学科创立历史悠久，底蕴深厚，学科创建至今已有70余年，从一个诊室成长为全国排名第一的牙周病学专业科室，并拥有一定的国际影响力。在教学中注重引用北京大学口腔医学院牙周科在牙周病学基础研究、临床治疗及教育教学方面自主创新的实际案例，增强学生对我国牙周病学事业发展的自信，激发学生在口腔医学领域树立科技自立自强的信心和决心。同时通过学习牙周病学发展历史，以及中医药在牙周治疗中的作用，引导学生关注中医药的传承与创新发展。

4. **以健康中国战略行动为指引，强化学生为人民口腔健康服务的职业精神**　以习近平总书记关于卫生健康的重要论述和讲话精神为指引，针对我国牙周疾病的患病率高、治疗任务重的国情特点，引导学生建立预防疾病的意识，积极倡导健康文明的生活方式，加强慢性病的健康管理，注重医疗模式由治病向防病转变，强化学生为人民口腔健康服务的职业精神。

四、课程思政教学案例

课程题目：牙龈病

授课教师：甄敏（副主任医师）

学时数：2 学时

1. **教学内容分析**　牙龈病是局限于牙龈组织的病变，一般不侵犯深层牙周组织。牙龈病可以是牙龈组织的炎症，也可以是皮肤黏膜病或全身疾病在牙龈的表现，包括150余种疾病，结合中国的国情，各种牙龈病频发，因此要勉励学生肩负使命，努力学习，成为一流口腔医学专业人才，提高我国牙周疾病的防治水平。牙龈病分为菌斑性牙龈病和非菌斑性牙龈病两大类，其中菌斑性牙龈病是指由牙菌斑所诱发的牙龈病，但也可受全身疾病和药物的影响，是牙龈病的重要内容。本次课程针对11种常见的牙龈病的病因、临床表现、组织病理改变、诊断及鉴别诊断和治疗原则分别进行了讲述，要求学生认真学习，能合理应用辩证思维。

2. **教学目标**

（1）**掌握：**5 种牙龈病，包括菌斑性龈炎、妊娠期龈炎、白血病龈病损、药物性牙龈肥大和坏死性溃疡性龈炎。

（2）**熟悉：**3 种牙龈病，包括龈乳头炎、青春期龈炎、遗传性龈纤维瘤病。

（3）**了解：**疱疹性龈口炎、剥脱性龈病损、物理及化学因素引起的龈病损。

3. **课程思政目标**

（1）**良好的医德医风：**良好的医德医风是医疗行业的灵魂，体现在医生对患者的关爱、尊重和责任心上。要培养医学生秉持诚信、敬业的精神，以患者为中心，全心全意为患者服务的职业道德。要使学生明确这样的医德医风不仅能赢得患者的信任，也是医疗事业持续发展的基石。

（2）**临床思维能力：**对 11 种常见牙龈病的病因、临床表现、组织病理改变、诊断和鉴别诊断、治疗原则分别进行讲述，要求学生认真学习，为未来的辩证施治打下坚实基础。

（3）**科研能力培养：**当讲授实验性龈炎有力地证明了菌斑是牙龈炎症的始动因子时，引用国外经典文献并讲述本教研室招募本科生进行实验性龈炎的故事，告诫学生需要处理好守正与创新的关系。

（4）**育知与育德有机融合：**结合本教研室的研究成果，使学生增强我国牙周病学事业发展的自信，教师通过展示临床接诊的典型牙龈病案例，讲授患者就医故事，引导学生树立正确的医学人文精神、执业精神和道德风尚。

4. **教学重点难点**

（1）**教学重点：**菌斑性龈炎、妊娠期龈炎、白血病龈病损、药物性牙龈肥大和坏死性溃疡性龈炎的病因、临床表现、组织病理改变、诊断及鉴别诊断和治疗原则。**教学对策：**通过不同牙龈病的典型病例展示，从上述五个方面分别进行阐述，使学生对上述牙龈病有直观、感性、系统、详尽的认识。

（2）**教学难点：**对有相同或类似症状和体征的牙龈病的鉴别诊断。**难点分析：**不同的牙龈病可能有相同或相似的症状和体征，例如上述牙龈病可能都会有牙龈出血的症状，学生缺乏鉴别经验，难以给出正确的诊断。**教学对策：**首先按照不同的病种逐一进行学习，增加学生对各种牙龈病理论知识的掌握，然后根据不同的症状和体征分别对相关的牙龈病进行鉴别，按照临床接诊的思维进行学习，扩宽学生的思维，有利于将理论和实际应用相结合。

5. **学情分析** 学生在开始本节课学习前，仅通过牙周病学的绪论、应用解剖、组织病理学和病因学的学习，掌握了牙周病学最基础的理论知识，但对牙龈病知之甚少，因此可以通过回顾健康牙龈的解剖学知识，引入牙龈病的概念。然而牙龈病种类繁多，临床表现各异，学生缺乏对相关知识系统进行概括的能力。本次课程针对上述问题，进行了如下设计。

（1）**结合典型病例，逐一攻克：**通过不同类型牙龈病的临床照片展示，使学生直观、感性地了解牙龈病的表现，培养学生对牙龈病的临床思维能力。

（2）**强调重点，归纳难点：**牙龈病种类繁多，临床表现各异，不同类型的牙龈病的病因、临床表现、组织病理改变、诊断和鉴别诊断、治疗原则等知识点、要点和难点繁多，要使学生更好地掌握相关知识，就需要分清主次，梳理逻辑线索图，及时归纳总结。

（3）**提问互动，调动积极性：**在教学过程中适时地加入一些研究和临床接诊过程中的小故事，活跃课堂气氛，调节授课节奏；穿插一些启发式提问，增加师生互动，吸引学生的专注度，提高学生的积极性。

（4）**育知与育德有机融合**：坚持知识传授与价值引领相结合，在传授牙龈病相关理论知识的同时，引导学生树立正确的医学人文精神、执业精神和道德风尚。

6. **教学设计思路**　本次课程通过提问的方式复习已学知识点，导入牙龈病的主题（图 9-1）；对 11 种牙龈病的讲授不仅要分清主次，还需要清晰的教学线索和逻辑结构；在教学过程中展示大量的临床照片和相关病例，利于学生更加直观地掌握或熟知相关病种；教师适时地加入一些研究和临床接诊过程中的小故事，活跃课堂气氛，调节授课节奏；穿插一些提问，增加师生互动，吸引学生的专注度；适时总结归纳，使课堂所学知识更加条理化、系统化。

教学主线	知识点	能力培养 思政教育	教学设计
菌斑性龈炎	概念	归纳总结能力	复习导入
妊娠期龈炎	病因	对比分析能力	模型教具
白血病龈病损	临床表现	自主学习能力	提问互动
龈乳头炎	组织病理改变	逻辑思维能力	手写板书
青春期龈炎	诊断	医学人文素养	结合病例
药物性牙龈肥大	鉴别诊断	医患沟通能力	动画演示
坏死性溃疡性龈炎	治疗原则	临床思辨能力	启发教学
遗传性龈纤维瘤病	预后	科研能力培养	总结归纳

图 9-1　牙龈病教学设计思路

7. **教学过程**　具体教学过程如表 9-2 所列。

表 9-2　牙龈病的教学过程

教学目标	教学内容	教学设计
课程导入	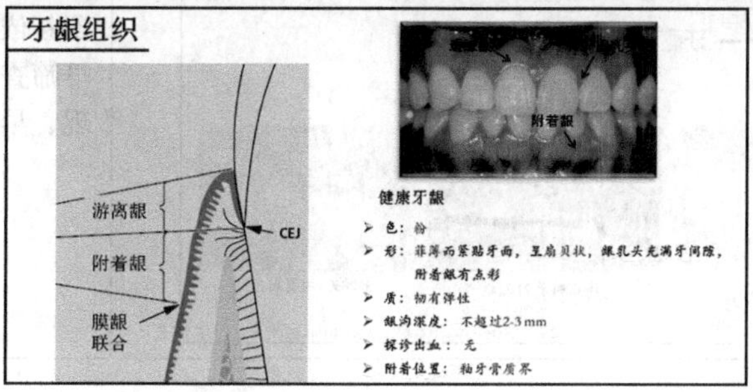 复习导入：通过复习牙龈组织的解剖结构和健康牙龈的临床表现，引入牙龈病的概念	**复习提问**：通过提问的方式，复习巩固已学知识，导入牙龈病的概念 **临床病例**：通过健康牙龈和不同牙龈病的临床照片的强烈对比，使学生对健康牙龈组织和牙龈病的表现有直观、感性的认识 **课程思政**：使学生树立当下努力学习、将来为口腔健康事业奋斗的坚定信念

续表

<table>
<tr><th>教学目标</th><th>教学内容</th><th>教学设计</th></tr>
<tr><td>★
掌握
牙龈病的分类</td><td>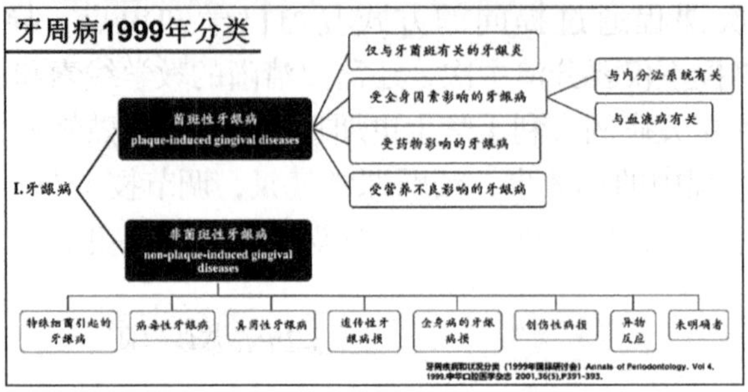

讲解 1999 年分类中的牙龈病分类，包括菌斑性牙龈病和非菌斑性牙龈病，其中菌斑性牙龈病是学习重点

列出需掌握、熟悉、了解的牙龈病病种，并指出从病因、临床表现、组织病理改变、诊断及鉴别诊断和治疗原则 5 个方面来讲述每一种牙龈病</td><td>**分类**：通过绘制结构图，使牙龈病的分类简单明了，帮助学生梳理和记忆牙龈病的分类
分析归纳：将牙龈病根据重要程度分为掌握、熟悉和了解三部分，便于学生掌握学习重点，主次分明，提高学习效率</td></tr>
<tr><td>★
掌握
菌斑性龈炎</td><td>菌斑性龈炎是由堆积在牙颈部及龈沟内的菌斑微生物长期作用于牙龈而导致的慢性感染性疾病
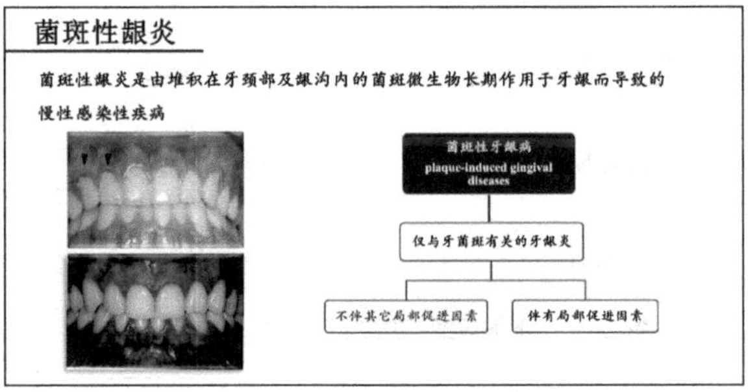

1. **病因**：菌斑性实验性龈炎有力地证明了菌斑是牙龈炎症的始动因子
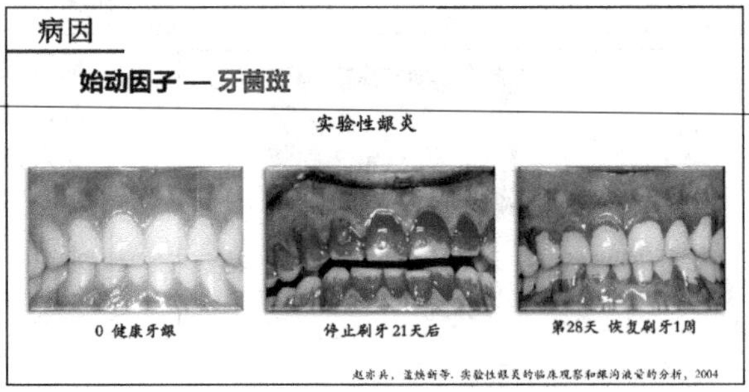
</td><td>**临床病例**：展示典型菌斑性龈炎的临床照片
启发教学：看图说话，提问学生菌斑性龈炎牙龈色、形、质的变化
课程思政：引用英文经典文献和本教研室研究结果，一方面有利于证明菌斑是牙龈炎症的始动因子，另一方面说明菌斑控制是预防牙龈炎的关键，引导学生树立“防大于治”的公共卫生意识
对比归纳：通过图表的方式，简单明了地展示牙龈炎和早期牙周炎的鉴别诊断依据，有利于学生尽早筛查早期牙周炎，早发现、早治疗效果好</td></tr>
</table>

续表

教学目标	教学内容	教学设计
★ **掌握** 菌斑性龈炎	2. 临床表现（见下）	

2. 临床表现

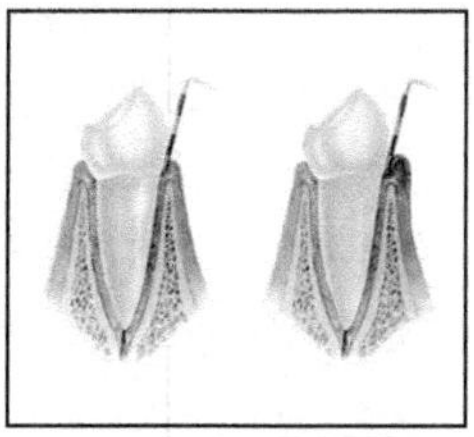

➢色：鲜红或暗红
➢形：边缘水肿肥厚，点彩消失
➢质：松软，缺乏弹性
➢龈沟深度：可超过 3 mm
➢探诊出血：有
➢附着位置：釉牙骨质界

3. 组织病理改变

4. 诊断与鉴别诊断

临床表现
➢色：鲜红或暗红
➢形：边缘水肿肥厚，点彩消失
➢质：松软，缺乏弹性
➢龈沟深度：可超过 3 mm
➢探诊出血：有
➢附着位置：釉牙骨质界

＋

致病因素
➢菌斑
➢软垢
➢牙石
➢菌斑滞留因素等

	牙龈炎	早期牙周炎
牙龈炎症	有	有
牙周袋	假性牙周袋	真性牙周袋
附着丧失	无*	有
牙槽骨吸收	无	牙槽嵴顶吸收，或骨硬板消失
治疗效果	病变可逆，组织恢复正常	炎症消退、病变静止，但已破坏的支持组织难以完全恢复

*在一定条件下可以有附着丧失

5. 治疗原则

教学目标	教学内容	教学设计
★ **掌握** 妊娠期龈炎和妊娠期龈瘤	妊娠期间，由于女性激素水平升高，原有的牙龈炎症加重，牙龈肿胀或形成龈瘤样改变。分娩后病损可自行减轻或消退 1. 病因（见下）	**临床病例**：通过临床照片展示典型的妊娠期龈炎和龈瘤的牙龈病损 **Flash 演示**：通过小动画演示妊娠期龈炎的致病因素，及其相互作用的关系 **课程思政**：妊娠期龈炎或龈瘤患者是孕妇，要引导学生注重对孕产妇的特殊关怀，治疗时要注意手法轻柔，关注孕产妇患者的心理需求，体现人文关怀

1. 病因

局部因素　牙菌斑（中间普氏菌↑）
全身因素　性激素（雌激素、黄体酮↑）

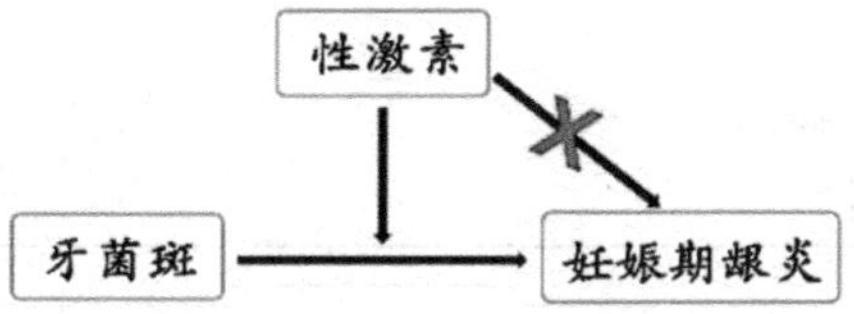

续表

<table>
<tr><th>教学目标</th><th>教学内容</th><th>教学设计</th></tr>
<tr><td>★
掌握
妊娠期龈炎和妊娠期龈瘤</td><td>2. 临床表现
妊娠期龈炎
妊娠期龈瘤

3. 组织病理改变

4. 诊断与鉴别诊断
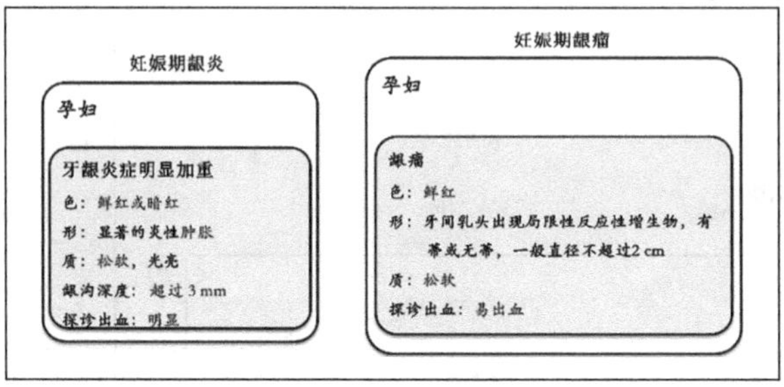
5. 治疗原则
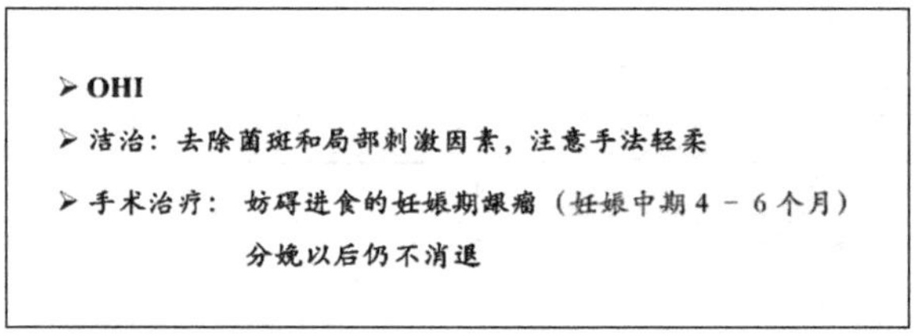</td><td></td></tr>
<tr><td>★
掌握
白血病龈病损</td><td>白血病是造血系统的恶性肿瘤，病变白细胞浸润到体内各组织及器官。牙龈是最易侵犯的组织之一。各型白血病均可出现口腔表征，其中以急性非淋巴细胞白血病最常见
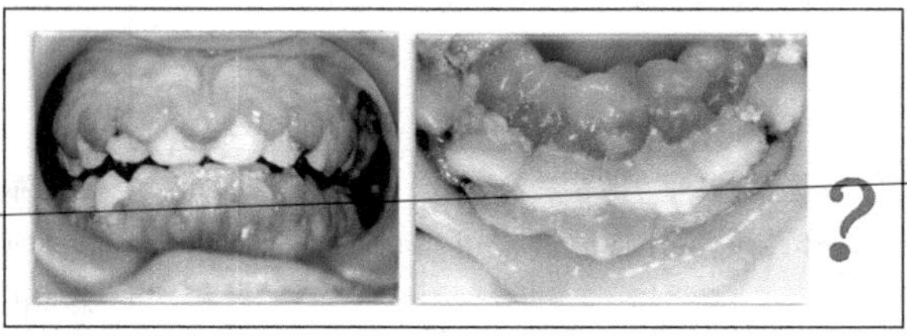
1. 病因不明
病毒感染、遗传、放射线、化学毒物、药物等
2. 临床表现

3. 组织病理改变

4. 诊断与鉴别诊断</td><td>**提问**：通过典型的病史和临床照片，根据之前所学的牙龈病相关知识，是否能看出此病例的不同之处？
临床病例：讲述该病例当年在本科室从首诊到最终确认白血病的真实故事，不仅使学生认识到牙龈病可能是全身病的龈表征，还要引导学生认识到严谨作风的重要性，在临床诊疗过程中要注意细节，体现“敬佑生命”的职业信仰</td></tr>
</table>

续表

教学目标	教学内容	教学设计
★ **掌握** 白血病 龈病损	5. 治疗原则 ➢ 及时转诊至血液科 ➢ 切忌牙龈手术和活体组织检查 ➢ 牙龈出血以保守治疗为主 ➢ 口腔卫生指导，加强口腔护理	
★ **掌握** 药物性 牙龈肥大	药物性牙龈肥大，由于全身用药引起牙龈完全或部分肥大，与长期服用药物有关 1. 病因 一、药物的作用 1. 抗癫痫药　苯妥英钠　40%～50% 2. 免疫抑制剂　环孢素　30%～50% 3. 钙通道阻滞剂　硝苯地平　20% } 联用，会增加牙龈增生的发生率和严重程度 药物引起牙龈增生的机制尚不清楚 胶原合成大于分解，胶原聚集而引起牙龈增生 二、菌斑的作用 1. 牙龈增生程度与原有的炎症程度和口腔卫生状况有明显的关系 2. 若无明显的菌斑、局部刺激物及炎症或对服药者施以严格的菌斑控制，药物性牙龈增生可以减轻或避免 3. 炎症介质可能激活牙龈成纤维细胞对此类药物的反应性增生 局部刺激物不是药物性牙龈增生的原发因素 但菌斑等引起的牙龈炎症加重会加速牙龈增生 2. 临床表现 ➢累及范围：可累及全口牙龈，以前牙区为重，无牙区不发生本病损 ➢色：粉红 / 红 ➢形：结节状、球状、分叶状，增生龈可覆盖牙面1/3或更多 ➢质：坚韧 3. 组织病理改变 4. 诊断与鉴别诊断 1. 服药史 （苯妥英钠、环孢素、钙通道阻滞剂） 2. 牙龈增生的临床表现 3. 若合并感染则有牙龈炎症的临床表现 5. 治疗原则 6. 治疗案例	**课程思政：**我国的高血压患者数量已达 3 亿，其中超过半数患者使用钙通道阻滞剂，由此可见，未来由钙通道阻滞剂诱导的牙龈肥大会越来越多见，因此应坚持预防为主，加强重大慢性病健康管理，提高健康管理能力，倡导文明健康的生活方式，才能有效控制药物性牙龈肥大的发病率 **归纳总结：**将常见的能够引起牙龈肥大的药物的商品名和通用名进行罗列 **临床病例：**展示药物性牙龈肥大患者良好的治疗效果，增加学生治愈疾病的信心

续表

<table>
<tr><th>教学目标</th><th>教学内容</th><th>教学设计</th></tr>
<tr><td>★
掌握
坏死性
溃疡性
龈炎</td><td>1898 年，Vincent 首次报告——“奋森龈炎”；
病变处大量的梭形杆菌和螺旋体——“梭杆菌螺旋体性龈炎”；
一战，前线战士中流行本病——“战壕口”；
NUG 主要发生于青壮年、较贫困地区和国家的营养不良或患传染病的儿童
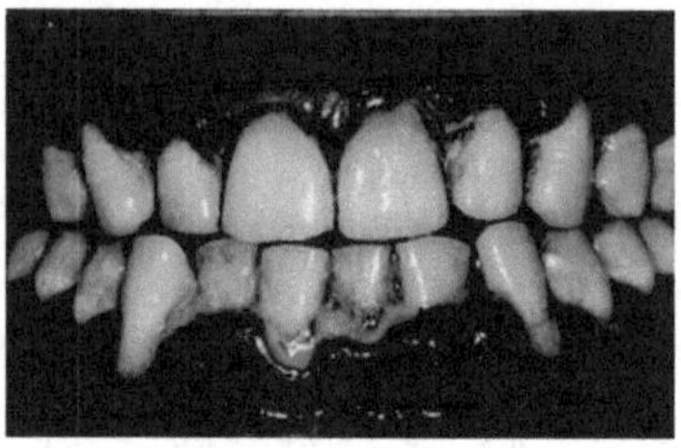
1. 临床表现
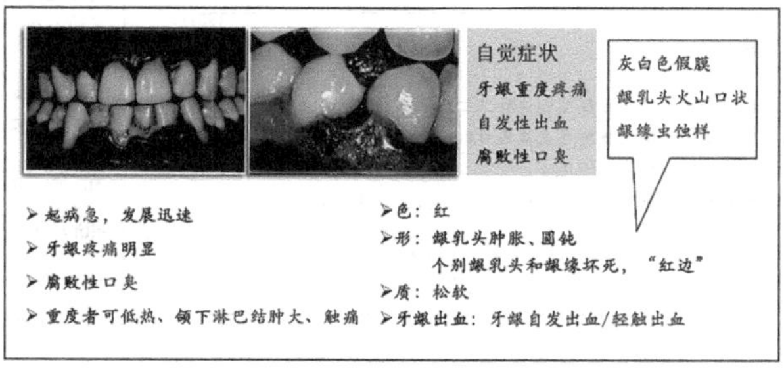

2. 组织病理改变
3. 诊断与鉴别诊断
4. 治疗原则</td><td>**课程思政：**通过回顾坏死性溃疡性龈炎命名的历史轨迹，了解坏死性溃疡性龈炎（necrotizing ulcerative gingivitis，NUG）主要发生于较贫困地区和国家的营养不良的人群。从改革开放初期提出小康目标开始，我国经历了长期的发展过程，全面建成小康社会，巩固拓展脱贫攻坚成果，农村贫困人口的生活水平和基本医疗水平都得到保障，因此 NUG 在国内已很少见到
临床病例：通过临床照片展示急性坏死性溃疡性龈炎典型的龈乳头“火山口状”的病损</td></tr>
<tr><td>**熟悉**
遗传性
龈纤维瘤病</td><td>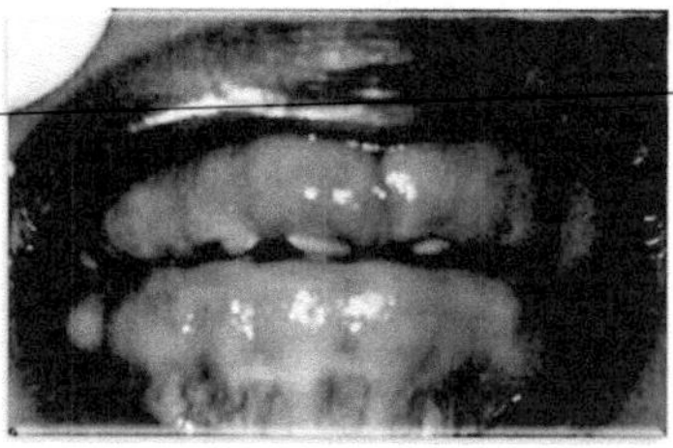
先天性家族性纤维瘤病 / 特发性龈纤维瘤病
一种比较罕见的以全口牙龈广泛性、渐进性增生为特征的良性病变，也可能与某些罕见的综合征和其他疾病相伴随
1. 病因
➢ 具有明显的遗传倾向
➢ 非家族性</td><td>**启发教学：**通过典型病例的临床照片，向学生提问可能是何种疾病，其牙龈的色、性、质有何特点？
课程思政（人文关怀）：遗传性龈纤维瘤病通常具有家族遗传倾向，对患者或患儿要给予适当的关怀和心理疏导，避免因疾病产生焦虑情绪</td></tr>
</table>

续表

教学目标	教学内容	教学设计
熟悉 遗传性 龈纤维瘤病	2. 临床表现 ➢发病时间：发生于萌牙后，多见于儿童，成人也可见 ➢累及范围：牙龈增生严重，波及全口，可同时累及边缘龈、龈乳头和附着龈；唇舌侧均可发生 ➢色：粉色 ➢性：牙龈增生严重，呈结节状、球状或颗粒状，常覆盖牙面2/3以上 ➢质：坚韧 ➢替牙期儿童可有萌牙困难 ➢亦可伴有炎症 ➢牙脱落后可缩小或消退 ➢患者发育和智力无异常 3. 治疗原则 ➢ 控制菌斑、消除炎症 良好的口腔卫生能降低复发率 ➢ 手术切除肥大的牙龈 手术时机：部分患者在青春期后可缓解，故手术最好在青春期后 4. 病例 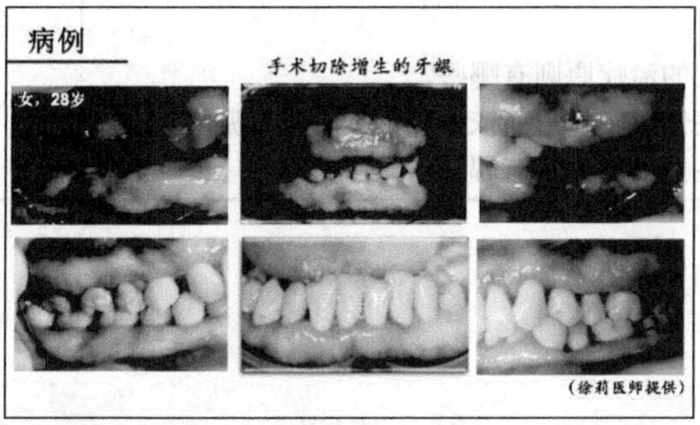	**课程思政（医患沟通）：** 遗传性龈纤维瘤病由于其疾病特性、严重程度不同等，应给予患者个性化的指导建议，要与患者做到充分沟通，以期良好的依从性和远期疗效 **临床病例：** 遗传性龈纤维瘤病通过切除性手术暴露临床牙冠，利于口腔卫生清洁和牙周健康
总结	1. 牙龈增生的鉴别诊断 （见下表）	**归纳总结：** 将已学的牙龈病按照牙龈病的分类进行梳理总结；通过不同的字体颜色突出本次课程的重点和难点 **提问互动：** 通过提问，分别通过牙龈增生、牙龈出血、牙龈疼痛等常见的症状对不同的牙龈病进行鉴别诊断，考察学生掌握情况，提高学生临床思辨的能力

	伴有增生的菌斑性龈炎	青春期龈炎	妊娠期龈炎	药物性牙龈肥大	白血病龈病损	遗传性龈纤维瘤病
全身情况	无服药史 无家族史	无服药史 无家族史 青春期	无服药史 无家族史 妊娠期	长期服药史	无服药史 患有白血病或不详	无服药史 可有家族史
累及部位	龈乳头 边缘龈	龈乳头 边缘龈	龈乳头 边缘龈	龈乳头 边缘龈	龈乳头 边缘龈、附着龈	龈乳头 边缘龈、附着龈
增生程度	较轻	较轻	较轻	明显 覆盖牙面1/3或以上	明显	较重 常覆盖牙面2/3以上
牙龈炎症	较明显	较明显	较明显	可较明显	可较明显	偶有较轻炎症

续表

<table>
<tr><th>教学目标</th><th>教学内容</th><th>教学设计</th></tr>
<tr><td>总结</td><td>2. 牙龈出血的鉴别诊断

牙龈出血
1. 菌斑性龈炎
2. 龈乳头炎
3. 青春期龈炎
4. 妊娠期龈炎
5. 白血病龈病损
6. 急性坏死性溃疡性龈炎
<table><tr><th></th><th>白血病龈病损</th><th>急性坏死性溃疡性龈炎</th></tr><tr><td>进展速度</td><td>急</td><td>急</td></tr><tr><td>牙龈特点</td><td>苍白
明显肿大
呈结节状</td><td>色红
伪膜、虫蚀状
火山口状</td></tr><tr><td>牙龈出血</td><td>自发性出血
不易止血</td><td>自发性出血
不易止血</td></tr><tr><td>坏死病损</td><td>可有</td><td>有</td></tr></table>
3. 牙龈疼痛的鉴别诊断

牙龈疼痛
1. 龈乳头炎
2. 白血病龈病损
3. 急性坏死性溃疡性龈炎
4. 疱疹性龈口炎
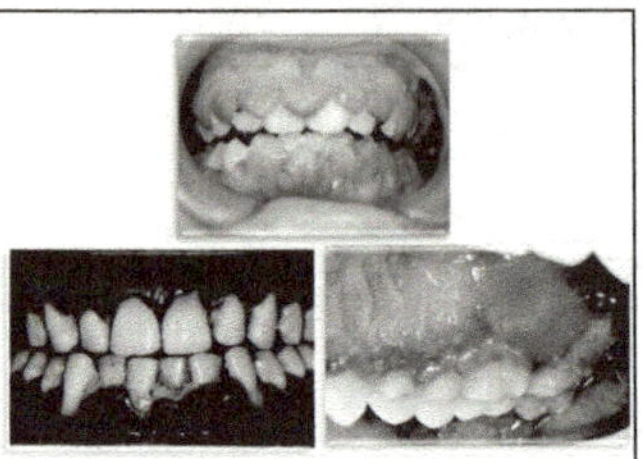</td><td></td></tr>
<tr><td>思考题与课后作业</td><td>1. 区别菌斑性龈炎和早期牙周炎最重要的指标是什么？
2. 白血病龈病损的诊断依据和治疗的注意事项有哪些？
3. 菌斑性龈炎、妊娠期龈炎和白血病龈病损均有牙龈出血症状，如何鉴别？
4. 药物性牙龈肥大的治疗原则有哪些？
5. 急性坏死性溃疡性龈炎的诊断依据和治疗原则有哪些？
6. 以牙龈疼痛为主诉的牙龈病有哪些？如何鉴别？</td><td></td></tr>
</table>

第十章　儿童口腔医学

一、课程定位和课程思政建设目标

（一）儿童口腔医学课程定位

面向本科生的儿童口腔医学（pediatric dentistry）课程是研究胎儿至青少年口腔器官的生长发育、保健和疾病防治的口腔医学分支学科，也是唯一以年龄划分的口腔医学专业。作为口腔医学本科生教学中的一门独立学科，儿童口腔医学是以处于生长发育阶段的儿童和青少年为对象，研究其口腔范围内的牙、牙列、颌骨及软组织等的形态和功能，诊断、治疗和预防其口腔疾病及畸形，使之形成功能健全的咀嚼器官。儿童口腔医学的治疗和研究内容既包括儿童存在的牙科问题，又涉及儿童存在的牙、颌、𬌗问题和与牙齿有关的儿童身体、心理发育及社会问题。

在本科生的儿童口腔医学课程和临床训练中，通过融入思政内容，培养学生的爱伤观念，引导学生学会理解患者、尊重患者、善于沟通，提升学生的综合素养和人文修养，为将来成长为合格的医务工作者奠定基础。

（二）儿童口腔医学课程思政建设目标

本科生教学阶段儿童口腔医学的课程思政建设目标主要包括以下几点。

第一，本科生阶段课程的主要目标是使学生掌握儿童口腔医学的相关知识。儿童口腔医学课程以儿童生理和心理发育特点为基础，重点讲授牙齿发育和发育异常、儿童龋病、牙髓根尖周病、牙外伤、咬合诱导等方面的相关理论知识和实践技能。核心内容是强调儿童患者的特殊性，在诊疗过程中始终遵循患者利益最大化的原则，包括爱伤观念、医患沟通方式、告知程序与技巧、疾病与健康的关系、科学与医学的局限性、伦理与法律等要求。在授课过程中注重职业道德情操的培养，树立全生命周期健康管理理念，通过在儿童时期建立良好的就医态度，推动全民口腔健康，促进我国儿童的口腔健康。

第二，注重学生的综合素质培养，加强思政教育。探索和发掘儿童口腔医学中具有中国特色的思想内涵与专业精神。在课程教学中，介绍我国学者的相关研究及对儿童口腔医学发展的贡献，树立民族自豪感。培养学生的科学思维能力，重点强调求真务实、开拓进取、学术诚信，鼓励学生的批判性思维和创新意识，培养严谨求实的科学态度。

第三，以临床胜任力为主导，培养全面发展的儿童口腔医学人才。在理论授课、临床生产实习全程贯穿思政教育。通过向学生讲述儿童口腔专业发展历史、口腔医学专家典型事迹、医患之间的暖心故事等，做到课程、思政有机结合。将人文关怀、思政理念、职业素养等内容细节化，融入学生的理论学习和临床实践当中，滋养学生心灵，引导学生全面成长。

二、教学内容和思政要点设计

本课程的教学内容、知识点和对应思政元素设计及呈现如表10-1所列。通过以李宏毅、王翰章等专家为榜样，发挥其正面激励作用，引导医学生认真学习，掌握儿童口腔医学基础知识、核心理论与临床技能，培养医学人文素养（包括共情能力、伦理意识等），树立正确的人生观与职业价值观。

表10-1　儿童口腔医学的教学内容、知识点和对应思政元素设计及呈现

教学内容	知识点	思政元素设计及呈现
儿童口腔医学导论	儿童口腔医学涵盖的内容： 1. 儿童口腔医学的重要性和学习方法等内容 2. 阐述儿童口腔疾病与健康的关系	1. 讲授李宏毅教授等前辈在艰苦条件下治学、促进儿童口腔医学事业发展的事迹 2. 介绍口腔前辈王翰章等的事迹和精神，挖掘老一辈口腔医学专家砥砺前行、严谨执着的求学精神和实事求是的价值准则 3. 使学生了解科学与医学的局限性，初步树立儿童患者是特殊群体的理念，使学生认识到在儿童患者诊疗过程中始终遵循患者利益最大化原则有着特殊的重要意义 4. 帮助学生初步掌握中国现阶段儿童口腔健康的现状、医疗技术发展情况。通过讨论与思辨提高学生的社会责任感，此为课程思政教育的重点环节
儿童口腔医学理论课	牙齿发育： 1. 牙齿的发生 2. 钙化分期 3. 牙列阶段 4. 年轻恒牙等概念 5. 牙齿正常发育	1. 科学研究的目的是解决或探索临床问题及其理论基础，帮助学生树立探讨科研问题、促进祖国医学发展进步的思想 2. 介绍我国在牙齿发育方面的研究成果，体现科技自信，并激发学生对牙齿发育相关内容的兴趣 3. 回顾从历史研究到目前的研究成果，继承前辈严谨的治学精神，积极思考，寻求临床科研问题的解决方法 4. 以生长发育变化、结构与功能相适应等方面的知识引导学生，帮助学生区分宏观和微观、主要矛盾和次要矛盾、特殊和一般的关系，不断提高思维能力
	牙齿发育异常 1. 数目异常 2. 结构异常 3. 形态异常 4. 萌出和替换异常	1. 介绍我国在牙齿发育异常方面的研究成果。牙齿发育异常的相关机制是基础研究的重要领域，是临床诊断和治疗方法选择的依据，同时也是科学研究的重要基础 2. 需要多学科合作，以揭示患者的发病机制，从而为遗传咨询、疾病预防和治疗提供依据，培养学生的科研兴趣 3. 培养医学伦理、人文关怀和法律意识，保护患者隐私，在科研中注意获得患者及其家长的知情同意

续表

教学内容	知识点	思政元素设计及呈现
儿童口腔医学理论课	儿童龋病诊治特点（归属龋病融合课） 1. 乳牙龋病 2. 年轻恒牙龋病 3. 以年龄为特点的口腔保健	1. 我国流行病学调查结果显示我国儿童患龋率始终居高不下，龋病目前仍是对我国儿童口腔健康危害最大的疾病，作为口腔科医生要因势利导，对儿童和家长进行个性化的口腔健康教育，提高患儿和家长的口腔保健意识 2. 积极研究龋病的防治措施，为儿童健康成长保驾护航 3. 通过口腔医学前辈进行龋病研究的事迹，挖掘其不畏艰难、继往开来的科学精神内涵，使学生树立推进健康中国建设的重要使命感
	儿童牙髓病诊治特点： 1. 乳牙和年轻恒牙的髓腔形态和牙髓组织特点 2. 乳牙牙髓病的诊断方法 3. 乳牙牙髓病的治疗方法 4. 年轻恒牙牙髓病的治疗原则和方法等	1. 在诊疗过程中培养爱伤观念、体现人文关怀，强调在为儿童诊疗过程中的无痛和微创理念 2. 强调患者的知情权，遵循患者的利益最大化原则 3. 引导学生理解医疗工作的本质，以期顺利走向临床工作岗位，达到临床医务工作所需的人文素质基本要求 4. 重点介绍我国在年轻恒牙牙髓治疗方面的研究成果及在国际上的领先地位，激发学习动力，并以此为契机培养医学生的临床科研思维能力
	儿童牙外伤： 1. 牙外伤的流行病学及分类 2. 恒牙牙外伤的诊断及治疗 3. 乳牙牙外伤的诊断和处理原则	1. 强化爱伤观念，掌握外伤治疗的基本理论，在诊疗方案确定过程中遵循患者利益最大化的原则，为青少年的终身口腔健康奠定基础 2. 儿童受外伤后家长会非常紧张，儿童也会因疼痛和受到惊吓而产生严重的焦虑，甚至抗拒治疗，作为医生要体现人文关怀，要有同理心，接诊乳牙外伤病例时首先要安抚家长和患儿，设计治疗方案时要考虑低龄儿童的接受能力 3. 将牙外伤相关的人文伦理、法律相关的基本要求融入课程中 4. 北京大学口腔医学院儿童口腔科前辈对牙外伤诊疗工作曾做出特别贡献——“李宏毅牙外伤分类法”，代表中国儿童口腔领域学者，在国际上发声——中国的儿童牙外伤诊疗与世界接轨，培养爱国主义情怀
	咬合诱导： 1. 影响诱导和发育的因素 2. 间隙管理 3. 常见的儿童错𬌗畸形 4. 口腔不良习惯及矫治	1. 影响咬合发育的各种因素错综复杂，促进儿童口腔、颌骨、面部良好发育是重点，其工作几乎渗透在儿童口腔专业的每一个诊疗环节，注重以人为本的服务思想，建立个性化咬合管理方案 2. 需要体现人文关怀和情感温度；还要注意到患儿的心理因素、认知情况和生活习惯等。培养学生的职业道德，避免过度医疗 3. 介绍石广香教授、邓辉教授、葛立宏教授等前辈在“咬合诱导”方面做出的贡献，引导学生理解“大医精诚”的职业精神

续表

教学内容	知识点	思政元素设计及呈现
前期实习课程	网络学习： 1. 病历书写 2. 口腔检查、X 线片阅读 3. 牙齿钙化分期 4. 口腔卫生宣教 5. 儿童行为管理	1. 引导学生理解儿童口腔科门诊相关基础工作及意义 2. 个性化记录患儿口腔相关情况，做好针对性的诊疗工作，更有效帮助患儿进行口腔健康管理 3. 儿童行为管理是医学人文精神的体现，也是顺利开展口腔医疗服务的保障 4. 患儿利益最大化原则是儿科临床工作的重要原则之一
前期实习课程	前期实习： 1. Ⅱ类洞的制备、充填 2. 乳牙牙髓切断术 3. 乳牙根管治疗 4. 金属预成冠 5. 预防性树脂充填和窝沟封闭 6. 间隙保持器 7. 医患交流	1. 掌握各种术式的规范化操作步骤、细节，提高准确性和熟练度，才能在门诊工作中真正惠及患者，强调爱伤观念 2. 引导学生讨论和演练医患沟通方式、告知程序与技巧，提高人文医学技能 3. 通过案例分析、讲解等方式，使学生进一步了解疾病与健康的关系，能够通过共情、倾听、合理化等方式，理解建立良好医患关系的重要性 4. 结合每一次实习内容，培养实习生的人文精神、医德医风、职业素养等，促使其不断提高自身修养
临床生产实习	1. 临床接诊儿童患者 2. 进行常规治疗操作实习	1. 在实践工作中掌握不同年龄阶段儿童的口腔特征、常见儿童口腔科疾病的诊疗流程、诊断和鉴别诊断、术式选择等 2. 口腔是人体的一部分，教育学生不能只关注口腔，还要注重口腔和全身的关系，培养学生的全局观 3. 引导学生树立儿童患者是特殊群体的理念，使学生认识到在诊疗过程中始终遵循患者利益最大化原则的重要性 4. 以前辈爱岗敬业的事迹为切入点，树立文化自信，激发学生的积极性，培养具有优良职业操守的儿童口腔医学人才，促进我国儿童的口腔健康

三、教学设计与方法

基于儿童口腔专业特色的课程思政内容的挖掘和设计，“专业课程上看齐——健康可相托、大医精诚，思政教育做好——润物细无声、细致入微”。“健康可相托、大医精诚”：课程以前辈的故事、纪录片视频、视频微课等多种形式呈现，将课件和视频等材料通过线上平台供学生观看学习；课上，通过讲解、讨论等形式，由学生分享对学习资料的体会，再以组为单位组织进行更深层次的探讨。“润物细无声、细致入微”：实习阶段，引导学生以 PBL、CBL、角色演练、病例复盘等形式进行更为深入具体的学习、讨论；最终，教师对教学内容和反馈情况进行反思总结，使思政教学效果进一步提升。

1. 培养“以患者为中心”的服务理念，秉持中国传统文化倡导的“医者仁心、厚德载物”的职业品德　以老一辈创业者为榜样，激励学生树立在医学技术和医疗服务上精益求精的精神。在教学中注重挖掘儿童口腔领域前辈名师的先进事迹和为科学创新奋斗的历程，树立本专业的人物楷模。儿童口腔医学教研室是由李宏毅教授于 1951 年从口腔内科专业划分出来的，李宏毅教授是我国儿童口腔医学的第一位倡导者和实践者，带领团队在儿童龋病防治、牙外伤诊疗等方面做出了杰出贡献，为儿童口腔医学专业的发展做出了巨大贡献。

2. **培养实事求是、崇尚科学与勇于实践的精神**　以科研成果案例为引导，增强学生对科研的兴趣和自立自强的信心。教学中以既往优秀研究生案例为切入点，引导学生潜在的自主创新热情和动力。例如儿童口腔科近年来自主创新取得的成果：活髓保存与牙髓再生、行为管理、婴幼儿龋病、微生物、材料学、生长发育等。增强学生对中国儿童口腔专业研究发展的信心，激发学生未来在口腔医学领域树立科技自立自强的决心和信心。

3. **以人文关怀为特色，树立爱伤观念**　本科生阶段是培养良好职业素养的关键期，通过医患沟通、行为管理、医学人文课等教学内容，树立学生的爱伤观念，包含人文关怀、同情心、儿童患者特殊群体的行为管理，注重患儿身心健康，为儿童健康成长奠定基础。通过引入案例分析，以问题为导向的PBL、思维导图训练、虚拟仿真教学、场景模拟演练、生产实习等教学方式，构建立体化多维度教学模式，注重培训沟通、行为管理、医学人文等技能，全面培养学生的医学人文精神和实践能力，全面树立爱伤观念，将“仁心仁术，大医精诚”的职业道德观潜移默化地植根于学生的每一个培养阶段。

4. **以家庭健康教育为切入点，培养学生树立全员健康理念**　通过理论课程三级预防内容的讲授和讨论，对严重威胁儿童口腔健康的龋病的预防、控制、管理等内容逐层展开学习和讨论，培养学生疾病预防为先的理念。尤其是以儿童口腔诊疗为开端，以患儿及家庭健康教育为切入点，引导学生探寻“大健康、全员健康”的服务意识；落实对患者的个性化指导、诊疗的理念。同时，借助健康教育过程，促进学生对自身身心健康的关注和提升，在此基础上成为更具有专业能力的医务工作者，为国家卫生健康事业做出更长久的贡献。

四、课程思政教学案例

课程题目：儿童牙髓病诊治特点——乳牙

授课教师：张笋（副教授、主任医师）

学时数：2学时

1. **教学内容分析**　乳牙牙髓病是儿童口腔医学中的重要内容，通过讲授使学生掌握有关牙髓病、根尖周病的诊断和临床治疗技术，对保留乳牙并发挥其咀嚼功能、诱导恒牙萌出有着重要意义。由于乳牙要替换为恒牙，所以很多人仍然存有“乳牙不必治疗”的错误观念，殊不知乳牙不治疗会导致牙齿缺损、早失，会影响进食进而造成营养摄入低下，阻碍儿童的生长发育；还会影响恒牙萌出，造成错殆畸形，导致面部发育异常，需要正畸矫治，由此也增加了家庭经济负担。因此，对于乳牙的治疗非常重要。另外，所谓“乳牙保牙不保髓”的理念也需要探讨，现代医学“以人为本，以患者为中心”，有活髓才可以保证乳牙的存活，更好发挥其功能。所以，在乳牙牙髓病、根尖周病的诊治、牙髓治疗方法的选择甚至预防等方面处处体现了人文关怀，尤其是要培养医学生的临床思辨分析能力，根据患儿的年龄、生长发育特点辩证地选择适合不同临床过程的方法，使患儿利益最大化，这是所有儿童口腔医师的终身责任。

2. **教学目标**

（1）**掌握：**乳牙的髓腔解剖特点、牙髓组织学特点和乳牙替换中牙髓的生理性改变。

掌握乳牙牙髓状态的判断方法和乳牙牙髓炎、根尖周炎的临床特点与诊断要点。掌握乳牙间接牙髓治疗、乳牙牙髓切断术和乳牙牙髓摘除术（乳牙根管治疗术）的适应证和操作要点。

（2）**熟悉：**牙髓病治疗的愈后和术后评估。熟悉乳牙牙髓治疗方法的变迁。

（3）**了解：**相关的乳牙牙髓治疗应用材料的特点。

（4）**贯穿全课程：**预防为主，防治结合，提供全周期的卫生与健康服务，全面提高人民健康水平。

3. 课程思政目标

（1）以人为本，以患者为中心：摒弃“乳牙反正要换，不用治疗”的落后观念。儿童不是缩小版的成人，不能照搬成人的治疗，对于儿童的治疗是一个变化的过程，从“不治疗到保牙不保髓再到保留活髓”充分体现了“以人为本，以患者为中心”的治疗理念。

（2）引入微创医学概念，强调爱伤观念，尊重患者知情权，不过度治疗，加强把人民群众健康放在第一位，为人民服务的职业道德和职业素养的培养。

（3）与时俱进，终身自主学习：从间接牙髓治疗、牙髓切断术到根管治疗，从金属砷、多聚甲醛到生物相容性材料 MTA，这些治疗术式变化的过程体现了儿童口腔医学的“与时俱进”，更体现了医学需要终身学习的特点。学习儿童口腔医学专家的研究成果，加强文化自信和文化传承，培养从临床问题出发，探索解决临床实际问题的科研思路，培养务实和创新探索的科研精神。

（4）培养科学敏感性、创新精神和转化意识：在讲授理论知识的同时，也要充分认识到基础医学、材料学的发展和科技的进步是基础，培养学生的创新意识、科学敏感性、科学研究转化能力才可以使医学不断进步；认真锤炼治疗技术，努力进行科学研究和探索才可以成为立志高远的医者；培养良好的沟通能力，言之有物的表达能力，才可以与患者建立良好的医患关系，更好地为儿童口腔健康保驾护航。良好的口腔健康意识、健壮的体格是栋梁之材的基础。

4. 教学重点难点

（1）**教学重点：**①间接牙髓治疗方法：要注意与年轻恒牙、成熟恒牙治疗相区别。②牙髓切断术的术式变化和材料选择也是教学重点。③牙齿保留的辩证分析：需要学生通过病例学习和实践得到初步认识。

（2）**教学难点：**儿童年龄较小，牙髓状态判断是难点之一。**对策：**这部分讲授要结合儿童生长发育特点、心理特点和一些基础的沟通技巧。

5. 学情分析

（1）内容安排合理化，循序渐进，注意和已学过的知识进行对比：乳牙牙髓病、根尖周病的诊治是儿童口腔医学理论课的重要内容，一般排在龋病的后面，龋病不治疗会发展为牙髓炎症，这一点也使学生更能够理解龋病防治的重要性。另外，牙髓治疗技术讲解从保守的保存活髓的间接牙髓治疗，到保存根髓的牙髓切断术，再到不能保存活髓的牙髓摘除术，循序渐进地讲授，使学生能够对比掌握适应证、治疗要点和预后。学生通过以往的学习对护髓/盖髓材料和充填材料有一定的了解，但是如何选择还是难点。对于相关材料性能特点的学习可以使学生明确和掌握不同临床情况下材料的选择。

（2）以岗位胜任力为导向，以学生为主体：在本节课的学习中应尽量结合临床实际采用启发式教学，将以往所学的组织病理学等基础内容融合起来，比如乳牙根尖周炎窦道位置的特点及其与根分叉髓室底形态的相关性；窦道位置与成人不同。此外，还要与牙龈、牙周脓肿进行鉴别，这样才可以更好地融会贯通。

（3）融入人文及思政内容：在本节课中更要加强学生的爱伤观念，以患者为中心的治疗理念，强调安全规范的操作。还要反复强调知情同意，与患者进行有效沟通，建立良好的医患关系。联系临床实践，启发学生乳牙存留的辩证思维，使患儿利益最大化。

6. **教学设计思路**　通过问题引导，将教学内容以多媒体课件形式进行讲授。根据本科生阶段学生的知识储备，教师在讲授时尽量结合临床实例，以图片、视频录像为载体，采取提问式、启发式和归纳总结教学，增加与学生的互动，尽量生动地展示课堂教学内容，采取留作业方式加强内容反刍，提供文献资料开拓学生思路。具体教学设计思路如图 10-1 所示。

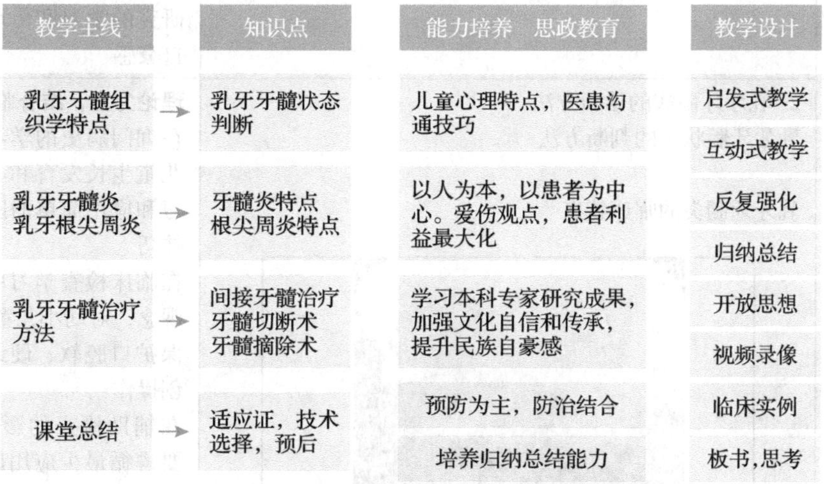

图 10-1　儿童牙髓病诊治特点教学设计思路

7. **教学过程**　具体教学过程如表 10-2 所列。

表 10-2　儿童牙髓病诊治特点的教学过程

教学目标	教学内容	教学设计
课程导入	课程导入： 由病例导入：牙髓炎、根尖周炎 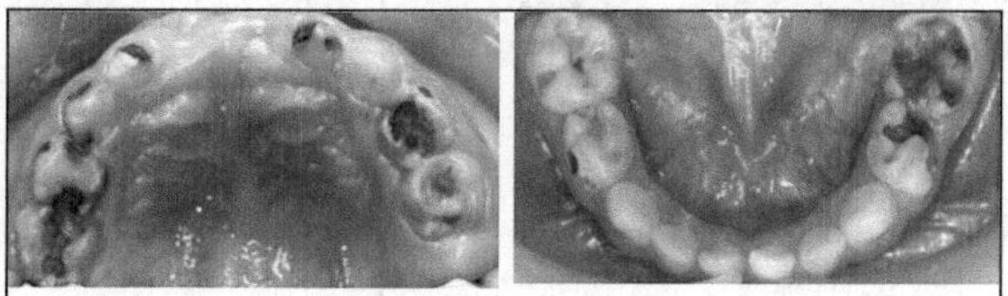 女，4岁。右上后牙进食疼痛1周。 口内检查：54探诊敏感，叩痛不适，牙龈充血。	**吸引学生的注意力，引出课程主题** **启发学生思考**：主诉牙还需做什么检查？如何诊断和鉴别诊断？如何治疗？对于多颗非主诉牙应如何处理？ **课程思政**：启发学生抓住重点，兼顾保护恒牙胚。培养医学生临床工作的诊疗逻辑，治疗设计要全面，重点突破

续表

教学目标	教学内容	教学设计
★ **掌握** 乳牙髓腔解剖特点和牙髓组织学特点	1. 乳牙髓腔解剖特点和牙髓组织学特点 乳牙髓腔特点、乳牙髓底特点（结合临床） 乳牙牙根形态 乳牙牙髓组织特点 乳牙替换中牙髓的生理性改变 乳牙根尖周组织特点 乳牙牙根的稳定期（重点） 小结	**互动教学，提问** **对比教学：**注意与年轻恒牙、成熟恒牙进行对比 介绍儿科老专家如葛立宏教授团队有关乳牙髓腔和牙根形态的研究，以及近期以 CBCT 影像为基础构建乳牙根管三维模型成果，以此引发学生的学习兴趣，开阔科研思路 **课程思政：**强调加强本土自主研究的学习和传承，增加民族自豪感
★ **掌握** 乳牙牙髓病的诊断方法	2. 乳牙牙髓病的诊断方法 乳牙牙髓状态的判断方法 乳牙牙髓炎的临床特点 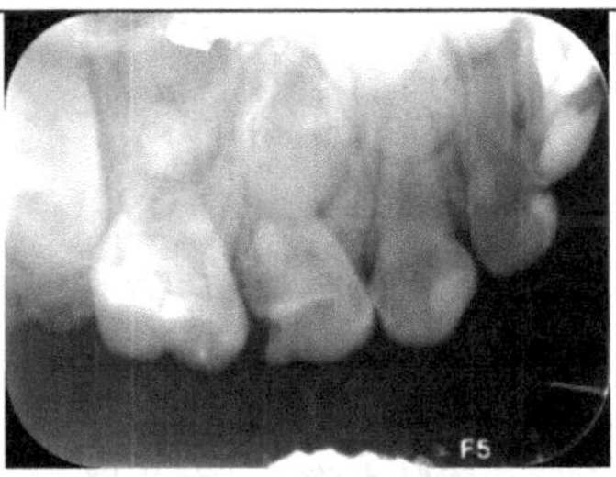 男，5岁，54慢性牙髓炎，无疼痛史，根尖无病变 乳牙根尖周炎的临床特点 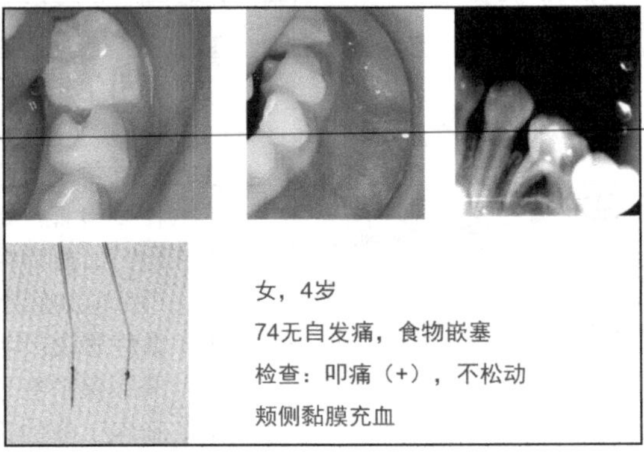 小结	**理论为主，结合临床病例讲解** 在询问病史的学习中，要了解儿童生长发育和心理特点；学习和应用简单的医患交流沟通技巧 在临床检查学习中，强调爱伤观念，对幼小儿童的动作轻柔，保护口腔软、硬组织，避免有创操作 在辅助检查的影像学检查中，要遵循最少应用原理，考虑患儿的接受程度，以利于患儿的安全，避免过度诊疗 讲课中引导学生始终把人民群众生命安全和身体健康放在首位，尊重患儿，善于沟通，提升综合素养和人文修养

续表

教学目标	教学内容	教学设计
★ **掌握** 乳牙牙髓病治疗方法	3. 乳牙牙髓病的治疗方法 护髓垫底：概念、材料 间接牙髓治疗：概念、适应证、治疗步骤、预后和术后评估 直接盖髓术：概念、适应证、禁忌证、治疗步骤	根据牙髓状态的判断选择合适的治疗方法，一定要从患儿的利益出发，尊重家长的知情权，充分告知，充分沟通，使患儿利益最大化 引入微创医学的概念，融入爱伤观念，体现人文关怀，强调在为儿童诊疗过程中的无痛和微创理念
熟悉 乳牙牙髓切断术及历史发展 ★ **掌握** 定义、适应证、禁忌证、操作步骤 **熟悉** 盖髓剂的选择 预后及评估	乳牙牙髓切断术： 乳牙牙髓切断术的历史发展 乳牙牙髓切断术的定义、适应证、禁忌证、操作步骤 乳牙牙髓切断术盖髓剂的选择 乳牙牙髓切断术的预后和术后评估	从材料的发展体现患儿身体安全的重要性，充分认识“以人为本”的基本原则 科学研究的发展为临床提供支撑，学生应具备科学敏感性、文献资料学习能力，培养创新意识和能力，培养科研转化能力 适当加入本专业专家的科研成果，激发学生科学研究的热情。启发学生在临床工作中发现问题、探索解决实际问题的方法，发扬坚持探索、锲而不舍、实事求是的科研精神 强调牙髓切断术预后时引入著名华裔建筑师贝聿铭的理念“最美的建筑，应该是建筑在时间之上的，时间会给出一切答案”。牙髓切断术就像对于牙髓炎患牙进行的精细建筑设计，之所以被广泛接受和使用，是因为经受了长期随访的考验，并被证实有效。在临床诊治过程中，也应对患牙进行最优治疗设计，并注重复查。通过引入优秀人才的职业理念，拓宽学生视野，提高学生的医学职业素养和长远观念

续表

教学目标	教学内容	教学设计
★ **掌握** 乳牙牙髓摘除术	乳牙牙髓摘除术（根管治疗术）： 定义、适应证、禁忌证、理想根充材料、操作步骤、注意事项	了解国内外对乳牙根管治疗的不同看法。我国的乳牙根管治疗能尽可能保留乳牙，既发挥了乳牙功能，又避免了早失，这样的临床工作可使患儿利益最大化，由此使学生了解我国本土研究并不比国外落后，应该根据我国的国情和特点，研究和探索符合中国特色的治疗，加强国际交流和输出，强化自信，增强自主创新意识 乳牙根管治疗中重点强调爱护儿童，预防软组织损伤，预防误吸，注重爱伤观念的培养 培养医学生的职业责任感和自豪感，不断提升诊疗技能
总结	回归前面引入的病例：列表归纳治疗过程 强调预防的重要性 以知识点梳理的方式，启发学生回忆课程所学，进一步将知识条理化、系统化	**归纳总结，系统梳理** **课程思政：**引入中医理念中的未病先防、既病防变、病后防复。引导学生复习从间接牙髓治疗、牙髓切断术、根管治疗到拔除多种诊疗方式，并关注疾病预后和复查。将传统中医理念与乳牙牙髓根尖周病诊疗思路相结合，使学生在串联课堂知识点过程中增强文化自信
思考题与课后作业	1. 乳牙牙髓病的特点有哪些？ 2. 乳牙根尖周病的特点有哪些？ 3. 乳牙根管治疗的适应证有哪些？ 4. 乳牙根管治疗的禁忌证有哪些？	使学生回顾讲课内容，进行思考答题，巩固学习成果

第十一章　口腔预防医学

一、课程定位和课程思政建设目标

（一）口腔预防医学课程定位

我国医疗卫生事业已从“以治病为中心”转到“以人民健康为中心”上来；疾病预防的理念越来越受到重视。第四次全国口腔健康流行病学调查结果显示，我国人群口腔健康状况不容乐观，为改善这一现状，亟需一大批有高度社会责任感和奉献精神的口腔专业人员，尤其是需要口腔预防人才。

口腔预防医学是口腔医学专业的三大基本课程（口腔基础医学、口腔临床医学、口腔预防医学）之一，与口腔医学的各个领域都有着密切的内在联系，是研究社区人群常见口腔疾病的流行状况及其影响因素，制订和实施预防与控制口腔疾病的策略与措施，促进与维护社区人群口腔健康的科学。口腔预防医学主要是通过有组织的社会努力，针对影响口腔健康的因素，采取最有效的手段预防和治疗口腔疾病，通过阻止口腔疾病的发生和发展，达到促进口腔健康的目的。

口腔预防医学以研究人群的集体预防措施为主要对象，以研究群体的口腔疾病患病情况、群体预防措施和个体预防保健方法为基本要素，发现并掌握预防口腔疾病发生、发展的规律，以促进整个社会的口腔健康水平的提高。口腔预防医学的研究内容十分广泛，本科生阶段的学习内容主要包括：口腔流行病学和口腔健康调查方法（重点是龋病、牙周疾病的常用评价指数、流行特征及其影响因素）、龋病的预防与控制（重点是氟化物与窝沟封闭的应用）、牙周病的预防与控制（重点是自我口腔保健）、其他口腔疾病的预防、口腔健康教育与健康促进、特定人群的口腔保健、社区口腔卫生服务、口腔卫生项目管理、口腔医疗保健中的感染与控制等。

（二）口腔预防医学课程思政建设目标

口腔预防医学课程思政建设目标主要包括以下几点。

第一，讲授口腔预防医学的基本理论和基本知识。着重传授口腔流行病学，口腔疾病预防及相关危险因素控制的策略与措施，社区人群口腔健康调查、统计分析与评估，社区人群口腔保健的基本方法等口腔预防医学相关专业知识。

第二，培养本科生的口腔预防实践技能。通过理论教学结合北京大学口腔医学院特色的社区实习，使学生树立群体预防与综合口腔保健的观念，养成在口腔临床实践中实施三级预防的思维模式，理解健康和口腔健康的内涵，掌握口腔预防医学的基础理论、基本知识和基本技能，实现本科生口腔预防医学临床实践技能培养。

第三，提升医学人文修养，培养医者精神和正确的价值观。通过向学生讲述我国口腔预防医学发展史、发展历程中的重要人物、口腔疾病与健康的关系、科学和医学的局限性，以及目前我国全民口腔健康中亟待突破的问题等内容，潜移默化地使学生树立“预防为先”的理念，增强学生促进全民口腔健康水平提升的社会责任感以及无私奉献的精神，引导学生建立正确的价值观。

二、教学内容和思政要点设计

本课程的教学内容、知识点和对应思政元素设计及呈现如表 11-1 所列。

表 11-1　口腔预防医学的教学内容、知识点和对应思政元素设计及呈现

教学内容	知识点	思政元素设计及呈现
口腔流行病学	1. 龋病流行的基本特征、主要影响因素 2. 牙周疾病流行的基本特征、主要影响因素 3. 常用龋病指数和牙周疾病指数 4. 口腔流行病学的作用与用途 5. 氟牙症指数和标准 6. 口腔健康调查的基本方法（调查设计、方法和步骤等，调查的质量控制）	1. **深化口腔医师职业责任感教育：**建立“三早预防”的基本理念，通过介绍最常见口腔疾病——龋病和牙周病在全球及我国的流行情况、经济负担及对人群口腔健康和全身健康的重要影响，引导学生建立对疾病早发现、早诊断、早治疗的基本理念 2. **培养不畏困难、甘于奉献的精神：**使学生了解 1982—1983 年第一次全国口腔健康流行病学调查时，前辈们在艰苦的条件下克服重重困难，摸索出适合我国国情的大规模口腔健康流行病学调查的宝贵经验
口腔健康调查	1. 口腔健康调查的设计 2. 数据的收集、整理 3. 口腔健康调查的组织实施	1. **培养艰苦奉献精神：**通过介绍 1995 年第二次全国口腔健康流行病学调查时，北京大学口腔医学院预防科前辈们在现场调查中不畏困难、亲力亲为、毫无怨言的敬业精神，强化国情特点教育，增加学生的责任感和使命感 2. **提升综合素养：**通过讲解口腔健康调查的组织实施，培养学生辩证思维以及综合思考的能力

续表

教学内容	知识点	思政元素设计及呈现
自我口腔保健方法	1. 牙刷的构成与作用 2. 牙膏的成分与作用 3. 有效刷牙 4. 牙齿邻面清洁措施 5. 口腔卫生指导	1. **树立预防为主的观念**：通过介绍30余年来口腔预防科前辈们开展含氟牙膏临床试验等的奋斗历史，使学生树立预防为主的观念 2. **注重加强医者仁心教育**：培养学生要把“患者的健康”放在首位，在口腔健康教育中强调自我口腔保健方法的重要性，自己作为健康第一责任人，首先要抓基本，维护好口腔清洁是重要的“基石”
社区口腔保健	1. 社区与社区口腔医学的基本概念 2. WHO的社区口腔保健模式 3. 初级卫生保健及其目标 4. 初级口腔卫生保健	1. **激发学生作为医者的社会责任感**：通过介绍北京大学口腔医学院社区实习教学基地——新街口社区，向学生展示社区口腔卫生服务的内容，激发学生关注基层群众口腔健康水平的意识 2. **增强深入基层服务大众的动力**：通过对北京大学口腔医学院口腔预防科建科以来开展的学校/幼儿园口腔卫生保健实践的介绍，帮助学生认识到初级口腔卫生保健的重要性，以及提高人群口腔健康水平的重要性。使学生通过了解我国口腔卫生事业的发展道路，增强对服务人民深入基层道路的认同 3. **培养学生的全局观**：通过实例和实践经验的介绍，帮助学生认识我国人群口腔卫生保健规划建立的背景和意义，激发学生立志为提升社区居民口腔卫生服务水平而努力学习
口腔健康教育与口腔健康促进	1. 口腔健康教育的重要性、任务与目的 2. 口腔健康教育与口腔健康促进的定义与区别 3. 口腔健康教育的原则；在临床服务中的意义 4. 对教育材料的要求 5. 口腔健康教育的方法、设计与评价 6. 健康与口腔健康的含义及口腔健康的指标 7. 口腔健康教育目标的意义与指定目标的基本内容	1. **激发学生的使命感**：通过介绍我国口腔疾病以及口腔医疗的可及性在地区间的分布尚不平衡，使学生深刻认识国情特点和我国口腔疾病预防所面临的严峻挑战，以理解“病”与“人”的双向关系 2. **培养学生的医者职业精神**：教师通过图片和视频分享我国“格桑花高原爱牙牙行动”等口腔健康促进公益活动，培养学生作为医者的职业精神，并践行“守护健康”的誓言

续表

教学内容	知识点	思政元素设计及呈现
口臭与口腔健康	1. 口臭的分类 2. 口臭的病因及机制 3. 口臭的测量和诊断 4. 口臭的定义和流行病学特征 5. 口臭的治疗策略和方法	1. **培养学生的人文关怀素养：**引导、启发学生关注患者主诉，理解和践行以“满足患者需求和实现患者健康”为目标的人文关怀思想 2. **鼓励学生的创新和探索：**重视从临床小问题出发，引导学生探索疾病的成因及相关机制，从而为疾病预防和治疗提供依据，并鼓励学生创新和探索精神
其他口腔疾病的预防	1. 口腔癌的定义、致病因素、预防方法 2. 口腔癌流行特征及地区、年龄与性别的差异 3. 口腔癌患病趋势以及吸烟、饮酒、口腔卫生不良的致癌协同作用 4. 牙酸蚀症的预防 5. 错
ⓒ畸形的预防	1. **增加医学生的责任感和使命感：**介绍我国口腔癌的流行情况，引导学生关注我国亟待解决的医疗问题，培养学生的国家主人翁责任感，强化国情特点教育，增加医学生的责任感和使命感 2. **鼓励学生抓住关键问题：**由槟榔致癌这一问题引出，介绍中华口腔医学会为大众远离槟榔所做的努力，引发学生对于投身口腔预防事业的共鸣，鼓励学生参与口腔健康教育事业，推动口腔医学事业的发展
口腔保健中的感染与控制	1. 医院感染性疾病的定义及分类 2. 医院感染（HIV、HBV） 3. 口腔医院感染传播途径与方式 4. 灭菌、消毒的概念 5. 高压蒸汽灭菌法 6. 保护屏障 7. 个人防护和交叉感染	1. **培养学生的责任担当与奉献精神：**通过介绍北大口腔预防人临危受命、冲在前线的事迹，引导学生认识医学专业的特殊性，强调医学生应承担的社会责任，并培养学生在危险时期勇于担当、甘于奉献的精神 2. **加强学生感染控制能力以及预防为先的理念：**通过讲解在病原体的威胁下，必须用专业知识武装自己，激发学生的学习热情，帮助学生全面理解感染控制的预防观念，以促进学生在未来医学实践中更好地应用和贯彻预防措施
特殊人群的口腔保健	1. 妊娠期妇女的口腔保健指导 2. 婴幼儿期口腔卫生保健指导 3. 中小学口腔卫生保健的重要性与主要内容 4. 中老年及残疾人口腔卫生保健的主要内容 5. 托儿所和中小学校的口腔卫生保健的实施 6. 中老年及残疾人口腔健康特点	1. **培养人文关怀精神：**引导学生理解和关心妊娠期妇女、儿童、老年人及残疾人等特殊人群的口腔健康问题，培养学生对上述人群的人文关怀，使学生成为具有责任感和爱心的医学专业人才 2. **培养学生艰苦奋斗的精神：**通过讲述北大口腔预防人在各类公共卫生项目中克服困难、艰苦奋斗的事迹，激发学生发扬吃苦耐劳、克服困难的精神，鼓励学生为我国口腔健康事业发展贡献力量

三、教学设计与方法

在口腔预防医学教学过程中，利用几十年来我国口腔事业发展的真实事例，将人文教育融入课程教学，阐明口腔预防人心系人民健康、孜孜不倦改善全生命周期口腔健康水平的事迹，着力培养具有时代使命感的口腔预防医学人才。具体教学设计和方法体现在以下几方面。

1. **教育引导学生始终把人民群众身体健康放在首位**　我国口腔预防医学的学科发展史，是一部口腔预防人不怕吃苦、努力钻研、无私付出的历史册。在口腔预防教学过程中，将这些历史、人物、故事融入课程内容，教育学生传承中华文脉，富有中国心、饱含中国情、充满中国味；培育学生深刻理解“人民至上，爱国为民”社会主义核心价值观的丰富内涵，准确把握其无私奉献的精神实质；引导学生把事业理想和道德追求融入国家建设。

2. **以实践教学为课程特色，深化医者仁心教育**　社区基地是口腔预防医学教学的重要组成部分。通过社区实习，学生能够充分接触社区群众，了解基层的口腔卫生状况，加深对口腔公共卫生事业重要性的认识。在口腔预防实践教学过程中，引导学生立足新时代世情、国情、党情的深刻变化，增强对党的创新理论的政治认同、思想认同和情感认同；着力培养学生“敬佑生命、救死扶伤、甘于奉献、大爱无疆”的医者精神。

3. **培养学生开拓创新、刻苦钻研的品格和行为习惯**　在口腔预防教学过程中，通过介绍最新的研究进展，使学生了解学科发展态势和国家发展战略，树立“科技强国”的认知。改变过去由教师向学生的单向讲授模式，教师可采用翻转课堂、慕课等新的教学形式，充分调动学生的学习自主性，提高课堂参与性。在实践课中，教师采取小班教学，尽可能给予每个学生更多的关注，提高学生的有效学习时间。在教学过程中，引入问题导向的学习方式，模拟口腔流行病学调查中的具体场景，提高学生对知识的应用能力；鼓励学生积极投身我国口腔公共卫生事业，立志成为未来学科的创新力量和引领者。

四、课程思政教学案例

课程题目：社区口腔保健

授课教师：司燕（副教授、主任医师）

学时数：2学时

1. **教学内容分析**　社区口腔保健是口腔预防医学中的特色内容，不同于其他临床学科的教学内容，此部分抽象的概念较多，学生不易理解，教师在课程讲授中，应巧妙融入思政内容，强调国家对于“健康口腔”的重视，并指出基层医疗卫生机构既是城市社区服务体系的重要组成部分，也是守护人民群众健康的第一道防线，以启发学生认识到学习社区口腔保健的意义。

教师在进行课程导入时，介绍国家层面对于“健康口腔”的重视，以及对于社区卫生服务也十分关注，国家也相继发布了数个相关文件，引发学生对于提升全民口腔健康水平的使命感和责任感。

此外，介绍目前我国已经初步建成的社区体系，在“十三五”期间，基层医疗卫生机构的建设取得了积极的进展和成效：首先，覆盖城乡的社区服务网络基本健全，服务的可及性进一步提高。截至 2020 年底，全国有基层医疗卫生机构 97 万个，其中社区卫生服务中心 9800 个，社区卫生服务站 2.55 万个，乡镇卫生院 3.58 万个，村卫生室 60.8 万个，基本实现了城乡基层社区的全面覆盖。其次，基层卫生人员队伍进一步壮大，结构持续优化。到 2020 年底，全国基层卫生人员超过了 430 万人，其中执业医师或者执业助理医师增加到了 153 万人，基层的 430 万人里面还包括 100 多万乡村医生。随后介绍 2021—2025 年“十四五”时期是我国全面建成小康社会、向第二个百年奋斗目标进军的第一个五年。在“十四五”期间，国家卫生健康委坚持以人民健康为中心，加大工作力度，推动城乡社区医疗卫生服务体系高质量发展。教师要鼓励学生积极投入到社区口腔医学的建设中来，为促进全民口腔健康水平的提升贡献力量。

在本章节主体内容讲解过程中，要注重实例介绍，结合实际，使学生能够对抽象的教学内容有更深入的理解，例如通过图片、视频形式介绍北京大学口腔医学院口腔预防科建科以来开展的学校 / 幼儿园口腔卫生保健实践，使学生了解到前辈们的艰辛与奉献精神，并帮助学生认识到初级口腔卫生保健的重要性和内涵。

在拓展内容学习过程中，要注重思政教育与学科专业教育相结合，通过介绍北京大学口腔医学院口腔预防科建科历史及发展历程，并对国内外社区口腔保健框架进行介绍，拓展学生的视野，帮助学生理解社区口腔保健模式，并进一步认识和理解我国人群口腔卫生保健规划建立的背景和意义。

2. **教学目标**　社区口腔保健课程的教学目标包括以下几个方面。

（1）**掌握**：社区与社区口腔医学的基本概念和内容，并掌握社区口腔保健模式。

（2）**熟悉**：初级卫生保健的基本概念及目标，并熟悉初级口腔卫生保健的内容。

（3）**了解**：通过对北京大学口腔医学院口腔预防科建科以来开展的学校 / 幼儿园口腔卫生保健实践的介绍，帮助学生认识到初级口腔卫生保健的重要性，以及提高人群口腔健康水平的重要性，并帮助学生更深层次地认识 WHO 综合基本口腔保健。

（4）**拓展**：通过对北京大学口腔医学院口腔预防科建科历史及发展历程的介绍，以及对国内不同地区社区口腔保健模式的介绍，扩展要求学生认识我国人群口腔卫生保健规划建立的背景和意义。

3. **课程思政目标**　社区口腔保健这一节的课程思政目标体现在以下几方面。

（1）**教育学生具备全局观，并激发提升全民口腔健康水平的使命感和责任感**。通过介绍国家层面对于社区卫生服务的关注和重视导入课程的主体内容，导入部分包括我国发布的数个相关文件，并介绍“十三五”时期关于社区体系建设取得的成绩以及“十四五”规划中的相关内容，增强学生对社区口腔卫生服务的深刻理解，并激发学生提升全民口腔健康水平的使命感和责任感，以及未来积极投身社区口腔医学的动力。

（2）**培养学生学习前辈不畏困难，甘于奉献的精神**。本章特别注重实例介绍，例如通过图片、视频形式介绍北京大学口腔医学院口腔预防科建科以来开展的学校 / 幼儿园口腔卫生保健实践过程，帮助学生从前辈走过的路以及开展的实践工作中，培养艰苦奋斗的精神。

（3）**鼓励学生立志为促进我国社区口腔卫生服务水平而贡献自己的力量**。在拓展内容学习过程中，注重思政教育与学科专业教育相结合，通过介绍北京大学口腔医学院口腔预防科建科历史及发展历程，并对国内不同地区社区口腔保健框架进行介绍，帮助学生拓宽视野，从众多优秀案例中寻求适合本地区的模式，并从宏观角度，深入了解和认识我国人群口腔卫生保健规划建立的背景和意义，鼓励学生立志为促进我国社区口腔卫生服务水平而贡献自己的力量。

4. 教学重点难点　社区口腔保健这一节的教学重点和难点包括以下几个方面。

（1）**教学重点：**本节需要掌握的重点内容包括“社区与社区口腔医学的概念”，以及“初级口腔卫生保健内容及其目标”。

（2）**教学难点一：**关于“社区口腔卫生服务和口腔临床医疗服务的区别”的内容，学生不太容易理解。**难点分析：**概念抽象，不容易理解记忆。**教学对策：**可结合预防科学校 / 幼儿园口腔保健的实践过程进行讲解，配合图片及视频资料，并在幻灯中列表进行比较，逐条解读，对比分析，帮助学生把握重点和核心。

（3）**教学难点二：**关于“社区口腔卫生服务与初级口腔卫生保健的区别与联系”的内容，学生也不容易理解。**难点分析：**容易被初学者搞混，导致概念区分不清。**教学对策：**可结合不同地区社区口腔保健框架进行介绍，通过实例讲解，并结合各自的特点和内容进行深入讲解分析。

5. 学情分析　学生在学习本节课之前，已学习了口腔流行病学和口腔健康调查等相关内容，但对于“社区”的概念以及“社区口腔卫生服务”了解较少。因此，本节课针对学生的特点进行了如下创新设计。

（1）**引起关注：**先要引起学生对“社区口腔”的关注，这部分可以通过介绍国家的大环境和政策背景作为导入，激发学生对于此部分内容学习的兴趣以及责任感和使命感。

（2）**形象介绍：**通过大量的历史资料图片、视频等形式生动、形象地介绍“社区口腔卫生服务”，帮助学生认识到社区口腔医学的重要性和内涵。同时，通过列表比较的形式，将一些关键概念之间的区别和联系讲解透彻，例如“社区口腔卫生服务和口腔临床医疗服务”和“社区口腔卫生服务与初级口腔卫生保健”。

（3）**实例展示：**通过国内外相关的实例和实践经验的介绍，帮助学生认识我国人群口腔卫生保健规划建立的背景和意义，激发学生立志为提升社区口腔卫生服务水平而努力学习。

（4）**配合实习：**在口腔预防医学理论课学习完成之后，口腔预防科还会组织具有特色的社区口腔实习内容，经过口腔预防科前辈老师们多次沟通与精心准备，自 2006 年开始至今近 20 年在西城区新街口街道的社区卫生服务中心建立了城市社区口腔卫生服务实习基地，使学生有更广阔的视野，并有机会在真实的社区卫生服务场所了解在社区开展口腔卫生服务工作的基本内容和方法，培训学生在社区建立口腔健康状况的慢病管理档案，并学习掌握社区口腔健康促进项目的设计、实施及报告技能。

6. 教学设计思路　通过政策解读导入本节课内容的主题——“社区卫生服务”，通过图片等资料介绍“社区”和“社区卫生服务”的概念和内容，并通过实例介绍“社区口腔卫生服务”的概念和基本内容，同时通过图片和视频等历史资料帮助学生学习和理解社区口腔卫生服务和口腔临床医疗服务的区别。在整个教学过程中，教师将教学主线内容、重要知识点和课程思政贯通起来，通过启发式、对比式、互动式和归纳式教学，生动地讲授社区口腔保健这一节的内容。

具体教学设计思路如图 11-1 所示。

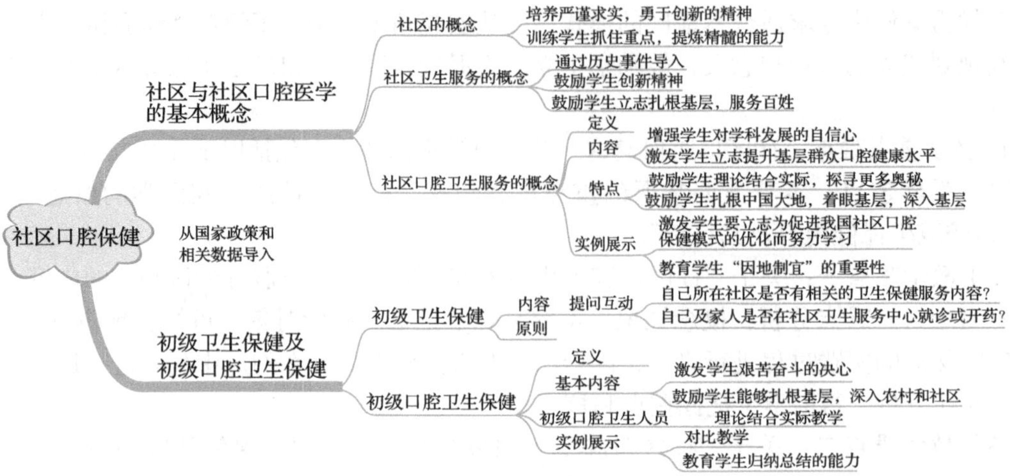

图 11-1 社区口腔保健教学设计思路

7. **教学过程** 具体教学过程如表 11-2 所列。

表 11-2 社区口腔保健的教学过程

<table>
<tr><th>教学目标</th><th>教学内容</th><th>教学设计</th></tr>
<tr><td>课程导入</td><td>

课程导入：国家现状及相关数据

1. 强调国家层面对于“健康口腔”的重视

中共中央国务院印发了《“健康中国 2030”规划纲要》，国家卫生健康委办公厅于 2019 年印发了《健康口腔行动方案（2019—2025 年）》

2. 目前我国已经初步建成的社区体系以及相关规划

在“十三五”期间，基层医疗卫生机构的建设取得了积极的进展和成效：首先，覆盖城乡的社区服务网络基本健全，服务的可及性进一步提高。在 2021—2025 年“十四五”期间，国家卫生健康委加大工作力度，推动城乡社区医疗卫生服务体系高质量发展

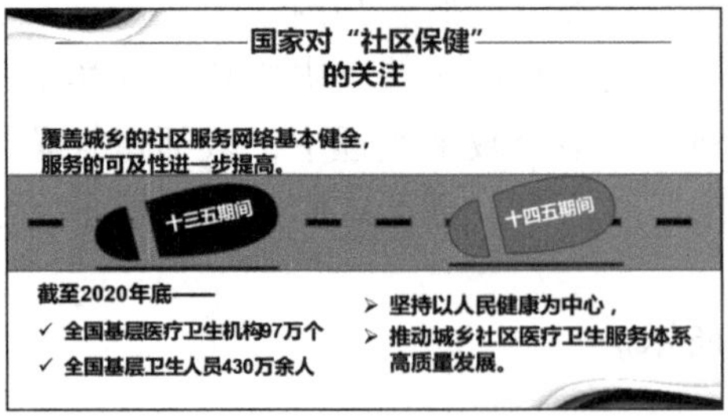

</td><td>

现状数据导入：通过政策解读导入本节课内容的主题，介绍国家的大环境和政策背景

启发学生：

引起学生对“社区口腔医学”的关注，并鼓励学生对此部分内容产生浓厚的学习兴趣

课程思政：

1. 培养学生要有全局观：教育学生要把自己的理想同祖国的前途、把自己的人生同民族的命运紧密联系在一起，以适应社会需要

2. 激发学生的责任感和使命感：鼓励学生要立志扎根人民，奉献国家，未来能够致力于社区口腔医学的发展

</td></tr>
</table>

续表

<table>
<tr><th>教学目标</th><th>教学内容</th><th>教学设计</th></tr>
<tr><td>★
掌握
社区的概念</td><td>1. “社区”概念的发展
介绍最早出现的概念和我国学者的概念，使学生从中了解人们对于“社区”概念的认识过程
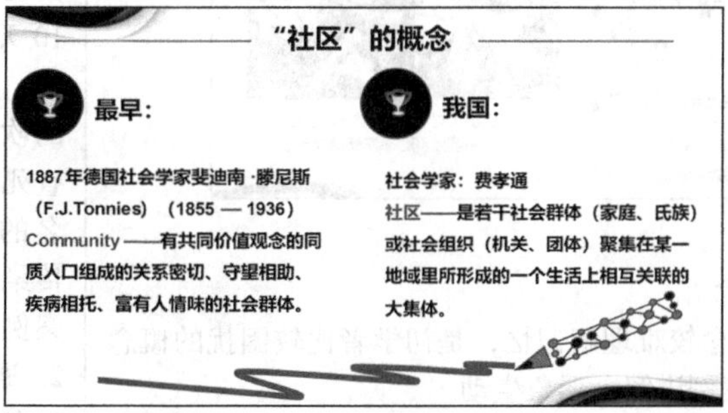

2. “社区”的概念和五要素（重点讲解）

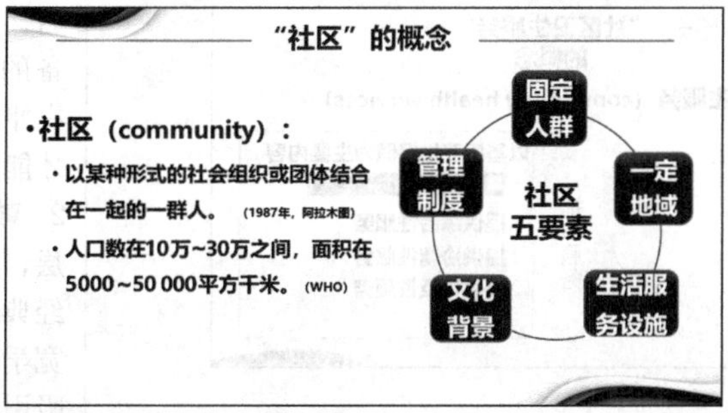
</td><td>通过幻灯和介绍历史人物及历史故事，生动、形象地讲解“社区”的概念及其发展历程
启发学生：
1. 使学生认识到社区口腔医学的重要性和内涵
2. 帮助学生循序渐进理解概念
3. 引起学生对于“社区”的关注和兴趣，使学生有动力学习相关内容
课程思政：
1. 培养学生严谨求实、勇于创新的精神：教师通过介绍历史人物和“社区”定义的发展过程，使学生具备不断发现问题和解决问题的能力
2. 训练学生抓住重点、提炼精髓的能力：培养学生在未来的临床和科研过程中，通过学习知识，掌握事物发展规律，通晓天下道理，丰富学识，增长见识，才能达到事半功倍的效果</td></tr>
<tr><td>★
掌握
社区医学与社区口腔医学的概念</td><td>1. “社区医学”的发展经典案例
19 世纪英国霍乱流行的案例是社区医学相关学科的经典案例
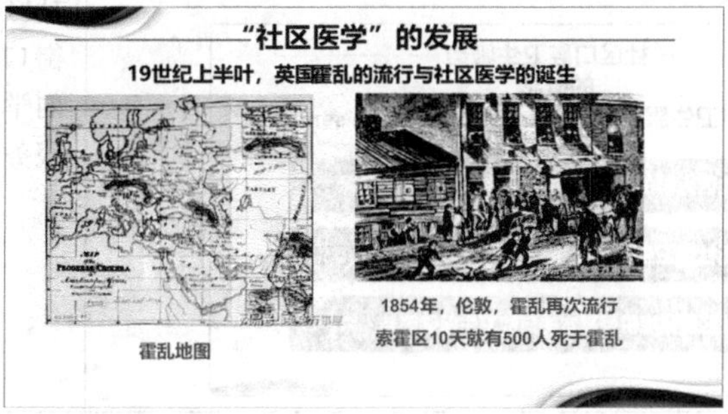
</td><td>通过介绍历史上的经典案例，讲述“社区医学”的发展史，并进一步介绍相关概念</td></tr>
</table>

续表

<table>
<tr><th>教学目标</th><th>教学内容</th><th>教学设计</th></tr>
<tr><td>★
掌握
社区医学与社区口腔医学的概念</td><td>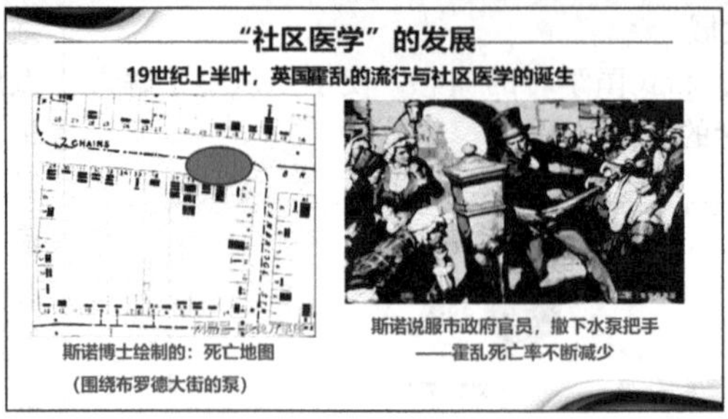

2. 社区医学的概念
“社区医学”的概念较难理解记忆，是初学者比较困扰的概念之一，教师结合案例讲解，形象生动
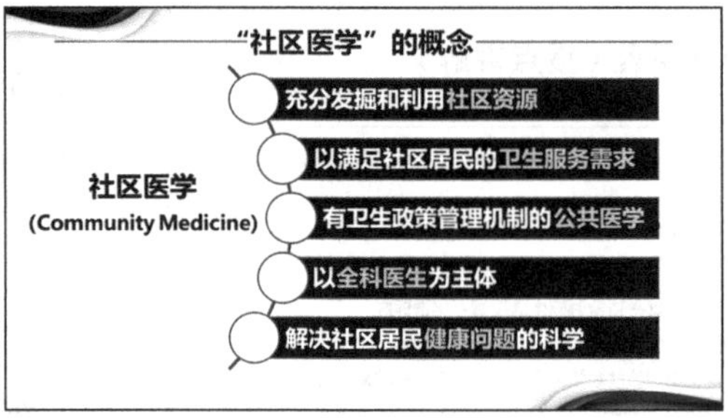

3. 社区卫生服务的概念
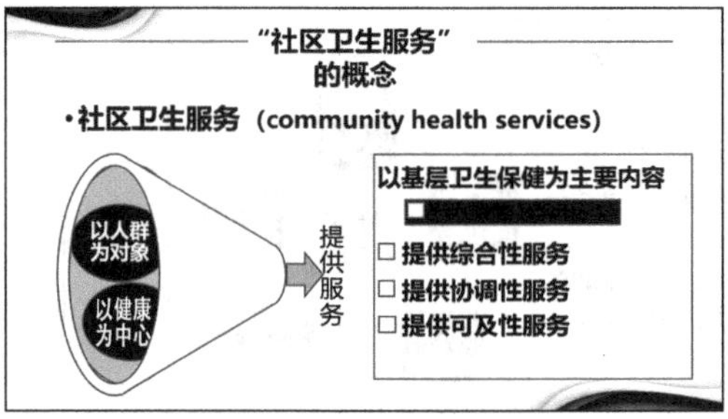
</td><td>历史事件教学：
1. 通过对历史上的经典案例剖析——19世纪英国霍乱流行，伦敦索霍区10天就有500人死于霍乱，斯诺博士作为“霍乱的吹哨人”，挨家挨户调查死亡人数，并绘制了著名的“死亡地图”，成为传染病学和统计学的经典案例
2. 通过案例分享，使学生能够理解从“社区医学”到“社区卫生服务”，为后续学习和掌握“社区口腔卫生服务”的概念打下基础，以便于学生层层递进、循序渐进地深入理解
课程思政：
1. 鼓励学生创新精神：教育学生从历史事件中学习到“科学规律”的发现是靠“有心人”的不懈努力，即“机会是留给有准备的人”，从而鼓励学生在平时也要多留心留意，才能够有所发现
2. 鼓励学生立志扎根基层，服务百姓：通过讲述经典的历史故事，可以拓宽学生的知识面，并能够吸引学生有兴趣继续探寻“社区医学”的奥秘</td></tr>
<tr><td>★
掌握
社区口腔卫生服务的概念和内容</td><td>1. 社区口腔卫生服务的概念
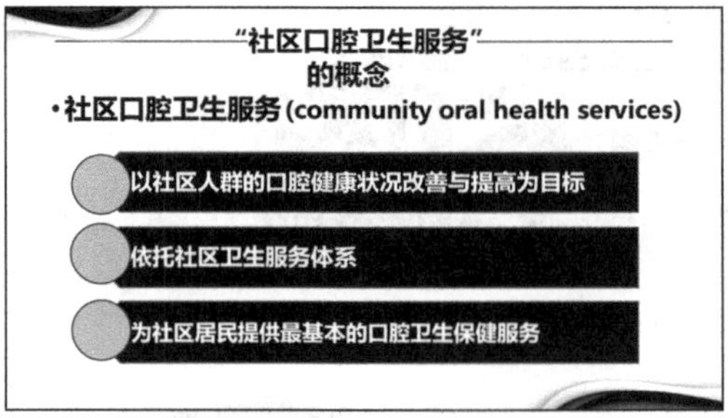
</td><td>介绍北京大学口腔医学院社区实习教学基地——新街口社区卫生服务中心，向学生展示社区口腔卫生服务内容</td></tr>
</table>

续表

<table>
<tr><th>教学目标</th><th>教学内容</th><th>教学设计</th></tr>
<tr><td>★
掌握
社区口腔卫生服务的概念和内容</td><td>2. 社区口腔卫生服务的内容（重点介绍）
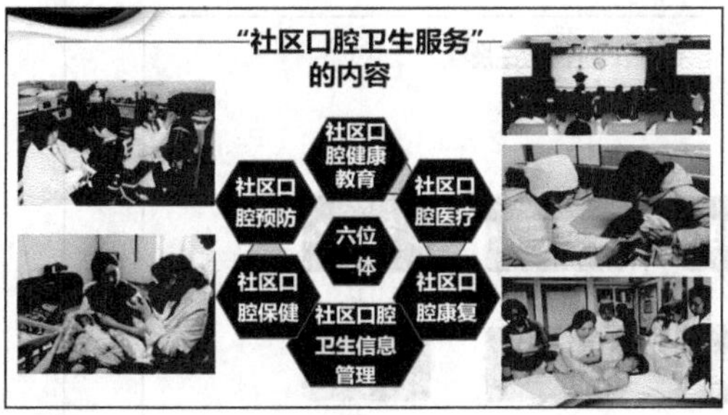
</td><td>**课程思政：**
1. **增强学生下沉基层服务群众的意识：**结合各种图片和视频资料，全面介绍社区口腔卫生服务的内容："六位一体"的工作体系
2. **激发学生立志提升基层群众口腔健康水平：**鼓励学生志在四方，并立志扎根基层，为提高全民口腔健康水平而贡献自身的力量</td></tr>
<tr><td>**了解**
社区口腔卫生服务计划</td><td>1. "社区口腔卫生服务计划"的概念
通过条目的形式，提炼概念的核心信息，便于学生理解和记忆
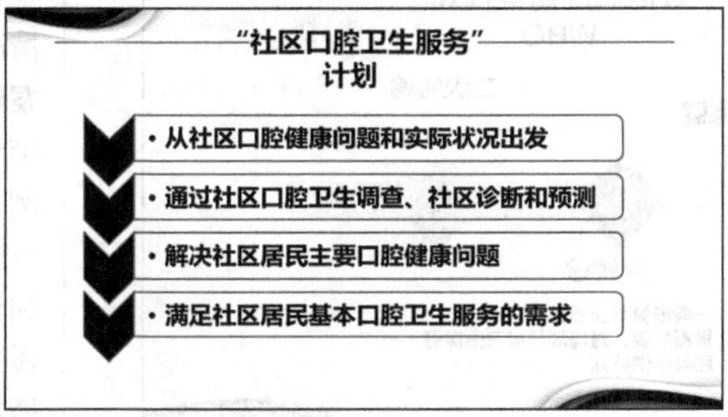

2. 计划的三个步骤：制定、实施、评价
第一步：制订计划
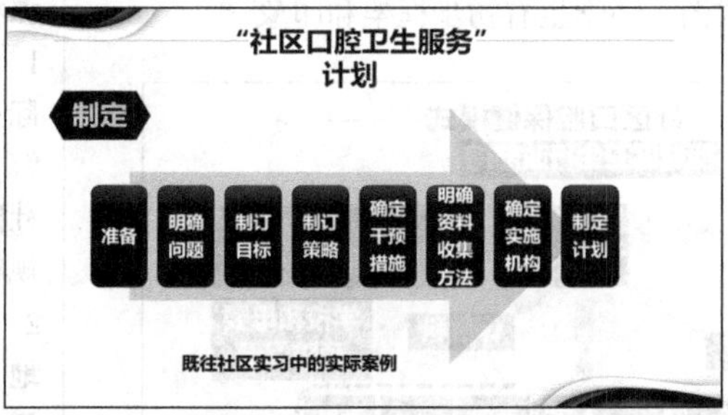

第二步：实施计划
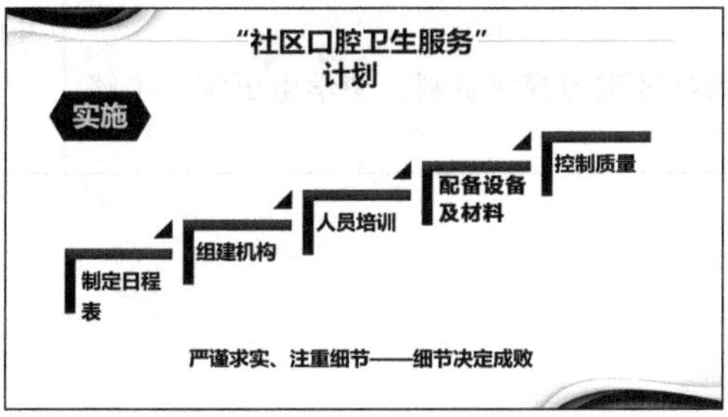
</td><td>结合新街口社区卫生服务中心的实际情况，以及既往师哥师姐们曾经开展的社区实习的工作及成果，向学生介绍社区口腔卫生服务计划的定义及步骤
案例教学：
结合即将进入实习点的社区实际情况介绍，以及既往取得的实习成果，更容易使学生感同身受，并容易理解这部分内容
课程思政：
1. **教育学生"规划"的重要性：**鼓励学生在开展科研工作时，培养全面"计划"的能力，并充分理解"磨刀不误砍柴工"和"功夫不负有心人"的内涵
2. **激发学生严谨求实的治学态度：**强调在实施计划的过程中，要注重细节，因为"细节决定成败"
3. **训练学生考虑问题的"全面性"：**要求学生考虑问题要有制定目标、实施计划和评估效果的不同环节</td></tr>
</table>

续表

教学目标	教学内容	教学设计
了解 社区口腔卫生服务计划	**第三步：评估计划** 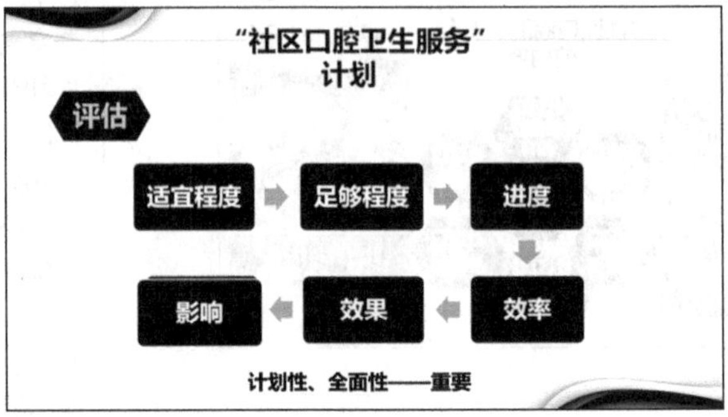 	
★ **掌握** 社区口腔保健模式	1. **WHO 社区口腔保健模式** 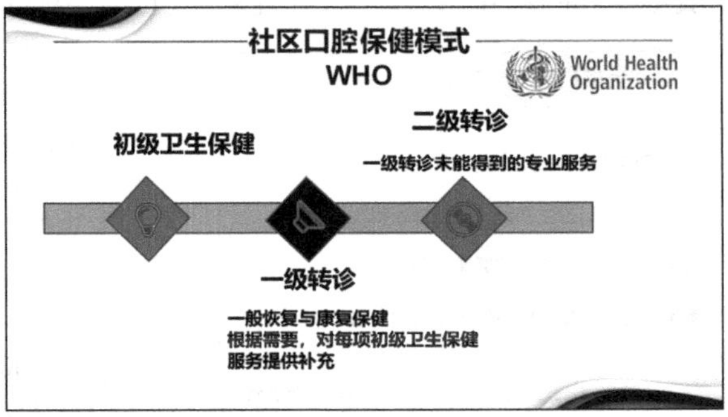 2. **社区实习基地的实例** 先通过既往学生们根据社区实习中的调查，绘制的实习基地的社区口腔保健模式图，使学生有初步框架和印象 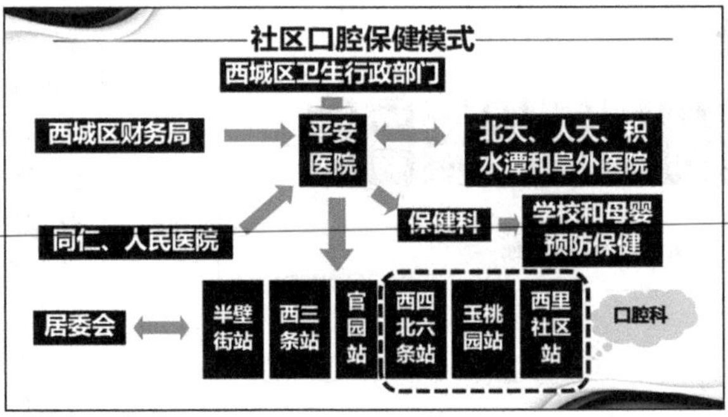 再通过口腔预防科的社区实习视频资料，使学生更深入了解社区的状况	介绍 WHO 社区口腔保健模式，及北京大学口腔医学院社区实习基地实际情况 **案例教学：** 结合国内外的经典实际案例，使学生充分了解社区口腔保健模式，便于理解和记忆 **播放视频：** 播放本院口腔预防社区实习的纪录片视频资料，包括密云农村及城市社区实习 **课程思政：** 1. **鼓励学生理论结合实际：**使学生对既往有所了解，并鼓励学生从后续的社区实习中，探寻更多的规律以及变化和调整 2. **鼓励学生扎根中国大地，着眼基层，深入基层，把握未来：**鼓励学生要有为提升我国居民口腔健康水平而努力奋斗的信念

续表

<table>
<tr><th>教学目标</th><th>教学内容</th><th>教学设计</th></tr>
<tr>
<td>了解
国内不同地区社区口腔保健模式</td>
<td>北京和上海牙病防治网络（拓展内容）
1. 北京牙病防治网络较为健全，也常成为全国学习的榜样
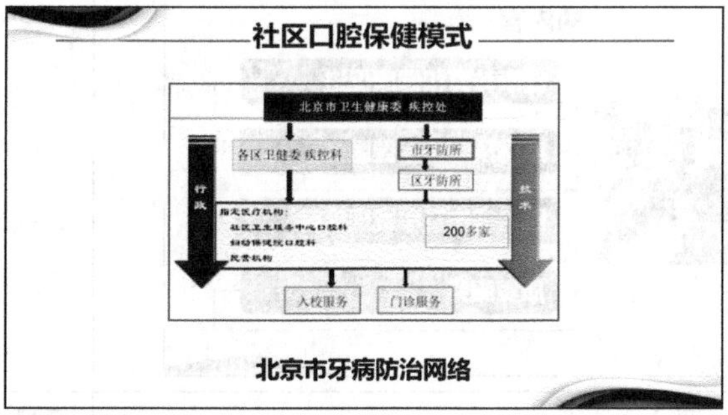

2. 上海牙病防治网络历史也较悠久，也取得了很多经验，经常在全国范围内交流
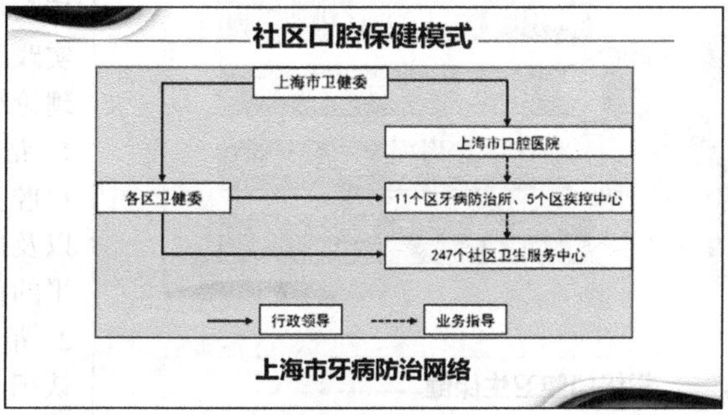

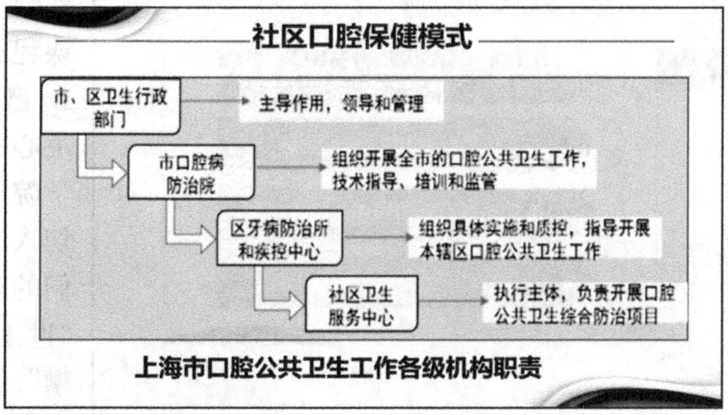
</td>
<td>拓展介绍国内口腔保健模式，如北京、上海牙病防治网
案例教学：
通过典型案例和实践经验介绍，帮助学生认识我国人群口腔卫生保健规划建立的背景和意义
课程思政：
1. 激发学生立志为促进我国社区口腔保健模式的优化而努力学习：通过学习了解国内外的相关案例，可以使学生进行国内外相关的比较，激发学生的斗志
2. 教育学生“因地制宜”的重要性：通过不同典型模式的介绍，强调凡事没有千篇一律，只有最合适的才是最好的，每个地区的情况不同，每个人的情况也不同，重要的是要充分发挥各自优势，才能获得最好的效果</td>
</tr>
<tr>
<td>熟悉
初级卫生保健的原则及内容</td>
<td>1. 初级卫生保健的原则
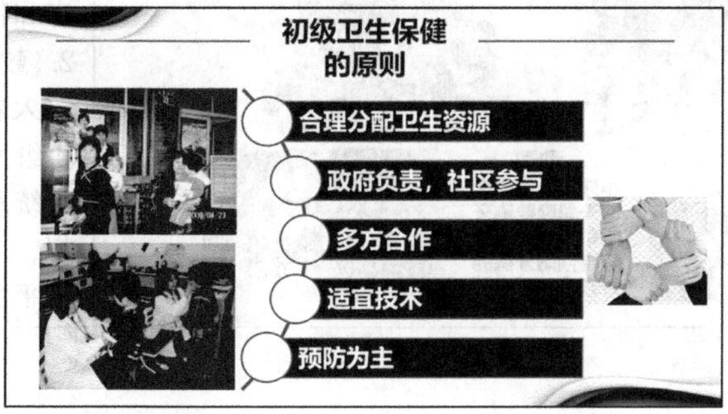
</td>
<td>结合身边实际，介绍初级卫生保健的原则及内容，作为学生了解初级口腔卫生保健的基础
提问互动：
1. 自己所在社区是否有相关的卫生保健服务内容?
2. 自己及家人是否在社区卫生服务中心就诊或开药?</td>
</tr>
</table>

续表

<table>
<tr><th>教学目标</th><th>教学内容</th><th>教学设计</th></tr>
<tr><td>熟悉
初级卫生保健的原则及内容</td><td>2. 初级卫生保健的内容
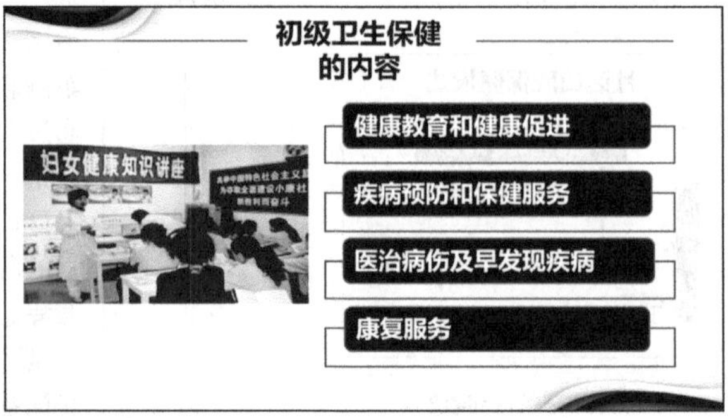
</td><td></td></tr>
<tr><td>熟悉
初级口腔卫生保健的内容和层次</td><td>1. 科室发展历史（导入）
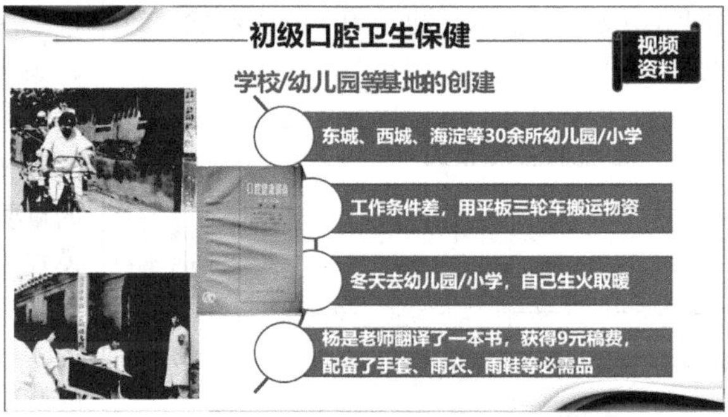

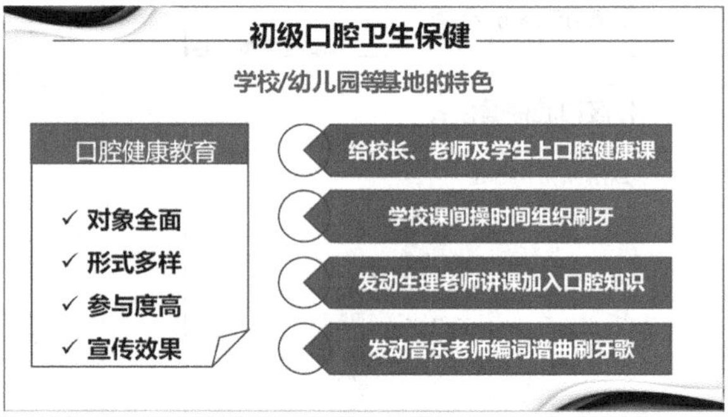

</td><td>通过老照片和视频等形象的资料介绍，使学生了解北京大学口腔医学院口腔预防科建科以来开展的学校/幼儿园口腔卫生保健实践经验
理论结合实际教学：
1. 帮助学生认识到初级口腔卫生保健的重要性，以及提高人群口腔健康水平的重要性
2. 帮助学生更深层次地认识WHO综合基本口腔保健
课程思政：
1. 激发学生艰苦奋斗的决心：从北京大学口腔医学院预防科前辈们的实践切入，使学生感受到前辈们的艰辛与不易，领悟到“世上无难事，只要肯登攀”，学习虽然辛苦，但也会有所收获，使学生了解初级口腔卫生保健的内容和特色，及其重要性
2. 鼓励学生扎根基层，深入农村和社区：鼓励学生继承发扬老前辈的优良传统和作风，树立远大理想，为人民群众口腔健康水平的提升贡献力量</td></tr>
</table>

续表

<table>
<tr><th>教学目标</th><th>教学内容</th><th>教学设计</th></tr>
<tr><td>熟悉
初级口腔卫生保健的内容和层次</td><td>2. 初级口腔保健的内容（重点介绍）
通过上述具有特色的实例介绍，过渡到向学生讲解初级口腔卫生保健的内容
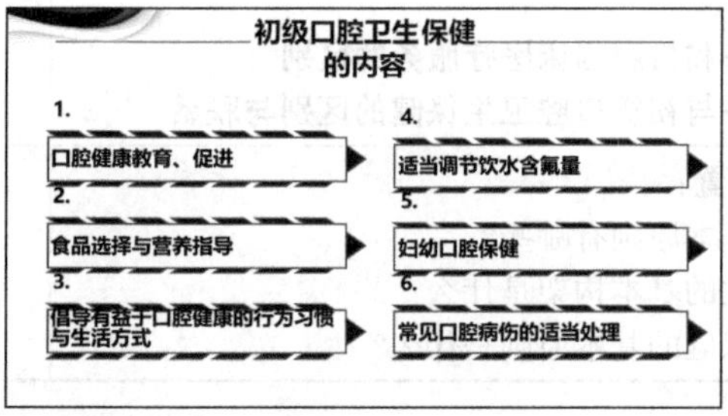

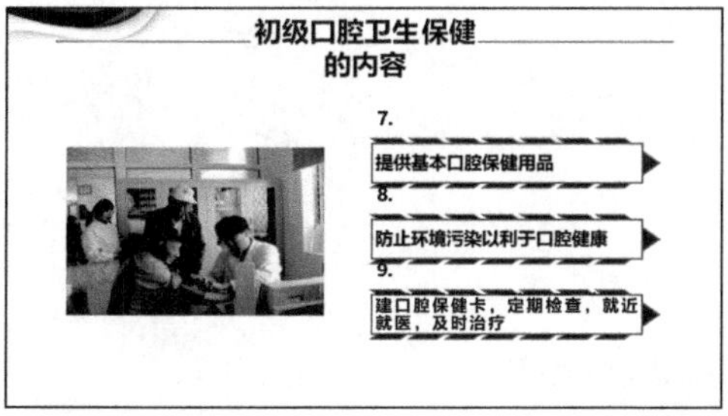
</td><td></td></tr>
<tr><td>★
解读难点</td><td>对难点进行解读：
1. “社区口腔卫生服务”和“口腔临床医疗服务”的区别和联系，是掌握本章重点知识的基础，容易混淆，列表讲解较为清晰

社区口腔卫生服务
<table>
<tr><th></th><th>社区口腔卫生服务</th><th>口腔临床医疗服务</th></tr>
<tr><td>关系</td><td>专业团队对社区人群</td><td>个人对个人</td></tr>
<tr><td>重点</td><td>预防</td><td>治疗</td></tr>
<tr><td>方法</td><td>社会与流行病学调查、统计、分析</td><td>采集病史、口腔检查、诊断</td></tr>
<tr><td>措施</td><td>公共预防与干预</td><td>个别处理</td></tr>
<tr><td>人员</td><td>专业与非专业人员</td><td>医生与辅助人员</td></tr>
<tr><td>目标</td><td>提供群体口腔健康水平</td><td>恢复个别患者口腔健康与功能</td></tr>
<tr><td>投入</td><td>以尽可能少的花费获得尽可能大的社会效益</td><td>通常花费较高，社会效益最小</td></tr>
<tr><td>理念</td><td>符合人人平等、人人健康的理想</td><td>难以达到社会平等的要求</td></tr>
<tr><td>态度</td><td>人人主动参加、全社会参与</td><td>个人被动参加</td></tr>
</table>
2. “社区口腔卫生服务”和“初级口腔卫生保健”这两个概念，既有联系又有区别，进一步凝练核心，并进行比较讲解
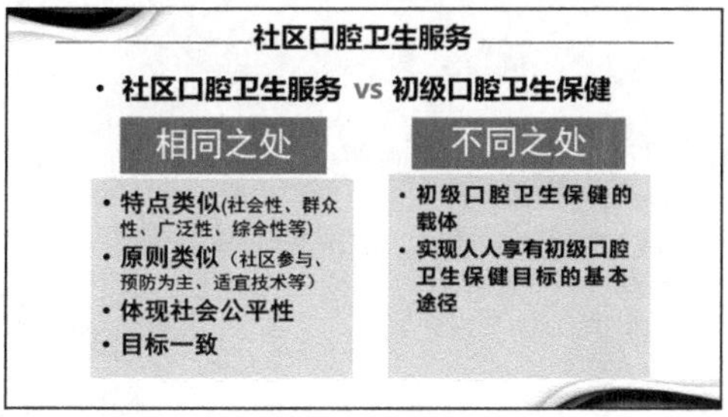

讲解：通过比较，使学生进一步深入理解和记忆重要知识</td><td>教师通过列表比较的形式，将一些关键概念之间的区别和联系讲解透
对比教学：
帮助学生从比较中加深理解和记忆，使其从区别和联系中真正掌握相关概念的内涵
课程思政：
1. 培养学生归纳总结的能力：“授之以鱼”，不如“授之以渔”，对学生综合素质的培养需要潜移默化地感染和熏陶</td></tr>
</table>

续表

教学目标	教学内容	教学设计
总结	**重点内容：** **1. 社区与社区口腔医学的概念** **2. 初级口腔卫生保健内容及其目标** **难点内容：** **1. 社区口腔卫生服务和口腔临床医疗服务的区别** **2. 社区口腔卫生服务与初级口腔卫生保健的区别与联系**	
思考题与课后作业	**思考题与课后作业布置：** 1. 初级卫生保健的基本原则有哪些？ 2. 社区口腔保健模式的基本构架是什么？ 3. 贫困社区的口腔保健的基本原则是什么？	

第十二章　口腔黏膜病学

一、课程定位和课程思政建设目标

（一）口腔黏膜病学课程定位

口腔黏膜病学是口腔医学的重要组成部分，是系统研究口腔黏膜病的基础理论与临床诊治的一门独立专业学科。口腔黏膜病学揭示了发生在口腔黏膜及软组织上的类型不同、种类众多的疾病的病因、发病机制、诊断、治疗与预防等，涉及范围广泛，是口腔各学科中与全身关系最为密切的学科。

口腔黏膜病学是北京大学口腔医学院课程教学与培养体系中的基础课程，主要讲授内容除口腔黏膜感染性疾病、口腔溃疡性疾病、变态反应性疾病、唇舌病、口腔潜在恶性疾患外，还涵盖系统疾病的口腔表征，是口腔科学与其他学科的交叉学科或桥梁学科。

（二）口腔黏膜病学课程思政建设目标

口腔黏膜病学的课程思政建设目标主要包括以下几点。

第一，讲授口腔黏膜病学的基本知识和基础理论。课程基于发生于口腔黏膜软组织的疾病，系统阐述口腔黏膜各类疾病的病因、发病机制、临床表现、病理特征、诊断及防治原则等。口腔黏膜病的特点是种类丰富、表现多样，与全身系统性疾病关系密切，可帮助学生牢固树立医学整体观。

第二，培养本科生诊治口腔黏膜疾病的临床胜任力，着重培育学生运用口腔黏膜病学知识解释和解决临床问题的能力，提升学生在实际临床情境下具有专业深度和广度的临床思维逻辑。在课程教学中注重理论结合实际，在以案例为引导的 PBL（problem based learning）课程教学中着力培养本科生的独立思考能力和系统分析能力，创新解决问题能力以及以问题和目标为导向的跨学科知识整合能力。

第三，强化“健康所系，性命相托”的职业责任感和价值观，以及“珍爱生命、大医精诚”和救死扶伤的职业精神。在课程教学中，结合口腔黏膜病学科发展历程和重要人物，向学生讲述老一辈口腔医学人刻苦钻研、精益求精、治病救人的崇高理想和关爱患者的人文情怀，潜移默化引导学生树立正确的世界观、人生观和价值观。

二、教学内容和思政要点设计

本课程的教学内容、知识点和对应思政元素设计及呈现如表 12-1 所列。

表 12-1　口腔黏膜病学的教学内容、知识点和对应思政元素设计及呈现

教学内容	知识点	思政元素设计及呈现
总论： 口腔黏膜病学概述	1. 口腔黏膜病学及口腔黏膜病的定义与范畴 2. 口腔黏膜病的特点与分类 3. 口腔黏膜病学发展简史 4. 口腔黏膜的结构与功能 5. 口腔黏膜基本病损	1. 通过结合现状和我国口腔黏膜病学科发展的历程和未来发展趋势，使学生建立“以患者为中心”的服务理念，坚定为“健康中国”和“健康口腔”建设贡献力量的决心 2. 通过口腔黏膜病学是口腔各学科中与全身关系最为密切的学科，理解医学整体观 3. 通过口腔黏膜病“同病异形，异病同形”的特点，理解唯物主义哲学的辩证思维及其在医学中的迁移 4. 通过口腔黏膜的结构理解其功能，理解唯物辩证法中结构和功能的辩证统一，构建人体各要素的联系性思维 5. 在“第一课”口腔黏膜病学发展简史中讲述我国口腔黏膜病学的发展历程和北京大学口腔医学院（前身为北京医学院口腔系）老一辈口腔黏膜人自 20 世纪 50 年代以来，筚路蓝缕，拓荒求索，最早在中国开展口腔黏膜病诊治工作的艰苦卓绝的历史，激发学生的医学责任感与职业价值观，做党和人民信赖的好医生 6. 口腔黏膜病学因与我国传统医学有较为密切的结合而有了较浓烈的中国特色。要使口腔医学生了解中医中药在口腔黏膜病防治中的独特作用及包括医药创新方面的“四个面向”，树立对祖国传统医学的自豪感和文化自信 7. 联系口腔黏膜病损的发生机制讲述其临床特征，提高学生透过现象理解本质的能力
		从本章开始，在疾病章节引入以案例为引导的 PBL 课程教学
口腔黏膜 溃疡性疾病	1. 复发性阿弗他溃疡 2. 白塞病 3. 创伤性血疱和创伤性溃疡 4. 放射性口腔黏膜炎 5. 化疗性口腔黏膜炎	1. 复发性阿弗他溃疡是最常见的口腔黏膜疾病，患病率约为 1/5，通过班级调查和调动学生的切身感受，启发学生对口腔黏膜固有疾病临床表现和对生活健康影响的认知，激发学生护佑健康责任之心 2. 通过各类口腔黏膜溃疡性疾病的鉴别诊断（鼓励学生列出表格），提升学生的临床辩证思维能力、归纳总结能力 3. 针对放疗性口腔黏膜炎和化疗性口腔黏膜炎，理解抗肿瘤治疗等对口腔健康的影响，而重度口腔黏膜炎不仅影响营养摄入，严重者甚至危及生命。以此为例，深入体会口腔健康和全身健康的双向关系，引导口腔医学生承担维护口腔健康、护佑全身健康的使命

续表

教学内容	知识点	思政元素设计及呈现
口腔黏膜 溃疡性疾病		4. 通过学习白塞病累及口腔、眼、生殖器、皮肤及其他系统的特点，强调医学各个学科分支间的紧密联系与多学科联合诊疗（MDT）的重要性 5. 口腔黏膜疾病的治疗和我国传统医学有密切的结合，因而具有较浓烈的中国特色。结合章节内容的讲述，使口腔医学生了解中医中药在口腔黏膜病防治中的独特作用，同时树立对祖国传统医学的自豪感和文化自信
口腔黏膜 感染性疾病	1. 口腔念珠菌病 2. 单纯疱疹 3. 带状疱疹 4. 手足口病 5. 疱疹性咽峡炎 6. 口腔结核	1. 口腔念珠菌病是最常见的口腔黏膜感染性疾病，在老幼弱人群中多发。结合《"健康中国 2030"规划纲要》，充分理解医务工作者的职业内涵，即不仅承担疾病诊治责任，也肩负重点人群健康管理和健康教育的职责，为落实健康中国战略贡献力量 2. 口腔念珠菌病易感因素多，临床表现以慢性红斑型最为常见。在疾病诊治中坚持预防为主，同时以医学整体观指导临床实践，在该病的预防中注重对全身基础性疾病的诊治与管理 3. 以在口腔念珠菌病的诊断中不断创新椅旁快速诊疗技术为例，启迪创新性思维 4. 发展适宜技术并在基层推广应用，促进全民健康 5. 在口腔结核的知识点中，引入我国是"结核大国"，结核病患者位居世界第二位，在一定程度上与我国地区经济发展、营养状况和人口流动等相关。近 20 年来，中国在防治结核病方面取得了重大进展。由此引发学生关注国情和国家发展，从卫生经济学角度理解疾病的健康负担，激发医学生在学习医学知识的同时具备家国情怀 6. 针对病毒感染性口腔疾病高传染性的特点，通过构建沉浸式临床场景模拟教学体系，重点强化医学生的院感防控规范操作与职业防护理念。课程融入公共卫生事件应急处置案例教学，引导学生系统学习重大传染病防控的历史经验与应对策略，深入体会医疗工作者在突发公共卫生事件中展现的专业素养与奉献精神。通过强化临床思维训练与职业价值引导，着力培养研究生在感染性疾病诊疗中的责任意识，提升其运用多学科知识解决复杂临床问题的能力，深化新时代医学人才守护人民健康的使命担当
口腔黏膜 斑纹类疾病	1. 口腔白斑病 2. 口腔扁平苔藓及苔藓样损害 3. 盘状红斑狼疮 4. 口腔白色角化症 5. 口腔黏膜下纤维化 6. 口腔红斑病	1. 通过本章节学习，着重了解中国口腔黏膜病的发展史，尤其是口腔黏膜病及口腔中西医结合老前辈们通过"两病"的系统研究，使中国口腔黏膜病走向快速发展之路 2. 通过斑纹类疾病的学习，了解并掌握世界范围内及我国常见斑纹类疾病的发病情况、临床表现、诊断和治疗。了解我国及北京大学口腔医学院特色以及中医诊治特色 3. 通过本章节学习，强调不良生活习惯对患者生活质量及生命的影响，在诊疗过程中关注患者身心健康，消除患者对疾病未来的担忧

续表

教学内容	知识点	思政元素设计及呈现
口腔黏膜斑纹类疾病		4. 通过口腔修复材料相关苔藓样损害的发病机制、临床表现和治疗原则，了解牙体牙髓病学专业和口腔修复学专业等口腔其他专业和口腔黏膜病学专业之间的有机联系，并学会运用口腔整体观的思维解决临床问题 5. 通过对口腔黏膜下纤维化与咀嚼槟榔之间的关系讲解，倡导医学生养成健康的生活习惯，德智体美劳全面发展，并身体力行地影响和传递给身边人及患者
口腔黏膜大疱性疾病	1. 天疱疮（以寻常型天疱疮为主） 2. 黏膜类天疱疮 3. 副肿瘤性天疱疮等	1. 通过常见大疱类疾病的学习，重点了解该类复杂疑难病早期正确、无创或微创诊断的重要性，诊疗原则及治疗中应关注的问题 2. 结合口腔黏膜疱性病损的特征，以北京大学口腔医学院胡碧琼、沙月琴等老一辈口腔黏膜病学家创新性提出脱落细胞学检查在诊断自身免疫性疱病等口腔黏膜病中的应用为典型事例，在口腔黏膜病学专科学习中培养口腔医学生的人文关怀和爱伤观念，并以此为引导不断探索科学问题 3. 该病对患者生活质量及预后有严重影响，强调爱伤意识 4. 通过大疱性疾病发病机制的讲述，理解其在外胚层来源组织共患的特征，激发学生对口腔与皮肤、生殖道、眼等其他器官系统的联系，并从事物固有的联系中把握规律 5. 在疾病治疗部分通过讲述祖国医学及科室系列研究对该病诊治的贡献，树立医学生对祖国传统医学的自豪感和文化自信
唇舌疾病	1. 慢性唇炎 2. 光化性唇炎 3. 肉芽肿性唇炎 4. 梅罗综合征 5. 地图舌、沟纹舌 6. 舌乳头炎 7. 毛舌 8. 灼口综合征	1. 口面部肉芽肿是结核病、克罗恩病、结节病等多种疾病的共同表征，激发医学生透过现象看到本质的临床思维和运用整体观综合分析推理能力 2. 以萎缩性舌炎为表现的疾病种类众多，通过对各章节疾病的总结归纳，培养医学生在总结和归纳中找到规律，并通过比较思维教学模式提升学生综合分析和思考推断能力 3. 通过灼口综合征不伴有口腔黏膜异常体征，但长期经历慢性疼痛的临床特点的讲授，使口腔医学生理解医者不仅要以治疗疾病、解除患者病痛为责任，还要重视对患者的人文关怀，在临床工作中不仅要有精湛的技术，更要有医者仁心、高度的责任心、强大的使命感、对生命的敬畏之情，同时还需要有崇高的敬业精神、实事求是的科学态度和优良的医德医风 4. 通过中医理论对唇舌疾病的阐述和中医药在唇舌疾病治疗中发挥的作用，理解中医中药是祖国瑰宝，是我国医药的重要组成部分，吾辈肩负责任将其传承与发扬光大 5. 肉芽肿性唇炎与牙源性疾患相关的进展提示医学生应该重视整体口腔健康，在未来从事的以人为服务对象的口腔疾病的诊疗工作中树立“以人为本”“以患者为中心”的思想，预防与避免医源性事件的发生

续表

教学内容	知识点	思政元素设计及呈现
系统性疾病的口腔表征	1. 白血病 2. 贫血：缺铁性贫血和维生素 B_{12} 缺乏症 3. 干燥综合征 4. 肾上腺皮质功能减退 5. 色素沉着息肉综合征 6. 克罗恩病、糖尿病等常见系统疾病口腔表现 7. 艾滋病的口腔表征及诊断要点	1. 本章采用大课讲授，重点引导学生学习系统性疾病的口腔表征，通过多种多样的与全身疾病相关联的口腔黏膜疾病的学习，引导学生充分认识人体亦符合哲学中局部和整体辩证统一的关系 2. 将造血系统疾病进行归类梳理，鉴别诊断，培养学生归纳总结、辩证分析的能力 3. 在白血病的口腔检查中禁用一切侵入性操作，以真实临床案例为例，引导学生思考在诊疗过程中体现的爱伤意识和人文关怀，培养学生护佑健康、敬佑生命的医者精神 4. 学习干燥综合征的不同诊断标准的演变，使学生明确"综合征"的明确定义是由一个基本病因所引起相关联的器官或系统出现的一系列病变和功能紊乱。引导学生抓住疾病病因，对疾病追本溯源，认识事物的本质 5. 在 HIV 感染和艾滋病患者的接诊中，将人文关怀融入医患沟通的过程中，以平等、真诚的态度和良好的职业素养面对每一位患者。同时，在诊疗过程中严格遵守无菌原则，医疗质量与医疗安全并重

三、教学设计与方法

（一）教学设计方法

1. **课堂讲授式与启发式教学相结合** 在总论章节以教师授课为主，辅以适当的课堂讨论。在大课教学中，注重思想的教育，着力于医德医风的树立与培育，充分抓好知识与价值共同传递的"第一课"。教研组编写课程思政教学案例，在口腔黏膜病学"第一课"教学设计中融入北京大学口腔医学院口腔黏膜科发展史，通过讲述学科发展历史，传承不同历史时期艰苦奋斗、追求卓越的学科精神，同时树立对祖国传统医学的自豪感和文化自信，注重学生的心灵启迪。在教学过程中，在精讲课本核心知识内容的同时，根据讲授内容提出需要思考的问题，引导学生自学、讨论，以启发学生的思维，引导学生从收集的信息中发现问题、总结学科知识规律、解决专业临床问题的能力。

2. **案例式教学与 PBL 教学相结合** 在各疾病章节以临床案例为引导的小组 PBL 教学中，创新课程思政教学模式，引导教师将社会主义核心价值观教育与课堂教学相结合，鼓励引导授课教师开展多元教学方式方法探索。针对教学案例，各组教师根据教学活动实际提出开放性问题，利用 PBL 教学分组推进小班化研讨式教学，开展线上线下混合式教学模式，打造师生有效互动的一流课堂，引导学生主动开展深度学习，抽象学科知识规律、解决专业实际问题、迁移创新性思维等。

3. **学生自主学习与教师讲授和辅导相结合** 在基于病例的 PBL 学习中，通常以小组讨论为学习方式，要求学生自己提出问题、研究问题，从而解决问题，调动学生学习的主观能动性与参与性。在联系之前学习的其他医学基础知识的同时，鼓励查询最新的文献和成果。在此过程中，鼓励学生思考、提问、争论，不回避问题，针对性地解答疑问和采用点拨教学法，启迪思维智慧。在交互性强的学习中，提升医学生独立思考和解决问题的能力。

（二）预期效果

口腔黏膜病学是口腔医学的基础课程，课程思政有机地将思政元素融入课程教学之中，紧抓专业课程是立德树人的主阵地、润物无声的主渠道、创新教学的主引擎，有机融合学科素养与思政素养，旨在培养有良好职业道德、实践技能和创新能力的应用型口腔医学人才。

本课程的评价方法涵盖：授课教师对课堂教学效果评价（学生独立思考、善于质疑，在PBL 教学活动中在发表见解的同时认真听取和尊重他人的意见，各负其责，有效进行小组内分工合作与互帮互学）、学生对课程的评价（在本课程结束后要求每一位学生写出对课程的评价和建议，包括但不限于对课程教学活动充满热情、带有强烈的好奇心和求知欲等）、同行互评（其他授课教师对思政教学案例的评价和建议）、学生解决实际问题的能力（从收集的信息中发现、抽象学科知识规律、解决专业临床问题，以及在学习活动中探究能力和创新性思维等）在课程活动中持续提升。同时，本课程思政以培养医学生“不仅在于当下知识学习的实时感受，更在于学生胜任力的持续提升”为目标。

四、课程思政教学案例

课程题目：寻常型天疱疮

授课教师：魏攀（副教授、副主任医师）

学时数：2 学时

1. **教学内容分析**　寻常型天疱疮是口腔医学生应该重点掌握的内容，尤其是应该重点掌握寻常型天疱疮口腔黏膜病损表现、边缘扩展现象和规范化诊断。本节课在教学内容的安排和设计方面进行了创新设计，例如：在课程讲授当中，多处使用类比，将抽象的微观结构具象化，帮助学生理解棘细胞间桥粒结构的特征、自身抗原抗体的相互作用特点和天疱疮临床特征的分子基础；通过与黏膜类天疱疮、多形性红斑等疾病的对比，使学生快速理解天疱疮的诊断和鉴别诊断要点；在寻常型天疱疮规范化诊断和疾病活动度评估讲解过程中，通过引入临床病例进行分析讨论。在课程讲授中，巧妙融入思政育人内容，通过大疱性疾病发病机制的讲述，理解其在外胚层来源组织共患的特征，形成医学整体观、系统观；通过讲解寻常型天疱疮口腔黏膜桥粒的结构破坏与周缘扩展、尼氏征现象的关系，帮助学生理解唯物辩证法中结构与功能、现象与本质的辩证统一。结合口腔黏膜疱性病损的特征，以北京大学口腔医学院胡碧琼、沙月琴等老一辈口腔黏膜病学家创新性提出脱落细胞学检查在诊断自身免疫性疱病等口腔黏膜病中的应用为典型事例，在口腔黏膜病学专科学习中培养口腔医学生的人文关怀和爱伤观念，并以此为引导不断探索科学问题。在疾病治疗部分通过讲述祖国医学及科室系列研究对该病诊治的贡献，树立医学生对祖国传统医学的自豪感和文化自信。

2. 教学目标

（1）寻常型天疱疮口腔黏膜病损表现，尼氏征、边缘扩展现象等特征性表现。

（2）掌握天疱疮的诊断要点，通过辅助检查方法的讲解培养规范化诊断天疱疮的能力，培养人文关怀和爱伤观念，并以此为引导不断探索科学问题。

（3）熟悉天疱疮的组织病理表现、免疫病理表现、脱落细胞学表现和鉴别诊断，天疱疮的病因及治疗措施、常规辅助检查内容。

（4）通过在专业知识讲授中有机融入思政元素，培养学生的临床思辨能力和追求创新的精神，培养其热爱基础研究，实现科技自立自强的决心。

3. 课程思政目标 通过对大疱性疾病发病机制的讲述，理解其在外胚层来源组织共患的特征，形成医学整体观、系统观；通过讲解寻常型天疱疮口腔黏膜桥粒的结构破坏与周缘扩展、尼氏征现象的关系，帮助学生理解唯物辩证法中结构与功能、现象与本质的辩证统一。结合口腔黏膜疱性病损的特征，以北京大学口腔医学院胡碧琼、沙月琴等老一辈口腔黏膜病学家创新性提出脱落细胞学检查在诊断自身免疫性疱病等口腔黏膜病中的应用为典型事例，在口腔黏膜病学专科学习中培养口腔医学生的人文关怀和爱伤观念，并以此为引导不断探索科学问题。通过系统激素治疗用药原则，讲授如何合理选择激素用量、减少用药副作用，培养学生"以患者为中心"的发展思想，树立医德仁爱之风，培养医学人文品格。在疾病治疗部分通过讲述祖国医学及科室系列研究对该病诊治的贡献，树立医学生对祖国传统医学的自豪感和文化自信。

4. 教学重点难点 寻常型天疱疮的发病机制、诊断要点以及激素用药原则等内容是该节课的重点难点问题。同时本节课程思政融合的难点在于天疱疮涉及口腔、皮肤、病理等多个学科，以及免疫、药物治疗等多个方面，不同学科专业间的交叉与融合增加了思政内容的难度；思政融合的重点在于将马克思唯物辩证论和医学人文精神、科学创新精神融入寻常型天疱疮课程中，注重培养学生的科学思维和医德医风，提高职业素养和社会责任感。

5. 学情分析 学生在学习本节课之前，已学习口腔黏膜的基本结构和自身免疫病的基础知识，但学生对天疱疮棘层松解的发病机制、临床表现、诊断要点和治疗原则知之甚少。因此，第一，应使学生了解桥粒结构破坏导致棘层松解的病理机制，从而更好地理解天疱疮患者皮肤黏膜大疱、糜烂的临床表现以及边缘扩展和尼氏征现象；第二，应结合典型临床表现、组织病理学特征、免疫学检查等知识点进行重点讲授，使学生对寻常型天疱疮的诊断要点有更深的理解；第三，应对天疱疮与类天疱疮、多形性红斑等疾病的鉴别诊断要点进行讲授，以提高学生在临床环境下对以口腔黏膜慢性糜烂为主要特征的疾病的鉴别诊断能力；第四，应对天疱疮的系统糖皮质激素治疗和靶向药物治疗进行讲授，使学生能够更好地理解寻常型天疱疮疾病管理和治疗全周期的用药原则；第五，在讲解天疱疮脱落细胞检查的过程中，穿插老一辈口腔黏膜病学家创新性提出脱落细胞学检查在诊断自身免疫性疱病等口腔黏膜病中的应用的典型事例，使学生一方面感受老一辈口腔黏膜病学家的人文关怀和爱伤观念；另一方面，也以此为引导，激发学生从事临床研究、不断解决临床难题的创新精神。同时，作为医者，思考如何在天疱疮治疗中做到与患者的良好沟通，最大程度地为患者着想，减少用药副作用，建立学生"以患者为中心"的服务理念，坚定为"健康中国""健康口腔"建设贡献力量的决心。

6. 教学设计思路 通过案例导入和问题引导，将教学主线内容、重要知识点和课程思政贯通起来，通过启发式、对比式、互动式和归纳式教学，以板书、视频动画等为载体，生动地讲授寻常型天疱疮的临床表现、诊断要点和治疗等内容，具体教学设计思路如图 12-1 所示。

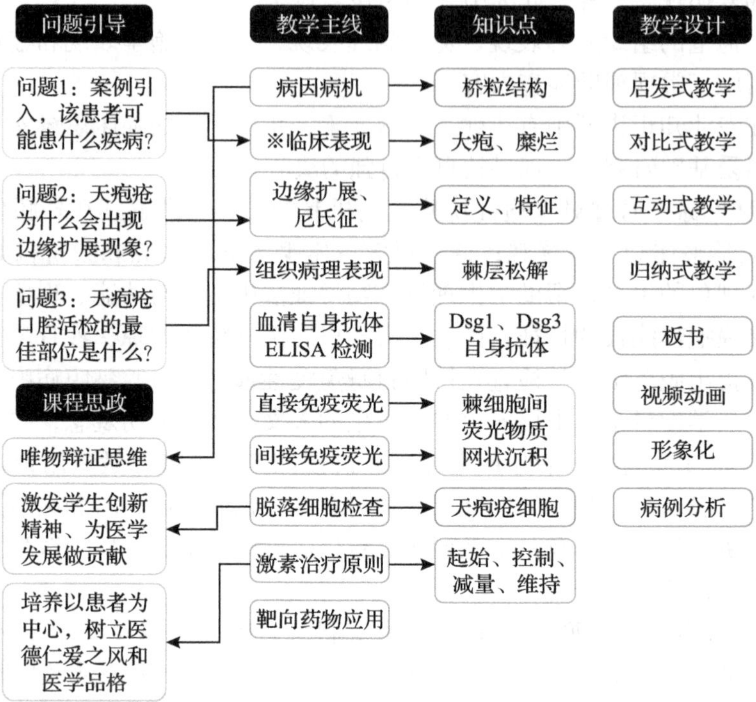

图 12-1 寻常型天疱疮教学设计思路

7. **教学过程** 具体教学过程如表 12-2 所列。

表 12-2 寻常型天疱疮的教学过程

教学目标	教学内容	教学设计
课程导入	**课程导入：通过临床案例提出相关问题。** 患者，女，49 岁。口腔黏膜糜烂、疼痛 3 个月。 **以下问题贯穿课程主线：** **课前问题 1：为何探针能无痛探入黏膜下方？** **课前问题 2：该患者可能的诊断是什么？** **课前问题 3：为明确诊断，还需做哪些检查？** 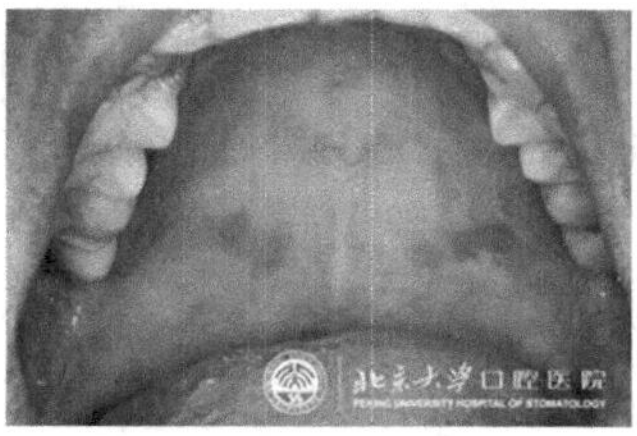 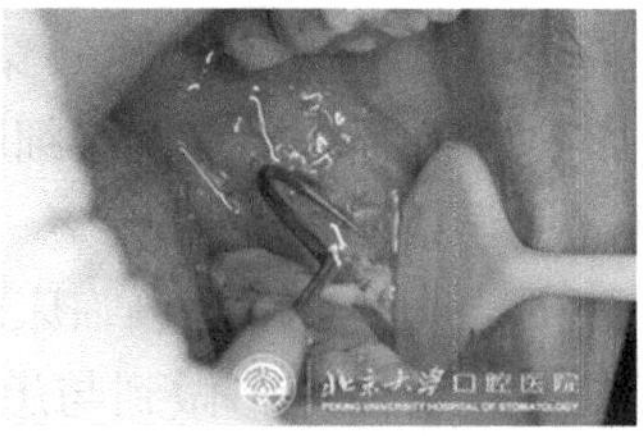	**病例导入：**引入临床真实案例，口腔黏膜广泛糜烂，持续 3 个月，该患者的可疑诊断和检查方案是什么？ **复习巩固：**口腔黏膜上皮的结构和细胞间连接形式 **启发教学：**思考如果上皮细胞间连接被破坏，会导致什么变化？

续表

<table>
<tr><th>教学目标</th><th>教学内容</th><th>教学设计</th></tr>
<tr>
<td>了解
天疱疮的
发病机制</td>
<td>

复习
口腔黏膜上皮的结构
棘层细胞间连接的形式、桥粒结构和功能
桥粒被破坏时会出现什么样的变化和临床损害？

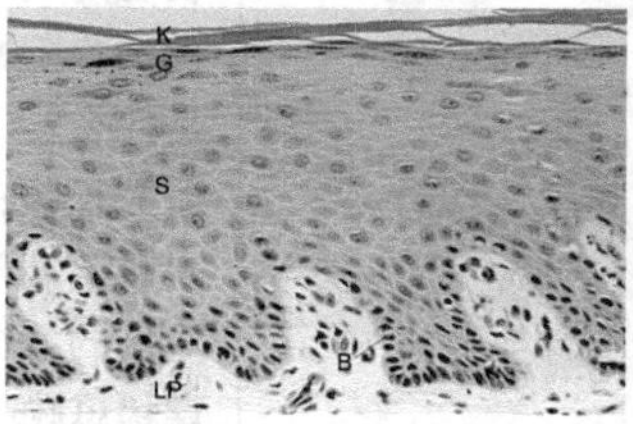

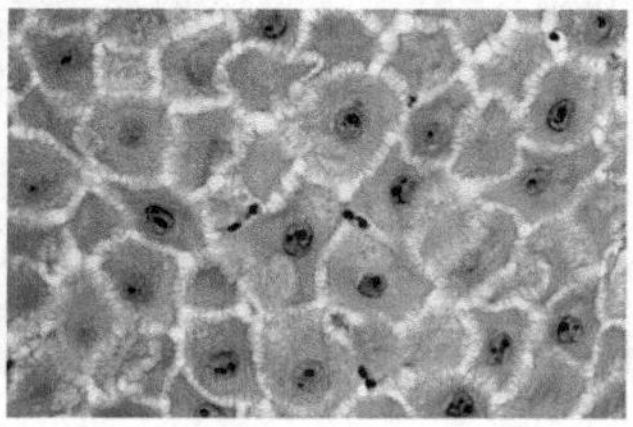

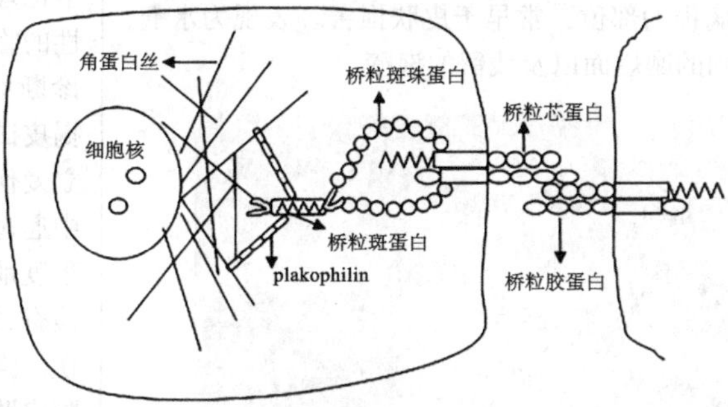

桥粒是口腔黏膜上皮细胞间连接的重要结构，对于维持上皮完整性具有重要意义，其结构由桥粒芯和桥粒斑组成。其结构形态和功能与建筑中的铆钉相似，一旦遭到破坏，将出现上皮棘层松解的病理变化和大疱、糜烂的临床表现

天疱疮发病机制的核心在于各种病因导致的棘层松解的出现，以及由此而导致的上皮内疱的形成

</td>
<td>复习提问：口腔黏膜上皮的结构有哪些？上皮细胞间连接的形式有哪些？
类比教学：将桥粒与铆钉类比，结合图片与示意图，形象讲解桥粒的结构与功能
承上启下：由自身抗体产生、桥粒结构破坏引出天疱疮的病理表现和临床特征
课程思政：通过机制 - 病理变化 - 临床表现的深入讲解，帮助学生理解唯物辩证法中结构与功能、现象与本质的辩证统一</td>
</tr>
<tr>
<td>了解
天疱疮的
组织病理和
免疫病理
表现</td>
<td>

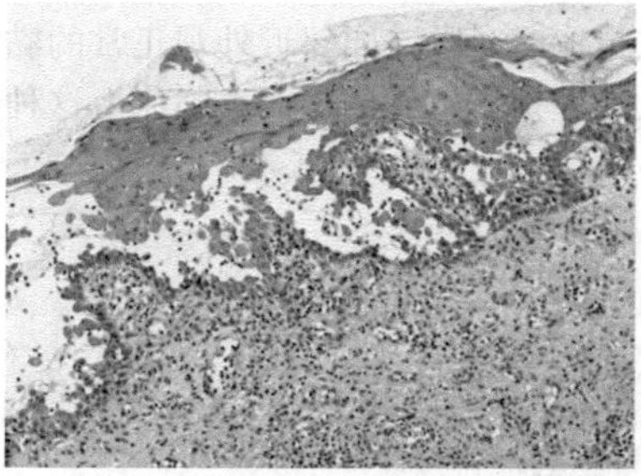

天疱疮的典型组织病理学改变为棘层松解和上皮内疱的形成

讲解直接免疫荧光和间接免疫荧光的检测原理。天疱疮的直接免疫荧光可见病变部位及其相邻部位的棘层或棘层以上细胞间呈翠绿色的网状或环状荧光染色。间接免疫荧光可见底物的棘层或棘层以上细胞间呈翠绿色的网环状荧光染色

</td>
<td>启发教学：引导学生天疱疮上皮内疱的组织病理学特征会引起什么样的临床表现和变化
分析归纳：将天疱疮的发病机制与组织病理、免疫病理表现相对应，加强学生认识</td>
</tr>
</table>

续表

教学目标	教学内容	教学设计
★ **掌握** 天疱疮的 临床表现	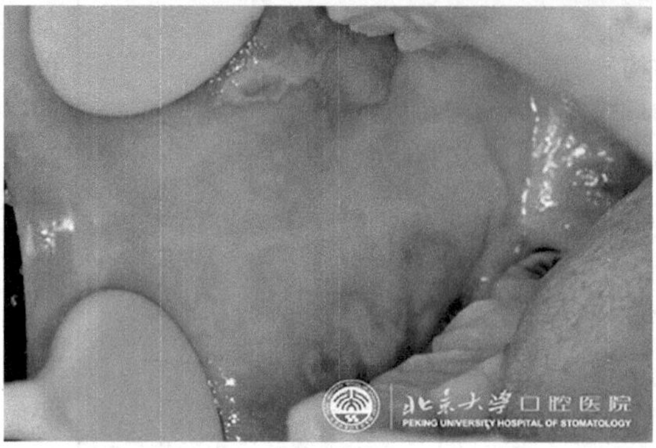 口腔是早期出现病损的部位，常早于皮肤损害。表现为水疱，疱破后留下不规则的糜烂面以及残留的疱壁 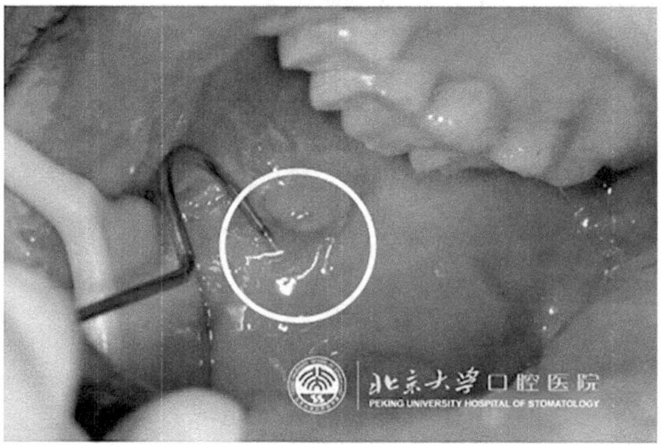 疱壁向周缘退缩，使溃疡面扩大，这种现象称为“周缘扩展现象”。此时，若在糜烂面的边缘处将探针轻轻置入黏膜下方，可见探针无痛性伸入，这是棘层松解的缘故 揭皮试验：将疱壁撕去或提取时，常连同邻近外观正常的黏膜一并无痛性地撕去一大片，留下鲜红的创面，临床上这种现象被称为揭皮试验阳性	**启发教学：为何在临床实践中天疱疮患者口腔表现中很少看到完整的水疱？** **启发教学**：天疱疮特征性表现为周缘扩展现象、揭皮试验阳性的病理学基础是什么？ **播放视频**：播放揭皮试验视频，使学生直观理解天疱疮的特征性表现 **课程思政**：（爱伤意识、科学伦理）鼓励学生从特征性的临床表现中发现疾病诊断线索。结合天疱疮揭皮试验阳性，使学生树立爱伤意识。在临床工作中通过规范化操作，最大程度地避免或减少在体格检查过程中给患者造成创伤。强调寻常型天疱疮黏膜皮肤共患的特征，培养学生在疾病诊疗过程中的系统观
	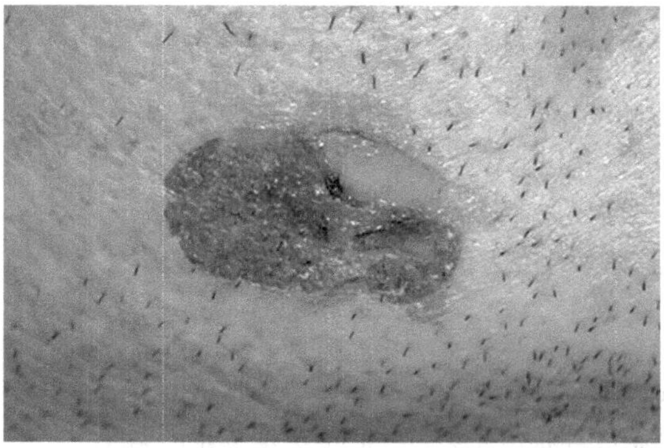	

续表

<table>
<tr><th>教学目标</th><th>教学内容</th><th>教学设计</th></tr>
<tr>
<td>熟悉
天疱疮的细胞学检查</td>
<td>
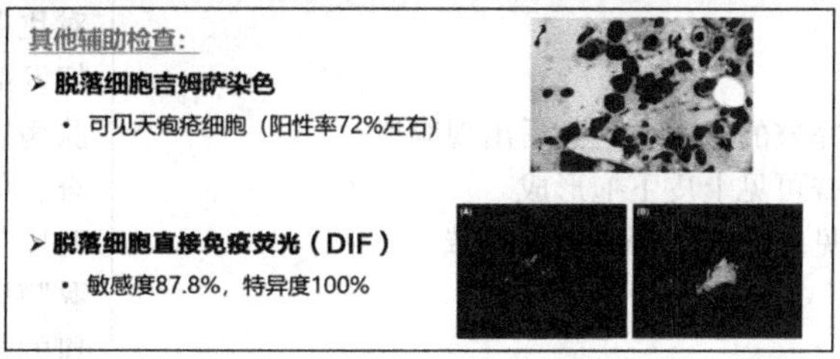

讲解：局部消毒后，将早期的新鲜大疱剪去疱顶，用钝刀片或白金耳或竹片轻刮疱底组织，将刮取物涂于玻片上，干燥后用吉姆萨或苏木精–伊红染色，可见典型的松解棘细胞，该类细胞的数量多少与病情轻重有一定的相关性。脱落细胞检查诊断天疱疮的阳性率在 72% 左右

拓展：脱落细胞学检查是天疱疮快速、有效、微创的筛查手段。结合免疫荧光染色方法，脱落细胞 DIF 诊断寻常型天疱疮敏感度 87.8%，特异度 100%
</td>
<td>课程思政：通过对北京大学口腔医学院老一辈口腔黏膜病学家创新性提出脱落细胞学检查在筛查和诊断自身免疫性疱疹等口腔黏膜病中的应用的典型事例，激发学生在临床工作中发现问题、通过临床科研解决问题、寻找答案的科研创新精神和热情。该事例也体现了老一辈口腔黏膜病学家以患者为中心的服务理念，在诊疗过程中注重无创、微创诊疗手段的应用，从更高层次使学生理解，如何从自己的职业出发，践行以人民为中心的发展思想</td>
</tr>
<tr>
<td>★
掌握
天疱疮的诊断要点</td>
<td>
诊室椅旁检查：
● 揭皮试验/周缘扩展
● 脱落细胞吉姆萨染色
实验室检查：
● 组织病理
● 直接免疫荧光
● 间接免疫荧光
● ELISA

直接免疫荧光：黏膜组织与分离上皮组织直接免疫荧光检查对天疱疮诊断的可靠率可达 100%。取材部位：活检取材病灶周围正常皮肤或黏膜（距离病变< 1 cm）
间接免疫荧光：猴食管和舌上皮为底物，敏感性较高；一般抗体效价为 1 ：40 即有诊断意义
抗 Dsg1、抗 Dsg3 自身抗体 ELISA 检测：敏感度为 81% ~ 100%，特异度为 92.3% ~ 100%。可用于病情监测及指导临床治疗

诊断标准
天疱疮诊断标准
<table>
<tr><th></th><th colspan="2">欧洲</th><th colspan="2">中国</th><th colspan="2">日本</th><th colspan="3">德国</th><th colspan="2">英国</th></tr>
<tr><td>临床表现</td><td>√</td><td>√</td><td>√</td><td>√</td><td>√</td><td>√</td><td>√</td><td>√</td><td>√</td><td>√</td><td>√</td></tr>
<tr><td>组织病理</td><td></td><td>√</td><td>√</td><td></td><td>√</td><td></td><td></td><td></td><td>√</td><td>√</td><td>√</td></tr>
<tr><td>DIF</td><td>√</td><td rowspan="3">至少1项
√</td><td rowspan="3">至少1项
√</td><td rowspan="3">至少2项
√</td><td rowspan="3">至少1项
√</td><td>√</td><td>√</td><td></td><td></td><td>√</td><td></td></tr>
<tr><td>IIF</td><td></td><td rowspan="2">至少1项
√</td><td></td><td></td><td>√</td><td></td><td rowspan="2">至少1项
√</td></tr>
<tr><td>ELISA</td><td></td><td></td><td>√</td><td></td><td></td></tr>
</table>

寻常型天疱疮的诊断要点和各国家 / 地区诊疗指南诊断标准。
重点讲解 2020 年我国皮肤病医师协会发布的寻常型天疱疮诊断标准。
结合临床案例举例说明天疱疮诊断标准在临床中的应用
</td>
<td>启发教学：为何直接免疫荧光的活检取材部位建议在距离病变< 1 cm 处的正常皮肤或黏膜？抗 Dsg1、抗 Dsg3 自身抗体与病情活动度有什么关系？
对比归纳：将不同国家地区天疱疮诊断标准归纳为表格，便于对比记忆、加深理解
课程思政：通过各国家 / 地区诊疗指南中寻常型天疱疮诊断标准的横向对比，培养学生临床工作中的循证医学思维和自主学习、终身学习的能力，重点讲述 2020 年我国皮肤病医师协会发布的寻常型天疱疮诊疗专家共识，强调医学实践需结合我国患者人群的特点，合理应用中国方案</td>
</tr>
</table>

续表

教学目标	教学内容	教学设计
熟悉 寻常型 天疱疮的 鉴别诊断	**类天疱疮** ➢ 好发于牙龈 ➢ 临床可见疱壁完整的水疱，疱破后出现糜烂 ➢ 组织病理学检查可见上皮下疱形成 ➢ 免疫荧光检查见基底膜区翠绿色荧光带 **多形性红斑** ➢ 急性病程，少数患者可反复发作 ➢ 部分患者伴有发热等前驱症状 ➢ 口内黏膜呈大小不等的红斑、糜烂，表面渗出多，尼氏征阴性 ➢ 典型皮肤表现为靶形红斑 ➢ 有自限性，口腔病损多在 2 ~ 4 周内愈合 **口腔扁平苔藓** ➢ 在白色网纹状病损的基础上出现糜烂 ➢ 扁平苔藓皮肤损害好发于四肢伸侧或躯干，表现为暗紫色多角形扁平丘疹，对称分布 ➢ 组织病理有助于鉴别诊断	**对比归纳**：分别从病程、好发部位、临床表现、皮肤病损特征、组织病理检查、免疫荧光检查等方面对比归纳寻常型天疱疮与黏膜类天疱疮、多形性红斑的鉴别诊断要点 **启发教学**：黏膜类天疱疮在口腔内可见到完整的张力性水疱的原因
了解 天疱疮疾病 活动度指数	天疱疮疾病活动度评估最常用的指标：天疱疮疾病活动度指数（PDAI）。讲授不同国家 / 地区对病情轻、中、重度的不同划分标准，及其对治疗的指导意义 结合病例进行指标评估示范	**临床病例**：结合临床案例，示教 PDAI 评分在临床中的应用方式，及其对治疗的指导意义 **课程思政**：通过 PDAI 对病情轻、中、重度进行划分，进而指导临床用药，强调治疗过程中的循证医学理念，培养学生科学的临床思维意识
了解 天疱疮的 治疗原则及 药物选择	**治疗**　　系统糖皮质激素治疗 ➢ 口服糖皮质激素为寻常型天疱疮治疗的一线用药 ➢ 常用药为泼尼松或泼尼松龙 ➢ 推荐起始剂量均为轻型寻常型天疱疮0.5~1 mg/(kg · d)，中重度寻常型天疱疮1~1.5 mg/(kg · d)（联合免疫制剂使用） ➢ 晨起顿服，控制阶段也可3次/日服用 ➢ 治疗无效的情况下可加大激素用量或联合使用免疫抑制剂或利妥昔单抗 糖皮质激素为治疗寻常型天疱疮的一线用药，治疗过程分为起始、控制、减量、维持 4 个阶段	**归纳分析**：将糖皮质激素治疗寻常型天疱疮的过程归纳为起始、控制、减量、维持 4 个阶段。归纳各阶段用药特点 **对比归纳**：各国家 / 地区寻常型天疱疮诊疗指南对系统糖皮质激素治疗的推荐意见

续表

<table>
<tr><th>教学目标</th><th>教学内容</th><th>教学设计</th></tr>
<tr>
<td>了解
天疱疮的治疗原则及药物选择</td>
<td>
治疗
各指南对系统糖皮质激素治疗推荐意见
<table>
<tr><th></th><th></th><th></th><th>欧洲</th><th>中国</th><th>日本</th><th>德国</th><th>英国</th></tr>
<tr><td rowspan="4">起始阶段</td><td rowspan="2">轻度</td><td>一线</td><td>①RTX
②RTX+PDN 0.5mg/kg/d
③PDN0.5-1mg/kg/d
④PDN0.5-1mg/kg/d+免疫制剂</td><td>PDN 0.5mg/kg/d</td><td>PSL 0.5mg/kg/d</td><td>PSL 1-1.5mg/kg/d+免疫抑制制剂</td><td>PSL 0.5-1mg/kg/d+免疫制剂（包括RTX）</td></tr>
<tr><td>二线</td><td>①RTX+PDN 0.5mg/kg/d
②RTX+PDN 1mg/kg/d</td><td>PDN 1.5mg/kg/d+免疫制剂（包括RTX）</td><td>PSL 1.5mg/kg/d+免疫制剂（包括RTX）</td><td>糖皮质激素静脉冲击疗法
PSL增加至2mg/kg/d</td><td>PSL 0.5-1mg/kg/d+更换免疫制剂（包括RTX）</td></tr>
<tr><td rowspan="2">中重度</td><td>一线</td><td>①RTX+PDN 1mg/kg/d
②PDN 1-1.5mg/kg/d
③PDN 1-1.5mg/kg/d+免疫制剂</td><td>中度：①PDN 1.0 mg/kg/d + 免疫制剂
② PDN 0.5 mg/kg/d+RTX
重度：① PDN 1.5 mg/kg/d+免疫制剂
② PDN 1.0 mg/kg/d+RTX</td><td>PSL 1mg/kg/d+免疫制剂</td><td>① PSL 1.0-1.5 mg/kg/d +免抑制疫制剂
② RTX+PSL 1.0 mg/kg/d
③糖皮质激素静脉冲击疗法</td><td>①PSL 1.0 mg/kg/d + 免疫制剂（包括RTX）
②糖皮质激素静脉冲击疗法（如果需要>1mg kg/d口服糖皮质激素）</td></tr>
<tr><td>二线</td><td>①PDN 1.5mg/kg/d+免疫制剂（包括RTX）
②糖皮质激素静脉冲击疗法</td><td>①糖皮质激素静脉冲击疗法
②静脉注射免疫球蛋白</td><td>①糖皮质激素静脉冲击疗法
②静脉注射免疫球蛋白</td><td>增加PSL 剂量至2mg/kg/d</td><td>PSL 1-1.5mg/kg/d+更换免疫制剂（包括RTX）</td></tr>
</table>

激素用药不良反应
➢ 糖尿病、类固醇性高血压
➢ 库欣综合征
➢ 肺部或皮肤感染、泌尿道感染、口腔真菌感染
➢ 痤疮及伤口的愈合延迟等
➢ 消化道溃疡
➢ 骨质疏松症

拓展：利妥昔单抗靶向作用于 B 淋巴细胞特异性抗原 CD20，近年来在寻常型天疱疮治疗中的重要性逐渐升高。在近 3 年寻常型天疱疮治疗指南中，均将该药作为治疗中重度寻常型天疱疮的一线用药；其中欧洲皮肤病与性病学会和英国皮肤科医师协会指南也将其列为轻度寻常型天疱疮的一线用药（证据水平高）

拓展
利妥昔单抗
➢ 通常与系统糖皮质激素联合用药，方案分为两种：
① 静脉滴注2 次，每次1000 mg，间隔2周 （首选方案）
② 静脉滴注4次，每次375 mg，间隔1周
➢ 维持用药方案：
• 第12 个月静脉滴注利妥昔单抗500 mg
• 后续每6个月给药1次(500 mg)或根据临床评估决定用药时间

拓展：中医药在寻常型天疱疮诊治中的应用

Review Article
Beneficial Effects and Safety of Corticosteroids Combined with Traditional Chinese Medicine for Pemphigus: A Systematic Review
Tingting Zhou, Peiru Zhou, Hong Hua, and Xiaosong Liu
Department of Oral Medicine, Peking University School and Hospital of Stomatology, Beijing 100081, China
</td>
<td>课程思政：通过在治疗中监测患者各项指标、加强医患沟通能力，达到减少用药不良反应的目的，培养学生换位思考的医学人文精神和医患沟通的能力。通过讲解临床应用糖皮质激素前后寻常型天疱疮患者生存率的差异，加深学生对医学科学进步改善人民健康生活质量的认识，培养以患者为中心的医疗服务理念
拓展：靶向药物在口腔黏膜病领域的应用及前景
课程思政：通过讲述靶向药在寻常型天疱疮治疗中的一线应用，加深学生对精准医学的认识，激发学生探索疾病诊疗新方案的科研创新兴趣
课程思政：通过讲解中医药在寻常型天疱疮治疗中的辅助作用，加深学生对祖国传统医学在疾病诊疗中作用的认识及其对传统医学的热爱与民族自豪感</td>
</tr>
<tr><td>总结</td><td>天疱疮的临床表现（重点）、诊断要点（难点）</td><td></td></tr>
<tr><td>思考题与课后作业</td><td>1. 对于以长期口腔起疱 / 糜烂为主诉的患者，如何进行诊断和鉴别诊断？
2. 天疱疮是典型的体液免疫介导的自身免疫病，结合本节课内容，拓展思考自身免疫病有哪些特点</td><td></td></tr>
</table>

第十三章　口腔颌面颈部解剖学

一、课程定位和课程思政建设目标

（一）口腔颌面颈部解剖学课程定位

口腔颌面颈部解剖学是一门以研究口腔、颌面、颈部诸部位的形态结构、生理功能及其临床应用为主要内容的学科。该门课程既是口腔医学的专业基础课，又是口腔临床医学重要的桥梁课，其内容包括口腔颌面颈部系统解剖及局部解剖两部分。该课程是学生在理解大体解剖学的基础上，结合口腔专业的特点，进一步深入学习的解剖课，要求其掌握颌面部诸骨、颞下颌关节、颌面颈部肌肉、唾液腺、血管、淋巴、神经及口腔、面部、颈部局部解剖等内容。为培养德智体美劳全面发展的社会主义建设者，本课程将通过多维度讲授口腔颌面颈部解剖知识，采用理论课与实习课相结合的教学模式授课。本课程注重夯实学生的理论基础，培养学生的动手能力，培育实用型医学人才；注重加强科研思维的启迪，培养优秀的医学科学家；注重坚持价值引领和品格塑造，培养以人为本、厚道仁爱的医者。通过上述举措，本课程将使学生掌握扎实的解剖知识，理解解剖与临床的关系，更好服务于国家和人民口腔健康事业。

本课程是口腔医学专业本科生的核心基础课程，是临床医疗安全实施的基础。解剖学是紧扣临床实践的基础科学，教学的重点与难点均与临床应用密切相关。本课程的学生为本科生，具有思维活跃、思想多元化的特点，同时，由于学生尚未接触临床，如何以通俗易懂的方式展开知识传授，并为学生建立系统观和全局观，一直是本课程教学的工作重点。作为口腔医学专业的基础性课程，本课程是启发学生兴趣、引领和塑造正确价值观、培育医学人文素养的重要课程之一。

（二）口腔颌面颈部解剖学的课程思政建设目标

口腔颌面颈部解剖学的课程思政建设目标主要包括以下几点。

第一，讲授口腔颌面颈部解剖学基本知识与理论。课程基于口腔颌面颈部的形态结构，结合口腔专业特点，讲授口腔颌面颈部系统解剖及局部解剖两部分内容，帮助学生掌握扎实的解剖知识，理解解剖与临床的关系。

第二，培养学生理解临床解剖结构与实地解剖能力。通过理论授课，培养学生理解认知解剖结构的能力，深入认识解剖知识在临床应用中的重要价值。基于分组实地解剖，夯实学生的理论基础，培养学生的动手能力。

第三，基于医学人文与遗体捐献的介绍，使学生树立正确的价值观。在教学过程中，加强与临床诊疗的联系，开展医德医风教育，着力培养学生的爱伤观念。介绍大体老师遗体捐献事迹，引导学生学会感恩，敬佑生命，教育学生始终把患者生命安全和身体健康放在首位，树立道德责任感和正确的职业价值观。

二、教学内容和思政要点设计

本课程的教学内容、知识点和对应思政元素设计及呈现如表 13-1 所列。

表 13-1　口腔颌面颈部解剖学的教学内容、知识点和对应思政元素设计及呈现

教学内容	知识点	思政元素设计及呈现
绪论、颌面诸骨	1. 口腔颌面部解剖学的特点 2. 面颅骨诸骨的构成、形态特点及临床意义 3. 脑颅骨的构成、形态特点及临床意义	1. 感恩无言良师：学习北京大学口腔医学院王嘉德老前辈捐献遗体用于医学教育事业的事迹，使医学生学会感恩 2. 颌面诸骨是理解口腔颌面全局的基础，强化医学整体观
颞下颌关节	1. 颞下颌关节概述：关节的分类；颞下颌关节的特性，及其解剖与临床的关系 2. 颞下颌关节的组成、血供和神经支配 3. 颞下颌关节的功能解剖特点及功能运动	通过颞下颌关节的组成及结构，理解其功能及运动方式，理解唯物辩证法中结构和功能的辩证统一，构建人体各解剖结构的联系性思维
肌肉、唾液腺	1. 表情肌及咀嚼肌的组成、位置、起止点、功能及神经支配 2. 颈部肌及腭部肌的组成、位置、起止点、功能及神经支配 3. 运动下颌的肌群与下颌骨骨折移位机制 4. 唾液腺的组成及性质 5. 腮腺的位置与形态，腮腺鞘的特点；腮腺管的位置及走行；腮腺的血供、神经支配和淋巴回流 6. 下颌下腺的位置与形态；下颌下腺鞘的特点；下颌下腺管的位置、走行及临床意义；下颌下腺的血供、神经支配和淋巴回流 7. 舌下腺的位置毗邻；舌下腺排泄管的特征；舌下腺的血供、神经支配和淋巴回流 8. 小涎腺的名称及部位	引入下颌下腺管（Wharton's duct）命名者 Thomas Wharton 通过解剖，推翻了“大脑是分泌黏液的腺体”这一横亘多年的错误论述，引导学生坚持一切从实际出发、实事求是的辩证唯物主义方法论
血管、淋巴	1. 口腔颌面部的动脉来源 2. 颈总动脉及其各主要分支的来源、位置、走行及分支分布；颈动脉窦、颈动脉体的位置及作用；颈内、颈外动脉的鉴别方法 3. 口腔颌面部、颈部深浅静脉的分类及特点、位置、行程、收受范围及临床意义；颈静脉角的概念；颅内、外主要交通静脉的名称 4. 面颈部淋巴结的特点及淋巴回流通路；颈部淋巴结的分区及临床意义	结合创伤中大出血的紧急救治病例及颈内动脉与颈外动脉的鉴别，激发学生树立救死扶伤的职业责任感及全心全意为人民口腔健康服务的职业精神

续表

教学内容	知识点	思政元素设计及呈现
三叉神经	1. 与口腔医学关系密切的脑神经纤维成分、出入颅部位、分布及损伤后的表现 2. 三叉神经的纤维成分、出颅部位、三叉神经节的位置、三大主支在头面部的感觉分布；各主要分支的纤维成分、走行、分支分布及损伤后主要表现	结合三叉神经痛的症状，讲述北京大学口腔医学院耿温琦、翟新利教授摸索实践经皮穿刺半月节射频消融术的艰苦绝越的历程，引导学生的家国情怀和爱校荣校意识，激发学生对专业的热爱和科研钻研的追求
面神经及其他神经	1. 面神经的纤维成分、走行、分支与分布及其损伤后的表现；与面神经相联系的副交感神经节（翼腭神经节和下颌下神经节）的位置及联系 2. 面瘫及面神经损伤的定位 3. 舌咽神经、迷走神经、副神经、舌下神经、颈交感干等纤维成分、走行及分支分布及损伤后的表现	结合面神经损伤的临床表现及损伤部位的定位，引导学生将人文关怀融入医患沟通的过程中，以平等真诚的态度和良好的职业素养面对每一位患者
口腔局部解剖及蜂窝组织间隙	1. 口腔的境界与分部 2. 口腔前庭及其表面解剖标志的位置及其临床意义 3. 唇、颊、腭、舌下区及舌的境界、结构、层次、血供及神经支配 4. 各蜂窝组织间隙的境界、内容物及连通	讲述口腔颌面部的局部感染与蜂窝织炎的全身预后之间的关系，深入体会口腔健康和全身健康的双向关系，告诫口腔医学生承担维护口腔健康、护佑全身健康的使命
颌面部解剖	1. 面部分区及表面解剖；面部浅层软组织的特点 2. 面部表浅肌肉腱膜系统 3. 腮腺咬肌区的境界、层次及临床意义 4. 面侧深区的组成、境界、层次及内容	结合皮肤松弛张力线与北京大学口腔医学院颌面外科数代医生对腮腺肿物切除等手术的皮肤切口设计的改良历程，引导学生思考如何在诊疗过程中体现爱伤意识和人文关怀，培养学生护佑健康、敬佑生命的职业精神；激发学生的科研创新精神
颈部解剖	1. 颈部的境界和分区；颈部的外形及体表标志；颈部层次结构 2. 颈部浅层结构；颈部深筋膜的层次、包被内容及范围；颈部筋膜间隙及其交通 3. 颈前区、颈侧区各分区的境界、层次、内容物、毗邻及临床意义	颈部的解剖结构具有明显的层次，又是连接头部与躯干的重要结构，各系统在此互相联系、协调完成功能。通过学习这些层次关系，可以引导学生体会医学中整体与局部的关系，建立辩证的医学整体观
实习：颌面骨、颞下窝、翼腭窝	观察上、下颌骨，颞下颌关节、翼腭窝、颞下窝以及颅底结构	通过讲述解剖学先驱维萨里力排众议，以解剖来验证下颌骨的结构，体现科学探索中的批判性思维和怀疑精神。教学中引导学生要勇于质疑，追求真理，倡导科学理性。通过维萨里推翻加伦错误观念的例子，强调创新精神和独立思考的重要性，培养学生面对现实问题时要有批判性和创新性的思维方式

续表

教学内容	知识点	思政元素设计及呈现
实习：颌面部浅层解剖、腮腺、面神经	1. 面部皮肤组织翻瓣 2. 解剖观察面动脉、面静脉、面神经下颌缘支、颈支等结构 3. 观察腮腺的境界及位置 4. 观察腮腺鞘结构的特点 5. 观察腮腺导管、副腮腺等结构，理解腮腺导管与面神经上下颊支的毗邻关系 6. 观察面神经的主干、颞面干、颈面干及5个分支的分布、走行	在实习中学习规范精准操作，使学生体会外科手术等操作给患者带来的创伤，促使其形成“如临深渊，如履薄冰”的执业敬畏心和对生命的关爱之情
实习：面侧深区、关节	1. 观察咬肌与颞肌的附着部位以及肌肉走行方向 2. 摘除下颌升支上部以及颧弓，暴露颞下间隙 3. 解剖分离颞下颌关节，观察颞下颌关节组成结构 4. 解剖并观察翼内肌与翼外肌的附着部位以及肌肉走行方向 5. 解剖并观察翼静脉丛的范围与交通 6. 解剖上颌动脉走行与各分支 7. 解剖下颌神经走行与各分支 8. 结合标本理解面侧深区的境界、内容物与交通	在实习操作中体会颅底与面侧深区的关系，理解颅底肿瘤的症状及诊疗的难度，强调医学各个学科分支间的紧密联系与多学科联合诊疗（MDT）的重要性，树立学生的医学全局思维
实习：下颌下、舌下、腭部解剖	1. 解剖并观察下颌下区的境界、层次、内容物及交通 2. 解剖并观察舌下区的境界与内容物 3. 解剖下颌下腺导管与舌神经的走行关系，观察下颌下神经节的位置 4. 解剖并观察下颌舌骨肌、舌骨舌肌的起止部位 5. 结合标本观察并理解软、硬腭的境界与层次，了解口腔与上颌窦的关系	在实习操作中体会解剖结构的空间立体位置关系，培养医学生在实践探索中寻找规律，并通过类比等教学方法提升学生综合分析和思考推断能力
实习：颈部	1. 观察颈部的解剖标志：二腹肌、胸锁乳突肌、肩胛舌骨肌、斜方肌；舌骨、环状软骨 2. 学习、熟悉在颈阔肌深面翻瓣的技术要领 3. 解剖、观察并掌握颈部主要神经、血管：①掌握神经、血管所在的层次；②掌握神经、血管与二腹肌、胸锁乳突肌、肩胛舌骨肌的位置关系；③熟记颈外动脉的分支；④掌握颈鞘内的结构及其毗邻静脉关系；⑤观察椎前筋膜，掌握颈部主要神经、血管与椎前筋膜的层次关系	在实习操作中体会颈淋巴结清扫术的手术难度与内涵，引导学生理解和记忆颈部重要解剖结构的位置、走行、层次及功能，树立医学全局观，构建整体性思维
实习：颌面颈部、气管	逐层解剖颈前区的结构，观察颈前肌肉、环甲膜、颈白线、气管前间隙	在实习操作中体会颈前部重要解剖结构的位置、走行、层次及功能，引导学生思考器械误伤对应器官可能带来的后果，鼓励学生勤学苦练、锻炼动手能力，帮助学生树立对于外科操作的严谨态度

三、教学设计与方法

口腔颌面颈部解剖学采用**理论课与实习课穿插结合**的教学模式，根据课程的内容及特点，**个性化设计思政内容及教学方式。专业课程与课程思政“同向同行”，建立起以学生为中心的理论、实习、思政一体化的教育教学模式**。

理论课教学中，本课程注重基础知识的传授与厚道仁爱的培育，结合学生兴趣，**融会知识与价值的共同传递**。教研组从编写课程思政教学案例入手，每一节理论课程教学设计均**以临床实践为线索，全方位、全程化融入思政元素**：如面神经解剖与腮腺肿瘤手术的风险及手术技术的迭代更新、颈部解剖与颈淋巴结清扫术的开展创新等，通过临床病例为学生树立爱伤观念，领悟学科重要性，提升学习主动性；同时通过讲述学科发展历史，传承不同历史时期艰苦奋斗、追求卓越的学科精神，同时树立对本学科的自信心和自豪感。

在小组实习解剖教学中，**创新课程思政教学模式，引导教师将课程思政建设目标与课堂教学相结合，启迪学生的自主学习**，弘扬“健康中国”和“坚持以人民健康为中心，把人民身体健康作为全面建成小康社会的重要内涵”这一核心理念，通过具体的教学活动和实践案例，将这些理念融入教学的各个环节，引导青年学生基于口腔医学关注全身健康、全民健康，践行以人民为中心的医疗服务理念，为努力成长为大医精诚的医学专家奠定坚实基础。在教学形式上力求创新，本课程开发虚拟仿真教学模块，引导学生自主操作和练习，并在学习过程中领悟求真求实的学科发展观、培育爱伤观念；鼓励小组讨论的学习模式，启发创新性思维。

在教学实践中，教师以身作则，在弘扬“健康中国”和面向人民的健康服务这一核心理念方面，不只传递给学生专业的口腔医学知识，更重要的是让他们理解并践行以人民为中心的医疗服务理念。本课程将专业知识的传授与思想教育和价值观的塑造有机结合，引导学生在认真学习专业知识技能的同时，不忘初心，不断深入理解医疗服务的核心是为患者健康服务，要有爱伤观念，减轻患者病痛。

四、课程思政教学案例

课程题目：颌面部浅层解剖、腮腺、面神经（实习）

授课教师：许向亮（副教授、主任医师）

学时数：2 学时

1. **教学内容分析** 面部浅层解剖是口腔医学生开始实地局部解剖操作的第一堂课，具有重要的启发和衔接理论课的作用。本节课通过对大体老师进行解剖，使学生体会外科手术等操作给患者带来的创伤，促使其形成对生命的关爱之情。本节课要求学生掌握局部解剖的原则、方法，解剖工具的使用，并要求学生自己动手，小组协作共同完成本节课的解剖实习任务。在课程讲授中，引导学生认识体表结构，并理解其作为深部解剖的投影标志；结合腮腺区手术等临床案例，引导学生认识和理解面神经的走行部位及毗邻关系，通过观察，理解面神经的功能等。

2. 教学目标

（1）熟悉面部浅层结构特点；掌握面动、静脉的位置与走行。

（2）掌握腮腺（浅叶）的位置、毗邻，熟悉腮腺鞘的结构特点。

（3）掌握腮腺导管的位置、走行与毗邻。

（4）掌握面神经分支（颞支、颧支、上下颊支、下颌缘支、颈支）的走行分布及腮腺与面神经各分支位置关系的临床意义。

（5）通过理论结合临床案例，培养临床思维；通过解剖器械的学习和操作，结合大体老师的事迹，培养爱伤观念，加深学生的医学人文思考。

（6）在专业知识讲授中有机融入思政元素，树立科学的医学整体观和全局观，鼓励学生追求创新。

3. 课程思政目标　讲述口腔颌面颈部解剖学的特点，建立辨认解剖结构、理解解剖功能的学习方法。通过介绍北京大学口腔医学院王嘉德教授及其他前辈捐献遗体用作医学教育的事迹，引导学生学会感恩，敬佑生命。

通过讲述面部浅层解剖的特点，以小组为单位，引导学生通过自主操作，暴露和观察面神经与腮腺密切的位置关系及面神经的精细结构，结合腮腺浅叶切除术及面神经解剖术的临床病例，强调“大医精诚”的内涵，使学生领悟和养成“如临深渊、如履薄冰”的敬畏之心。

介绍北京大学口腔医学院俞光岩教授通过数十年潜心钻研，逐步推广减小创伤、保护腮腺和面神经功能的部分腮腺切除术而造福患者的事迹，为学生塑造良好的医德医风榜样，并引导学生学习俞教授的精神，踏实勤奋、迎难而上、勇攀科学高峰。

4. 教学重点难点　本节课的教学重点是解剖器械的安全使用和腮腺及面神经的解剖技巧。教学过程中，应用视频、分组练习等方式拆解难点，通过导入 - 讲解 - 实操等循序渐进的方式进行重难点的传授。思政教学的难点和重点是如何将课程内容与本学科专业发展紧密联系，引导学生思考自身职业道路与社会责任的关系。通过深入领会和融入习近平总书记关于“人民至上”“把人民身体健康作为全面建成小康社会的重要内涵”的发展思想，以口腔医学名家、前辈的事例为线索，鼓励和启发学生结合自身思考，引导学生讨论如何将这些理念应用到未来的医疗实践中。

5. 学情分析　学生在本节课前已学习过血管、涎腺及神经相关章节，对各个系统的解剖知识有基础的理解和掌握，然而仍缺乏对局部区域内解剖结构的实践认知。实习课通过解剖操作，将不同系统的解剖结构按层次联系起来，帮助学生以临床为切入点重新建立知识网络。本节课程为口腔医学生第一堂亲自动手进行解剖操作的实习课，基于学生对临床操作的向往和热情，结合思政元素因势利导、树立爱伤观念和对大体老师的感恩之情；同时考虑到学生暂时无法熟练操作器械、缺乏全局观，在解剖过程中可能出现畏难情绪，结合思政元素鼓励学生在学习中领悟习近平总书记提出的“怀抱梦想又脚踏实地，敢想敢为又善作善成”要求，向前辈学习，独立思考，克服困难，调动学生的协作能力，不断提高自身知识水平与操作技能。

6. 教学设计思路　通过问题引导，将教学主线内容、重要知识点和课程思政贯通起来，通过启发式、对比式、互动式和归纳式教学，以板书、视频录像等为载体，生动讲授面部浅层解剖相关内容，具体教学设计思路如图 13-1 所示。

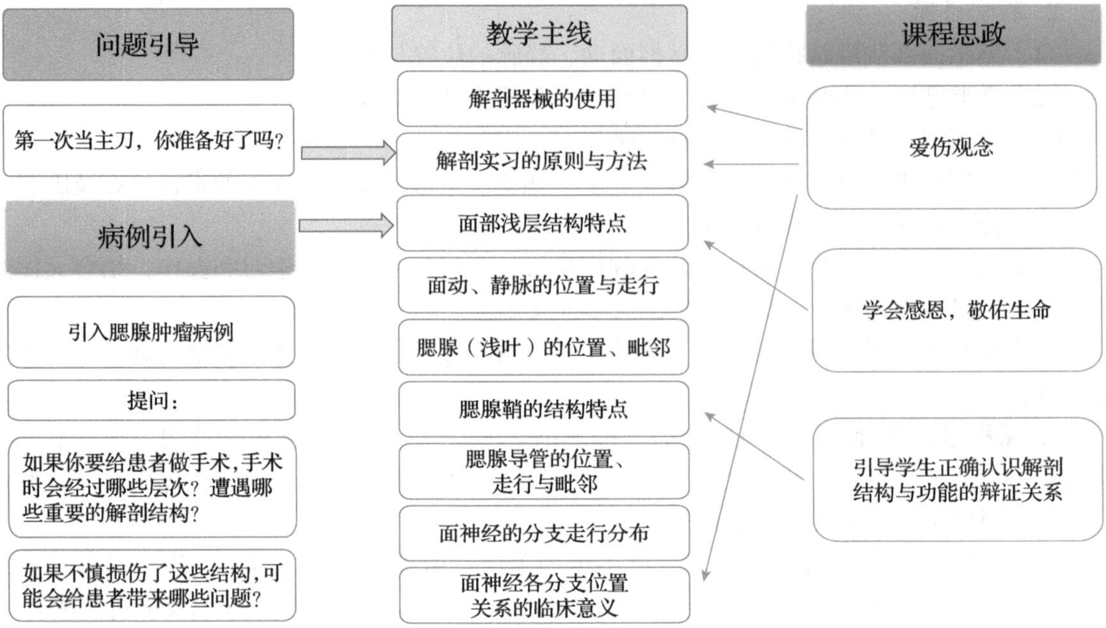

图 13-1　颌面部浅层解剖、腮腺、面神经（实习）教学设计思路

7. **教学过程**　具体教学过程如表 13-2 所列。

表 13-2　颌面部浅层解剖、腮腺、面神经（实习）的教学过程

教学目标	教学内容	教学设计
课程导入	第一次当“主刀”医生，你准备好了吗? 举例：对于腮腺肿瘤病例，如果你要给患者做手术，应该要了解什么?	**病例导入：**引入临床病例并提问 **启发教学：** 手术时会遇到哪些解剖结构？不慎损伤了这些结构，可能会给患者带来哪些问题? **课程思政：** 一个不合格的主刀医生可能会因为自己知识的匮乏而导致患者机体功能的损伤，应教育学生树立爱伤观念 **复习巩固：** 理论课相关区域解剖结构的知识
★ **掌握** 面部浅层的解剖结构特点	复习 1. 面动脉和面静脉的走行及分布 2. 面神经的走行及分布 讲解：面部浅层的解剖结构及特点	
熟悉 解剖器械的使用及解剖操作的原则	介绍解剖器械的使用方法，引导学生练习使用和安全传递 介绍解剖操作的原则 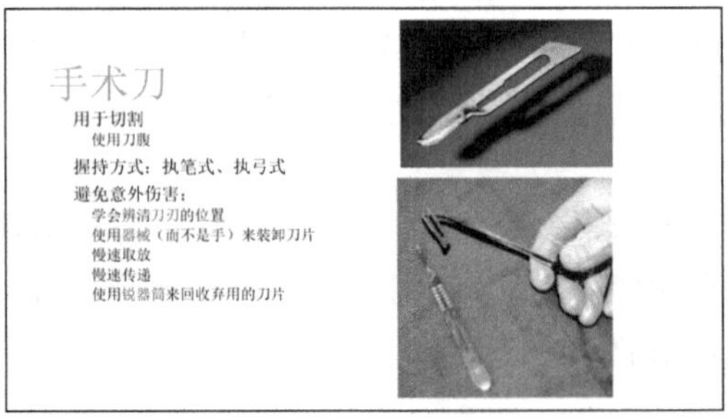 	播放解剖器械使用的讲解视频 **实操教学：** 学生分组，在小组带教老师的指导下尝试使用器械并传递 **课程思政：** 激发学生学好操作的兴趣 引导学生尊重大体老师，敬畏生命，感恩无言良师

续表

<table>
<tr><th>教学目标</th><th>教学内容</th><th>教学设计</th></tr>
<tr><td>熟悉
解剖器械的使用及解剖操作的原则</td><td>带领学生向大体老师鞠躬
医学生的所有求知与探索，其最终目的都是为了解除人类的病痛，医学的服务对象永远是“人”。因此解剖学习无法脱离实习操作，而大体老师所授的“最后一课”也是医学生正式迈入医学殿堂的“第一课”，只有大体老师的付出才可能有医学生早期学习和锻炼的机会。通过介绍王嘉德教授捐献遗体用于医学教育的事迹，引导学生感恩无言导师，敬佑生命，珍惜当前学习机会

</td><td></td></tr>
<tr><td>★
掌握
面、动静脉的解剖走行</td><td>讲解：
解剖观察面动脉、面静脉、面神经下颌缘支
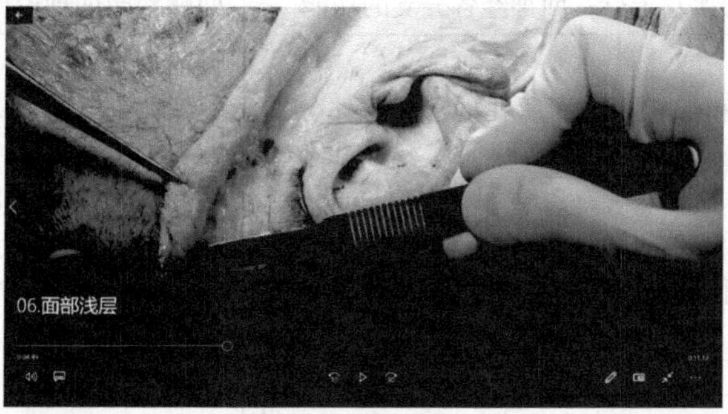
</td><td>基于操作示教视频，介绍本节课实习步骤及方法
实操教学：
以小组为单位，引导学生自主展开实习操作
启发式教学：
引导小组协作、自主解决问题
课程思政：
引导学生正确认识解剖结构与功能的辩证关系</td></tr>
<tr><td>熟悉
腮腺鞘的解剖特点</td><td>讲解及实操：
观察腮腺的境界及位置，观察腮腺鞘；引导学生打开腮腺鞘并小心分离，显露腮腺导管；此时可观察到穿行于腮腺中细小的面神经上下颊支
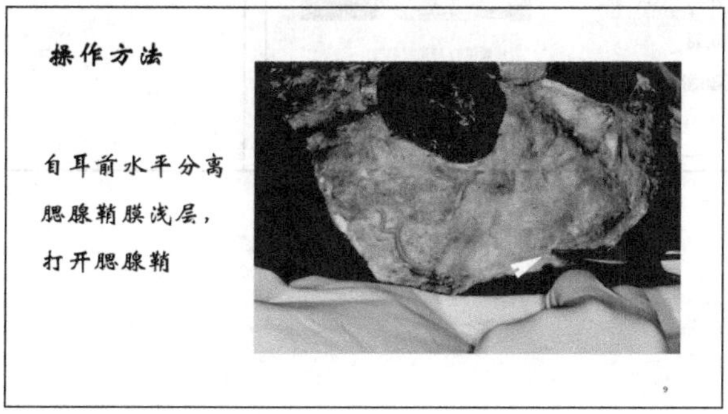
</td><td>基于操作示教视频，介绍本节课实习步骤及方法。
实操教学：
以小组为单位，引导学生自主展开实习操作

启发式教学：
引导小组协作、自主解决问题</td></tr>
</table>

续表

教学目标	教学内容	教学设计
	回顾： 上一步操作中是否存在失误？是否不慎损伤了面神经的分支？临床上如果进行相应的操作，会造成什么后果？应如何避免？ 展开小组讨论	**小组讨论：** 回顾和印证理论课相应知识点 **课程思政：** 培养学生心存敬畏与谨慎，保持良好的职业素养
★ **掌握** 面神经各分支的解剖层次及走行	讲解及实操： 引导学生解剖并观察面神经主干、颞面干、颈面干及其5个分支的分布及走行，引导学生观察腮腺浅叶腺体与导管、面神经的关系 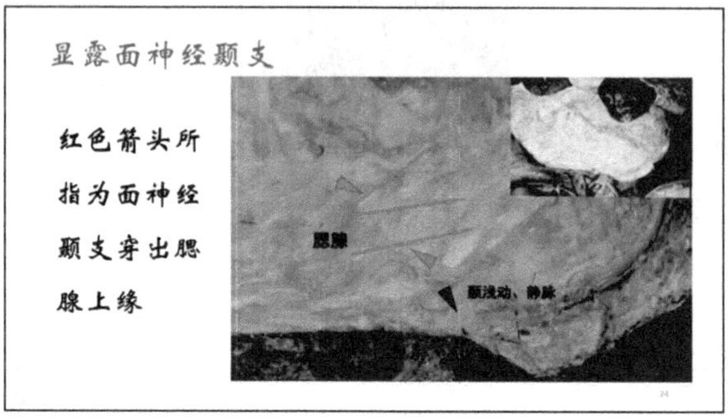	**操作讲解：** 基于操作示教视频，介绍本节课实习步骤及方法 **实操教学：** 以小组为单位，引导学生自主展开实习操作 **启发式教学：** 引导小组协作、自主解决问题
总结	面部浅层的解剖特点，逐层解剖的解剖结构；面神经主干及各分支的解剖层次及走行；面神经各分支的功能	**小组讨论：** 回顾和印证理论课相应知识点
思考题与课后作业	提问： 切除整个腮腺浅叶和仅切除肿瘤所在的部分腺体分别会有什么影响？ 讲解： 俞光岩教授身体力行并大力倡导功能性唾液腺外科的事迹 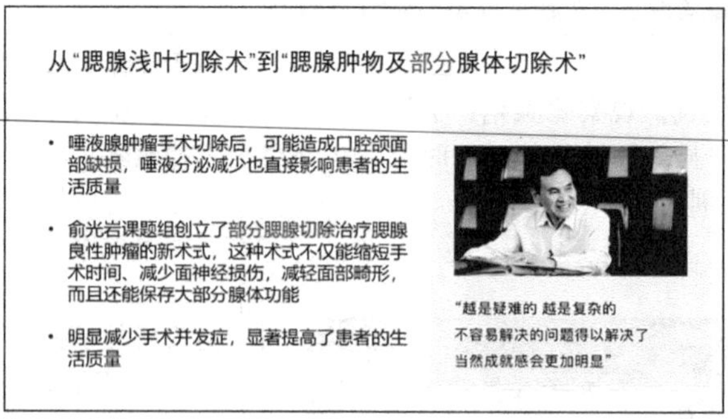	**课程思政：** 使学生结合自身职业发展道路，践行"以人民为中心"的发展思想，树立时刻"以患者为中心"的服务理念，并引导学生树立远大志向

第十四章　口腔颌面外科学

一、课程定位和课程思政建设目标

（一）口腔颌面外科学课程定位

口腔颌面外科（oral and maxillofacial surgery）是一门以外科治疗为主，以研究口腔器官（牙、牙槽骨、唇、颊、舌、腭、咽等）、面部软组织、颌面诸骨（上颌骨、下颌骨、颧骨等）、颞下颌关节、涎腺以及颈部某些相关疾病的防治为主要内容的学科，是口腔医学的重要分支和组成部分。

（二）口腔颌面外科学课程思政建设目标

口腔颌面外科学课程基于教学目标、学科特点以及专业特色，在专业理论课、实习操作、临床接诊等教学活动中，践行以下人文和思政目标。

第一，传授口腔颌面外科学的基础知识和基本理论。以口腔颌面部组织、器官外科相关疾病（如炎症、创伤、肿瘤和畸形）为课程主线，从疾病的病因、发生、发展、治疗和转归等角度，讲解疾病的基本特点，介绍学科的前沿发展。

第二，培训学生在口腔颌面外科专业的动手能力和临床思维，掌握以牙槽外科操作为主的基本技能、以炎症和肿瘤为主的临床思辨能力，通过实习室的临床前实习、诊室的临床实习，逐步印证理论知识，并在老师的指导下具备独立完成口腔颌面外科专业基本操作的能力。

第三，从入学的导论开始，到专业理论课学习，最终以诊室生产实习结束，全程感受口腔颌面外科专业的生物医学特性与社会心理属性。在关注患者身体健康的同时，更通过医患沟通方法的训练体现人文关怀；通过向历史和前辈学习，感受“有温度的手术刀”、有情怀的科学家，体会和传承北大、北医和口腔医学院的校（院）训精神内涵，最终树立正确的价值观、人生观和世界观。

基于以上的教学目标、学科特点以及专业特色，在口腔医学导论、专业理论课、实习操作、临床接诊等教学活动之外，需要始终把人文和思政贯穿其中，具体如下。

在本科生入学的导论课上，带领新入学的本科生走进口腔颌面外科，在轻松的气氛中打开专业的大门，教师如同本专业的“导游”，引导学生认识学科的专业发展和人文魅力。

本科生进入专业课学习阶段后，学生对专业有了更为清晰的认识，为了激发学生深入学习、持续研究的愿望，教研室要求授课教师在专业课的总论阶段开展本专业 / 课题组历史方面的介绍，从历史发展的角度认识学科的重要性以及继续探究的必要性，同时把人文话题带入课堂。

学生进入前期实习时，正是从理论向实践过渡的时期，其中不仅有专业操作的过渡，还有医患的沟通，可以把操作实习室变成诊疗实习室，帮助学生迈过医患沟通的第一道门槛。

从生产实习开始，学生就从单一的课堂学生转化成为实习医生了，其面临的是专业理论和实践，在门诊实习之初，即应为其开设法规培训和差错预防小讲课；在病房轮转期间，在教学查房时从患者角度出发，学习设计手术方案，也是思政的实际体现。

二、教学内容和思政要点设计

本课程的教学内容、知识点和对应思政元素设计及呈现如表 14-1 所列。

表 14-1 口腔颌面外科学的教学内容、知识点和对应思政元素设计及呈现

教学内容	知识点	思政元素设计及呈现
导论 / 绪论	口腔颌面外科的医疗范围、发展简史，本学科前辈、优秀教师的事迹和精神，国内外动态以及学习方法	在本科生入学的导论 / 绪论课上，带领新入学的本科生走进口腔颌面外科，采用大课讲授的方式，在轻松的气氛中打开专业的大门，教师作为本专业的“导游”，充分展示学科的魅力；结合学科前辈的创新发现，为学科建设的奋斗精神，培养学生的奉献精神、创新意识、大局观和全局思维
牙槽外科	牙拔除术的适应证、禁忌证，拔牙技术的发展史，了解适应证、禁忌证的相对性。在拔牙时患者若有全身性或局部疾病，如心脏病、高血压、糖尿病、血液病、肝肾疾病、甲状腺功能亢进、妊娠及月经、恶性肿瘤、放疗前后、急性炎症期拔牙等问题，可能会引发并发症，讲解允许手术的安全限，以及预防并发症的措施	从历史发展的角度认识牙槽外科的重要性以及继续探究的必要性。同时把“让手术刀有人文的温度”这类话题带入课堂 换位思考、与人为善：牙拔除术通常是治疗牙齿疾病的最后一道防线，如果不能从患者的角度出发去解决问题，而是单纯炫耀手术技巧，将无法从为患者着想的角度治疗疾病，流于“手术匠人”的层次
口腔颌面部感染	药物相关性颌骨骨髓炎的病因、临床表现、诊断及治疗	以药物性骨髓炎为例，该病起源于对全身疾病的治疗，是由后者引发的一类口腔颌面部特殊且难治性的疾病，其诊治过程需要与相关科室和专业的充分协同，以及敏锐的洞察力、逻辑思维、全局思维。在专业学习中首次注入口腔医学与全身疾病高度相关的治疗理念
口腔颌面部创伤	熟悉创伤病员的检查和诊断程序，了解生命体征的指标及其意义 急救、全身严重并发损伤，熟悉颅脑损伤的分类及其总的治疗原则，了解脊椎损伤（颈椎段）和其他部位损伤	颌面部创伤的诊治需要高度责任感，其常常是急诊病例，并经常与各类事故有关，在治疗过程中应严格把握好医疗安全的底线，提高法治意识，秉持严谨、认真和实事求是的工作态度
口腔颌面部肿瘤	熟悉肿瘤发病情况、临床分类和命名；致病因素：外来因素、内在因素；X 线检查、活体组织检查及细胞学检查方法；治疗原则	了解“健康中国”的战略发展规划，强调人民的生命健康与疾病的预防息息相关，强调医学生向社会传播医学知识的使命感和责任感，重视口腔肿瘤的三级预防 以我国口腔颌面部肿瘤的发展历史以及重要人物为榜样，树立远大的医学理想

续表

教学内容	知识点	思政元素设计及呈现
唾液腺疾病	掌握唾液腺的非肿瘤疾病、肿瘤性疾病，相关检查方法以及诊断和鉴别诊断方法	以俞光岩教授潜心研究、攻克以下颌下腺移植治疗干眼症的经典事例，教育学生树立主动钻研业务、勇攀科学高峰、十年磨一剑的科学精神
颞下颌关节疾病	掌握颞下颌关节紊乱病的临床表现、各具体疾病的临床诊断、临床特点及治疗原则。熟悉鉴别诊断、治疗方法及治疗适应证；了解病因机制	在颞下颌关节疾病的患者中，精神心理因素从不能被忽视；本专业历史的发展也是一部不断追求疾病本质的范例。需要与人为善、洞察力及严谨、认真的工作态度
口腔颌面部神经疾病	掌握经典性三叉神经痛的临床表现、诊断、鉴别诊断、治疗原则及药物治疗的首选用药法	神经性疾病往往无法通过客观指标检查。多数患者经历了长期的疾病折磨，对患者的关爱和医疗手段需要并行，同时需要结合其他专业知识和治疗手段，才能给予患者更大的帮助。需要换位思考、与人为善和全局思维
口腔颌面部软组织成形	唇腭裂综合序列治疗的原则和程序，熟悉定义，了解治疗程序与组成	与口腔颌面部软组织成形患者打交道，医患沟通特别重要，甚至还包括与患者家属 / 家长的充分沟通。把医患沟通放在本次课程中，有助于学生迈过医患沟通的第一道门槛；需要换位思考、与人为善、洞察力、技术分析能力、大局观和全局思维
正颌外科	掌握现代正颌外科的生物学基础以及正颌外科的检查、诊断及矫治设计原则，掌握常用正颌外科手术方式	从患者角度出发设计手术方案是思政的重要内容，需要培养学生的洞察力、创新意识、逻辑思维、精益求精、技术分析能力、奉献精神和大局观

三、教学设计与方法

以不同阶段的思政育人和案例串起口腔颌面外科本科阶段的课程思政体系。

在本科生入学的导论课上，新生开始接触新的专业方向，在理论课中以回顾口腔颌面外科发展历程为切入点，带领学生了解本学科的发展历史，尤其是有中国特色的口腔颌面外科专业的诞生与成长，加强学生对民族和时代精神与医学发展相关联的理解。

在学生进入专业课学习阶段后，在加强其口腔颌面外科专业技能学习的同时，注重对学生社会道德、职业道德和个人道德的培养。不仅要传授专业知识，还要健全人格，加强医学人文素养的培养，使学生对如何做好一名医生进行深入思考，以科学的发展观和方法论，通过案例讲解、难点分析，逐步掌握疾病的诊治，加强专业和人文的深度与厚度。

学生在临床实习时，正是由医学生向临床医生的身份转变的时机，此期需要加强理论学习和实践相结合的训练，使学生做到融会贯通、举一反三。在临床实践中，更要在社会主义核心价值观的指导下，体恤、关心和爱护患者，尊重患者的人格和尊严，维护患者的生命权和健康权，注重培养学生的道德情操和伦理意识，着力培养洞察力、创新意识、逻辑思维、精益求精、技术分析能力、奉献精神和大局观。

四、课程思政教学案例

课程题目：下颌前突畸形的治疗设计

授课教师：吴灵（主治医师）

学时数：2 学时

1. **教学内容分析**　牙颌面畸形是指由于颌骨发育异常所引起的颌骨在体积上、形态上的异常，上、下颌骨之间以及颌骨与颅面其他骨骼之间的关系异常和随之伴发的𬌗关系及口颌系统功能的异常与颜面形态的异常。以研究和诊治牙颌面畸形为主要内容的学科称为正颌外科学，它是一门新兴的综合性边缘学科，是口腔颌面外科学的一个分支学科。

本节课在教学内容的安排和设计方面进行了一定设计，使学生了解不同畸形的手术设计，如何利用手术的方法达到患者的要求。此外，应结合日常学生对容貌美学的感性认识，使学生科学地理解面部美学特征。通过各类畸形的对比和讲解，使学生更好地理解正颌外科中的学习重点和难点内容。在讲解专业发展的历史中，既让学生感受学科发展的历史，也让学生了解现代技术发展的差距与不足，在培养文化和科技自信的同时，促使学生积极从事专业探索研究，为未来解决“卡脖子”问题，为中国式现代化做好知识和技能储备；同时，最大程度地为患者着想，体现爱伤观念等。从小事着手，突出以患者为中心的服务理念。

2. **教学目标**

（1）知识目标

掌握：下颌前突畸形的临床表现；下颌前突矫治的基本原则；下颌骨重要解剖结构。

熟悉：下颌前突的病因；临床检查与诊断；下颌前突的正畸治疗；下颌前突畸形的手术设计；口内入路下颌升支矢状劈开截骨术。

了解：术后随访；正颌外科与容貌美学。

（2）能力目标：能够在临床诊疗中识别下颌前突畸形，提出相应治疗原则，并解释临床治疗要点。

（3）人文素养目标：通过学习下颌前突畸形的临床矫治方法，培养学生的爱心、责任心；加强学生对患者潜在心理诉求的识别能力，提升学生的共情能力。

3. **课程思政目标**　通过讲授正颌外科发展史，增强专业自豪感和科技自立自强的决心和勇气；引导学生关注社会心理因素，牙颌面畸形具有功能性和心理性两方面的因素，在制订矫治计划时应予考虑。医生在询问病史时应细致，检查时要全面，而后作出正确的诊断，进而确定患者是否适合接受正颌外科手术治疗并制定矫治方案。

通过加强医患沟通，讲授如何合理选择治疗方案，培养学生“以患者为中心”，从自己的本职工作、小事、身边事做起，积极践行“以人民为中心”的发展思想；树立医德仁爱之风，全面设计治疗方案，耐心沟通，严谨操作，培养医学人文品格。

4. **教学重点**　下颌前突畸形的临床表现；下颌前突畸形的矫治原则；下颌骨的重要解剖结构。

重点处理方式：

（1）围绕每个重点作补充，结合图片、动画、病例，使重点更加突出、丰满、生动。

（2）在教学时间的安排上予以切实保证，使重点部分得以讲解清晰。

5. **学情分析** 学生在学习本节课之前，已学习牙颌面畸形病因和分类的内容，但对如何改变畸形有着模糊的理解。因此，首先，应让学生了解不同畸形的手术设计，如何利用手术的方法达到患者的要求。其次，应结合日常学生对容貌美学的感性认识，使学生科学地理解面部美学特征。通过各类畸形的对比和讲解，使学生更好地理解正颌外科中的学习重点和难点内容。最后，在教学过程中大力促进信息技术与学科课程的整合，使学生更加系统、形象地了解现代口腔颌面外科技术的发展历程，实现教学内容呈现方式、学生的学习方式、教师的教学方式和师生互动方式的改革，激发学生的专业兴趣和对专业难题的探索以及人文医学理念的建立，实现为人民健康保驾护航的奋斗目标。

6. **教学设计思路** 通过问题引导，将教学主线内容、重要知识点和课程思政贯通起来，通过启发式、对比式、互动式和归纳式教学，以板书、教学模具、视频录像等为载体，讲授下颌前突畸形的治疗设计内容，具体教学设计思路如图 14-1 所示。

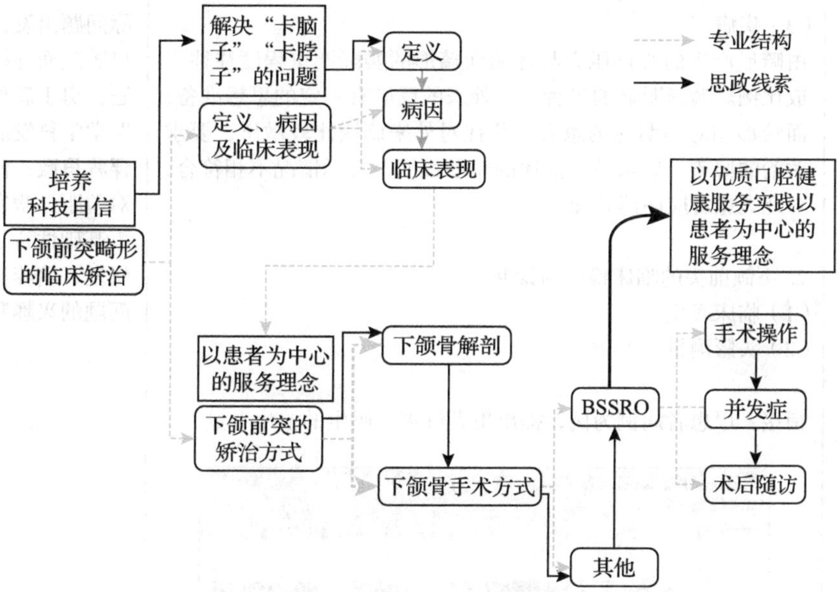

图 14-1 下颌前突畸形的治疗设计教学设计思路

BSSRO：双侧口内入路下颌升支矢状劈开截骨术

7. **教学过程** 具体教学过程如表 14-2 所列。

表 14-2 下颌前突畸形的治疗设计教学过程

教学目标	教学内容	教学设计
课程导入	课程导入：通过医学案例提出问题 早在 1849 年，Hullihen 对一位幼年时下面部和颈部因烧伤后瘢痕挛缩所致的下颌牙槽部前突伴𬌗畸形的妇女进行治疗时，用骨锯在下颌前部牙槽骨部截除一楔状骨块，将下颌前牙骨块向上向后移动来矫正下颌前突伴错𬌗畸形，这是现代医学文献中记载的最早的颌骨整形术	**病例导入**：用熟悉的照片开始本次课程，吸引学生的注意力，引发“什么是错𬌗畸形”的思索 引入一段真实的故事，提出大众对于正颌手术的疑惑

续表

教学目标	教学内容	教学设计
课程导入	1957 年，Trauner 和 Obwegeser 首次报告了采用口内入路完成的下颌升支矢状劈开截骨术（sagittal split ramus osteotomy，SSRO）矫正下颌骨畸形，这是正颌外科发展史上著名的经典术式，是下颌骨整形术历史上突破性的进展，这一术式的广泛应用标志着外科手术矫治牙颌面畸形进入了新的阶段。我国张震康和王兴教授等在国人基础数据上获得的牵张成骨研究方面的成就同样具有划时代意义	**课程思政**：通过讲解正颌外科的发展历史，使学生感受医学家所做出的卓越贡献，培养科技自信。激发学生的专业自豪感，同时也要注重传统文化与优势技术的发扬光大和与时俱进
★ **掌握** 下颌前突畸形的病因与诊断	1. 下颌前突的病因 （1）遗传 （2）创伤 （3）疾病 由畸形产生的心理压力与牙颌面畸形的实际严重程度往往不成比例。畸形明显的患者，对外来的反应有一定的思想准备；而畸形相对不明显的患者，往往对外来刺激比较敏感，要求矫治的愿望、要求及所描述的畸形程度与实际情况不相符合，对此类患者应谨慎处理 2. 下颌前突的临床检查与诊断 （1）临床表现 （2）头影测量 衔接：以患者病例为例，提出患者诉求、医生的治疗考量 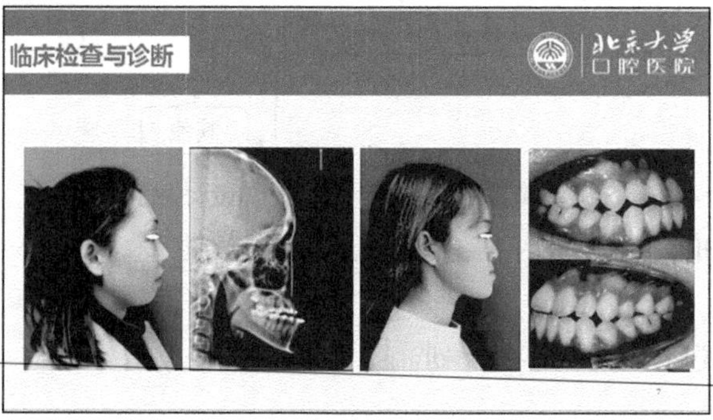 （3）数字化技术辅助诊断：数字化技术开展初期，软件和硬件一度全部依赖进口，甚至数据都需要上传到国外进行分析，因此受到很多限制。经过多年潜心研究，我国终于开发出了有自主知识产权的软件系统，从此不再受制于人	**启发教学**：启发学生思考错殆畸形和颌面部畸形的表现。鼓励学生从临床实际问题出发，积极投身于口腔颌面外科学的瓶颈问题；勇于肩负起推动口腔医学学科发展的使命 **课程思政**：使学生积极面对差距，激发学生积极从事基础性科学研究和创新研发，培养努力解决疑难问题的兴趣和愿望

续表

教学目标	教学内容	教学设计
熟悉 下颌前突的治疗方法	1. 矫治方案设计 （1）基本原则 ①适当的手术方式 ②兼顾容貌美学要求 ③结合患者审美与容貌特征 （2）术前、术后正畸 （3）手术模拟设计 ①面型预测 ②模型外科 ③数字化手术模拟设计：其优势在于除了医生可以设计手术，患者也能直观了解手术效果，实现医患共同协商治疗计划，以患者为中心展开治疗 2. 下颌前突畸形的手术治疗 （1）下颌骨解剖 （2）下颌前突畸形的手术方式 （3）口内入路下颌升支矢状劈开截骨术（SSRO，双侧 SSRO） ①截骨：水平、矢状、垂直截骨线 ②远心骨段定位 ③近远心骨段固定 ④并发症：出血、神经损伤、意外骨折 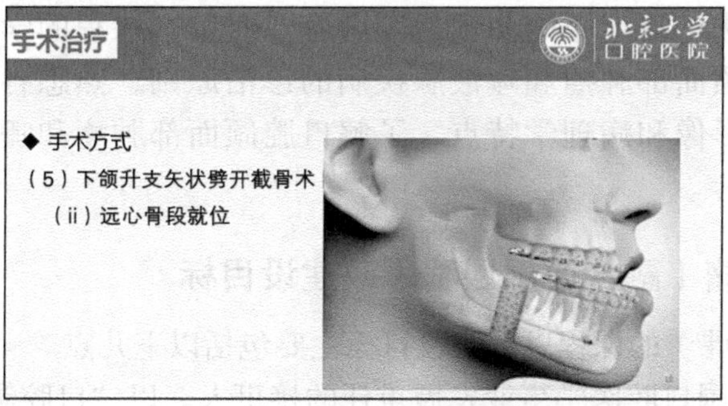 3. 随访：稳定性、咬合、容貌、心理：健康的不仅是身体，更是全身心与社会的良性互动，这就需要医生不仅停留在手术效果的层次上，还要落实以人为本、以患者为中心的理念	**启发教学**：使学生意识到仔细问诊、耐心检查、明确患者主诉需求的重要性；严格掌握适应证的选择，帮助学生形成严谨的逻辑思维，进而能够规范地操作 **课程思政**：建立和巩固学生的爱伤观念，通过规范操作，为患者提供合理治疗方案和最优的健康服务
总结	下颌前突畸形的病因与诊断； 回顾颌面畸形的诊疗历史和诊疗知识点，可以看出包括正颌外科在内的口腔颌面外科学，除了诊治疾病以外，更注重人文关怀、关注学科发展和自主创新，这样才能培养出德艺双馨、温暖人心的医生	身心健康的观念，体现以患者为中心的服务理念，从更高层次上使学生理解，如何从自己的职业出发，以优质口腔健康服务去实践坚持以人民为中心的发展思想
思考题与课后作业	1. 结合下颌骨解剖，SSRO 为什么会成为临床上最常用的术式？ 2. 如何在未来的职业发展中体现人文关怀？	

第十五章　口腔颌面部肿瘤（融合课）

一、课程定位和课程思政建设目标

（一）口腔颌面部肿瘤（融合课）课程定位

口腔颌面部肿瘤（融合课）以口腔颌面部肿瘤为主要学习内容，打破了传统的“以学科为中心”的教学模式，将口腔颌面外科学、口腔组织病理学和口腔颌面影像学中口腔颌面部肿瘤的相关内容进行重新梳理与整合，采用“以疾病为中心”的多学科整合教学模式进行授课。授课内容包括口腔颌面部肿瘤的总论、颌骨囊肿和软组织囊肿、牙源性肿瘤和瘤样病变、口腔癌等恶性肿瘤，以及各类唾液腺疾病的临床表现、影像学表现、组织病理学特点、诊断方法、治疗原则和预后等内容。通过本课程的学习，旨在使口腔医学专业本科生掌握口腔颌面部肿瘤和唾液腺疾病的诊治原则，熟悉各类口腔颌面部肿瘤和唾液腺疾病的临床、影像和病理学特点，了解口腔颌面部肿瘤和唾液腺疾病的相关治疗进展。

（二）口腔颌面部肿瘤（融合课）课程思政建设目标

口腔颌面部肿瘤（融合课）的课程思政建设目标主要包括以下几点。

第一，努力培养担当中国口腔医学事业发展重任的接班人。以“口腔颌面部肿瘤”这一类疾病为中心，采用课堂讲授、线上教学与 PBL 讨论课相结合的混合式教学模式进行授课。在培养学生基本掌握和熟悉口腔颌面部肿瘤疾病相关基础知识和基本临床诊疗原则的同时，注重培养其结合临床实际分析、处理医疗问题的能力，以及医患沟通的能力，使学生掌握过硬本领，服务于国家和人民口腔健康事业。

第二，将思政教育的内容和精神融入口腔颌面部肿瘤（融合课）课程中。将家国情怀和爱校荣校意识、刻苦钻研和吃苦耐劳精神、救死扶伤和医患同心思想、全心全意为人民服务的信念，以及实事求是和科研诚信的要求，以“润物细无声”的形式与专业教育相结合，将专业课程打造成不仅是传授学生科学专业知识的基本载体，也是引导学生形成正确人生观和价值观的重要抓手。

二、教学内容和思政设计要点

本课程的教学内容、知识点和对应思政元素设计及呈现如表 15-1 所列。

表 15-1　口腔颌面部肿瘤的教学内容、知识点和对应思政元素设计及呈现

教学内容	知识点	思政元素设计及呈现
口腔颌面部肿瘤总论 1	1. 口腔颌面部肿瘤的流行病学特点 2. 口腔颌面部肿瘤的病因 3. 口腔颌面部肿瘤的临床表现	1. 介绍我国口腔颌面部肿瘤学的发展历史和未来发展趋势，建立科技自信和学科自豪感 2. 通过分享口腔颌面部肿瘤病房本科生实习见闻体会，结合口腔颌面部肿瘤的相关知识，使学生了解口腔颌面部肿瘤病房中患者治疗的全过程以及管床医生的心路历程，培养学生“除人类之病痛，助健康之完美”的使命感，树立“救死扶伤”的责任感，建立“以患者为中心”的服务理念
口腔颌面部肿瘤总论 2	1. 口腔颌面部肿瘤的诊断 2. 口腔颌面部肿瘤的治疗	1. 介绍北京大学口腔医学院口腔颌面部肿瘤学科发展的光荣历史和先进人物，树立爱校爱院意识 2. 结合课程内容中的肿瘤病因，通过口腔癌的科普视频，使学生在学习专业知识的同时，树立北大医学对社会的责任感和使命感 3. 通过介绍口腔颌面部肿瘤治疗的现状和未来发展趋势，帮助学生树立严谨求实、开拓创新的科学研究态度，激发学生对科学研究的信心和决心
口腔颌面部良性肿瘤	1. 口腔颌面部软组织囊肿 2. 颌骨囊肿 3. 牙源性肿瘤 4. 其他软组织良性肿瘤	1. 结合口腔颌面部肿瘤的治疗，通过介绍相关人文书籍中的内容，培育学生在临床工作中树立“医者仁心”的人文关怀理念和意识 2. 在牙源性肿瘤的形成病因和手术治疗中，通过讲述不同的手术方式及治疗方案的选择，树立“个性化治疗”的理念，培养学生的爱伤观念和预防观念
口腔颌面部囊肿的病理和影像学特点	1. 常见口腔颌面部囊肿的影像学特点 2. 常见口腔颌面部囊肿的病理学特点	1. 通过讲解北京大学口腔医学院病理科的发展过程和取得的成绩，引导学生的家国情怀和爱校荣校意识，激发学生对专业的热爱和追求 2. 通过讲述现代影像学发展给口腔颌面部肿瘤诊断带来的积极作用，展现科技发展转化之后对人民群众健康服务的巨大作用，树立学生对“高质量发展”理念的认识，树立积极的科学观

续表

教学内容	知识点	思政元素设计及呈现
牙源性肿瘤的病理和影像	1. 常见牙源性肿瘤的影像学特点 2. 常见牙源性肿瘤的病理学特点	1. 介绍北京大学口腔医学院口腔病理科悠久的历史和先进人物故事，引导学生向前辈学习，培养刻苦专研和吃苦耐劳精神 2. 介绍病理诊断在口腔颌面部肿瘤诊断和治疗中的重要作用，引导学生认识学科交叉和多学科协同发展的理念，树立在医学工作中精诚合作，共同发展的意识
颌骨恶性肿瘤	1. 常见颌骨恶性肿瘤的临床表现和诊治原则 2. 颌骨恶性肿瘤的影像学特点	1. 讲述口腔恶性肿瘤对人民健康和生命的危害，使学生树立坚定为“健康中国”“健康口腔”建设贡献力量的决心 2. 讲述临床工作中的恶性肿瘤实际案例，强调恶性肿瘤诊断和鉴别诊断的重要性，通过强调“取活检”的重要性，使学生认识到规范的医疗行为体现了医务人员基本的职业素养，良好公正的病历书写具备良好的法律效应
血管瘤和脉管畸形	1. 血管瘤和脉管畸形的分类 2. 血管瘤和脉管畸形的临床表现和诊断 3. 血管瘤和脉管畸形的治疗原则	1. 通过介绍一则急诊抢救动静脉畸形出血患者的故事，体现医务人员勇于奉献、救死扶伤、全心全意为人民健康服务的精神，树立学生“以患者为中心”，为“健康中国”“健康口腔”努力奋斗的理念 2. 通过讲述血管瘤和脉管畸形的分类，了解其演变历程及依据，体现严谨求实的科学态度，培养学生用发展的眼光看待医学的进步和发展
牙源性肿瘤 PBL	1. 牙源性肿瘤案例阅读与分析（第一幕，1 学时） 2. 小组讨论：牙源性肿瘤的临床特点、诊断和治疗（第二幕，2 学时）	通过在讨论案例中设置医患沟通的环节，引导学生正确进行医患沟通，并了解知情同意的过程和意义
口腔癌 PBL	1. 口腔癌案例阅读与分析（第一幕，1 学时） 2. 小组讨论：口腔癌的病因、临床表现、分期、诊断、治疗原则等（第二幕，2 学时）	通过在讨论案例中设置向肿瘤患者交代病情的环节，引导学生进行医患沟通的方法，树立对肿瘤患者的人文关怀意识

三、教学设计与方法

本课程以口腔颌面部肿瘤为教学内容，开展课程融合教学模式，采用混合式教学方法，即课堂教学、线上教学和 PBL 教学相结合。将思政元素融入课堂讲授、线上学习和 PBL 教学中，坚持思政与专业相结合、思政与临床实践相结合的原则，在培养学生专业知识和专业技能的同时，学习“如何做人”“如何做事”“如何思考”，树立学生的职业道德和社会责任，激发学生的爱校荣校情怀和家国情怀。

1. **课程融合** 以口腔颌面外科学中的口腔颌面部肿瘤部分为教学内容，将口腔颌面外科学、口腔组织病理学和口腔颌面影像学三个学科的相关内容进行融合教学。将思政元素融入专业理论讲授中，通过介绍口腔颌面外科学、口腔病理学等学科的发展历史和杰出历史人物事迹等内容，使学生了解学科发展历史，学习优秀前辈的刻苦钻研精神，培养爱校荣校情怀。

2. **混合式教学** 本课程部分内容采用线上教学的形式。依托北京大学口腔医学院教学管理平台病例库系统进行。教师提前录制课程微视频，准备课程相关病例以及相关扩展学习资料。学生在线上观看视频、完成临床病例分析，并完成课后线上测试。在每节课的扩展学习资料中，设置思政学习单元，以小视频、推荐书籍、文献等方式进行思政学习。培养学生的职业道德素养、医学人文意识和社会责任感等。

3. **PBL 教学** 设置两节 PBL 课程，分为两幕进行，依托典型临床案例，激发学生自学的兴趣，培养学生发现问题、解决问题的能力；将理论知识与临床病例相结合，培养严谨、缜密的临床思维，锻炼口头表达和逻辑思维能力，实现综合素质的提高。在病例设置和课堂讨论中，融入思政元素。紧密结合临床病例，使学生讨论、学习如何交代病情、进行医患沟通等，培养学生的人文素养和职业意识。

4. **思政教学评价** 本课程从两个方面进行思政教学评价：①第三方评价：邀请口腔医学院思创导师和教学督导组对口腔颌面部肿瘤融合课程进行督导，对课程思政的内容及教学方式进行评价。北京大学口腔医学院聘请了一批老领导、老教授、现职教师、校友等作为"思创导师"，兼职思政教育和学生创新工作，为每个年级的大学生和每个专业的研究生均配备一名思创导师。此外，每个教研室都有教学督导小组的教授，对课程进行督导。②学生问卷评价：对学生进行问卷调查，对思政教育融入专业课程的授课模式进行反馈评价。

四、课程思政教学案例

课程题目：血管瘤与脉管畸形
授课教师：彭歆（教授、主任医师）
学时数：2 学时

1. **教学内容分析** 血管瘤与脉管畸形是口腔医学生应该重点掌握的内容，尤其是应重点掌握血管瘤与脉管畸形的发病机制、临床诊断和治疗原则。本节课在教学内容的安排和设计方面进行了创新设计。例如，结合临床病例联系实际，在临床表现与治疗原则的讲解过程中引入不同的病例进行分析讨论。在课程讲授中，巧妙融入思政内容，尤其是结合国家医改政策，提高学生对"医者仁心"的认识。针对血管瘤治疗药物"平阳霉素"的发现，讲解医学实践过程中的创新与发展。通过讲解血管瘤大出血抢救的病例，培养学生家国情怀、道德责任感、正确的职业价值观，养成优良的医学职业道德和"珍爱生命、大医精诚"的救死扶伤的职业精神。

2. **教学目标**

（1）知识目标：掌握血管瘤与脉管畸形的发病机制、临床诊断和治疗原则，了解该领域的研究发展动态。

（2）能力目标：应用血管瘤与脉管畸形知识解释临床问题，初步培养临床思辨和科学思维能力。

（3）人文素养目标：具有家国情怀、道德责任感、正确的职业价值观、优良的医学职业道德和“珍爱生命、大医精诚”的救死扶伤的职业精神。

3. **课程思政目标** 通过抢救急诊患者的故事，体现医务人员勇于奉献、救死扶伤、全心全意为人民健康服务的精神。培养学生“以患者为中心”，体现医者实践“以人民为中心”的发展思想，树立良好的医德医风。通过讲解血管瘤治疗药物“平阳霉素”的发现历史和过程，培养学生致力于医学研究的远大志向，激励学生志存高远，为祖国的医学事业奋斗终生。

4. **教学重点难点** 血管瘤和脉管畸形的分类和治疗方法是该节课的重点难点问题。同时，本节课程思政融合的重点和难点表现为：使学生理解医务人员勇于奉献、救死扶伤、全心全意为人民健康服务的精神，如何通过自身努力，着力于科学研究，为祖国的医药卫生事业做出应有的贡献。

5. **学情分析** 学生在学习本节课之前，已学习了口腔颌面部肿瘤总论、口腔颌面部良性肿瘤、口腔颌面部囊肿与牙源性肿瘤的病理和影像，以及颌骨恶性肿瘤，对口腔颌面部肿瘤已经有了一定的认识。但是，口腔颌面部肿瘤主要以手术治疗为主，而血管瘤与脉管畸形以药物治疗为主。因此，首先要让学生理解血管瘤和脉管畸形与一般的口腔颌面部良恶性肿瘤的不同。其次，由于某些脉管畸形有大出血的风险，在讲授过程中，结合抢救急诊患者的故事，培养学生勇于奉献、救死扶伤、全心全意为人民服务的精神。再次，结合血管瘤和脉管畸形的治疗方法，使学生了解目前治疗手段的进步，激发学生对于科学研究的兴趣。

6. **教学设计思路** 通过问题引导，将教学主线内容、重要知识点和课程思政贯通起来，通过启发式、互动式和归纳式教学，以板书、教学模具、视频录像等为载体，生动地讲授血管瘤和脉管畸形内容，具体教学设计思路如图 15-1 所示。

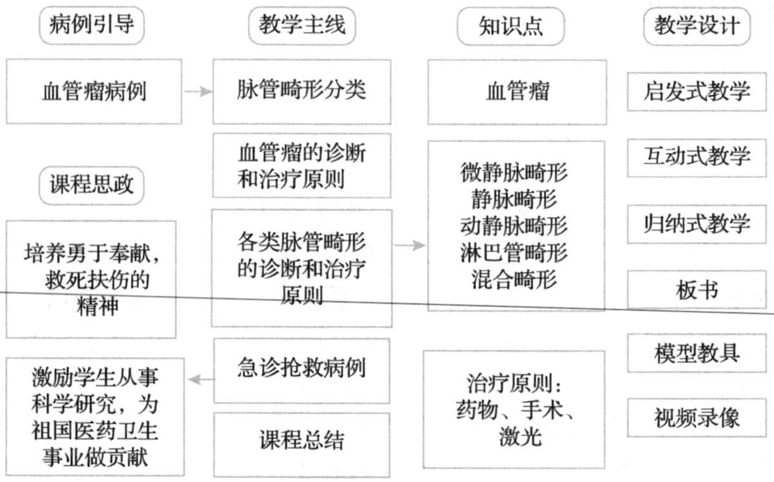

图 15-1 血管瘤与脉管畸形教学设计思路

7. **教学过程** 具体教学过程如表 15-2 所列。

表 15-2　血管瘤与脉管畸形的教学过程

教学目标	教学内容	教学设计
课程导入	**课程导入：通过临床病例进行导入** 介绍血管瘤与毛细血管畸形病例 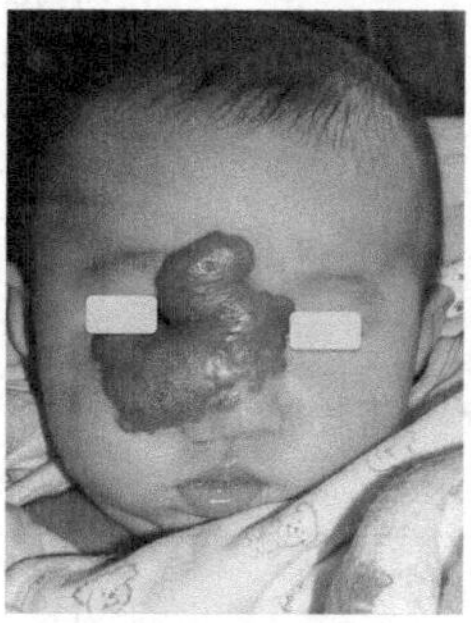 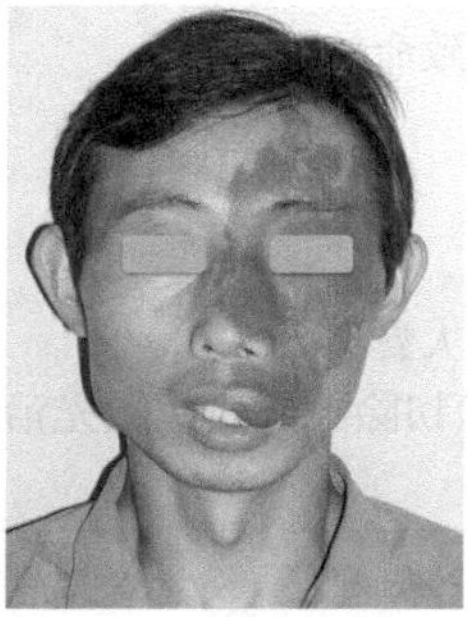	**病例导入**：通过典型病例导入，吸引学生的注意力，引发对“什么是脉管畸形”的思索 **课程思政**：启发学生讨论血管瘤和脉管畸形给患者尤其是婴幼儿带来的外形和功能上的影响 **启发式提问**：这类疾病应如何治疗？引导学生具有同情心和同理心，行医须有医者大爱
★ **掌握** 脉管畸形的分类	血管瘤 微静脉畸形　静脉畸形 动静脉畸形　淋巴管畸形 混合畸形	**分析归纳**：将脉管畸形进行分类，便于学生整体认识
★ **掌握** 血管瘤的临床特点和治疗原则	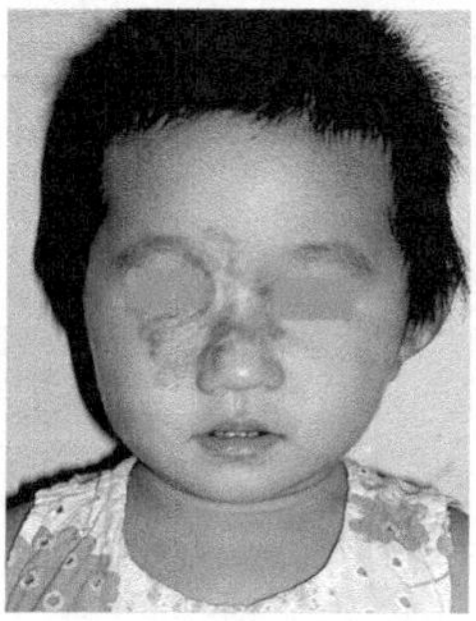 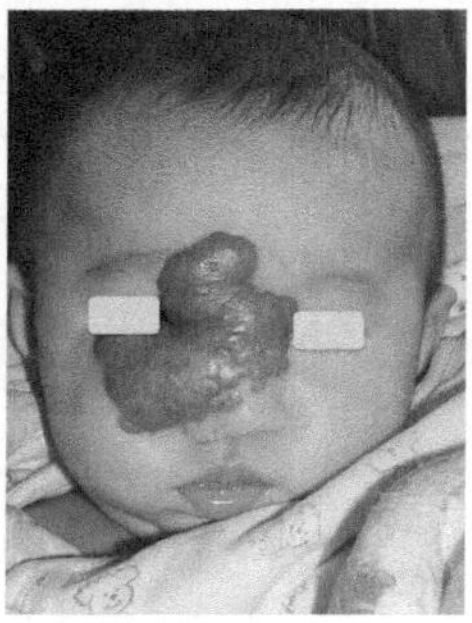 **血管瘤** **临床表现：** 快速增殖期、退化期、退化末期 **诊断和治疗原则** 保守观察、药物治疗、激光治疗、手术治疗 **通过讲解历史偶然发现药物治疗的效果，讲解医学实践过程中的创新与发展**	**启发教学**：启发学生思考血管瘤的临床特点 **课程思政（从临床实际问题出发，不断突破的科学探索精神）**：激发学生积极从事基础性科学研究，努力解决“卡脑子”“卡脖子”问题，勇于创新，立足血管瘤药物研发的基础问题，追赶不足，研发具有我国自主知识产权的药物，实现科技自立自强
熟悉 脉管畸形的临床特点和治疗原则	**微静脉畸形** 临床表现：Ⅰ、Ⅱ、Ⅲ、Ⅳ型 治疗原则：激光治疗 **静脉畸形** 临床表现与诊断 体位移动试验 治疗原则：药物治疗、激光治疗、手术治疗	**对比归纳**：通过总结临床表现和治疗原则，帮助学生理解和记忆，启发学生在学习过程中应先理清临床操作思路，培养临床思维

续表

教学目标	教学内容	教学设计
熟悉 脉管畸形的临床特点和治疗原则	**动静脉畸形** 临床表现与诊断 常常因为牙源性出血来诊 其危险性在于可引起致命的大出血 **引入思政案例** **淋巴管畸形** 临床表现：微囊型、大囊型 治疗原则：外科手术切除、低温或激光治疗、药物治疗（平阳霉素）	**课程思政（人文精神）**：讲解动静脉畸形时，结合抢救急诊患者的故事，培养学生勇于奉献、救死扶伤、全心全意为人民健康服务的精神
总结	**脉管畸形的分类** 各类型的治疗原则 以知识点梳理的方式，启发学生回忆课程所学，进一步将知识条理化、系统化	
思考题与课后作业	1. 脉管畸形的临床分类是什么？ 2. 风险最高的脉管畸形类型是什么？其诊断和治疗原则有哪些？	

第十六章　口腔种植学

一、课程定位和课程思政建设目标

（一）口腔种植学课程定位

口腔种植学作为20世纪中期发展起来的一门新兴独立的口腔科学分支，既具有自己独特的理论体系，又涵盖多学科知识，是一门兼具理论性及临床操作技术性的学科。立德树人是高校教学工作的中心环节和根本任务，将德育内涵渗透于专业知识中，可充分利用专业课的人文特征有效实现课程育人的目的。口腔种植学课程努力探索专业教育与课程思政育人协同并进的教学模式，深入挖掘课程中所蕴含的人文精神、文化意识、爱国精神、职业素养等德育元素，以促进口腔医学生对医德医风、医学人文和职业精神的认知与判断，激发学生的责任担当意识，提升课程的育人价值。

（二）口腔种植学课程思政建设目标

口腔种植学的课程思政建设目标主要包括以下几点。

第一，培养知识全面、素质过硬，热爱中国口腔卫生健康事业的医学人才。课程基于口腔颌面的解剖形态、生长发育特点和生理功能，讲解如何基于生物学、生物力学原则、医学美学原则进行牙列缺损、牙列缺失和颌面部缺损等疾病的种植修复，从而恢复咀嚼器官的功能和颌面部美观，促进提高全民的口腔健康及生活质量。

第二，加强医者仁心教育，在培养精湛医术的同时，教育引导学生始终把人民群众生命安全和身体健康放在首位，尊重患者，善于沟通，提升综合素养和人文修养，做党和人民信赖的好医生。课程通过讲课、示教、前期实习和生产实习等环节，使学生系统地学习和掌握口腔种植学的基础理论、基本知识和基本技能，获得口腔种植修复常见临床技术的应用能力和诊疗能力，实现知识与专业能力的提升，帮助学生完成职业角色的心理转变，实现培育具有良好爱伤意识、技能过硬、有良好学习能力和发展潜力的口腔医生的育人目标。

第三，帮助学生树立正确的医学人文精神、职业精神和道德观，以及为口腔医学事业奋斗终生的职业理想。课程从口腔种植学的形成背景、发展历程和现实状况、学科发展的重要人物、医患沟通中的患者告知程序与技巧、口腔疾病与全身健康的关系等方面，引导学生对本专业目前尚存的问题以及未来发展趋势展开更加深入的思考，激发学生作为一名医务工作者的归属感和社会责任感，树立科学的人生观、价值观和世界观。

二、教学内容和思政要点设计

本课程的教学内容、知识点和对应思政元素设计及呈现如表 16-1 所列。

表 16-1 口腔种植学的教学内容、知识点和对应思政元素设计及呈现

教学内容	知识点	思政元素设计及呈现
专业理论课		
口腔种植学绪论	1. 口腔种植学的历史及发展过程 2. 现代口腔种植学的基本内容 3. 骨结合的基本概念及生物学过程 4. 钛材料的生物学特性及机械特性	1. 通过结合现状和我国口腔种植学科发展的历程和未来发展趋势，使学生深刻领悟“以患者为中心”的服务理念，坚定为“健康中国”“健康口腔”建设贡献力量的决心 2. 了解世界及我国口腔种植学的发展历程，通过口腔种植学之父 Branemark 教授和其他种植学著名学者的故事，培养学生艰苦奋斗、开拓创新的精神 3. 通过对学科未来的展望，激发学生努力学习的决心和动力，塑造为人民口腔健康服务的理想抱负
当代口腔种植系统的分类	1. 当代口腔种植系统的发展及分类 2. 种植体设计的临床意义 3. 当代主流种植系统的设计特点	通过介绍种植体的设计理念，培养学生宏观与微观相结合，辩证地看待问题、进行研究的思想
颌骨解剖生理特点与口腔种植	1. 颌骨发育及牙缺失后颌骨的改建 2. 口腔种植相关上颌骨解剖 3. 口腔种植相关下颌骨解剖	通过介绍颌骨发育及牙缺失后颌骨改建的过程，引入一切物质都是在不断运动和变化的唯物辩证法三大规律（对立统一规律、质量互变规律、否定之否定规律），培养学生以唯物辩证的视角和发展的眼光看待问题的能力
口腔种植前的准备与计划	1. 口腔种植理论准备，包括临床检查和影像学检查项目及方法，不同病例对应检查项目的区别与特点 2. 口腔种植的风险因素评估及处理，包括全身风险因素和局部风险因素 3. 口腔种植的基本技术介绍	通过介绍口腔种植的全身风险因素和局部风险因素，使学生理解整体与部分的辩证唯物主义关系，二者既相互区别又相互联系，不可分割，相互影响。使学生树立全局观念，同时重视局部细节的临床思维习惯
口腔种植外科的基本原则及技术	1. 口腔种植外科的基本原则 2. 口腔种植体植入术的基本步骤 3. 常见并发症及处理	通过介绍口腔种植外科的基本原则，如微创、安全、无菌等原则，培养学生的爱伤观念和责任心
口腔种植外科新进展	1. 拔牙后种植时机 2. 即刻种植及即刻种植即刻固定修复 3. 软硬组织保存与增量技术进展	通过介绍口腔种植外科的最新技术进展，培养学生勇于发现问题、解决问题的能力和不断探索、勇于创新的精神

续表

教学内容	知识点	思政元素设计及呈现
口腔种植修复的基本概念及临床意义	1. 种植修复的分类 2. 种植修复体的基本组成 3. 种植修复体的固位方式（螺丝固位、粘接固位） 4. 种植修复常用配件、印模材料	通过介绍不同的固位方式，培养学生具体问题具体分析的思维，在矛盾问题普遍性原理的指导下，具体分析矛盾问题的特殊性，并找出解决矛盾问题的正确方法
口腔种植修复的基本原则及基本技术	1. 种植修复的基本原则 2. 单牙种植修复的基本程序 3. 多牙种植修复的基本程序 4. 种植修复的印模技术（封闭式印模及开窗式印模） 5. 无牙颌种植修复的基本原理和程序	通过介绍种植修复的基本原则，强调种植修复精度的重要性，培养学生一丝不苟、精益求精的职业素质
口腔种植修复体制作的基本原理和工艺	1. 种植过渡义齿修复 2. 种植即刻修复 3. All-On-4 修复理念 4. 种植修复体制作的主要加工工艺及数字化加工技术现状及进展	通过介绍种植修复加工工艺尤其是数字化加工技术的最新进展，加深学生对科学技术是第一生产力的理解，激发学生不断学习最新的科学技术的兴趣，培养探索精神
口腔种植的并发症及其处理	1. 口腔种植外科术中、术后并发症及其处理原则和处理方法 2. 口腔种植修复并发症 3. 并发症的预防	通过介绍常见并发症的预防和处理，培养学生在诊疗过程中严谨认真、爱护病患的素养，强化医患沟通的能力
前期实习课		
种植外科实习	1. 口腔种植外科基本理论的重点复习 2. 种植机和种植外科器械盒的使用 3. 种植体植入的步骤 4. 仿头模种植体植入示教 5. 仿头模种植体植入练习 6. 种植体植入评估	通过种植外科实习，培养学生理论与实践相结合、融会贯通、举一反三的思维能力
种植修复实习	1. 口腔种植修复基本理论的重点复习 2. 口腔种植修复印模技术及器械介绍 3. 单牙种植修复的闭窗式印模示教 4. 单牙种植修复的闭窗式印模仿头模练习 5. 口腔种植修复工艺基本理论	通过种植修复实习，培养学生学以致用、用以促学、学用相长的思维能力

三、教学设计与方法

口腔种植学授课对象为口腔医学五年制本科生，在教学工作中，要以党的二十大“健康中国建设”的要求为指导，在教学过程中，以学科发展中重要的人物事迹为例，培养学生的爱伤观念和崇尚科学、勇于钻研的精神。提高学生对“以人民为中心”的理念和“中国式现代化”的认识，以及对“基础研究”的重视，提升学生的民族自豪感与爱国主义情怀，使学生感受到在成为一名合格的口腔医生的同时，也肩负着推动学科发展和投身中国式现代化建设的使命，鼓励学生“立大志、明大德、成大才、担大任”。

1. 培养学生为健康中国目标努力奋斗的精神　口腔医学的发展需要培养爱党爱国、勇于创新、勤奋拼搏的专业人才，同时要牢固树立“以患者为中心”的服务理念，秉持中国传统文化倡导的“医者仁心、厚德载物”的职业品德。在日常工作中践行“以人民为中心的发展思想”，并结合党的二十大精神的学习，引领学生成为合格的口腔医学事业的接班人和发展者。通过找准切入点，使思政元素与口腔种植学专业知识水乳相融，突出知、情、意相统一的教育和引导，在耳濡目染中对其进行价值塑造。通过“时时育人、处处育人、人人育人”，塑造学生包括医学人文精神、职业精神和道德、为国家口腔医学事业奋斗终生的职业理想。本课程将口腔种植学发展简史，发展历程中的重要人物，医患沟通技巧等思政教育闪光点与每一处相关的知识点结合，处处宣讲，润物细无声，引导学生在牢固掌握口腔种植学基础理论、基本知识和基本技能的基础上，牢固树立家国情怀、民族情怀、人民情怀和优秀的医学人文品格。

2. 培养学生“敬佑生命，救死扶伤、甘于奉献、大爱无疆”的医者精神　就课程的思政元素进行讨论，挖掘口腔种植学课程教学过程中相关联的德育及思政元素。以保证专业教学内容为前提，设计相关的病例资料及医德教育元素等，解析某个知识点上的特殊事件、学术背景及典型临床案例，反复推敲、改进思政切入点和呈现形式，更好地发挥思政教育与口腔种植学教学的协同效应。以第一章口腔种植学绪论为例，以骨结合理论的提出、我国口腔种植学发展历程、数字化种植技术为思政元素载体，延伸出爱国情怀、责任感和使命感、科学创新等思政育人主题。以此为框架打磨教学过程和细节，设计故事导入、情境导入、案例导入的方式，结合图片、视频等多媒体呈现形式，建立知识内容与思政元素的逻辑关系，循序渐进引出思政主题，激发学生的情感共鸣，以实现课程思政教学的正向反馈。建立口腔种植学典型案例素材库及思政德育素材库，不断丰富和优化课程思政教学资源。专业知识与思政元素的有效融合可以充分发挥课程的育人导向作用，使课程变得有趣且有深度。

在口腔种植学前期实习教学中，学生通过视频和现场模拟了解种植诊疗流程，包括医患沟通、术前准备、种植外科流程、种植修复流程及维护等。在这些教学过程中，将思政教育贯穿每一个环节，在潜移默化中将仁心仁术、严谨专业、医者的社会责任传递给学生，使学生能够在这些环节中切实领会医患沟通在诊疗过程中的重要性，在教师的言传身教中感受各个岗位工作人员严谨专业的工作态度和团队合作精神。帮助学生建立理论知识与临床工作的联系，增强口腔医学生对口腔种植专业的认识和兴趣，培养学生的职业认知和归属感，使学生能更清晰地规划未来的职业方向。

在口腔种植学的教学过程中，既要重视专业知识及临床技能的培养，还要深化专业知识体系中蕴含的思政元素，找准两者之间的内在契合点，以专业知识为依托，注入思政元素，使两者合二为一，水乳相融，形成“专业知识-思政元素”的有机统一体，更好地调动医学生的主动学习和合作学习的热情，培养学生成为具有爱国意识、爱民意识、爱伤意识、技能过硬、有良好学习能力和发展潜力的口腔医生。坚守立德树人的初心和为国育才的使命，以课程思政为统领，搭建思政育人“立体网”，将培养德智体美劳全面发展的创新型口腔医学人才目标融入口腔种植学课程教学全过程。

四、课程思政教学案例

课程题目：口腔种植学绪论

授课教师：林野（教授、主任医师）

学时数：1 学时

1. **教学内容分析** 口腔种植学绪论是口腔医学生学习口腔种植学科的第一课。目前种植修复已经成为缺失牙修复的首选治疗方法之一，但是口腔种植学仍然是一门年轻的学科，它包含了口腔医学、生物材料学、生物力学等众多学科内容，许多问题尚待进一步研究解决。目前口腔种植学的基本问题和研究热点主要包括：骨结合的生物学过程以及骨组织 - 钛界面的生物学特点。

在传授口腔种植学专业知识的同时，充分挖掘蕴含在相关知识中的思政教育因素，将时代的、社会的正能量内容引入课堂，提升学生的家国情怀、政治担当，使其形成正确的人生观和良好的职业素养。

2. **教学目标**

（1）了解口腔种植学的发展历史。

（2）阐述骨结合的定义。

（3）说明现代口腔种植学的基本内容。

（4）简述骨结合的生物学过程，影响骨结合的因素。

（5）掌握钛材料的基本性质。

3. **课程思政目标**

（1）通过结合现状和中国口腔种植学科发展的历程和未来发展趋势，使学生深刻领悟党的二十大精神中“以人民为中心的发展思想”，建立学生“以患者为中心”的服务理念，坚定为“健康中国”“健康口腔”建设贡献力量的决心。

（2）了解世界及我国口腔种植学的发展历程，通过学习口腔种植学学科发展过程中的光荣历史和先进人物事迹，培养学生艰苦奋斗、开拓创新的精神，展现中国自信和培养科学家精神。

（3）使学生意识到认真理解医学理论是对疾病进行正确诊断和治疗的根本，也是对患者最好的人文关怀和医者初心。

（4）通过对学科未来的展望，激发学生努力学习钻研的决心和动力，塑造为人民口腔健康服务的理想抱负。

4. **教学重点难点**

（1）教学重点：①骨结合的基本概念；②骨结合的生物学过程；③口腔种植成功率和成功标准。

（2）教学难点：①钛材料的生物学特性和机械特性；②钛种植体的表面处理方式；③种植系统的设计和分类；④现代种植体、修复体及软硬组织增量材料的研发方向。

5. **学情分析** 作为口腔种植学的第一课，需在传授口腔种植学专业知识的同时，给予学生时代的、社会的正能量思政教育。通过结合现状和中国口腔种植学科发展的历程，使学生深刻领悟“以人民为中心的发展思想”，建立学生“以患者为中心”的服务理念，坚定为“健康中国”“健康口腔”建设贡献力量的决心。介绍口腔种植学学科在种植体、修复体材料研发，软硬组织增量技术研发，数字化、人工智能等先进技术研发等领域的研究进展与发展趋势，结合党的二十大报告中“推进健康中国建设，把保障人民健康放在优先发展的战略位置”和习近平总书记在二十届中共中央政治局第三次集体学习时发表的主题为“加强基础研究，实现高水平科技自立自强”重要讲话精神，培育学生筑梦新时代、民族复兴的精神。在讲解种植修复材料的历史时，既使学生感受中国瓷材料发展的悠久历史与贡献，也使其了解到我国现代种植体、修复材料和加工工艺发展上与世界发达国家的差距与不足。在培养文化和科技自信的同时，激发学生积极从事材料及工艺的基础研究的学习热情，为中国式现代化发展做出应有的贡献。同时，培养学生作为医者为患者着想、以人民为中心的职业素养。

6. **教学设计思路**　以口腔种植学发展史、现代口腔种植学的理论基础、当代口腔种植学的进展与趋势为载体，延伸出爱国情怀、责任感和使命感、科学创新等思政育人主题。以此为框架打磨教学过程和细节，设计故事导入、情境导入、案例导入的方式，通过启发式、对比式、互动式和归纳式教学，结合板书、图片、教学模具、视频等多媒体呈现形式，建立知识内容与思政元素的逻辑关系，循序渐进引出思政主题，激发学生的情感共鸣，以实现课程思政教学的正向反馈。建立口腔种植学典型案例素材库及思政德育素材库，不断丰富和优化课程思政教学资源。专业知识与思政元素的有效融合可以充分发挥课程的育人导向作用，使课程变得有趣且有深度。采取留作业等方式加强内容反刍，提供文献资料开拓学生思路。

具体教学设计思路如图 16-1 所示。

教学主线	知识点	能力培养　思政教育	教学设计
口腔种植学发展史	口腔种植学发展史 口腔种植学发展意义	艰苦奋斗精神 医学人文精神	视频导入　问答互动
现代口腔种植学的理论基础	骨结合理论 种植修复体的材料选择 种植体的表面处理 种植成功标准 种植系统的设计和分类	逻辑分析能力 对比分析能力 脚踏实地意识 科学严谨精神 宏观微观理念	动画板书　模型教具
当代口腔种植学的进展与趋势	种植体、修复体材料研发 软硬组织增量技术研发 数字化、人工智能等先进技术研发的进展与趋势	自主创新精神 开拓进取精神 敢为人先精神	小组讨论　鼓励创新
课堂总结	现代口腔种植学的理论基础 骨结合的基本概念（重点） 骨结合的生物学过程（难点）	归纳总结能力	结合病例　总结强化

图 16-1　口腔种植学绪论教学设计思路

7. **教学过程** 具体教学过程如表 16-2 所列。

表 16-2 口腔种植学绪论的教学过程

教学目标	教学内容	教学设计
了解 口腔种植学的发展历史	1. 口腔种植学的发展史 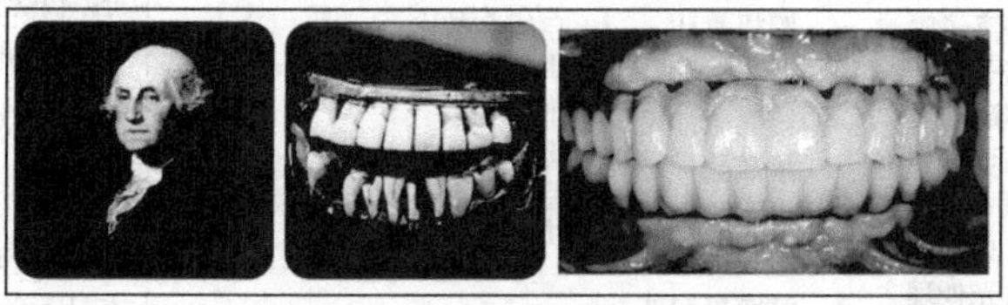 2. 北京大学口腔医学院种植学科的历史和发展 3. 口腔种植学的发展意义 	以口腔种植学发展史的视频导入 **提问：** 口腔种植学的发展对实现健康中国的理想目标有何重要意义？ **课程思政：** 1. 通过学习口腔种植学学科发展过程中形成的光荣历史和先进人物事迹，展现中国自信，培养科学家精神 2. 通过结合现状和中国口腔种植学科发展的历程及未来发展趋势，使学生深刻领悟“以人民为中心”的发展思想，建立“以患者为中心”的服务理念，坚定为“健康中国”“健康口腔”建设贡献力量的决心
熟悉 现代口腔种植学的理论基础 ★ **掌握** 骨结合的概念及生物学过程	1. Branemark 的骨结合理论 骨结合理论 种植体植入后的骨愈合 种植体的软组织界面 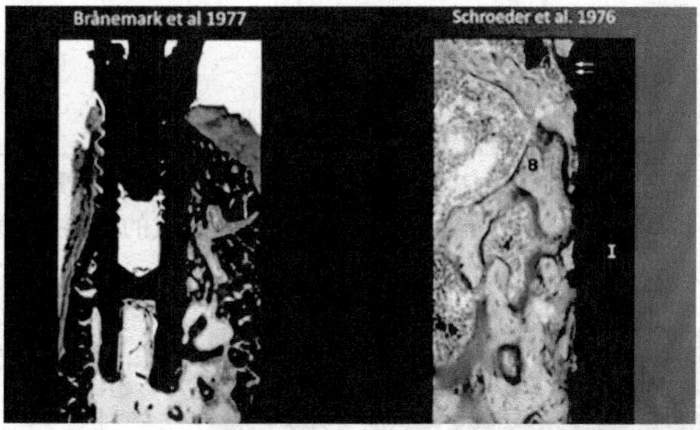 2. 种植体的材料选择 一般原则：生物相容性、机械相容性和可操作性	骨结合的概念 骨结合生物学过程的动画演示 说明种植体材料分类的特性 钛种植体的表面处理方法 口腔种植成功率和成功标准 演示不同种植系统的设计和分类

续表

<table>
<tr><th>教学目标</th><th>教学内容</th><th>教学设计</th></tr>
<tr>
<td>**熟悉**
现代口腔种植学的理论基础

★
掌握
骨结合的概念及生物学过程</td>
<td>3. 钛种植体的不同表面处理

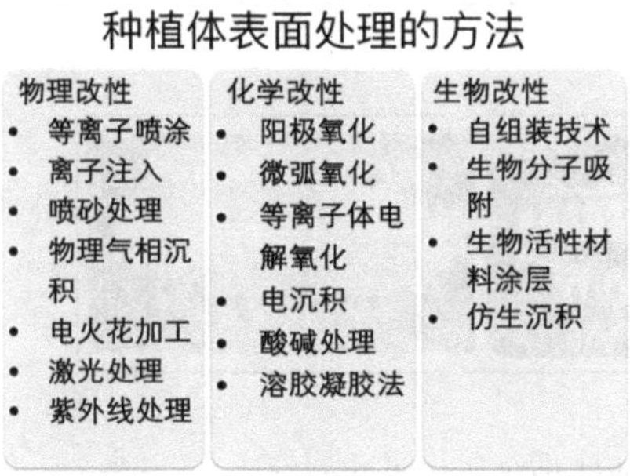

4. 口腔种植成功率和成功标准

1986年，Albrektsson、Zarb种植成功标准
1986年，Albrektsson、Zarb等提出的种植成功标准：
1、独立的、没有其他连接的种植体临床检查没有任何动度。
2、放射学检查种植体周围没有透影区。
3、种植体植入 1 年后，种植体周围牙槽骨的平均年吸收小于0.2 mm。
4、没有疼痛、感染、神经管损伤以及神经瘫痪或麻痹。
5、5年成功率大于85%，10年成功率大于80%。

5. 种植系统的设计和分类
宏观设计、微观设计、颈部设计

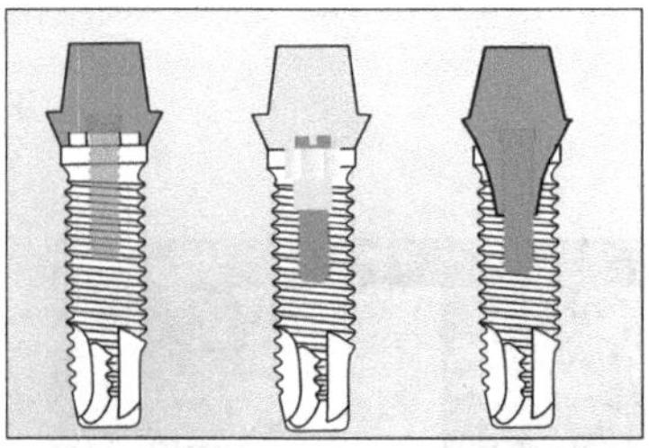</td>
<td>**课程思政：**
1. 了解世界及我国口腔种植学的发展历程，通过口腔种植学之父 Branemark 教授和其他种植学著名学者的故事，培养学生艰苦奋斗、开拓创新的精神
2. 使学生意识到认真理解医学理论是对疾病进行正确诊断治疗的根本，也是对患者最好的人文关怀和医者初心</td>
</tr>
<tr>
<td>**了解**
当代口腔种植学的进展与趋势</td>
<td>口腔种植学学科在种植体、修复体材料研发，以及软硬组织增量技术研发，数字化、人工智能等先进技术研发等领域的研究进展与发展趋势

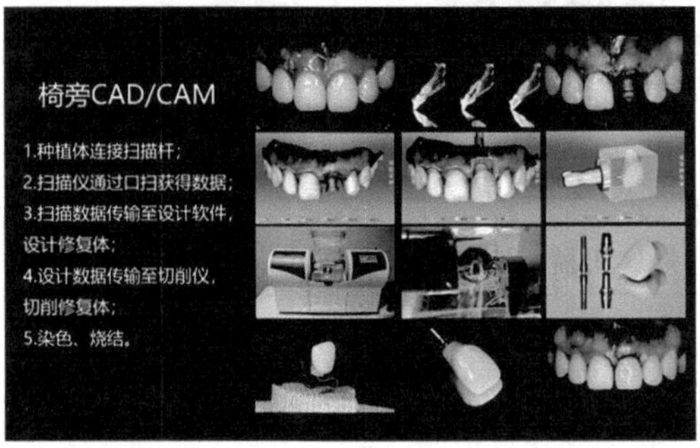
</td>
<td>**PBL+ 小组讨论**
在种植体、修复体材料，以及软硬组织增量技术研发，数字化、人工智能等先进技术研发上目前的新进展
课程思政：通过对学科未来的展望，激发学生努力学习的决心和动力，树立为人民口腔健康服务的理想抱负</td>
</tr>
</table>

续表

教学目标	教学内容	教学设计
总结	现代口腔种植学的理论基础 骨结合的基本概念（重点） 骨结合的生物学过程（难点）	
思考题与课后作业	如何在未来的职业生涯中实现以人民为中心的发展思想，如何通过自身努力，着力于现代种植体、修复体及软硬组织增量材料的研发，在科技自立自强实践和中国式现代化建设中做出应有的贡献？	

第十七章　口腔修复学

一、课程定位和课程思政建设目标

（一）口腔修复学课程定位

口腔修复学（prosthodontics）是应用符合口腔生理和生物力学的方法，采用人工装置修复口腔及颌面部各种缺损并恢复其生理功能，预防或治疗口颌系统疾病的一门口腔临床学科，是口腔医学的重要分支和组成部分。

口腔修复学的工作任务包括：①研究口腔颌面部各类缺损及相关口颌系统疾病的病因、机制、诊断和防治方法；②研发新型口腔修复材料，以更好地用于制作各种修复体（prosthesis）或人工装置，修复各类缺损和防治口颌系统疾病；③研究口腔修复新技术和新疗法，以更好地恢复口颌系统的正常形态和功能，促进患者的口腔和身心健康。本科阶段的主要学习任务是针对牙体缺损、牙列缺损、牙列缺失的常规修复方法，学习其基本理论、基本知识和基本技能，培养学生在口腔修复诊疗过程中的医学人文品格，培养学生成为服务人民口腔健康的创新型人才。

（二）口腔修复学课程思政建设目标

口腔修复学的课程思政建设目标主要包括以下几点。

第一，讲授口腔修复学的基本知识和理论。课程基于口腔颌面的解剖形态、生长发育特点和生理功能，着重传授基于生物学、生物力学、医学美学原则进行牙体缺损、牙列缺损、牙列缺失三大口腔修复疾病诊疗的专业知识。

第二，培养本科生口腔修复的临床胜任力，掌握牙体缺损、牙列缺损、牙列缺失修复的基本技能和修复方法。通过讲课、示教、前期实习和生产实习等环节，使学生掌握口腔修复学的基础理论、基本知识和基本技能，获得口腔修复常见临床技术的应用能力，通过多轮实习训练，从仿头模到真实患者，从逐步指导把关，到真实场景自主操作，完成本科生的口腔修复能力培养。

第三，基于口腔修复学科历史和发展的介绍，使学生树立正确的价值观。课程从口腔修复学发展简史、发展历程中的重要人物、口腔修复中的科技创新、医患沟通的程序和技巧以及口腔修复疾病与全身健康的关系、科学和医学的局限性、生命的本质等方面，向学生讲述北京大学口腔医学院的口腔修复故事，培养医学人文精神、职业道德，潜移默化引导学生树立正确的世界观、价值观和人生观。

二、教学内容和思政要点设计

本课程的教学内容、知识点和对应思政元素设计及呈现如表 17-1 所列。

表 17-1 口腔修复学的教学内容、知识点和对应思政元素设计及呈现

教学内容	知识点	思政元素设计及呈现
口腔修复学绪论	1. 口腔修复学的定义 2. 口腔修复学的工作内容和范畴 3. 口腔修复学的学科发展历程 4. 口腔修复学的学科特点及学习方法 5. 口腔修复学的学科发展趋势 6. 我国口腔修复学发展面临的现状和工作意义	1. 通过结合现状和中国口腔修复学科发展的历程和未来发展趋势，使学生建立“以患者为中心”的服务理念，坚定为“健康中国”“健康口腔”建设贡献力量的决心 2. 通过学习学科发展过程中形成的光荣历史和先进人物事迹，培养科学家精神 3. 通过学习北大口腔研发的新型材料和技术，体现科技自立自强的信心 4. 使学生意识到认真理解医学理论是对疾病进行正确诊断治疗的根本，也是对患者最好的人文关怀和医者初心 5. 通过对学科未来的展望，激发学生努力学习的决心和动力，塑造为人民口腔健康服务的理想抱负
牙体缺损的修复：固定修复概述、历史和修复原则	1. 固定修复概述 2. 固定修复的发展历史及科技发展对固定修复的推动作用 3. 固定修复原则——生物力学原则 4. 固定修复原则——生物学原则 5. 固定修复原则——美学原则 6. 当代新技术新科技的涌现对固定修复的影响和意义	1. 结合科技发展对固定修复技术、理念的变革与推动，建立学生以主动思考的视角，代入到每一次固定修复技术跃迁的时刻，思考技术理念革新产生的基础、根源和意义 2. 结合当今新科技新技术涌现，数字化技术发展，人工智能大数据的应用，引导处在科技变革时代的学生以主人翁的精神，为实现我国口腔修复学在国际上的引领凝聚强大精神动力，抓住时代机遇，锐意进取，积极思考，不断创新 3. 科学思维能力培养，引导学生思考如何做到逻辑性原则、方法论原则和历史性原则三个基本原则的综合统一 4. 通过固定修复方法的变迁，引申出行业发展离不开整体关联行业如计算机、生物医药、精密加工等的全方位提升 5. 培养学生对患者的爱伤观念以及预防为主的观念，使学生意识到牙体缺损为患者造成的身心负担及经济负担，引导学生思考，如何采取更好、更微创的方法修复牙体缺损

续表

教学内容	知识点	思政元素设计及呈现
牙体缺损的修复：铸造金属全冠	1. 铸造金属全冠修复历史 2. 铸造金属全冠的牙体预备要求 3. 铸造金属全冠的材料选择 - 材料沿革与发展	1. 金属全冠修复发展史，了解我国悠久的铸造历史；中国是最早掌握铸造工艺的文明古国之一，铸造技术的掌握与大型复杂铸件的出现体现了中国人民的创新能力古已有之，加强学生的科技自信 2. 通过铸造全冠牙体预备的精细要求，体现口腔修复实践的基本要求：严谨求实的设计思路和操作规范。由此延伸出的车针、印模、人造石配套材料的创新发展，是上述思路的具体体现和实践保障，培养学生广博的思维和创新精神 3. 通过铸造金属全冠学习，使学生正确掌握和使用材料，通过辩证思维，综合判断患者需求，满足不同人群的修复需求
牙体缺损的修复：部分冠和嵌体	1. 部分冠的设计理念和优缺点 2. 嵌体的设计理念及优缺点 3. 粘接材料的发展对部分冠和嵌体牙体预备的影响和简化	1. 培养学生微创、爱伤观念，相对于全冠，部分冠和嵌体的牙体预备量减少，是相对微创的修复方式，要使学生意识到，患者的牙体组织非常宝贵，应尽量少磨牙，进而引申出“以人为本”的医疗服务观念的建立 2. 辩证思考嵌体与高嵌体的选择；辩证思考部分冠的应用局限性；结合时代发展，探讨工业革命技术突破带来的医疗技术的变革，引导学生从自身实践中感受科技进步、技术变革的先进性、便利性，体验技术革新带来的“获得感”，进而从更深层次领悟时代发展、科技进步对口腔修复领域的深远影响，引导学生胸怀科技创新的使命感和责任感 3. 以发展的眼光学习口腔修复学，修复学是一门迅速发展的学科，随着瓷材料的应用，部分冠在临床应用较少，但学生应该明白，部分冠中体现的修复学基本的原则原理是通用的，是不会过时的
牙体缺损的修复：桩核冠	1. 桩核冠的发展史及设计要点——从拔牙到牙体保存的医学人文观念的转变 2. 桩核预备要求——生物力学在口腔修复领域的应用 3. 数字化设计及新材料应用与桩核设计的新思路及临床应用	1. 桩核修复发展史，学习先人对疾病的思考与实践，了解医学的发展规律，加强学生树立“微创治疗”“以患者为中心”的服务理念，建立微创口腔修复治疗的意识和基本原则。体现现代口腔医学从拔牙到牙体保存的医学人文观念的转变，通过桩核学习使学生意识到认真理解医学理论是对疾病进行正确诊断治疗的根本；上述精神和理念也是对患者最好的人文关怀和医者本分 2. 桩核预备要求及设计思路，充分体现了生物力学的理念在口腔修复领域的指导作用。使学生建立多学科交叉贯通融合的基本理念意识，进而激励学生对相关学科的兴趣和主动建立连接的“主体意识”，形成通过学科交叉融合建立自主创新的研究思路 3. 学习北京大学口腔医学院研发的新型纤维桩材料，体现科技自立自强的信心，以北京大学口腔医学院的科技创新实例，激励学生自主创新的意识和实践应用

续表

教学内容	知识点	思政元素设计及呈现
牙体缺损的修复：烤瓷熔附金属全冠	1. 烤瓷熔附金属全冠的历史沿革——瓷材料的美学意义 2. 烤瓷熔附金属全冠的设计和优缺点 3. 烤瓷熔附金属全冠的适应证及预备要求 4. 烤瓷熔附金属全冠的材料选择 5. 烤瓷熔附金属全冠的制作要求	1. 中国是瓷材料最早的发源地，具有悠久的历史和积累，以悠久的历史激发历史自信 2. 在口腔陶瓷材料的近代研究和应用方面，我国处于落后状态，以此激发学生努力学习的动力，树立不断超越的决心 3. 在当今瓷材料的应用研究上，北大口腔有过多种创新和先进技术，如梯度美学氧化锆材料、3D 打印氧化锆、全瓷种植体的研究探索等，激发学生科技自立自强的信心和决心，建立将科技创新积极应用于口腔修复临床实践的意识 4. 烤瓷熔附金属全冠的预备有着经典的要求，不同牙体部位预备数据不同，所服务的临床功能不同；介绍其原因和意义，培养学生的爱伤观念及引导学生时刻建立“以患者为中心”的服务理念 5. 学习如何辩证思考烤瓷熔附金属全冠与全瓷冠的选择和应用，培养辩证的临床思维 6. 通过展示我国和北大口腔在瓷材料领域的自主创新成果，使学生深入理解科技创新对当代中国发展的重大意义
牙列缺损的固定义齿修复	1. 牙列缺损固定义齿修复的历史及现状 2. 牙体缺损固定义齿修复的基本理论及适应证 3. 牙体缺损固定义齿修复的方法选择——科技发展对修复方法的积极影响	1. 掌握牙列缺损的不良影响和危害，有利于学生掌握及时为患者修复缺失牙的必要性和临床意义，减少其给患者带来更大的损害；结合健康中国建设要求，通过对牙列缺损固定义齿修复历史及现状的了解，能更好地使学生体会到国家对人民健康优先发展的战略导向 2. 掌握固定义齿的优缺点和适应证，保证学生能够进行正确的临床思辨，为患者提供最佳的设计方案 3. 通过辩证思维，了解固定义齿在临床中逐步被种植义齿替代的原因，了解中国和北大口腔自主知识产权的技术、材料产品出现的重要意义和深远影响 4. 通过对比固定义齿和种植义齿的区别，使学生建立精益求精、以患者健康为目标的医学人文思想和素养
牙列缺损的可摘局部义齿修复：历史及概述	1. 可摘局部义齿历史及概述 2. 牙列缺损分类及应用 3. 模型观测	1. 了解牙列缺损修复治疗方法、理念的历史及现状，为患者选择最适合的修复方式；认识可摘局部义齿修复的局限性，鼓励研究创新；通过讲述北大口腔在数字可摘局部义齿研发上的自主创新和产品转化，体现主动探索和创造在口腔修复领域的重要意义，加强学生的科技自信，提升学生自主创新的意识，使学生认识到“主动思考”的重要性

续表

教学内容	知识点	思政元素设计及呈现
牙列缺损的可摘局部义齿修复：历史及概述		2. 通过牙列缺损分类的学习和补充说明，以及学生对不同类型牙列缺损的分类实践，培养学生归纳总结的能力。通过从简单到复杂牙列缺损案例的逐步呈现、设计和讨论，训练学生抓住复杂口腔问题关键点的思维方法，建立归纳、总结、变量简化、去除冗余和噪声的思考方法论，进而培养学生大处着眼、细节入手的修复设计理念 3. 通过模型观测的学习，了解模型观测台的设计及应用，帮助学生理解口腔修复学精准治疗理念的具体实现方法，帮助学生建立“精准”的治疗理念
牙列缺损的可摘局部义齿修复：可摘局部义齿的组成	可摘局部义齿的组成 1. 直接固位体——卡环 2. 支托、导平面、间接固位体、基托、人工牙 3. 大、小连接体	1. 通过模型和图片示例，掌握如何合理应用固位体；讨论多种固位体类型的设计以及为何如此设计，介绍从锻丝卡环到铸造卡环，到 PEEK 材料的使用，使学生深刻理解材料发展在口腔修复领域的深远影响 2. 可摘局部义齿各组成部件的应用，充分体现了具体而微的复杂综合性设计思路；使学生建立构建复杂系统的能力，为探索创新性修复思维打下基础 3. 通过案例教学，引导学生针对不同类型牙列缺损连接体设计的相同点、不同点进行比较分析，深入理解连接体设计的基本原理和生物力学因素，同时提高学生的换位思考能力，培养爱伤观念和尊重患者的理念
牙列缺损的可摘局部义齿修复：可摘局部义齿的设计原则和基本要求	1. 可摘局部义齿的设计原则 2. 支持、固位、稳定是可摘局部义齿的 3 个基本要求	1. 通过辩证思维，培养学生掌握可摘局部义齿设计原则；通过引用第四次全国口腔健康流行病学调查数据，呈现目前我国牙列缺损人群的修复现状，使学生理解牙列缺损的修复仍然任重而道远 2. 培养学生对患者的爱伤观念，使学生意识到可摘局部义齿面对的患者人群的特殊性，了解大量牙齿缺失为患者带来的身心负担及经济负担，引导学生思考，如何能更好地、用更少的负担，更长久地解决患者的临床问题，以满足“人民群众日益增长的口腔健康需求”
牙列缺损的可摘局部义齿修复：可摘局部义齿的设计	1. 可摘局部义齿的分类设计 2. 可摘局部义齿设计软件的应用及人工智能在设计中的应用	1. 注重对学生辩证思维能力的培养，建立以人为本的治疗设计理念：针对不同牙列缺损类型，如何做到最佳设计，使患者的修复得到长期的成功？课堂上对学生进行分组，进行基于总原则的 4 种类型可摘义齿的设计，之后进行总结比较，使学生深入理解可摘义齿设计的灵活性和多样性，理解牙列缺损修复的“殊途同归”“异曲同工”，进而比较各类不同设计的优缺点，展示相应的临床案例，探讨分类设计的调整和改良 2. 使学生理解可摘局部义齿修复的分类设计如何体现生物学原则，最大限度地保存患者的口腔组织，最大程度地延长口内剩余牙的存留时间；帮助学生深入理解以患者为中心，在设计中做到与患者的良好沟通

续表

教学内容	知识点	思政元素设计及呈现
牙列缺损的可摘局部义齿修复：可摘局部义齿的临床操作流程	1. 可摘局部义齿的修复前准备与基牙预备 2. 可摘局部义齿修复前的资料收集、诊断与治疗计划	1. 辩证思维培养，培养如何辩证地做好修复前的准备；结合健康中国建设要求，使学生掌握其核心理念和关键措施是坚持预防为主，进一步扩大健康理念的内容和范围，加强健康风险干预；在疾病发生前的预防是提升患者总体健康的关键步骤，建立预防先行的基本健康理念 2. 培养学生对患者的爱伤观念，使学生意识到可摘局部义齿治疗对牙列缺损患者造成的身心负担及经济负担，引导学生思考，如何更好地预防牙列缺损的发生 3. 在基牙预备中如何更好地保护基牙？在牙体预备中如何减缓患者的紧张情绪？理解上述问题，将体现口腔修复医疗中的生物 - 心理 - 社会医学模式的应用
	1. 印模与颌位关系记录，印模及殆记录材料的发展 2. 义齿初戴	1. 制取可摘局部义齿印模时，如何避免对患者造成疼痛？如何最大程度减少恶心？如何疏解患者的紧张情绪？通过案例展示印模材料的发展变化，从石膏材料到藻酸盐，到硅橡胶类，再到光学扫描，充分体现了科技进步对口腔修复学的深远影响 2. 视频展示患者可摘局部义齿初戴场景及义齿调改方法，体现医学人文素养目标是爱伤观念，关爱患者，关爱他人，培养具有医学人文品格的口腔医师 3. 通过临床戴牙须知、视频的展示，使学生理解应如何耐心帮助患者掌握戴牙的技巧，尤其是善待老年患者
	1. 复查与问题处理 2. 义齿修理 3. 可摘局部义齿试戴与完成后的戴用与维护	1. 通过 PBL 教学，由学生归纳总结针对不同问题的病因分析及义齿调改方案，培养学生的医学人文素养，理解患者尤其是老年患者的痛苦，以及在义齿修复过程中如何加强规范操作 2. 培养学生对患者的爱伤观念以及耐心倾听患者试戴义齿各阶段的不适主诉，仔细检查和分析病因，精准解决问题
牙列缺失的全口义齿修复：概述和全口义齿修复基本理论	1. 全口义齿修复历史演变及材料的发展 2. 牙列缺失后的口腔软硬组织变化 3. 全口义齿修复的生理基础和解剖标志	1. 通过讲述北大口腔在数字全口义齿研发的创新案例及在全国和亚太地区推广应用的具体案例，培养学生的创新思维，深刻理解科技发展和新材料的应用对无牙颌全口义齿修复带来的变革性影响 2. 通过视频、多媒体的案例分享，介绍牙列缺失后的软硬组织变化，使学生直观、多角度学习和掌握，初步建立医疗过程中对老年患者、无牙颌患者的关心、关怀和尊重，促使学生重视患者的个性需求，尊重患者的权利，切实认识到医疗的初衷是解决患者的实际问题，不忘服务的本质 3. 结合国家“十四五”期间促进健康老龄化的指导思想、基本原则和发展目标，结合北京市养老社区、示范点建设案例，使学生理解老龄化社会的迫切需求和亟待解决的关键问题，从而意识到自己肩负的责任和使命，激发学生深刻理解“以人民为中心的发展思想”，并理解自己应有的责任担当

续表

教学内容	知识点	思政元素设计及呈现
牙列缺失的全口义齿修复：概述和全口义齿修复基本理论	1. 无牙颌的分区 2. 全口义齿的固位与稳定 3. 口腔检查与术前准备	1. 通过分析全口义齿固位与稳定的相关因素，全口义齿固位力公式的内容及内涵，提高学生的辩证思维能力，理解如何在修复中提高全口义齿的固位和稳定 2. 通过案例分析和讨论，培养学生对老年患者的关爱理念，使学生意识到无牙颌给老年患者造成的生理和心理的严重影响，以及由此带来的经济负担；通过临床病例视频展示和社区社会实践活动视频展示，使学生切实感受患者的需求和困难，培养关怀能力和同情心，增强对患者的责任感；使学生对术前准备的必要性有更深刻的认识 3. 通过与种植义齿病例的对比学习，引导学生思考变革性技术如何从根本上提升了修复效果，以培养学生寻找技术突破的决心 4. 通过真实病例访谈视频，引导学生关注老年无牙颌人群的特点，延伸讨论口腔健康普及、口腔医疗资源分布不平衡等问题，引导学生思考如何通过自己的努力和行动解决这些问题，培养医学生的社会责任感
牙列缺失的全口义齿修复：无牙颌的印模制取和模型	1. 无牙颌的印模制取与材料选择 2. 无牙颌的模型 3. 数字化印模和模型在牙列缺失中的应用	1. 通过讲解临床印模制取病例，培养学生临床操作中的爱伤意识：深刻理解无牙颌患者多为老年人，以及就诊及操作中的注意事项、体位、手法，操作时长应与常规患者有所区别，体现爱伤观念 2. 掌握无牙颌人群的人文关怀：无牙颌二次印模制取，步骤复杂，操作繁复，应在治疗流程中寻找可行的简单的治疗方法，充分利用先进技术，减少操作中患者的诊疗痛苦，提高效率，减少就诊次数，培养学生对创新技术的利用意识和研发意识。例如：采用数字化全口义齿治疗流程，使用3D打印的个别托盘，可以简化治疗流程，减少患者复诊次数 3. 通过北京市健康养老示范点的视频、照片展示等案例介绍，体现党和国家提出《“十四五”健康老龄化规划》，使学生深入理解我国人口老龄化国情，从而帮助老年无牙颌患者树立积极的老龄观，实现老年健康服务在口腔修复领域的开展
牙列缺失的全口义齿修复：全口义齿颌位关系的确定	1. 全口义齿的颌位关系记录——常用咬合相关名词的内涵及意义 2. 全口义齿的颌位关系记录——垂直距离的记录 3. 全口义齿的颌位关系记录——水平颌位关系的记录	1. 通过临床案例展示，培养学生的人文素养：全口义齿修复目前仍然是牙列缺失患者较常用的修复方法，尤其是那些身体条件和经济条件受限的患者，无法进行种植等价格较为昂贵的修复，如何“以人为本”，使患者在现有条件下能吃上饭、吃好饭？如何精益求精地为患者制作出既美观又好用的全口义齿？借此培养学生的仁爱之心

续表

教学内容	知识点	思政元素设计及呈现
牙列缺失的全口义齿修复：全口义齿颌位关系的确定		2. 通过图片展示、教具演示，培养学生的爱伤观念：颌位关系记录需要医生和患者的良好配合，但无牙颌患者多数年老体弱，听力下降，加之有许多全身基础病，临床操作起来配合度稍差，所以在讲课中应穿插如何帮助老年患者，不只是在操作技术方面，还要有柔和的语气，耐心细致的讲解，使学生真正体会“以人为本”，医生治的是“患者”，而不仅仅是“义齿”
	1. 无牙颌患者面弓转移的意义 2. 𬌗架的历史和演变 3. 模型上𬌗架	1. 通过面弓转移视频演示，体现牙列缺失口腔修复操作的精确、准确及标准化的流程；通过面弓转移后上颌模型定位的变化，强调对患者相关因素记录的必要性和重要意义；利用专业工具精准完成颌位关系确定，确保无牙颌患者的修复效果；引导学生思考如何从根本上改变目前存在的将患者口腔作为“𬌗架”，需要反复调试才能咬合舒服的尴尬状况 2. 通过𬌗架的沿革演变教具展示，介绍电子面弓虚拟𬌗架，体现科技发展对传统口腔修复设备的变革性发展提升
牙列缺失的全口义齿修复：全口义齿的排牙	1. 全口义齿修复人工牙的选择 2. 全口义齿修复人工牙的排列 3. 人工牙的𬌗型设计与自主知识产权的人工牙的临床应用	1. 通过临床案例讲述及多媒体幻灯展示，培养学生做到兼顾美观和咀嚼功能，不仅要使患者吃得好，还要做得美，使患者增强生活的自信心；引导学生深入理解国家促进健康老龄化的指导思想、基本原则和发展目标，全口义齿人工牙排牙兼具美观与功能的质量提升，符合十四五健康老龄化，健康口腔的指导目标 2. 培养医学生的同理心，不能仅考虑经济因素，还要切实做到关爱老年患者，做到老吾老以及人之老，幼吾幼以及人之幼 3. 北大口腔团队研发的长正中𬌗型人工牙，是北京大学口腔医学院拥有自主产权的自主研发的人工牙产品，在临床得到了广泛好评和大量应用，是北京大学口腔医学院临床研究及科研转化的成功代表，以此为例，激发学生创新的主观能动性，激发学生的创造力和自信心
牙列缺失的全口义齿修复：平衡𬌗及全口义齿的试牙、初戴与调𬌗	1. 全口义齿平衡𬌗的实现与相关“五因素十定律” 2. 全口义齿的试牙 3. 全口义齿的初戴与调𬌗	1. 通过列表和图示讲解全口义齿实现平衡𬌗的“五因素十定律”及其互相关联的本质。进一步引出北京大学口腔医学院修复科孙廉教授提出的“三因素四定律”。“三因素四定律”是合并了五因素中的三个因素，体现了实现平衡𬌗的关键本质问题，简化了关联性公式，更易于理解和掌握。“三因素四定律”的学习，将使学生对平衡𬌗的理解更为深入透彻，同时提升学生的文化自信、科技自信；使学生了解创新可以和日常的临床工作紧密结合，从而更加激发学生自主研发和创新的动力

续表

教学内容	知识点	思政元素设计及呈现
牙列缺失的全口义齿修复：平衡𬌗及全口义齿的试牙、初戴与调𬌗		2. 平衡𬌗和调𬌗过程需要耐心、细心和用心，有利于培养学生足够的耐性和服务意识，做到老吾老以及人之老，幼吾幼以及人之幼 3. 培养不怕挫折的精神，即使操作有误差甚至操作出错，也要具备百折不挠的进取精神
牙列缺失的全口义齿修复：全口义齿戴牙后问题处理、维护和复查	1. 全口义齿戴牙后问题及处理 2. 全口义齿的维护 3. 全口义齿的复查与修理 4. 单颌总义齿的难点与制作要点	1. 通过 PBL 的教学方式，使学生主动寻找可能发生的临床问题，并自己探索和提出解决方案；同时使学生掌握透过现象看本质的分析能力，建立标准化的解决问题思路，同时具备思维的灵活性 2. 通过单颌全口义齿的影响因素分析，引导学生思考如何增强辩证思维能力，辩证看待单颌总义齿的难度和特殊性，如何提高修复的成功率 3. 通过临床案例图片展示，引导学生主动讨论遇到不同的单颌牙列缺失患者时，如何依据个性化的条件分析问题、解决问题，通过提高临床综合思辨能力，提高单颌全口义齿修复的成功率

三、教学设计与方法

为努力培养服务人民口腔健康的中国口腔医学事业建设者和接班人，本课程全面融入思政教育，做到**“时时育人、处处育人、人人育人”**。①**时时育人：**在每一章节、每一课堂、每一次实习的教学中，均融入思政内容，包括医学人文精神、职业精神和道德、为国家口腔医学事业奋斗终生的职业理想等。②**处处育人：**本课程将口腔修复学发展简史、发展历程中的重要人物、医患沟通技巧、生命的本质等思政教育闪光点与每一处相关的知识点结合，处处宣讲，润物细无声，向学生讲述中国口腔故事、北大口腔故事，将立德树人根本任务落到实处。③**人人育人：**口腔修复学教研室所有员工，从主讲教师到辅助人员，从医生到护士，均强化“为人师表”、做“四有好老师”的责任担当和思政育人意识，春风化雨，引导学生在牢固掌握口腔修复学的基础理论、基本知识和基本技能的基础上，牢固树立优秀的医学人文品格，打造全员育人新体系。

1. **以优秀医师为模范，厚植“以患者为中心”的服务理念** “以人为本”，牢固树立“以患者为中心”的服务理念，是口腔修复医务工作者在日常工作中践行“以人民为中心的发展思想”的具体表现。本课程通过结合医学人文价值观，引领学生成为合格的口腔修复或口腔医学事业的建设者和接班人。

2. **以杰出人物为榜样，激励学生追求卓越和弘扬科学家精神** 在教学中注重挖掘口腔修复领域前辈名师的先进事迹和为科学创新奋斗的历程，树标杆、强引领，以中国口腔医学自己的故事启智润心、铸魂育人。在教研室前辈中，多位老师堪称我国口腔医学泰斗级人物，例如毛燮均教授，他是我国将牙医学发展为口腔医学的第一位倡导者和实践者；朱希涛教授，在新中国一穷二白的局面下，编纂出了口腔修复领域国内第一批教材。通过上述杰出人物的先进事迹，引导学生时刻追求卓越，崇尚科学家精神，立志成为未来口腔修复领域的创新力量和引领者。

3. **以自主创新实践案例为示范，建立学生科技自立自强的信心** 在教学中注重引用北京大学口腔医学院口腔修复学科在口腔修复材料和技术方面自主创新的实际案例，增强学生对中国口腔修复科技发展的自信，激励学生领悟科技自立自强的必要性，激发学生立大志、明大德、成大才、担大任，未来在口腔医学领域树立科技自立自强的决心和信心。

4. **以医学人文为特色，引导学生敬畏生命** 教研室通过多学科融合教学，引导学生全面认识疾病的本质，尊重患者选择，为其制订个性化诊疗方案。通过引入先进数字化教学手段，构建理论课教学、仿头模训练、虚拟仿真训练/智能机器人模拟训练、生产实习四段融合式创新教学模式，全学程培训沟通技巧和爱伤观念，使知识传授、能力培养和价值塑造融为一体，全面培养学生的医学人文品格和“以人为本”的职业观，使其树立起对生命和健康的敬畏意识，学会维护和尊重患者的权利，厚植仁心仁术的职业道德观。

5. **以传统文化为底蕴，厚植学生爱国情怀** 口腔修复学课程涉及生物力学内容。在知识讲授中，通过类比教学引入中国古代和现代的桥梁、建筑，如卢沟桥、赵州桥等，增强中国自信。同时，教研室通过持续的教学改革，将上述思政元素融入全部教学体系，做到思政教育入大纲、入教案、入教材、入课堂、入实践。

6. **厚植大健康理念，树立为人民口腔健康服务终身的职业精神** 以习近平总书记关于卫生健康的重要论述和讲话精神为指引，在口腔修复学教学中融入“大卫生大健康”理念，树立健康文明的生活方式，引导学生具有强烈“预防”意识，促进在未来职业生涯中注重从“治病”向“防病”转变，为人民口腔健康事业高质量发展贡献最大力量；同时提升学生的健康文明素质，成为心理、体魄健康，能为人民健康事业终身工作的医者。

四、课程思政教学案例

课程题目：桩核冠修复

授课教师：吕珑薇（副教授、副主任医师）

学时数：2学时

1. **教学内容分析** 桩核冠修复是口腔医学生应该重点掌握的内容，尤其是应该重点掌握适应证和适应证选择中的注意事项、桩核冠的结构和各部分的作用和设计要求。本节课在教学内容的安排和设计方面进行了创新设计，例如：桩核冠用于修复大面积牙体缺损，是保存患牙的最后修复方式，因此对于适应证的选择要十分谨慎，通过适应证与牙体缺损临床决策链的讲解，使学生理解保存天然牙、保存剩余牙体组织的重要性，培养医学人文精神与爱伤观念；通过修复体间的对比，使学生快速理解桩核冠的优缺点和应用方式；结合临床病例联系实际，在适应证与禁忌证的讲解过程中通过引入不同的病例进行分析讨论。在课程讲授中，巧妙融入思政内容，提高学生对科技创新的认识，激发学生为实现科技自立自强而努力。

2. **教学目标**

（1）**掌握**：桩核冠的基本结构与功能，桩核冠的适应证与禁忌证，桩核冠的设计。

（2）**熟悉**：桩核冠的定义，桩核的分类及优缺点，桩核冠的材料选择及优缺点，桩核冠的临床操作流程。

（3）**了解**：桩核冠的发展历史，桩核冠修复体的制作流程。

（4）**拓展**：数字化技术在桩核冠修复中的应用。

3. 课程思政目标

（1）**临床思维能力**：培养学生通过桩核修复体的修复理论建立大面积牙体缺损修复的诊疗思路，培养学生的修复分析与设计思维。

（2）**自主学习能力**：培养学生以修复设计中关键词如牙本质肩领为线索，主动查阅相关知识的能力。

（3）**科研创新能力**：讲解桩核冠研发的最新进展，鼓励探索材料与修复方法的创新。

（4）**医学人文素养**：桩核冠用于修复大面积牙体缺损，是保存患牙的最后修复方式，因此对于适应证的选择要十分谨慎，通过适应证与牙体缺损临床决策链的讲解，使学生理解保存天然牙、保存剩余牙体组织的重要性。

（5）**科技自立自强，不忘初心服务患者**：讲解修复科团队自主研发的数字化桩核，鼓励学生发现临床瓶颈问题，瞄准患者需求，进行科技创新，提升诊疗效果与患者感受。

4. 教学重点难点

（1）**教学重点**：桩核冠的基本结构与功能。**教学对策**：通过桩核冠的名称记忆桩核冠的基本结构，通过桩核冠的定义（桩核是利用桩插入根管内为冠提供固位的修复体），记忆桩核冠各个结构的基本功能。

（2）**教学难点一**：桩核冠修复的适应证。**难点分析**：桩核冠的适应证（用于修复缺损较大的患牙），何为“缺损较大”，学生缺乏具体认识，难以把握。**教学对策**：①具体化：通过总结缺损轴壁的数量，提供量化指标，缺损 2 ～ 4 个壁需要进行桩核冠修复；②总结牙体缺损修复方式的决策链：桩核冠用于修复大面积牙体缺损，是保存患牙的最后修复方式，根据缺损范围，按照贴面→全冠→桩核冠→拔除患牙的顺序来制定治疗方案，所以在剩余牙体组织缺损大（不足以为全冠提供固位），又不能过大（保证牙本质肩领）时，方能选择桩核冠修复。

（3）**教学难点二**：桩核冠的设计。**难点分析**：桩核冠的设计包括桩的设计以及剩余牙体组织的设计两部分内容，其中桩的设计包括桩的长度、直径、形态的设计，内容繁多而复杂，难于理解；而剩余牙体组织的设计，主要难点是理解牙本质肩领的含义和重要性。**教学对策**：①形象化：通过杠杆原理、水桶的“箍”等生活中常见的力学现象，将桩长度的设计以及牙本质肩领的意义进行形象化讲解；②结合临床病例，加深记忆：通过临床病例（桩过长、过短、过粗、过细、形态欠佳等），使学生直观看到桩核设计的重要性，以及桩的长度、直径、形态设计的重要性；③归纳与临床思维培养：总结归纳，使学生将桩的设计从长度、直径、形态三个方面进行记忆；对牙本质肩领的概念，从高度、宽度、360° 环形结构三个方面进行记忆，抓住重点，理清临床思路。

5. 学情分析　桩核冠的结构复杂、临床操作流程步骤多，难以记忆；同时学生缺乏对知识的概括能力与系统的临床思维能力，思政教育和人文素养的培养也正处于关键时期。本节课针对学生的特点进行了如下创新设计。

（1）**课程思政，巧妙融入**：①桩核冠用于修复大面积牙体缺损，是保存患牙的最后修复方式，因此对于适应证的选择要十分谨慎，通过适应证与牙体缺损临床决策链的讲解，使学生理解保存天然牙、保存剩余牙体组织的重要性，**培养医学人文精神与爱伤观念**；②讲解北大口腔修复团队自主研发的数字化个性化纤维桩核制作流程，鼓励学生**树立科技自立自强的信念**。

（2）强调重点，归纳难点：教学中反复强调与回顾重点，通过提问、3D 打印模型、手绘板书等方法拆解难点；在课程多处设计便于记忆的合成词或短语，引导学生学习归纳的方式。

（3）启发互动，自主学习：为培养高素质人才，通过启发式提问、互动讨论等形式鼓励学生主动思考；引导学生查阅最新文献，调动积极性，培养科研思维与解决问题的能力。

（4）结合病例，联系实际：充分利用**教研室自主研发的慕课与虚拟仿真线上教学平台，通过课前预习提高学生自学能力，在课上结合实际临床病例将理论联系实际，课后通过自主查阅资料完成思考题**，延展课堂温度，**达到全方位、立体化的育人目标**。

6. **教学设计思路**　通过问题引导，将教学主线内容、重要知识点和课程思政贯通起来，通过启发式、对比式、互动式和归纳式教学，以板书、教学模具、视频录像等为载体，生动地讲授桩核冠内容，具体教学设计思路如图 17-1 所示。

教学主线	知识点	能力培养 思政教育	教学设计
定义	适应证、位置、功能	归纳总结能力	案例导入 问答互动
发展历史	桩冠→桩核冠	对比分析能力	引发思考 自主学习
★ 结构和功能	桩、核、冠	归纳总结能力	手绘板书 模型教具
制作方法分类	个性制作vs预成	学习探索能力	引发思考 自主学习
材料选择及优缺点	纤维桩、金属桩、瓷桩	逻辑分析能力	对比回顾 动画演示
★ 适应证	大面积牙体缺损	医学人文素养	综合病例 强化记忆
★ 禁忌证	较小缺损、过大缺损	全面严谨分析	病例实战 分析原因
★ 桩核冠的设计	桩长度、直径、形态 牙本质肩领	科研精神培养	形象类比 课堂互动
数字化桩核	个性化制作的纤维桩核	科技自立自强	首尾呼应 鼓励创新
课堂总结	结构、适应证	整理归纳能力	板书总结 思考预习

图 17-1　桩核冠修复教学设计思路

7. **教学过程**　具体教学过程如表 17-2 所列。

表 17-2 桩核冠修复的教学过程

教学目标	教学内容	教学设计
课程导入	**课程导入：通过临床病例提出问题** 患者前牙外伤，3 颗患牙缺损范围不同，思考治疗方案有何不同。 **将患者提出的问题贯穿课程主线：** **课前问题 1：我的牙还能留住吗？** **课前问题 2：我还能做牙冠吗？** 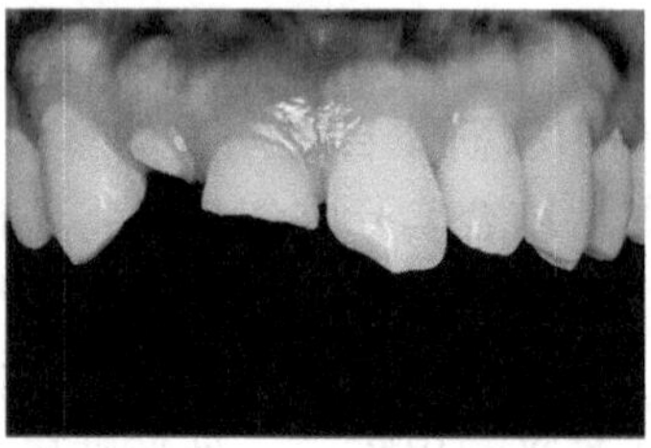 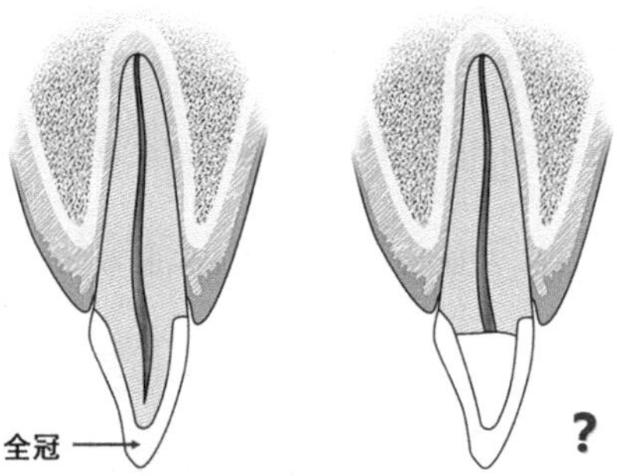 	**病例导入：**引入一段真实患者的故事，前牙外伤，3 颗患牙缺损范围不同，治疗方案一样吗？ **复习巩固：**全冠的适应证，大面积缺损时如何获得固位？ **启发教学：**思考大面积牙体组织缺损如何修复
★ **掌握** 桩核冠的定义	**复习** **全冠（crown）：覆盖全部牙冠表面的修复体** **剩余牙体组织缺损大，没有办法获得固位，还能做全冠吗？** 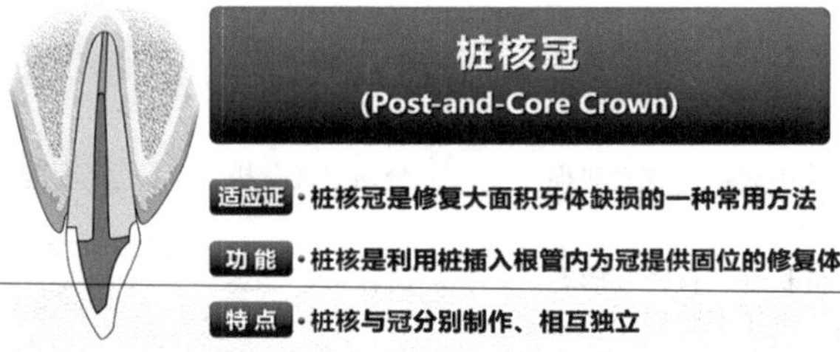 **桩核冠（post-and-core crown）的定义：**拆分为三层含义 桩核冠是修复大面积牙体缺损的一种常用方法（**适用范围**） 桩核是利用桩插入根管内为冠提供固位的修复体（**用法与功能**） 桩核与冠分别制作、相互独立（**特点**）	**复习提问：**全冠的定义 **对比教学：**结合全冠、桩核冠的概念引发对桩核冠的思考；并结合图片与教具形象展示 **分析归纳：**将桩核冠的定义拆解为 3 层含义，便于记忆 **承上启下：**为什么强调桩核与冠分开制作？需要了解桩核冠的发展历史
了解 发展历史	**由桩冠发展为桩核与冠相互独立** 在 300 多年前，残根残冠的拔除多于治疗，桩冠的发明为保存患牙提供了非常重要的突破	**启发教学：**引导学生思考为什么需要将桩核与冠分开制作

续表

教学目标	教学内容	教学设计
了解 发展历史	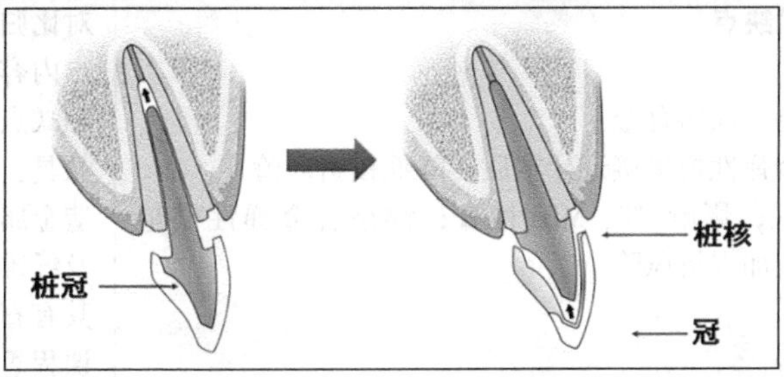 桩冠的发明为保存患牙提供了非常重要的突破，但在应用中发现桩冠一体存在着两个问题：①冠的部分由于受到桩根管方向的限制，所以难以戴入；②当冠部出现缺损、磨耗等问题时，没有办法单独进行冠的更换，而将桩取出又面临着很大的根折、根裂导致患牙无法保留的风险。桩核冠的改进，解决了桩冠一体结构存在的临床问题 **早在公元前500年，也就是2000多年前，我国就已经率先发明了制作精细金属结构的方法，这就是失蜡铸造技术。**工业革命后，由于失蜡铸造技术进入口腔领域，能够用金属制作精确的核的形态，才使得桩核与冠得以分开制作	**课程思政（医学人文精神）**：口腔修复方法的不断进步是从患者的角度考虑，提升治疗效果，培养医学人文精神 **课程思政（从临床实际问题出发，不断突破的科学探索精神）**：在应用前人的发明时，并不是一成不变地继承，而是通过应用发现新的问题，不断突破、改进，培养学生的科学探索精神 **课程思政（科技自信）**：失蜡铸造技术的发明发展是中华民族智慧的结晶，使学生感受中国失蜡铸造技术发展的悠久历史，培养科技自信
★ **掌握** 桩核冠的基本结构与功能	1. 桩（post） ➢ **位置：插入根管内的部分** ➢ **功能：** ● **为核和全冠提供固位** ● **传递应力，改变牙根的应力分布** 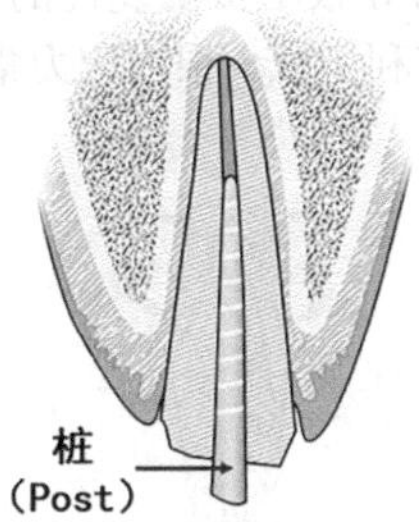 2. 核（core） ➢ **位置：**固定于桩之上 ➢ **功能：** ● **与牙冠剩余牙体硬组织一起形成最终的全冠预备体** ● **为全冠提供固位** 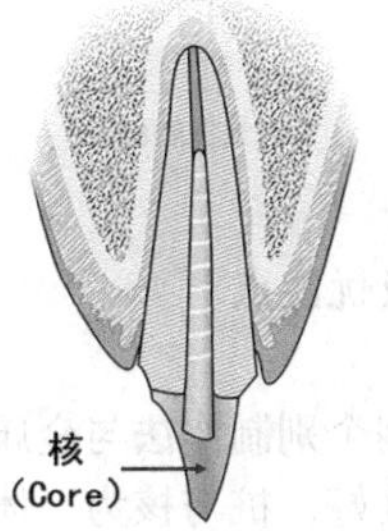 3. 冠（Crown） ➢ **位置：位于核与剩余牙体组织形成的预备体之上** ➢ **功能：** ● **恢复牙齿的形态和功能** 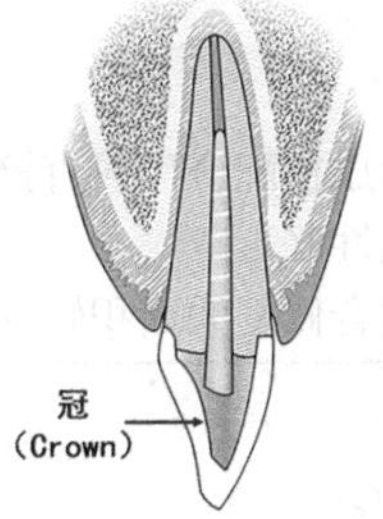	**归纳拆解**：通过桩核冠的名称，记忆桩核冠的三部分基本结构。将每个部分都总结其位置、功能，便于记忆 **形象教学**：通过桩核冠的3D打印模型，形象化讲解，牙根部分采用透明的3D打印树脂，增强直观性 **提问复习**：全冠的功能

续表

<table>
<tr><th>教学目标</th><th>教学内容</th><th>教学设计</th></tr>
<tr>
<td>熟悉
桩核冠的材料选择及优缺点</td>
<td>1. 桩的材料及优缺点
（1）金属桩
➢ 材料：金合金、镍铬合金
➢ 优点：金合金弹性模量接近牙本质，降低根折风险
➢ 缺点：不美观；影响 CT、MRI 检查；镍铬合金弹性模量大，增加根折风险
（2）瓷桩
➢ 材料：氧化锆
➢ 优点：美观性好
➢ 缺点：弹性模量高于牙本质，增加根折风险

（3）纤维增强树脂桩
➢ 材料：玻璃纤维，石英纤维
➢ 优点：美观性好；弹性模量接近牙本质，降低根折风险
➢ 缺点：多为预成桩，不适合修复大面积缺损

拓展：桩核的应力传导
理想的桩应具备与牙本质相近的弹性模量，使作用力沿桩均匀分布，减小应力集中。铸造金属桩弹性模量高，应力在桩末端集中，易导致不可修复性的牙根纵行或斜行断裂。纤维增强树脂桩有利于减少根内应力集中，降低根折风险
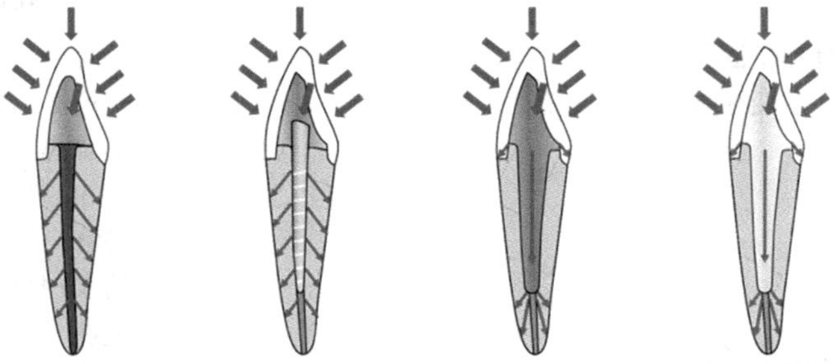

2. 核的材料及优缺点
（1）金属
➢ 制作：采用个别制作法与金属桩铸造为一体
➢ 优点：强度好，桩与核为一体，不会发生分离
➢ 缺点：不美观

（2）树脂
➢ 制作：与预成桩配合形成直接桩核
➢ 优点：美观性好
➢ 缺点：不适合修复大面积缺损</td>
<td>对比归纳：将三种桩的重点内容总结为材料、优点和缺点三部分，便于记忆
教具：将临床中真实的铸造金属桩核、全瓷桩核以及纤维桩分发给学生，使其有直观体会
课程思政：由桩核的应力传导原理，思考如何提高桩核修复的成功率。在临床治疗过程中，应根据患牙的实际情况，选择合适的材料和治疗方案：一方面尽量保存患牙；另一方面，尽可能提高桩核冠修复的成功率，培养全面严谨的医学逻辑思维，以及医学人文素养与爱伤观念
对比归纳：将两类核的重点内容总结为制作方法、优点和缺点三部分，便于记忆
复习提问：复习全冠的三类修复材料及优缺点
启发思考：根据各类全冠材料的优缺点，以及各类桩核修复材料的优缺点，思考桩核与全冠之间的应用组合方案</td>
</tr>
</table>

续表

教学目标	教学内容	教学设计
熟悉 桩核冠的材料选择及优缺点	**3. 全冠的材料及优缺点** **复习：** **（1）铸造金属全冠** ➢ **优点：**强度佳 ➢ **缺点：**不美观，少数患者金属过敏 **（2）烤瓷熔附金属全冠** ➢ **优点：**美观性好 ➢ **缺点：**崩瓷，少数患者金属过敏 **（3）全瓷冠** ➢ **优点：**美观，透光性好 ➢ **缺点：**因遮盖不住金属桩的颜色，前牙美学区不宜与金属桩配合使用	
★ **掌握** 桩核冠修复的适应证	**前提：完善的根管治疗后** 1. **缺损大，不能直接做全冠：**临床牙冠中度以上缺损（2 ~ 4 个壁缺损），剩余牙体无法为冠修复体固位力者 2. **缺损不能过大，仍可获得足够的牙本质肩领：**临床牙冠重度缺损达龈下，但牙根长度足够，经冠延长术或正畸牵引术后可暴露出断面以下至少 1.5 mm 的根面高度 **回答课前问题 1 和 2** **剩余牙体组织能够为冠提供固位→全冠** **剩余牙体组织不足以为冠提供固位→桩核冠** 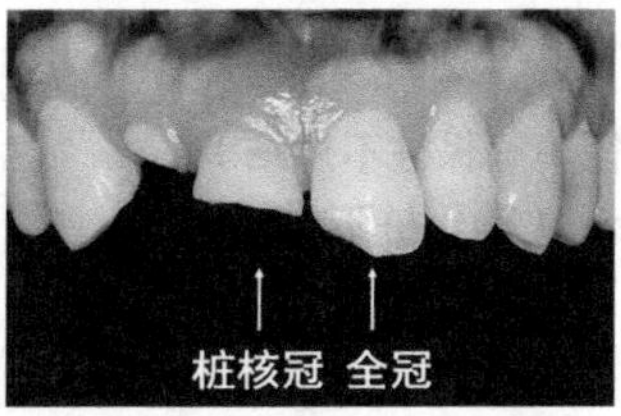 **总结牙体缺损修复方式的决策链：** **贴面→全冠→桩核冠→拔除患牙**	**启发式教学：**通过课前问题 1 引发思考，什么情况下可以选择桩核冠修复？ **提问：**课前病例中哪颗患牙适合全冠修复？哪颗患牙适合桩核冠修复？ **承上启下：回答课前问题 1：**剩余牙体组织不足以为冠提供固位，需要做桩核冠。剩余牙体组织足够，能够为全冠提供固位，应选择全冠修复
熟悉 桩核冠修复的禁忌证	**提问：结合桩核冠的特点思考桩核冠有哪些禁忌证** **缺损过大** 1. **缺损过大，需拔除：**如 3 ~ 4 个轴壁缺损或缺损深达龈下，不能用正畸或牙周冠延长手术获得牙本质肩领。如果患者要求试保留患牙，选择桩核冠修复，应充分告知其预后不良 **牙根条件欠佳** 2. **牙根或根管解剖形态不良：**如牙根短小或牙根吸收导致牙根过短或牙周萎缩致冠根比异常；牙根弯曲致根管桩道过短等 3. **未行完善的根管治疗** 4. **年轻恒牙根尖未完全成形：**原则上尽量保存活髓，诱导根尖成形，促使牙根继续发育和根尖孔封闭	**提问互动：**从桩核冠的特点推导桩核冠有哪些禁忌证 **归纳式教学：**将桩核冠的禁忌证概括为缺损过大和牙根条件欠佳两方面因素。牙根条件欠佳又包括牙根长度短或形态不良、未完善治疗、年轻恒牙 3 个方面

续表

<table>
<tr><th>教学目标</th><th>教学内容</th><th>教学设计</th></tr>
<tr>
<td>★
掌握
桩核冠的设计</td>
<td>

1. **桩的长度**

（1）**桩长≥冠长（确保桩不过短）**

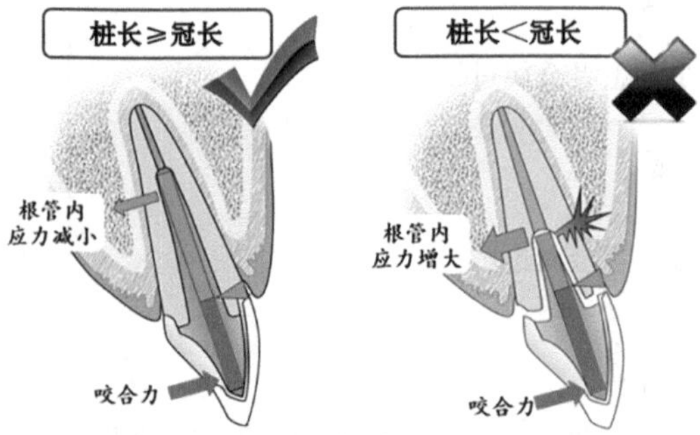

（2）**保留 3 ~ 5 mm 根尖封闭区（确保桩不过长）**

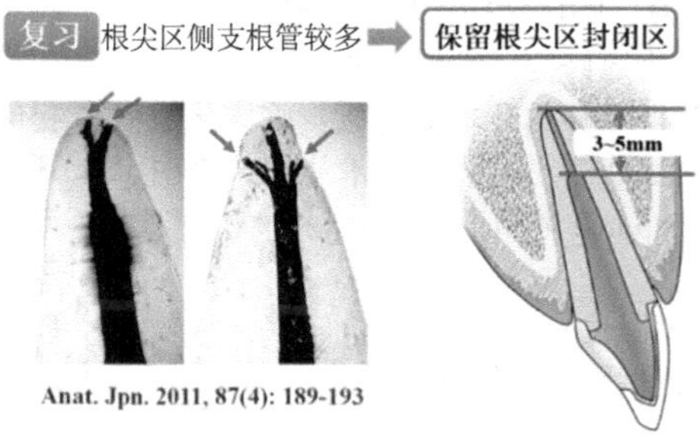

2. **桩的直径**

（1）**桩的直径 = 1/4 ~ 1/3 根径（确保桩不过细）**

（2）**桩周围根管壁厚度≥ 1 mm（确保桩不过粗）**

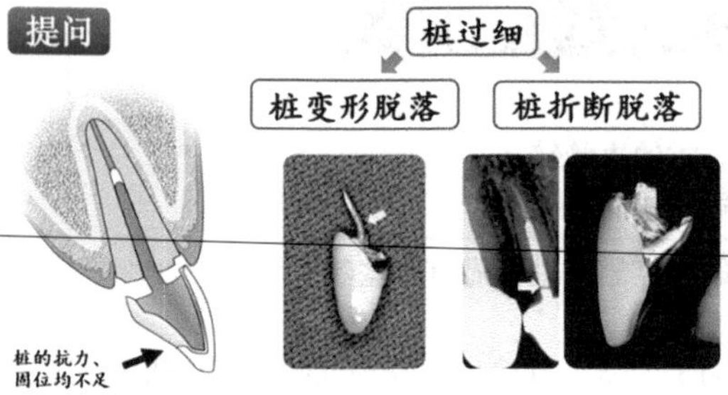

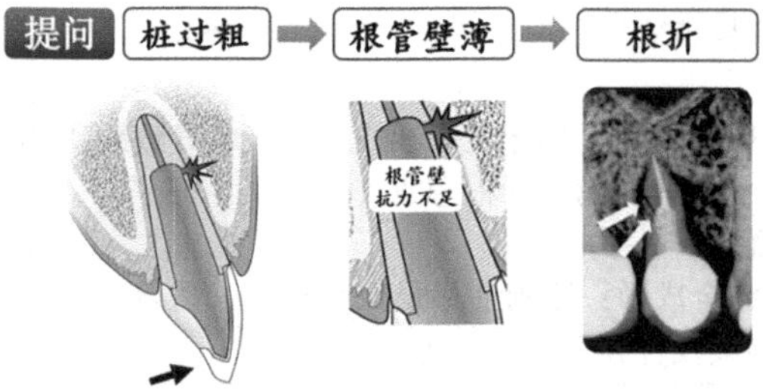

</td>
<td>

形象教学：通过生活中的杠杆原理分析桩分散咬合力的原理，阐明桩长≥冠长的机制，帮助理解与记忆

复习回顾：根尖区的根管系统具有复杂、侧支多的特点

启发教学：提问桩过长，破坏根尖封闭区会带来的问题

启发教学：桩过细，一方面桩的抗力不足，桩可能变形或折断；另一方面，桩细影响桩与根管壁之间的摩擦力、粘接力，导致桩固位不足

启发教学：提问桩过粗会带来的问题

临床病例：桩过短粗，根管壁薄，导致根折

</td>
</tr>
</table>

续表

教学目标	教学内容	教学设计
★ **掌握** 桩核冠的设计	**3. 桩的形态** **桩的形态与牙根形态相一致** **前沿拓展：自主研发数字化个性化纤维桩核** **临床病例：创新成果转化应用效果** 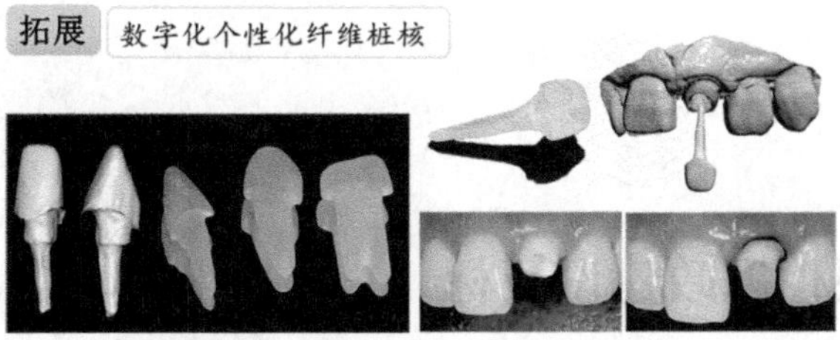 J Prosthodont. 2014. 23：276-283. **4. 剩余牙体硬组织的设计** **——牙本质肩领（ferrule）** **龈上至少 1.5 mm 高、1 mm 厚的健康牙本质形成的由冠 360° 包绕的环形结构** 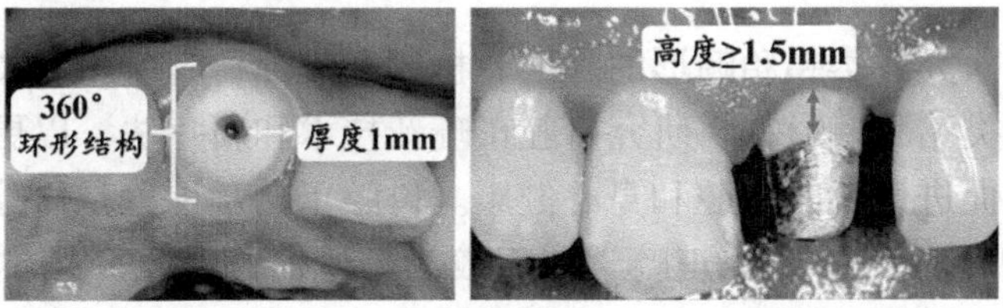 当牙本质肩领不完整时，应该与患者充分沟通，详细介绍试保留患牙与拔除患牙的治疗效果、流程、费用、时间，在患者充分知情的前提下，进行治疗方案的选择	**课程思政：**激发学生积极从事基础性科学研究，为未来解决“卡脖子”问题，为研发具有我国自主知识产权的口腔修复方法与修复材料储备力量 **形象教学：**类比生活中水桶的“箍”，帮助理解全冠 360° 包绕牙本质肩领所形成的“箍”效应 **自主学习：**查阅文献，思考牙本质肩领不完整时，肩领位置的影响，结合咬合力的方向思考 **课程思政（医学人文素养与医患沟通）：**当牙本质肩领不完整时，预后欠佳，试保留患牙的治疗方案，应充分沟通
总结	**桩核冠的结构（重点）、桩核冠的设计（难点）**	
思考题与课后作业	**1. 无法获得 360° 牙本质肩领时，牙本质肩领的位置对预后有何影响？** **2. 登录教研室自主研发的修复数字化虚拟仿真培训系统，**选择前牙大面积牙体缺损病例，模拟接诊患者，根据病例情况，分析上前牙缺损后如何选择修复方式以及确定需要评估的因素	

第十八章　口腔正畸学

一、课程定位和课程思政建设目标

（一）口腔正畸学课程定位

口腔正畸学（orthodontics）是研究错𬌗畸形的病因机制、诊断分析及其预防和治疗的一门学科，是口腔医学的重要分支和组成部分。绝大部分错𬌗畸形是指儿童在生长发育过程中，由先天的遗传因素或后天的环境因素导致的牙齿、颌骨、颅面的畸形，不但影响外貌，同时也影响功能。

其工作任务包括：①研究各类错𬌗畸形的病因、机制和诊断；②学习各类错𬌗畸形的矫治设计和思路，以治疗各类错𬌗畸形；③研究口腔正畸新技术和新疗法，以更好地恢复口颌系统的正常形态和功能，促进患者的口腔和身心健康。口腔正畸学课程是口腔医学本科生的主干课程之一，对于本科生而言，口腔正畸学课程较为精炼，侧重于介绍本学科的基本概念、基础理论以及基本治疗原则，核心目的在于为学生构建一个清晰而系统的学科框架。通过学习这些原则，学生能够初步掌握正畸治疗的基本流程，为后续的临床实践打下坚实的基础。课程模式主要通过线下讲授的方式，确保学生建立扎实的理论基础。

（二）口腔正畸学课程思政建设目标

口腔正畸学的课程思政建设目标主要包括以下几点。

第一，讲授口腔正畸学的基本知识和理论。课程基于口腔正畸学的工作内容、学科特点及学习方法，着重从错𬌗畸形分类及诊断、正畸检查手段、正畸治疗方法等方面传授口腔正畸学诊疗的专业知识。

第二，培养本科生口腔正畸学的基本临床能力，掌握错𬌗畸形分类及诊断、正畸检查手段、正畸治疗方法等基本临床操作技能。通过讲课、示教、前期实习等环节，使学生掌握口腔正畸的基本临床诊疗能力，从结合虚拟仿真系统到正畸临床见习，开展错𬌗畸形诊断训练，完成本科生的口腔正畸能力培养。

第三，基于口腔正畸学科发展历程和未来趋势的介绍，帮助学生树立科学的人生观、道德观和价值观，培养口腔医学审美素养。课程从口腔正畸学发展历史及其中的重要人物、口腔正畸诊疗技术的突破创新以及正畸治疗理念等方面，实现培育具有良好爱国意识、爱民意识、爱伤意识、技能过硬，具备良好学习能力和发展潜力的口腔正畸医生的育人目标。

二、教学内容和思政要点设计

口腔正畸学课程设置充分体现坚持改革创新，推进理念思路、内容形式、方法手段创新，增强课程思政工作时代感和实效性。将思政元素与专业课教学有机融合在一起，起到春风化雨、润物无声、潜移默化的作用。

本课程的教学内容、知识点和对应思政元素设计及呈现如表 18-1 所列。

表 18-1　口腔正畸学的教学内容、知识点和对应思政元素设计及呈现

教学内容	知识点	思政元素设计及呈现
口腔正畸学概论	1. 口腔正畸学的定义 2. 口腔正畸学的工作内容和范畴 3. 口腔正畸学的学科发展历程 4. 口腔正畸学的学科特点及学习方法 5. 口腔正畸学的学科发展趋势	1. 介绍我国口腔正畸学发展历史，毛燮均教授等先辈发明环托矫治器的过程，带领科室同仁探索出一条适合中国当时实际情况的口腔正畸发展道路，引导学生挖掘老一辈口腔医学专家不畏困难、严谨执着的价值准则 2. 介绍我国早期结合国情以活动矫正器为主要矫治手段，辅以简单固定零件或装置，以及一系列各种形态和性能的活动矫正器，展现学科的发展，使学生领悟“以人民为中心的发展思想”，做人民好医生 3. 介绍我国正畸学面临的现状和工作意义，通过对未来学科的展望，增强学生的职业认同感，鼓励为中国口腔学科贡献力量
错殆畸形分类方法	1. 正常殆的概念和标准 2. 错殆畸形安氏分类方法 3. 错殆畸形毛氏分类方法 4. 毛氏分类方法对正畸诊断学的影响和意义	1. 通过学习正畸基本理念和传统分类，初步了解各种错殆畸形的临床表现，对其进行科学准确分类有助于矫治设计及科学研究，提高学生总结归纳的能力 2. 研究毛燮均教授提出的错殆畸形分类方法，在原有分类方法基础上总结不足，以错殆畸形的机制、症状和治疗原则三者结合为基础，考虑到殆、颌、面的长、宽、高三维方向及牙量骨量不调，提出了毛氏分类法，展现了中国智慧，提升了民族自信心，激励学生勇于创新、敢于超越，在正畸诊疗前沿方向实现突破 3. 结合人类口腔演化纪录片、颅骨模型、牙列模型等，培养学生的科学思维能力，理解毛氏分类三维诊断思维，挖掘其蕴含的博学思考、自主创新的科学作风
X 线头影测量技术	1. X 线头影测量的应用 2. 熟悉 X 线头影测量的标志 3. 掌握常用 X 线头影测量分析方法	1. 介绍 X 线头影测量的应用，作为重要的科学研究和临床诊断的手段，了解医学的发展规律，培养科学及临床思维 2. 通过学习 X 线头影测量的标志和描记，了解正畸学检查的精细要求，体现口腔正畸临床诊疗严谨求实的设计思路和治疗规范 3. 通过掌握北医头影测量法，了解 X 线头影测量技术的发展历史：北京大学口腔医学院率先开展此项研究并在临床上应用，此后不久，国内其他院校也相继开展起来，并用计算机辅助测量大大提高了诊断的精度和正畸矫治水平；结合初始矫治器的三维数字化模型、X 线头影测量原始文献及当时的技术能力等，引导学生挖掘其内在的精益求精、无私奉献的价值取向

续表

教学内容	知识点	思政元素设计及呈现
固定矫治技术在中国的发展	1. 固定矫治技术在中国的发展史 2. 传动矫治技术的适应证及治疗思路	1. 介绍固定矫治技术的中国发展史，由国外引进技术，跟随到模仿，在此基础上对引进技术进行改进和充实，从而进行创新发明并实践应用具有自主知识产权的国产矫治器的过程，引导学生挖掘开拓进取、传承创新的科学准则 2. 讲解林久祥教授发明的传动矫治技术的原理，从简单的悬吊球运动现象联想扩展到牙齿传动效应，传动矫治扩大了恒牙三类骨性牙𬌗畸形的掩饰性正畸治疗范围，在提高治疗效果的同时降低了治疗风险，这一创新突破了传统口腔正畸学的边界，从矫治牙性错𬌗畸形扩展到能矫治骨性错𬌗畸形，使学生认识到不断思考创新才能为患者带来福祉
早期矫治	1. 早期矫治适应证 2. 早期矫治治疗时机 3. 早期矫治的治疗方法及功能矫治器	1. 熟悉并掌握早期矫治适应证，介绍从口腔正畸医生的角度出发，应充分评估患者的获益及风险，对是否进行、如何进行早期治疗做出客观、冷静的判断，培养学生高尚的道德风范，重申医学生“健康所系，性命相托”的信念 2. 早期矫治的优势在于可以充分利用患者的生长潜力从而简化恒牙期的正畸治疗，但是对于矫治时机的把握非常关键，结合口腔正畸原始文献书籍、病例模型等，引导学生建立“有所为有所不为”、医者仁心的思政素养 3. 与早期矫治相关的是对儿童青少年颅面发育的研究，北大正畸有我国最早建立的颅面生长发育中心，为研究蒙古人种颅面生长发育规律奠定了重要基础，由此培养学生科学探索的精神
正畸正颌联合治疗	1. 正畸正颌联合治疗发展历史 2. 正畸正颌联合治疗适应证 3. 正畸正颌联合治疗治疗思路	介绍正畸正颌联合治疗在我国口腔医学领域大放异彩的发展历史，而在欧美国家是限于整形外科开展的技术。毛燮均教授倡导的牙科走向口腔医学的重大转变，很重要的一个标志是包含了颌面外科，这是对牙科和颌面外科双赢的实现，培养学生不局限于口腔的全局观念，激发学生的职业自豪感，树立高尚的职业价值观

三、教学设计与方法

课前，教师备课准备思政元素讲解的相关资料，以小故事、纪录片视频、三维数字化模型等多种形式呈现，将课件和视频等材料通过线上平台供学生下载、观看；课上，通过翻转课堂的模式，由学生讲述、分享对学习资料的体会，再以组为单位组织进行更深层次的探讨；最终，学生和教师对学习内容进行反思总结，进一步提升教学效果。

教学课件示例如图 18-1 所示。

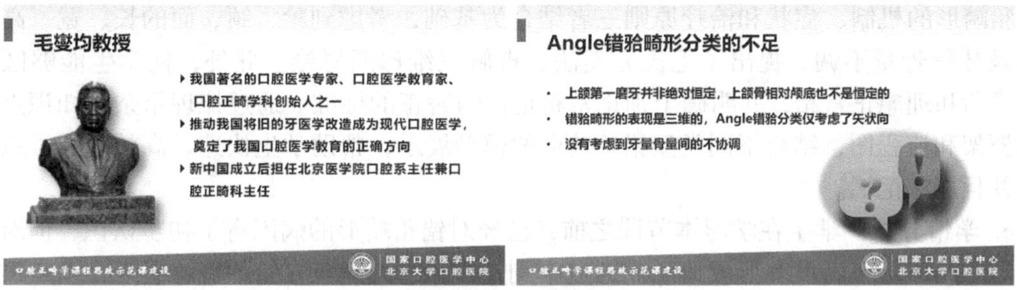

图 18-1　错殆畸形的教学课件示例

其他线上数字化教学资料主要包括三个方面：①视听材料，包括中国口腔正畸发展史纪录片、正畸先辈讲座视频、人类口腔演化进程纪录片等；②文本材料，包括经典教材、口腔正畸原始文献及书籍等；③互动材料，包括三维数字化矫治器模型、颅骨模型等。

四、课程思政教学案例

课程题目：错殆畸形的毛氏分类

授课教师：李巍然（教授、主任医师）

学时数：1 学时

1. **教学内容分析**　本次课程讲解错殆畸形的毛氏分类，使学生初步了解各种错殆畸形的临床表现，对其进行科学、准确分类有助于矫治设计及科学研究，提高学生总结、归纳的能力；研究毛燮均教授提出的错殆畸形分类方法，在原有分类方法基础上总结不足，以错殆畸形的机制、症状和治疗原则三者结合为基础，考虑到殆、颌、面的长、宽、高三维方向及牙量骨量不调，提出了毛氏分类法，展现了中国智慧，提升了民族自信心，激励学生勇于创新、敢于超越，在正畸诊疗前沿方向持续突破；结合人类口腔演化纪录片、颅骨模型、牙列模型等，培养学生的科学思维能力，理解毛氏分类三维诊断思维，挖掘其蕴含的博学思考、自主创新的科学作风。

2. **教学目标**

（1）**掌握**：错殆畸形的毛氏分类。

（2）**熟悉**：错殆畸形的毛氏分类与安氏分类的区别。

（3）**了解**：我国早期正畸矫治器的发展历史。

3. **课程思政目标**

（1）**临床思维能力**：培养学生整理分析患者资料的能力，建立矫治方案形成的基础。

（2）**自主学习能力**：通过实际病例，培养学生自己学习并分类错殆畸形的能力。

（3）**科研创新能力**：通过我国早期正畸矫治器的发展历史，培养兼具自主创新及肩负责任使命的正畸医学生。

4. **教学重点难点**

（1）**教学重点**：本次课程要求学生重点掌握个别正常殆和理想正常殆的概念，安氏分类法和毛氏分类法的具体内容，了解正常殆的六项标准。通过讲授毛氏分类的发明者毛燮均教授执医从教的生平、毛氏分类法及环托矫治器的发明，启迪学生坚持博学思考，艰苦奋斗。

（2）**教学难点**：研究毛燮均教授提出的错殆畸形分类方法，对比原有分类方法的不足，以错𬌗畸形的机制、症状和治疗原则三者结合为基础，考虑到𬌗、颌、面的长、宽、高三维方向及牙量骨量不调，提出了毛氏分类法，理解三维诊断思维。此外，使学生能够区别个别正常𬌗和理想正常𬌗，并明确个别正常𬌗是正畸矫正的标准。通过梳理繁杂的知识点，归纳出框架和流程图，结合不同类型错𬌗畸形的模型展示，帮助学生快速、高效理清难点和重点，并且加深记忆。

5. **学情分析**　学生在学习本节课之前，已经对错𬌗畸形的病因有了初步认识，但对于错𬌗畸形的具体形态尚没有形成概念。通过个别正常𬌗、理想正常𬌗的概念引入，重点讲授安氏分类和毛氏分类的方法，并将思政教育内容结合入毛氏分类的讲解中。错𬌗畸形毛氏分类的发明人毛燮均教授的执医从教经历蕴含丰富的思政内涵，通过将其融入相关课程节点可有效实现立德树人的教学目标。

6. **教学设计思路**　通过提出问题，将教学主线内容、重要知识点和课程思政贯通起来，以幻灯、教学模具、视频录像等为载体，生动地讲授错𬌗畸形的分类内容，具体教学设计思路如图 18-2 所示。

教学主线	知识点	能力培养 思政教育	教学设计
★错𬌗畸形的安氏分类	安氏分类定义	分类归纳能力	病例分析 温故知新
★错𬌗畸形的毛氏分类	症状、机制、矫治	学习分析能力	模型教具 形象记忆
安氏毛氏分类对比	优点、缺点、局限性	辩证思考能力	对比分析 自主学习
早期矫治器发展历史	环托可摘矫治器	科学探索精神	反思讨论 课堂互动
课堂总结	治疗方案设计策略	整理归纳能力	幻灯总结 思考复习

图 18-2　错𬌗畸形的毛氏分类教学设计思路

7. **教学过程**　具体教学过程如表 18-2 所列。

表 18-2　错𬌗畸形的毛氏分类教学过程

<table>
<tr><th>教学目标</th><th>教学内容</th><th>教学设计</th></tr>
<tr><td>课程导入</td><td>课程导入：
错𬌗畸形的具体类型有哪些？
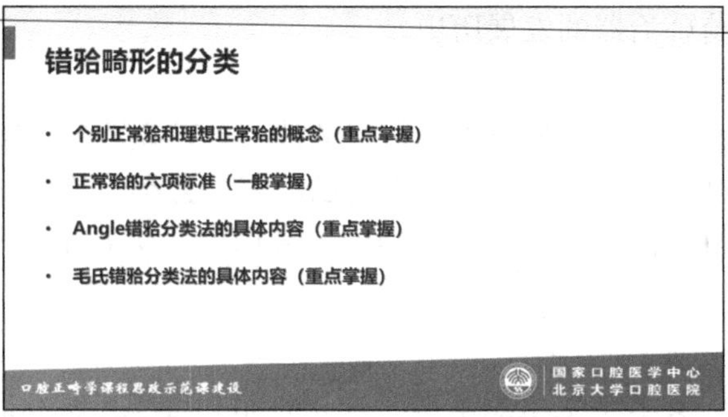
</td><td>分析归纳：梳理课程，使学生首先建立矫治设计的基本框架，对错𬌗畸形分类需要掌握的内容有整体认知</td></tr>
</table>

续表

教学目标	教学内容	教学设计
★ **掌握** 错殆畸形 安氏分类及 其不足	**复习** **错殆畸形的安氏分类：安氏分类根据上下第一恒磨牙关系分为三类** 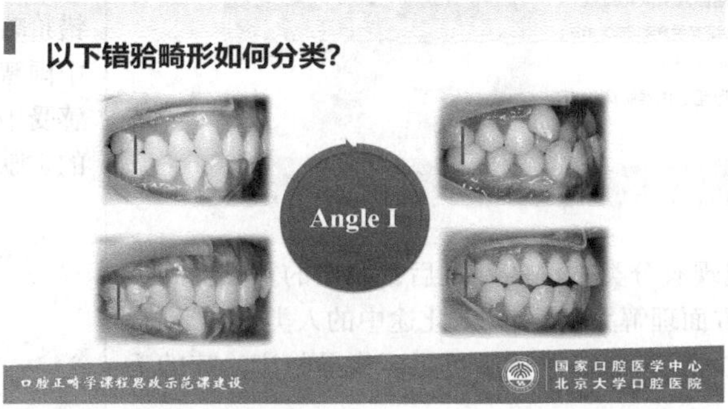 由于安氏分类法存在以下不足：**上颌第一恒磨牙的位置不是完全恒定**；错殆畸形并非只是矢状向的，而是三维上的；没有考虑错殆畸形形成的最重要的机制——牙量骨量不调	**复习提问**：患者的错殆畸形的安氏分类 **对比教学**：安氏分类存在的问题 **课程思政（从临床实际出发，不断创新的探索精神）**：在应用前人的发现时，并不是毫无思考地继承，而是发现新的问题，不断突破改进，培养科学创新精神
★ **掌握** 错殆畸形的 毛氏分类	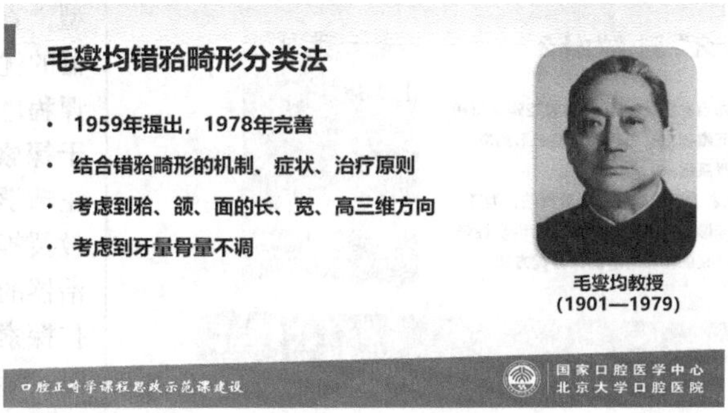 六大分类具体介绍：通过牙模型教具展示的形式，简明、直观，易于记忆 毛氏分类根据机制不同可分为六大类： ✓ Ⅰ类　牙量骨量不调 ✓ Ⅱ类　长度不调 ✓ Ⅲ类　宽度不调 ✓ Ⅳ类　高度不调 ✓ Ⅴ类　个别牙齿错位 ✓ Ⅵ类　特殊类型	**启发教学**：引导学生思考错殆畸形毛氏分类建立的基础 **形象教学**：通过实际模型的展示，形象化讲解，增强学生理解毛氏分类的直观性 **归纳拆解**：对毛氏分类六个部分的每个部分详细讲解 **课程思政（自主思考、总结归纳）**：通过学习正畸基本理念和传统分类，初步了解各种错殆畸形的临床表现，对其进行科学准确分类有助于矫治设计及科学研究，提高学生总结归纳的能力

续表

教学目标	教学内容	教学设计
了解 错𬌗畸形毛氏分类方法的建立历史	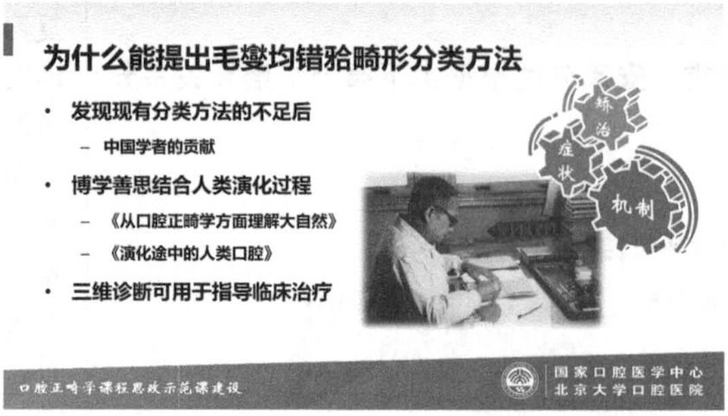 毛燮均教授发现现有分类方法的不足后，做出的贡献：阅读《从口腔正畸学方面理解大自然》《演化途中的人类口腔》后，结合人类演化过程，形成三维诊断可用于指导临床治疗的毛氏分类	**形象教学**：通过纪录片视频和书籍，引导学生思考毛氏分类的产生 **课程思政（科技自信）**：错𬌗畸形毛氏分类凝结了中国智慧的巧思，使学生感受中国在正畸学上做出的贡献，培养科技自信
了解 我国早期矫治器的发展历史	毛燮均教授是我国著名的口腔医学专家、口腔医学教育家、口腔正畸学科创始人之一，推动我国将旧的牙医学改造成为**现代口腔医学**，奠定了我国口腔医学教育的正确方向 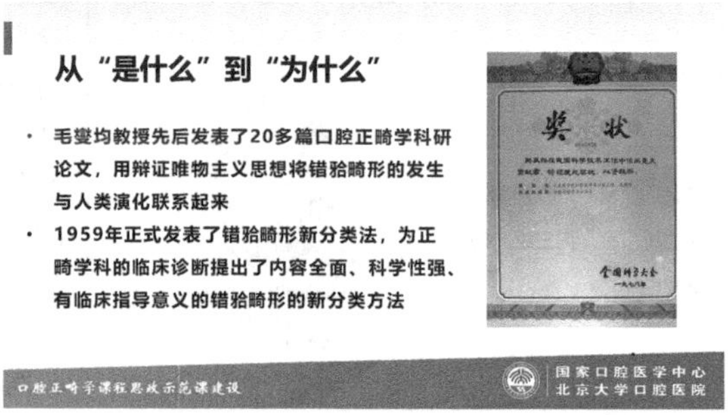 他先后发表了 20 多篇口腔正畸学科研论文，用辩证唯物主义思想将错𬌗畸形的发生与人类演化联系起来；1959 年正式发表了错𬌗畸形新分类法，为正畸学科的临床诊断提出了内容全面、科学性强、有临床指导意义的错𬌗畸形的新分类方法 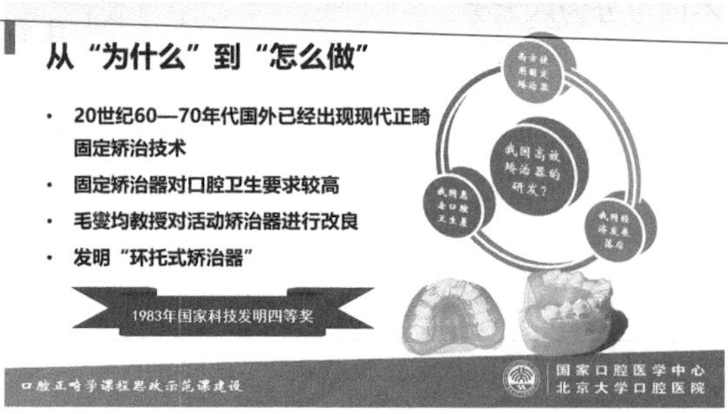 虽然 20 世纪 60—70 年代国外已经出现现代正畸固定矫治技术，但结合当时国情，固定矫治器对口腔卫生要求较高，毛燮均教授对活动矫治器进行改良后发明了“环托式矫治器”	**提问**：为什么要发明环托式矫治器而不是固定矫治器？ **教具**：环托式矫治器模型，直观认识到该种矫治器的优劣 **课程思政（不畏困难，勇于探索）**：通过我国口腔正畸学发展历史，毛燮均教授等先辈发明环托式矫治器的过程，带领科室同仁探索出一条适合我国当时实际情况的口腔正畸发展道路，引导学生挖掘老一辈口腔医学专家不畏困难、严谨执着的价值准则

续表

<table>
<tr><th>教学目标</th><th>教学内容</th><th>教学设计</th></tr>
<tr><td>总结</td><td>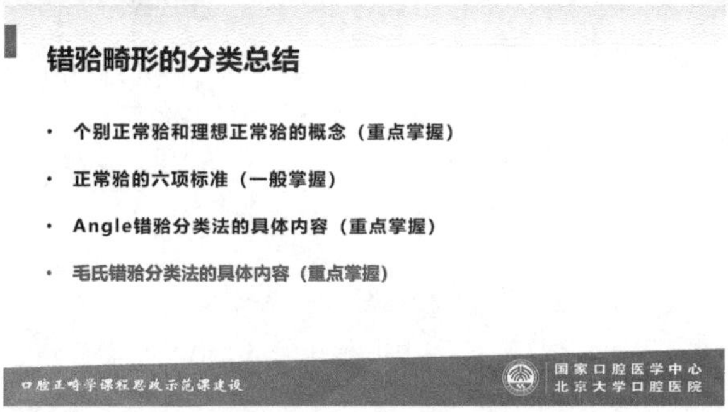

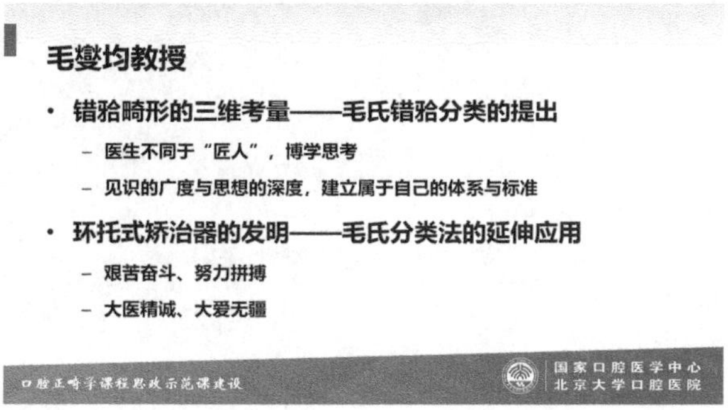

课程总结：以知识点梳理的方式启发学生回忆课程所学，进一步将知识条理化、系统化</td><td>知识点梳理：通过回答问题，回忆当堂所学，将知识点条理化、系统化，利于学生记忆重点内容，通过总结课程知识点，促进记忆和强调重点</td></tr>
<tr><td>思考题与课后作业</td><td>简述毛氏错𬌗分类法的内容，并与安氏分类进行对比</td><td></td></tr>
</table>

第二篇
研究生课程思政教学设计

第十九章　口腔组织病理学

一、课程定位和课程思政建设目标

（一）口腔组织病理学课程定位

口腔组织病理学既是口腔医学的基础学科，又是口腔临床与口腔基础研究的桥梁学科，是从细胞、组织和分子水平研究口腔疾病本质（包括病因、发病机制、病理变化、结局及转归）的学科。口腔组织病理学内涵丰富，包括口腔胚胎发育学、口腔组织学和口腔病理学三方面的内容。其外延也较广，与诸如口腔颌面外科学、口腔黏膜病学、口腔修复学、口腔正畸学、牙周病学、口腔生物学等多个口腔学科以及病理学、分子生物学等多门学科都有密切联系。口腔组织病理学（研究生课程）是口腔医学研究生的基础理论课。

在当今精准医学时代背景下，疾病谱系的变化、科学技术的进步、活检技术的拓展，以及生物医学、遗传学、新材料和大数据、人工智能等新技术的赋能，使得病理学的学科内涵和外延都发生了很大的改变，推动了病理科研和临床诊断观念和技术的迭代更新。

口腔组织病理学（研究生课程）的教学目标是：在本科生口腔组织病理学课程的基础上，深入讲授与临床密切相关的口腔颌面部疾病的临床病理表现、免疫表型和分子特点，并以专题形式介绍相关和跨学科的前沿理论和技术，体现“分子病理”和“前沿交叉”的发展方向，以使研究生达到掌握口腔颌面部疾病本质、深入了解疾病发生发展的分子机制、熟悉科学研究中常用方法及科研思路、初步利用所学知识设计和开展研究工作并能撰写相关论文的教学要求。

（二）口腔组织病理学课程思政建设目标

课程思政建设总体目标是立德树人、专业育人，培养符合社会需要的德才兼备的高层次口腔医学人才，实现一流的口腔医学研究生教育。通过全过程课堂讲授的形式，达到思政内容与专业内容的深度有机融合。主要包括以下几点。

第一，帮助研究生实现从“以疾病为中心”的医学模式向“以人文为本、健康为本”的医学模式的转变。通过讲授学科历史、疾病命名和变革的历史，帮助研究生了解医学人文，理解医学科学是如何从“人”到“病”，再回归“人文之本、健康之本”的发展历程。

第二，通过前沿和交叉学科知识和技术的介绍，培养研究生多学科诊疗、全身与口腔局部结合的临床思辨能力和见微知著、勇于探索、求实求真的科学态度和科研精神。

第三，通过口腔病理名师事迹的讲述进行爱国主义教育，培养家国情怀，树立正确的价值观，帮助研究生建立专业自信，引导研究生学习前辈艰苦奋斗、追求卓越、创新合作的敬业精神。

二、教学内容和思政要点设计

本课程的教学内容、知识点和对应思政元素设计及呈现如表 19-1 所列。

表 19-1　口腔组织病理学的教学内容、知识点和对应思政元素设计及呈现

教学内容	知识点	思政元素设计及呈现
精彩的病理学	1. 病理学的起源（定义、历史回顾、从尸检到活检、从器官病理到细胞病理） 2. 现代病理学（显微成像技术、与分子生物学的融合与交叉、精准病理学诊断） 3. 金标准与局限性（经典病理形态、似与不似）	1. 从学科发展看医学的人文初心 2. 科学循证思维的建立，中西方文化对人类认识疾病方法论建立的影响 3. 培养学生认识疾病的科学思维、整体观念，理解“病”与“人”的主次关系，思考微观与宏观、局部与整体的辩证关系 4. 理解病理学的局限性，重视病理报告的客观性和准确性，重视患者告知的技巧，体现医学的温度
病理报告台前幕后的故事	1. 回顾临床病理的基本工作流程：取活检，手术，填写送检单，标记样本，送病理，等待病理报告 2. 取活检、手术、送检过程中的注意事项及相关经验教训 3. 填写送检单的注意事项及相关经验教训 4. 病理诊断的思辨过程及相关经验、教训 5. 对病理报告的解析	1. 引导学生回顾貌似简单却需高度重视的工作流程及细节 2. 通过讲授与实例结合，引导学生重视取活检、手术、送检过程中的工作细节，养成认真负责的工作态度 3. 引导学生用全局观、整体观的观点看待患者与疾病 4. 引导学生的临床思辨，从临床、病理、影像等各方面进行全方位思考，避免出现一叶障目的局限 5. 引导学生积极与相关人员沟通，对患者负责，争取取得最优诊疗效果
成釉细胞纤维瘤及相关病变的临床病理学研究	1. 问题的提出 2. 问题的解决 3. 方法的选择 4. 结果 5. 讨论	通过问题的提出，引导学生重视临床过程中发现的各种问题，小问题往往是大发现的线索。注重文献调研，现实分析，脚踏实地，实事求是。在过程中逻辑缜密，求真求实
口腔癌和口咽癌	1. 口腔癌及特殊组织学亚型 2. HPV 相关性口咽癌	1. 培养学生对常见疾病研究的思路和方法 2. 引导肿瘤多学科诊疗的科学理念
口腔疾病与骨丢失	1. 骨丢失概述 2. 骨丢失的全身因素 3. 骨丢失的局部因素	通过骨丢失的全身因素与局部因素的讲解，引导学生思考如何理解疾病发生发展过程中的局部与整体的关系，帮助学生认识局部与整体的辩证统一规律，并建立正确的全局观和整体观

续表

教学内容	知识点	思政元素设计及呈现
颌骨形态观察与计量	1. 颌骨胚胎发育、组织结构及生理学特点 2. 颌骨形态观察的方法及适用范围 3. 骨形态计量学	1. 通过镜下显微计量，培养学生严谨求实的科学作风 2. 通过形态观察与功能检测，帮助学生建立形态与功能相联系的思维方式
唾液腺肿瘤	1. 唾液腺肿瘤相关的组织学和组织发生学 2. 唾液腺肿瘤的组织学分类 3. 常见唾液腺肿瘤的组织病理学特点和生物学变化 4. 部分已知唾液腺肿瘤的分子病理学特点新进展	1. 夯实基础理论，使学生建立扎实、系统的理论基础，为日后成为“大医”奠定基础 2. 根据肿瘤结构和来源特征总结规律并传授给学生，使学生掌握科学的思维方法和灵活自学本领 3. 以腺样囊性癌等为例，介绍肿瘤结构与生物学行为的关系，使学生树立爱伤意识，励志精医
细胞外基质与唾液腺肿瘤	1. 唾液腺肿瘤研究的概况 2. 细胞外基质研究的概况 3. 唾液腺肿瘤与细胞外基质 4. 口腔疾病与细胞外基质的研究现状与展望	1. 透过肿瘤细胞外基质对肿瘤实质的影响，引导学生重视肿瘤微环境的作用，从中理解健康社会环境塑造的重要性 2. 用细胞外基质作用机制研究启发学生励志攻克肿瘤生物防治研究的志向
颌骨巨细胞病变	1. 颌骨巨细胞病变的定义 2. 颌骨巨细胞病变的临床病理 3. 颌骨巨细胞病变中多核巨细胞的标志物表达情况 4. 问题和展望	1. 通过广义和狭义颌骨巨细胞病变的全面介绍，使学生掌握科学分析和鉴别该类病变的方法与诊治意义 2. 用巨颌症病例等介绍遗传病研究进展，激发学生励志开展其致病机制研究，从根本上解除患者痛苦，为人民造福
颌骨肿瘤	1. 颌骨肿瘤及瘤样病变概述 2. 颌骨肿瘤各论	1. 强化学生以患者健康为目标的医学人文思想 2. 引导学生认识临床思辨的重要性和不断更新医学知识的重要性，为正确诊断和治疗口腔疾病打下坚实基础
口面部肉芽肿性疾病	1. 肉芽肿性疾病概述 2. 肉芽肿性疾病各论	1. 结合人类发现肉芽肿性疾病和对其病因进行研究的历史，培养学生科学求实、勇于探索、刻苦钻研、为解决口腔医学难题而奋斗的精神 2. 通过对不同肉芽肿性疾病病因和发病机制及临床表现异同点的分析，引导学生建立透过现象看本质的医学思辨能力
口腔上皮结构蛋白及疾病	1. 概述 2. 角蛋白 3. 角化包膜 4. 桥粒蛋白 5. 半桥粒蛋白	1. 培养学生的自主学习能力，能够不断更新医学基础知识，主动构建医学基础和临床实践融会贯通的知识和技能体系 2. 培养学生对医学基础研究的兴趣，为祖国医药卫生事业贡献更大力量

续表

教学内容	知识点	思政元素设计及呈现
浅谈临床病理研究及相关英文论文写作	1. 临床病理研究内容及意义 2. 临床病理研究思路及方法 3. 英文论文写作技巧解析	1. 树立自信：我国人口众多、病例资源丰富，可开展高质量临床病理研究 2. 以专家临床病理研究经历和成就为例，鼓励学生开展以疾病为核心，以服务患者为目的的临床研究
唾液腺肿瘤分子病理学研究进展	1. 分子病理学在临床病理诊疗中的应用 2. 唾液腺肿瘤分子病理学研究进展	以吴奇光、孙开华教授为例，鼓励学生立志做创新性研究，致力于揭示疾病本质，培养敬业、诚信的科研作风

三、教学设计与方法

口腔组织病理学作为专业理论课，是研究生进一步认识口腔颌面部疾病本质的深入接触，主讲教师要在遵循病理学教学规律的基础上，不断增强课程的思想性、专业性、生动性和先进性。

1. **历史传承**　通过多媒体、老照片介绍学科发展史，可以帮助学生树立正确的世界观、人生观和价值观，理解学科的全貌和深度，更全面地认识口腔组织病理学的本质、发展过程以及科学知识的积累方式，促进科学的创新。

2. **榜样示范**　在学科发展过程中，许多前辈表现出了高尚的道德情操以及为事业献身的奉献精神，这些都值得学生学习和发扬。通过讲述口腔病理前辈的真实事迹和故事，引导学生树立医道仁心，体会学术高度、专业亮度和医者温度。同时勉励学生继承和发扬口腔病理前辈的优秀品质。

（1）郑麟蕃教授与著名国际口腔病理专家 Pindborg 教授交往的故事。真挚的友谊促成 Pindborg 教授两次来华举办全国口腔临床病理讲习班，促进了欧洲与我国口腔医学的交流合作，体现了领航学科发展的高度。

（2）从无到有、开拓创新、技术攻坚的故事。老一代病理人面临的是一穷二白的工作环境，一些关键的设备和实验条件都比较欠缺。但他们锲而不舍，勇于实践，亲笔绘制出了颌面部发育图和讲义手稿，在简陋条件下制作出了美轮美奂的火棉胶大切片。这些原创性的工作在当时就被国际口腔学术界认可，并且作为经典使用至今，体现了老一辈口腔病理人专业上的亮度。

（3）鱼肝油的故事。通过刘鼎新教授和郑麟蕃教授的一段有关鱼肝油的往事，使学生感受医者的温度。

3. **思政引领**　将思政与专业相结合，思政内容以课堂讲授为主，以提问、案例或情景等形式导入思政内容，将图片、图像或视频等多种形式融入专业教学内容中。同时为学生提供尽可能多的教辅材料，并且鼓励学生学习、阅读、收看其他相关的多种形式的课外资料（微信公众号等多种平台），以拓宽视野，扩展教学的深度和广度。

4. **融会贯通**　将理论知识与临床实践相结合、组织学和病理学相结合，临床病例资料、示意图、镜下表现与研究数据相结合，将医学职业素养教育贯穿课程全过程，使口腔组织病理学课程有思想、有内容、有温度。

5. 鼓励学生读原著，学原文，懂原理。必要时通过提问或小组讨论形式形成互动，引导学生发现问题、分析问题、解决问题，培养学生独立思考和创新求实的能力，树立团结、合作、务实的价值取向。

6. 将新技术、新知识、新进展引进教学中，制作小视频或微课。引入数字化切片，帮助学生理解知识点，并应用到临床实际的诊疗过程中。

四、课程思政教学案例

课程题目：病理报告台前幕后的故事

授课教师：陈艳（副主任医师）

学时数：2 学时

1. **教学内容分析** 本课程内容源于临床工作实践，基于临床工作经验，是针对口腔医学研究生未来面对的临床实际情况而建立的创新性课程。通过口腔临床病理诊断全过程的介绍及实际工作中的具体案例，教育口腔医学的研究生们在未来的临床工作中关注患者的全身状况，全面了解病情，理解临床、病理、影像等多学科联合精准诊疗的重要性，保持求知、严谨的工作态度。在课程讲授中，融入思政内容，一切从患者出发，以高度负责的严谨态度对待患者的病情，从蛛丝马迹中探寻疾病本质；同时引导学生用全局观、整体观的观点看待患者与疾病。

2. **教学目标** 通过提问、引用、病例讲解、示意图、组织学图片、文字归纳、视频等多媒体形式，讲授临床病理的基本工作流程及注意事项，培养学生求知、严谨的工作态度。

（1）**掌握**：常规临床病理诊断全过程。

（2）**熟悉**：手术标本病理取材规范。

（3）**了解**：如何辩证认识疾病的镜下表现。

（4）**拓展**：临床科研思路的来源。

3. **课程思政目标** 通过讲授与实例结合，引导学生重视取活检、手术、送检过程中的工作细节，养成认真负责的工作态度；引导学生用全局观、整体观的观点看待患者与疾病；引导学生的临床思维过程，从临床、病理、影像等各方面全方位思考，避免出现一叶障目的局限；引导学生积极与相关人员沟通，对患者负责，争取获得最优诊疗效果。

4. **教学重点难点**

（1）**教学重点**：在临床病理诊断过程中的全局观。教学对策：以实际案例和视频方式，举例说明临床病理诊断的全过程。

（2）**教学难点**：认识病理检查的优势及局限。教学对策：以“盲人摸象”的故事，说明“不具代表性的局部表现不能代表疾病本身”。

5. **学情分析** 由于本科生阶段没有在口腔病理科实习的轮转安排，因此在开课前，研究生基本不了解口腔病理常规工作流程、工作任务以及病理诊断报告的内涵。而专业教学更侧重于知识和技能的传授，缺乏相关人文素养和病理思维的培养。

6. **教学设计思路**　采用问题式、启发式、互动式教学方法，将教学内容与课程思政自然融为一体。通过实际案例、组织学图片等载体，讲授临床病理的工作流程、诊断要素及注意事项。具体教学设计思路如图 19–1 所示。

教学主线	知识点	能力培养　思政教育	教学设计
教学目的	临床病理重要职业素养	医学人文素养	抛砖引玉　启发思考
基本流程	常规临床病理过程	归纳总结能力	记忆唤醒　熟悉工作
取材过程	常见错误举例	严谨认真态度	结合事例　警钟长鸣
送检过程	荒唐错误举例	严谨认真态度	结合事例　警钟长鸣
宏观与微观	临床病理影像结合	全局观　整体观	形象类比　课堂互动
经验与教训	片面观导致错误	全面观　整体观	结合事例　警钟长鸣
榜样的力量	良好职业素养的正向反馈	医学人文素养	优秀前辈　学习榜样
课堂总结思考	临床病理诊断要点	归纳总结能力	自我回顾　自我总结

图 19-1　病理报告台前幕后的故事教学设计思路

7. **教学过程**　具体教学过程如表 19-2 所列。

表 19-2　病理报告台前幕后的故事教学过程

教学目标	教学内容	教学设计
课程导入	课程导入：作为临床医生及病理医生，在临床病理诊断过程中均需要认真、严谨、求知、全局的职业素养	**启发教学：**引导学生回溯以往工作经历，在什么情况下需要进行病理检查
★ **掌握** 临床病理取材注意事项	第一节　病理报告是金标准吗？ 一、严谨、认真的工作态度的重要性 1. 介绍病理样本的送检流程 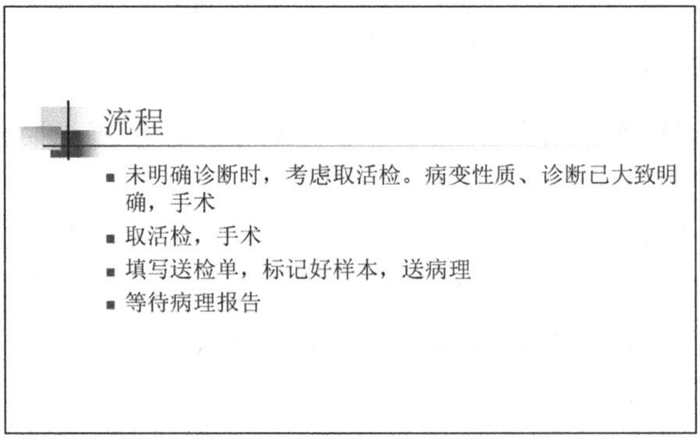 	**形象教学：**用一些真实的事例说明在此过程中任何一点疏忽和偏见都会造成不良后果

续表

<table>
<tr><th>教学目标</th><th>教学内容</th><th>教学设计</th></tr>
<tr><td>

熟悉
病理检查的局限性

了解
病理图像与疾病的关系</td><td>2. 标准的病理样本送检过程的常见错误
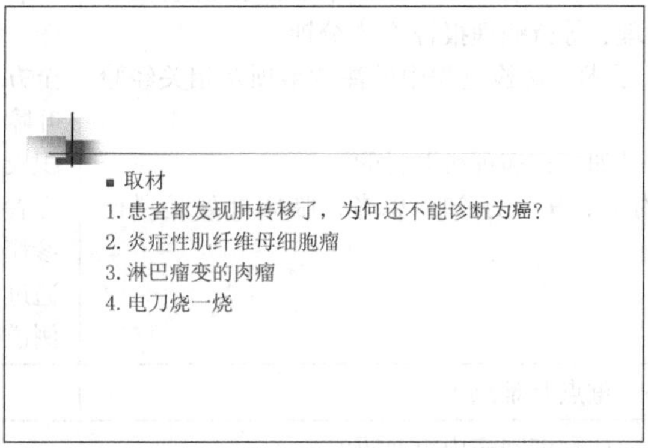

二、全局观、求知欲的重要性
1. 微观与宏观的关系（15 分钟）
从一则古文——王告大臣：“汝牵一象来示众盲者。”……时彼众盲各以手触，大王即唤众盲个个问言：“象类何物？”触牙者即言“象形如萝菔根”；其触耳者言象“如箕”；其触头者言象“如石”；其触鼻者言象“如杵”；其触脚者言象“如臼”；其触脊者言象“如床”；其触腹者言象“如瓮”；其触尾者言象“如绳”。引出“盲人摸象”的故事，说明“不具代表性的局部表现不能代表疾病本身”
2. 疾病病理表现的相似性（35 分钟）
以巨细胞性病变为例，通过两个病例的病理图片举例，说明不同的疾病可能具有共同的病理表现，体会患者信息的全面性对疾病诊断的重要性
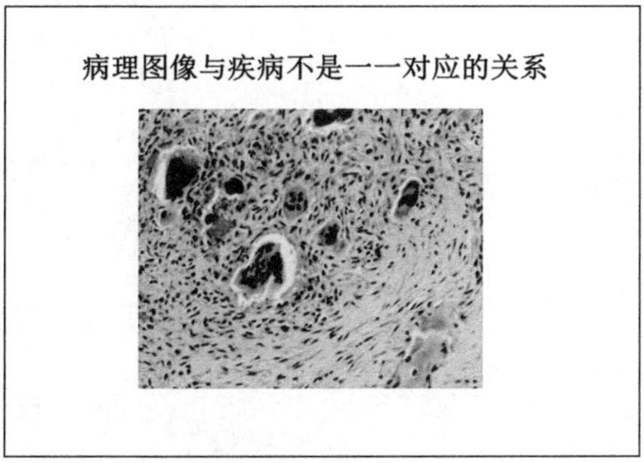
</td><td>通过“盲人摸象”的故事，形象说明只见局部不见全局，而得到错误结论的情况

同一图像有多个可能的诊断。通过两个具有相同图像的病例的诊断过程，使学生体会临床、影像等信息都具有重要作用。相关的信息挖掘往往取决于医疗工作者的求知欲及职业素养</td></tr>
<tr><td></td><td>第二节　对病理报告的理解
一、患者病史、全身表现的重要性
二、临床、病理沟通的重要性（15 分钟）
通过 3 个病例临床情况、影像检查和镜下表现说明</td><td></td></tr>
</table>

续表

教学目标	教学内容	教学设计
★ **掌握** 常规临床病理诊断全过程	三、求知、严谨的工作态度的重要性 回顾临床病理的基本工作流程：取活检、手术、填写送检单、标记好样本、送病理、等待病理报告（15 分钟） 举例说明取活检、手术、送检过程中的注意事项及相关经验教训（10 分钟） 视频说明手术标本是如何在病理科取材的 第三节　保持好奇心，勇于求知、思考，临床处处是科研（10 分钟）	用全局观、整体观的观点看待患者与疾病；从临床、病理、影像等各方面全方位思考，避免出现一叶障目的局限；引导学生积极与相关人员沟通，对患者负责，争取取得最优诊疗效果 通过本学科科研的真实案例说明
总结	对病理报告的理解（重点及难点）	
思考题与课后作业	（1）作为临床医生，认真询问病史重要吗？ （2）作为临床医生，填写送检单的临床信息重要吗？ （3）当病理结果与临床诊断不一致时，应该怎么做？	

第二十章　口腔细胞生物学实验技术

一、课程定位和课程思政建设目标

（一）口腔细胞生物学实验技术课程定位

口腔细胞生物学实验技术（oral cell biology laboratory techniques）是以细胞生物学实验操作为核心，讲授口腔基础研究中常用的细胞生物学实验技术的课程。本课程通过理论课与实验课相结合的方式，规范研究生的实验操作步骤，提高学生的动手能力和实验技能；紧密结合当今细胞生物学发展前沿技术以及口腔医学特色研究成果，鼓励和帮助学生开展原创性基础科学探索。

本课程的教学任务包括：①通过理论课的讲授，阐明细胞培养相关技术的基本理论知识、实验原理及操作方法；同时，介绍近年来细胞生物学的重要研究进展以及北京大学口腔医学院既往特色研究成果。②通过实验课的实践，使学生掌握原代细胞培养相关技术，常用细胞性能检测方法如细胞增殖、迁移、细胞周期、细胞克隆形成、细胞器的染色，以及单细胞测序样本制备等常用实验技能。通过以上课程学习，使新进入实验室的研究生尽快适应科研环境并开展实验研究，规范学生的实验操作习惯，拓展和推广细胞学实验技术在后续基础研究中的应用。

（二）口腔细胞生物学实验技术课程思政建设目标

口腔细胞生物学实验技术的课程思政建设目标主要包括以下几点。

第一，讲授口腔细胞生物学实验原理及操作规范。通过理论课讲授、示教、实操三个环节，使学生全方位掌握细胞生物学相关的基础理论、实验原理和基本操作，获得细胞生物学常规的实验技能。在此基础上，结合当今科学研究前沿和北京大学口腔医学院的研究特色，进一步鼓励学生尽早开展实验研究，为后续科研工作打好坚实的基础。

第二，培养前沿医学科研工作者。课程通过对细胞生物学实验技术的讲解，引导学生基于细胞学、分子生物学等机制，理解细胞培养、基因编辑、细胞死亡和衰老、单细胞测序等相关知识；立足细胞学和分子生物学研究前沿，并结合先进技术的应用，使学生热爱基础研究，做好口腔医学事业建设者和接班人。

第三，帮助学生树立正确的科研人文精神和职业道德。课程从细胞生物学发展史、发展历程中的重要人物及科研成果出发，向学生宣讲中国科研故事、北大口腔科研故事，培养学生奋发进取、严谨求实、合作共享的科研精神，勇于面对困难和挑战，不畏艰辛，并持之以恒地进行科学研究，争做破解口腔基础研究密码之人。

二、教学内容和思政要点设计

本课程的教学内容、知识点和对应思政元素设计及呈现如表 20-1 所列。

表 20-1　口腔细胞生物学实验技术的教学内容、知识点和对应思政元素设计及呈现

教学内容	知识点	思政元素设计及呈现
理论课：细胞培养基础知识 实验课：熟悉细胞培养室环境、设备、准备细胞培养用品	1. 培养环境及仪器设备 2. 细胞培养的无菌、无污染操作观念 3. 细胞培养试剂的准备和除菌方法 4. 生物实验室的安全等级级别 5. 实验室纯水的分级和用途	1. 通过宣讲细胞生物学学科发展过程中的光荣历史和优秀科学家、临床医生的人物事迹，展现文化自信，培养学生的科学家精神 2. 通过讲述细胞生物学技术的发展现状，鼓励学生对该学科的未来进行展望，激发学生努力学习以及寻找技术突破的决心 3. 通过认识细胞培养环境和准备细胞培养用品，培养学生严谨的科研态度
理论课：细胞复苏、计数、培养、传代、冻存技术 实验课：细胞复苏、计数、克隆形成的铺板实验操作	1. 细胞培养的无菌观念与操作原则 2. 细胞的复苏、传代和冻存技术	1. 通过对细胞培养基础操作的理论介绍，展示细胞培养基本技术的变革与推动，思考技术理念革新产生的基础、根源和意义，鼓励学生在实验中主动思考 2. 通过对细胞复苏、传代、冻存技术的示教，贯彻细胞培养过程中的无菌原则，规范和强化一线研究人员的实验操作 3. 通过细胞复苏、传代、冻存技术的实际操作，培养学生实事求是、团结合作、无私奉献的科研精神 4. 通过细胞克隆形成的铺板实验操作，引导学生体会生命力的伟大，以及倡导学生在科研中要尊重科研规律，具有静待花开的耐心和坚持
理论课：口腔组织特异性细胞的培养；细胞系的建立与鉴定 实验课：原代细胞培养	1. 原代细胞培养方法的技术要点 2. 细胞系建立过程	1. 通过讲授细胞原代培养中常用消化酶的种类和作用原理，培养学生根据不同的研究目的，辩证地选用合适的消化酶组合和具体使用方法 2. 通过总结前期研究中的优秀操作方案，讲授多种口腔组织细胞原代培养方法，向学生展示北京大学口腔医学院前辈总结的科研方法与经验，并鼓励学生在实验中针对“卡脖子”的实验问题敢于挑战 3. 通过讲授细胞系建立、鉴定原理和北京大学口腔医学院先进人物事迹，激发学生从事创新性的科学研究，培养学生广博的思维和创新精神 4. 通过对小鼠肌肉组织细胞原代培养的示教和实际操作，使学生深刻体会原代细胞培养中“抗生素加倍”的原因，引导学生在具体的实验中，在保证科学性的基础上，结合实际，学会变通，创造最佳实验条件，最终取得确凿可靠的实验结果

续表

教学内容	知识点	思政元素设计及呈现
理论课：细胞基本结构的分离和鉴定 实验课：溶酶体/细胞骨架的标记染色实验及结果观察	1. 主要细胞器的结构和功能 2. 常见细胞器鉴定方法	1. 通过对细胞基本结构的讲授，使学生从系统的角度认识细胞，了解主要细胞器如何合作分工完成细胞的生命活动，引导学生在科研中遵照科学发展规律进行探究性学习，以及进一步培养学生团结合作的科研精神 2. 通过对溶酶体和细胞骨架的标记染色实验及荧光显微镜使用的示教和实操，培养学生的观察能力，激励学生的学习兴趣，引导学生利用大型精密测试仪器提高科研创新能力
理论课：基因工程技术 实验课：细胞传代和冻存实验操作	1. 基因工程技术原理 2. 细胞转染技术实验方法 3. 慢病毒转染技术实验方法 4. CRISPR/Cas9 技术实验方法及其应用	1. 结合分子生物学和细胞生物学研究进展，以 CRISPR/Cas9 为切入点，介绍华人学者在科技前沿的学术成就，讲述基因工程技术发展史，引导学生深入思考，鼓励学生努力钻研，不断创新，寻找突破 2. 引导学生建立多学科交叉、贯通融合的基本意识，介绍基因工程技术在医学治疗领域的应用前景，进而激励学生对相关学科的兴趣和主动建立连接的“主体意识”，形成通过学科交叉融合建立自发创新的研究思路
理论课：细胞一般生物学行为检测方法 实验课：定量接种96孔板细胞，接种24孔板细胞，接种6孔板细胞，剩余细胞固定、准备细胞周期实验	1. 细胞增殖能力检测实验方法 2. MTT 和 CCK-8 法检测细胞活性的原理和步骤 3. 细胞克隆形成实验的原理和步骤 4. 细胞迁移和侵袭能力检测实验方法 5. 细胞划痕和 Transwell 法检测细胞迁移和侵袭能力的原理和步骤	1. 通过对细胞一般生物学行为的检测，培养学生以发展和动态的眼光认识细胞生命活动 2. 通过讲授细胞一般生物学行为检测在临床疾病研究中的应用，引导学生思考如何理解基础研究与临床学科的关系，帮助学生认识交叉学科的发展趋势，鼓励学生积极投身临床基础研究
理论课：流式细胞术 实验课：检测 CCK-8 结果；β-半乳糖苷酶检测实验加过氧化氢；示教使用流式细胞仪分析细胞周期	1. 流式细胞仪的工作原理及用途 2. 流式细胞仪检测细胞周期的原理 3. 细胞周期实验的细胞样本制作步骤	1. 通过对流式细胞仪工作原理的介绍，培养学生对大型精密仪器设备国产化研发的兴趣，引导学生胸怀科技创新的使命感和责任感 2. 通过对流式细胞术原理及基本操作的讲授，培养学生正确使用科学仪器和设备的能力，进一步增强学生的科研创新能力 3. 介绍北京大学口腔医学院特色质谱流式仪器等，增强学生对先进科技的热情与兴趣

续表

教学内容	知识点	思政元素设计及呈现
理论课：细胞衰老和死亡 实验课：划痕实验划板；β-半乳糖苷酶加染液过夜；观察原代培养细胞	1. 细胞衰老的研究方法 2. 细胞死亡方式的分类及检测方法 3. 细胞衰老相关的 β-半乳糖苷酶的染色方法	1. 通过对细胞衰老和细胞死亡发展史及相关人物的介绍，培养学生对比和归纳总结的能力，引导学生以发展的眼光认识世界，不断深度思考，与时俱进 2. 通过对细胞死亡种类及其典型病理改变及分子机制的讲授，使学生认识到“主动思考”的重要性，引导学生进行逻辑思考，并进一步培养学生客观分析问题的习惯
理论课：单细胞测序技术 实验课：克隆形成结晶紫染色；观察划痕实验结果；β-半乳糖苷酶检测结果	1. 单细胞测序技术发展史及原理 2. 单细胞测序技术操作流程	1. 以北京大学科学工作者在单细胞领域的研究成果为切入点，讲述单细胞测序发展史和我国科学家的科研经历，展现我国在此领域的成就和地位，体现科技自立自强的信心和文化自信 2. 通过对单细胞测序技术原理的介绍，鼓励学生努力突破科研瓶颈，不断在技术和方法领域勇于创新，寻找科学突破 3. 介绍北京大学口腔医学院校友将单细胞测序技术应用于口腔研究领域及其在国际上的影响力，激励学生为我国口腔卫生事业贡献力量

三、教学设计与方法

细胞生物学实验技术是生物科学领域中基本的研究手段，也是分子生物学、组织工程学等现代科学技术手段中必不可少的一部分。本课程以细胞生物学实验技术为核心，全面介绍常用的细胞生物学相关技术，紧密结合当今细胞生物学发展前沿，以及医院特色研究，通过理论课和实验课相结合的方式，规范和强化研究生的实验操作，鼓励和促进学生开展科学研究。

在教学实施过程中，将思政教育融入每一堂课、每一章节和每一次实验操作，将培养创新型口腔医学人才目标融入口腔细胞生物学实验技术课程教学全过程。

1. **以先进人物为榜样，激励学生追求卓越和弘扬科学家精神** 在教学中注重挖掘口腔细胞学前辈名师的先进事迹和为科学创新奋斗的历程，展现我国在该学科的成就和地位，体现科技自立自强的信心，引导学生时刻追求卓越，崇尚科学家精神，为我国口腔科学事业做出贡献。

2. **以大型精密仪器设备的使用为切入点，引导学生胸怀科技创新的使命感和责任感** 在教学中通过对大型精密仪器设备的介绍，培养学生对大型精密仪器设备的兴趣，使学生建立对我国高端仪器设备发展及核心技术创新能力的信心，自觉肩负高水平科技自立自强的使命。

3. **紧密结合科学技术的应用前沿，引导学生探索前沿科技创新之路** 前沿科技推动着社会的进步，引领着未来的方向。以基因编辑技术为例，其有望改变人类对生命的认知和掌控能力。生物技术的广泛应用将推动医疗水平提升，实现定制化治疗，为我国人民口腔健康事业的发展贡献最强力量，提供更多可能。

四、课程思政教学案例

课程题目：单细胞测序技术

授课教师：蒋楠（研究员）

学时数：1 学时

1. 教学内容分析 单细胞测序技术是获取单个细胞遗传信息的测序技术，即在单个细胞水平上，对基因组或转录组进行提取扩增和测序的方法。这种技术能够揭示单个细胞独有的基因结构和基因表达状态，鉴定异质细胞群中的稀有细胞。单细胞测序技术是目前新兴的技术，是科学研究领域的前沿内容，因此也是医学生应该重点掌握的内容，尤其是应该重点掌握测序原理和该技术的应用范围。本节课在教学内容的安排和设计方面开发了新的教学模式，例如：通过高水平文献解析，阐释单细胞测序的优势，使学生理解单细胞测序技术的重要性。在课程讲授中，融入思政内容，尤其是介绍我国科学家在单细胞测序研究上所取得的成绩和贡献，使学生深植爱国情怀，厚植“科技立则民族立，科技强则国家强”的理念。

2. 教学目标

（1）**掌握**：单细胞测序的定义，单细胞测序原理和单细胞测序的应用。

（2）**熟悉**：一代测序和二代测序的技术与原理，单细胞测序样本制备流程。

（3）**了解**：单细胞测序的进展，单细胞多组学等技术。

（4）**拓展**：单细胞相关文献阅读拓展。

3. 课程思政目标

（1）**科研创新能力**：讲解北大医学在单细胞测序硬件技术开发以及科学研究领域的领军人物，增强科研探索精神。

（2）**医学人文素养**：通过对单细胞测序技术解决临床实际问题的讲解，使学生理解科学研究对于探究临床疾病根本原因的重要性。

（3）**科技强则国家强**：我国科学家在该领域取得了重要且具有开拓性的成绩。鼓励学生勇于尝试探索性科研工作，勇于尝试“从 0 到 1”的科研工作，同时培养学生的科技自信及民族自豪感。

4. 教学重点难点

（1）**教学重点**：单细胞测序的应用。教学对策：通过结合近年来发表的经典文献，帮助学生理解单细胞测序的优势及先进性，尽快使学生掌握单细胞测序在科研中的应用范围。

（2）**教学难点**：单细胞测序原理。难点分析：以基础概念为主，学生缺乏测序基础知识，难以理解。教学对策：①图像化：对经典测序技术原理以图片方式展示，给学生以形象化的认知。②抓主要问题、关键步骤：由于单细胞测序技术流程复杂，涉及单细胞分离、文库制备与测序、数据分析等多个步骤，难以全面掌握。因此要先抓住其中的重点问题，理清学生日常实验中的常见问题，即第一步细胞解离过程。对该部分内容加以例证，有的放矢，使学生快速理解该项技术。

5. 学情分析 单细胞测序知识的整体内容较为抽象，步骤多，难记忆；同时学生缺乏基础知识，思政教育培养也正处于关键时期。本节课针对学生的特点进行了如下创新设计。

（1）思政融入国家和北大元素：①我国近年来在单细胞测序研究方面一直处于国际领先水平。其中北大医学乔杰院士、汤富酬教授团队，在单细胞测序方面取得的成绩有目共睹。②早在 2009 年，汤富酬教授等开发出第一种单细胞转录组测序技术 mRNA-Seq，奠定了单细胞测序技术的基础。③北京大学口腔医学院校友柴洋院士在单细胞测序领域也取得了重要突破。基于以上事迹，使学生树立科技自信的理念，厚植爱国情怀。

（2）强调重点，归纳难点：在教学中反复强调与回顾重点，通过提问、板书等方法拆解难点；在课程多处设计便于记忆的短语，引导学生记忆。

（3）结合文献，联系实际：结合口腔领域单细胞测序相关文章，对比既往背景知识，使学生快速理解单细胞测序技术的前沿优势，鼓励学生创新性研究，达到全方位育人目标。

6. 教学设计思路　通过将 2013 年 *Nature Methods* 回顾的年度十大最受瞩目、影响力最大的技术引入教学，将教学主线内容、重要知识点和课程思政贯通起来，通过启发式、互动式和归纳式教学，以多媒体、视频录像等为载体，讲授单细胞测序内容，具体教学设计思路如图 20-1 所示。

教学主线	知识点	能力培养　思政教育	教学设计
• 定义	• 单细胞层面、转录组测序	• 对比分析能力、科技自信的信念	• 案例导入引发思考
• 原理	• 原理（三部分）	• 归纳总结能力	• 结合视频
• 技术流程	• 细胞解离方法	• 学习探索能力	• 动画演示
• 应用	• 应用范围	• 学习探索、创新自信	• 结合文献深入浅出
• 进展	• 多组学检测	• 对比分析能力	• 拓展思考自主学习

图 20-1　单细胞测序技术教学设计思路

7. 教学过程　具体教学过程如表 20-2 所列。

表 20-2　单细胞测序技术的教学过程

<table>
<tr><th>教学目标</th><th>教学内容</th><th>教学设计</th></tr>
<tr><td>课程导入</td><td>课程导入：Nature Methods 杂志 2013 年评选出的十大最具影响力的技术
问题贯穿课程主线：什么是单细胞测序技术？其先进性有哪些？
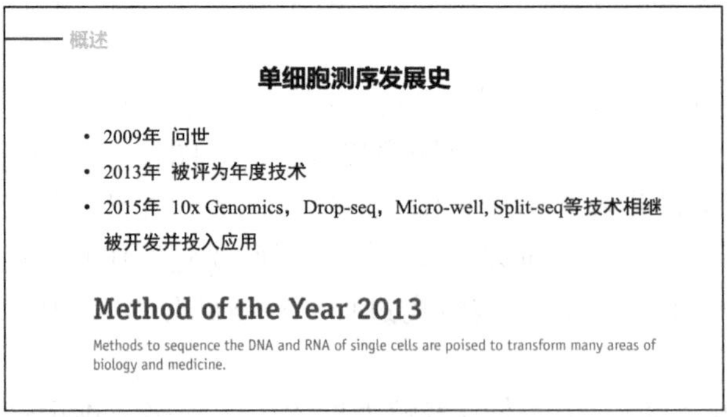
</td><td>导入：通过 Nature Methods 的评选结果，引入单细胞测序概念
承上启下：单细胞测序技术开发的时间和历程</td></tr>
</table>

续表

教学目标	教学内容	教学设计
了解 发展历史	1. 最早的测序技术：2009 年汤富酬教授在 *Nature Methods* 首次发表了第一种单细胞转录组测序技术 2. 介绍关键进展：例如 2016 年，Broad 研究所的研究人员在 *Science* 上发表了 sNuc-Seq 的单核 RNA 测序方法	**课程思政（国家和北大元素）**：汤富酬教授等在国际领域率先开发出第一种单细胞转录组测序技术 mRNA-Seq，奠定了单细胞测序技术的基础。通过我国在单细胞测序领域的奠基性工作，为学生树立科技自信的理念
★ **掌握** 单细胞测序技术的定义	定义：单细胞测序技术是获取单个细胞遗传信息的测序技术，即在单个细胞水平上，对基因组或转录组进行提取扩增和测序的方法 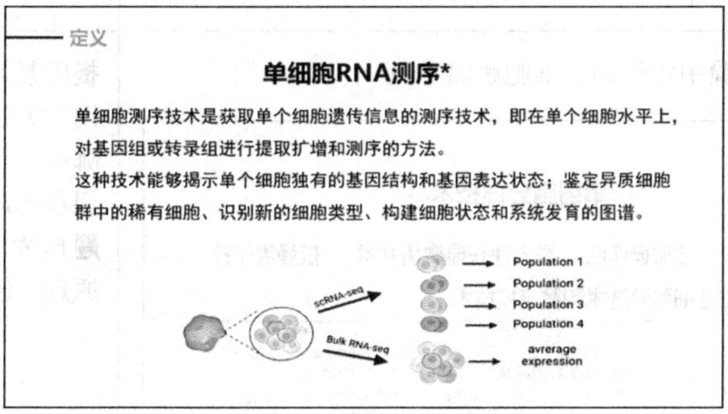 这种技术能够揭示单个细胞独有的基因结构和基因表达状态；鉴定异质细胞群中的稀有细胞、识别新的细胞类型、构建细胞状态和系统发育的图谱 对比教学，理解单细胞测序的定义和优势	**对比教学**：结合一代测序、二代测序，提出单细胞测序定义的区别和优势
★ **掌握** 单细胞测序技术的原理	原理 1. 将单细胞测序原理凝练为 3 个短语 （1）单细胞分离 （2）文库制备与测序 （3）数据分析 2. 重点介绍单细胞解离步骤　细胞悬液的制备是单细胞 RNA 测序成功的关键，无论是对于患者的样本、模式动物的组织，还是细胞系，此部分是学生在后续实验中常遇到的问题。 3. 单细胞标记 4. 文库建立 5. 生物信息分析	**归纳总结教学**：引导学生总结单细胞测序关键步骤 **课程思政**：反复强调与回顾重点，通过提问、板书等方法拆解难点；在课程多处设计便于记忆的短语，引导学生记忆 **形象化教学**：播放视频、动画，使学生易于理解基础知识

续表

<table>
<tr><th>教学目标</th><th>教学内容</th><th>教学设计</th></tr>
<tr><td>★
掌握
单细胞测序技术的原理</td><td>
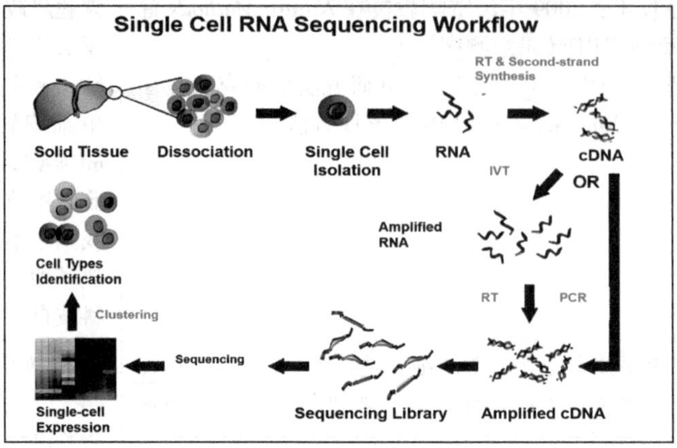

（图片来源 http://sinomics.com/MobileWeb/show_56.htm）</td><td>课程思政（从科研实际问题出发）：帮助学生理解较为抽象的原理技术，鼓励学生积极思考，针对不同实验场景及研究特点理解单细胞解离方法的异同，与学生进行互动，解决科研实际问题</td></tr>
<tr><td>熟悉
细胞解离方法</td><td>1. 逐条讲解实验中常用到的细胞解离手段

流程技术
1. 单细胞分离技术
• 连续稀释法、 显微操作法、 激光捕获显微切割术 、 拉曼镊子技术、 荧光激活细胞分选术和微流控技术
<table>
<tr><th>分离方法</th><th>优点</th><th>缺点</th></tr>
<tr><td>连续稀释法</td><td>操作简单、成本低廉</td><td>分离错误或细胞丢失；非靶向筛选</td></tr>
<tr><td>显微操作法</td><td>操作简便、成本低廉；可视化操作</td><td>低通量；机械性细胞损伤</td></tr>
<tr><td>激光捕获显微切割术</td><td>保持细胞形态学结构；保留空间位置信息</td><td>低通量；损伤细胞核</td></tr>
<tr><td>拉曼镊子技术</td><td>高特异性；获得细胞组成、结构等信息</td><td>应用范围有限；光诱导性细胞损伤</td></tr>
<tr><td>荧光激活细胞分选术</td><td>高通量、高灵敏度；分离较小细胞或颗粒</td><td>样品用量大；机械性细胞损伤</td></tr>
<tr><td>微流控技术</td><td>高通量；操作灵活；样品需求量小</td><td>成本较高</td></tr>
<tr><td>免疫磁珠分离法</td><td>简便快速、成本低；靶向筛选</td><td>尚无报道</td></tr>
</table>
2. 介绍北京大学口腔医学院特色实验设备：激光捕获显微切割系统在单细胞测序中的应用</td><td>提问复习：既往实验中常用的方法、遇到的问题有哪些？
课程思政（从科研实际问题出发）：帮助学生理解原理，解决科研实际问题</td></tr>
<tr><td>★
掌握
单细胞测序技术的应用</td><td>Development & Discovery
1. 发育生物学
（1）对新标志物的鉴定
（2）新的细胞发育图谱的建立

Spatiotemporal single-cell regulatory atlas reveals neural crest lineage diversification and cellular function during tooth morphogenesis

Journal: Nature Communications

Authors: Junjun Jing, Jifan Feng, Yuan Yuan, Tingwei Guo, Jie Lei, Fei Pei, Thach-Vu Ho & Yang Chai

Published: 2022</td><td>结合文献教学：通过口腔牙齿发育单细胞测序文献，帮助学生理解单细胞测序应用的范围和优势
课程思政：利用北京大学口腔医学院校友柴洋院士的文献，宣传其在单细胞测序领域取得的重要突破，使学生树立科技自信的理念，培养学生的民族自豪感及科学家精神</td></tr>
</table>

续表

<table>
<tr><th>教学目标</th><th>教学内容</th><th>教学设计</th></tr>
<tr><td>★
掌握
单细胞测序技术的应用</td><td>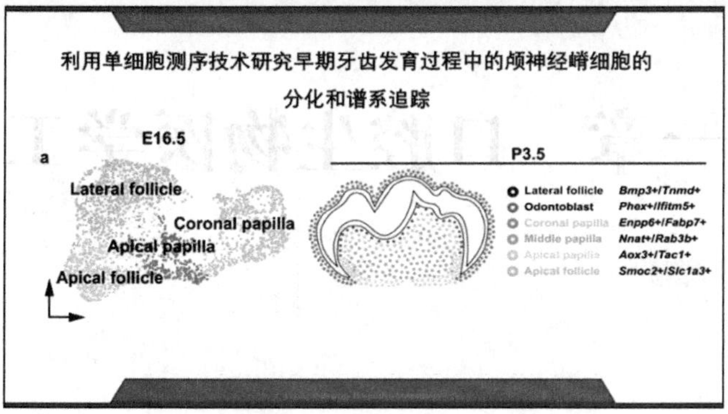

2. 肿瘤：发生、发展机制
3. 生物标志物
拓展：高水平单细胞测序相关文献阅读</td><td></td></tr>
<tr><td>**了解**
单细胞测序技术研究进展</td><td>介绍单细胞多组学测序技术</td><td>**对比式、启发式教学：**拓展思考，多组学与转录组的异同有哪些？多组学测序的临床应用以及优势体现在哪些方面？</td></tr>
<tr><td>**总结**</td><td>单细胞测序技术的定义、原理（难点）和应用（重点）</td><td></td></tr>
<tr><td>**思考题与课后作业**</td><td>1. 简述单细胞测序技术的基本原理
2. 阅读相关文献，了解单细胞测序技术在口腔颅颌面发育研究中的应用</td><td></td></tr>
</table>

第二十一章　口腔生物医学工程

一、课程定位和课程思政建设目标

（一）口腔生物医学工程课程定位

口腔生物医学工程是口腔医学与生物医学工程两大领域相融合的交叉学科。生物医学工程是以电子学、微电子学、现代计算机技术、信息学、化学、材料学、生物学、力学、光学、射线技术以及精密机械为基础，在与医学紧密结合的过程中发展起来的一门综合性应用学科。

口腔生物医学工程课程的开设有助于拓宽学生的知识面，从整体了解口腔医学及生物学的新技术、新方法，并将学到的技术与医学知识相融合，深入了解临床及科研工作中常用的方法及科研思路，科学设计实验，从而开展研究工作。口腔生物医学工程课程的任务包括以下三个方面。

（1）关注口腔医学和生物医学工程领域的最新科研动态，及时更新课程内容，将学科前沿融入教学中。

（2）通过课程的教学，培养学生的创新思维、实践能力、团队协作精神，使其具备应用口腔医学与生物医学工程领域知识解决问题的能力。

（3）在科研实践中，学生可以有效了解生物医学工程技术的理论和技术，提升科研创新能力。

（二）口腔生物医学工程课程思政建设目标

口腔生物医学工程的课程思政建设目标主要包括以下几点。

第一，本课程讲授口腔生物医学工程的基础理论与前沿知识，涵盖生物材料、影像技术、基因编辑、再生医学等领域，重点介绍其在口腔医学中的应用，夯实学生的专业认知。

第二，课程通过理论讲授、实验实训和案例分析，培养学生的实践与创新能力，使其掌握生物材料制备、影像数据分析、干细胞实验、基因编辑等核心技术。强调工程思维与临床应用结合，提升学生分析与解决问题的能力，为未来研究与转化应用奠定基础。

第三，课程将结合口腔生物医学工程的发展历程及科技创新，帮助学生树立正确的世界观、人生观和价值观。通过介绍口腔生物医学工程的发展史以及工程技术在口腔疾病诊疗中的变革性作用，引导学生理解科技创新的社会责任，增强科技报国和医工结合服务人类健康的使命感。

本课程的思政建设目标是培养具备创新能力、实践能力和社会责任感的高素质口腔生物医学工程人才，为学科发展贡献力量。

二、教学内容和思政要点设计

本课程的教学内容、知识点和对应思政元素设计及呈现如表 21-1 所列。

表 21-1　口腔生物医学工程的教学内容、知识点和对应思政元素设计及呈现

教学内容	知识点	思政元素设计及呈现
口腔生物医学工程导论	1. 口腔生物医学工程课程介绍及安排 2. 口腔生物医学工程概述 3. 未来口腔医学发展展望	结合国家重大需求与“四个面向”，引导学生将科学研究与临床问题相结合，形成以解决临床问题为导向的研究思路，同时培养学生跨学科学习兴趣，增强学科交叉意识，更好地理解口腔生物医学工程课程的内涵
生物材料与药物递送	1. 生物材料的概念和发展历史 2. 生物材料在口腔医学领域的应用 3. 生物材料在药物递送领域的应用 4. 生物材料的研究前沿与挑战	引导学生充分认识生物材料在口腔医学中的作用，了解生物材料研究前沿，帮助学生树立以解决我国口腔临床需求为目标导向的科研观念
纳米生物材料及癌症早期检测	1. 纳米生物材料及其特性 2. 纳米生物材料在癌症治疗中的应用 3. 纳米生物材料在癌症诊断和成像中的应用 4. 癌症早期诊断的其他方法	提高学生对癌症危害性的认识，强调对癌症应采取“预防为主，防治结合”的理念，介绍针对癌症防治的新型纳米技术，培养学生创新突破的科研思维
口腔医学影像大数据及力学分析	1. 口腔医学影像大数据 2. 口腔医学影像人工智能 3. 口腔生物力学 4. 未来展望	介绍口腔医学影像人工智能和生物力学方面的前沿知识和必备技能，坚持面向世界前沿科技和人民生命健康，引导学生努力学习，利用前沿科技为口腔医学的发展做出应有的贡献
医学影像技术及临床应用	1. 医学影像技术的概念和原理 2. 医学影像技术在口腔医学领域的应用 3. 医学影像技术的融合与发展	培养学生以突破重大科学领域问题为导向的科研观念，充分理解医学影像技术及其在口腔临床医学中的作用，引导学生建立相关理论概念，初步理解图像的分析方法
生物荧光成像技术	1. 生物荧光成像的概念 2. 生物荧光成像的历史 3. 超分辨成像技术	培养学生以成像技术基础为指导，在科研工作中能够根据自己的需要选择合适的成像技术，引导学生思考如何提升成像质量
基因编码的荧光成像探针	1. 荧光探针和标记技术 2. 超分辨荧光成像技术 3. 超分辨荧光成像探针开发技术	引导学生关注生物医学技术热点和前沿，了解超分辨荧光成像技术，荧光成像探针对于该技术的重要性，以及多学科交叉对于科学技术进步的意义
质谱成像技术及其在口腔精准医学中的应用	1. 质谱分析技术与仪器设备基本原理 2. 单细胞质谱分析在精准医学中的研究 3. 单细胞质谱成像技术在口腔恶性疾病中的应用	通过质谱分析技术的介绍，培养学生对前沿检测技术的理解能力，引导学生关注精准医学的诊断技术，结合质谱成像技术与口腔医学的交叉应用，提升学生的综合分析能力与创新能力

续表

教学内容	知识点	思政元素设计及呈现
医学生物信息学	1. 生物信息和基因组学的历史现状与发展 2. 生物信息学在医学中的应用	提升学生对生物信息、医学数据分析的能力，以及在医疗诊断中处理数据的技能
干细胞和骨再生医学	1. 干细胞的基本概念和生物学特性 2. 干细胞定向分化为成骨细胞的分子机制 3. 骨再生医学的研究进展和转化应用探索	干细胞和再生医学的科研、转化与应用向纵深方向迅速发展，为疾病的机制研究和临床应用带来革命性变化，具有重大应用价值。骨再生医学特异性针对骨组织，致力于促进骨修复和再生过程，涉及干细胞诱导分化与制备、组织工程及生物医用材料等理论和技术。结合章节内容的讲述，使学生了解干细胞和骨再生医学的概念和最新研究进展
基因编辑技术	1. 基因编辑技术的概念和发展阶段 2. 高通量基因编辑技术的研究进展和发展方向 3. 高通量基因编辑技术在口腔医学领域的应用	引导学生关注基因编辑技术，将技术进展与医学特别是口腔医学发展相结合，加深对基因编辑技术应用的了解，提高解决临床问题的能力
口腔生物医学工程的应用	1. 生物医学工程的微观视角 2. 光学技术的发展 3. 口腔医学领域生物医学工程的应用	培养学生关注生物医学工程科学与应用的兴趣，基于微观视角介绍光学技术的发展状况，指导学生关注相关技术的转化应用，以需求为导向提升科学素养
三维生物打印技术	1. 三维生物打印技术的概念和发展阶段 2. 三维生物打印技术在口腔医学领域的应用 3. 三维生物打印技术的研究进展和发展方向	培养学生以突破重大科学领域问题为导向的科研观念，充分理解三维生物打印技术中干细胞精准分布对组织分布的影响，引导学生构建利于细胞外物质转运的三维结构体和生物墨水体系，深入理解三维生物打印技术

三、教学设计与方法

口腔生物医学工程的教学设计方法应注重培养学生的综合素质和创新能力，结合思政教育，帮助学生掌握口腔生物医学工程的基本理论、基本知识和基本技能，同时树立正确的价值观和职业操守。以下是一些教学设计方法的建议。

1. **制定明确的教学目标和计划**　在口腔生物医学工程的教学设计中，应制定明确的教学目标和计划，包括知识目标、能力目标和素质目标。根据教学目标和计划，合理安排教学内容和教学方法，确保思政教育贯穿于整个教学过程中。

2. **引入典型案例分析**　口腔生物医学工程涉及许多复杂的原理和问题，通过引入典型案例分析，帮助学生深入理解理论知识，提高解决实际问题的能力。同时，典型案例可以与思政教育相结合，引导学生从人文和社会角度对病例进行分析和思考。

3. **开展探究性学习**　探究性学习是一种以问题为导向的教学方法，可以帮助学生主动思考和解决问题。在口腔生物医学工程的教学中，教师可以提出一些具有挑战性的问题或引导学生发现一些具有研究价值的问题，使学生通过探究性学习的方式寻找答案，培养学生的创新能力和解决问题的能力。

4. **注重实践操作能力的培养** 口腔生物医学工程是一门实践性很强的学科，因此在教学设计中应注重实践操作能力的培养。通过安排实验、实习、课程设计和毕业设计等实践教学环节，让学生亲手操作、亲身体验，加深对理论知识的理解，提高实践操作能力。

5. **引入多元化考核方式** 传统的单一考核方式无法全面评价学生的综合素质和能力，因此在教学设计中应引入多元化的考核方式。除了传统的笔试之外，还可以采用案例分析、论文撰写、小组讨论、口头报告等多种形式，从多个角度评价学生的学习成果和综合素质。

6. **加强教师队伍建设** 教师是教学设计的关键因素之一，因此应加强教师队伍建设。通过培训和交流，提高教师的专业素养和教学能力，同时加强教师的思政教育意识和能力，确保教师在教学过程中能够有效地融入思政教育。

7. **结合行业发展趋势进行教学** 口腔生物医学工程是一个快速发展的领域，因此在教学设计中应结合行业发展趋势进行教学。引入最新的研究成果和技术进展，使学生了解行业发展的最新趋势和要求，培养学生的创新意识和适应能力。

8. **培养学生的人文素养和社会责任感** 口腔生物医学工程作为医学领域的一部分，需要从业人员具备较高的人文素养和社会责任感。因此，在教学设计中应注重培养学生的道德素质、职业操守和社会责任感，帮助学生树立正确的价值观和职业操守。

综上所述，口腔生物医学工程的教学设计方法应注重学生的综合素质和创新能力培养，结合思政教育要求，制定明确的教学目标和计划，引入典型案例分析，开展探究性学习，注重实践操作能力的培养，引入多元化考核方式，加强教师队伍建设，并结合行业发展趋势进行教学。通过这些方法，可以有效地提升教学质量和效果，培养出德智体美劳全面发展的中国特色社会主义口腔医学事业建设者和接班人。

四、课程思政教学案例

课程题目：口腔生物医学工程导论

授课教师：邓旭亮（教授、主任医师）

学时数：3 学时

1. **教学内容分析** 口腔生物医学工程导论主要介绍口腔生物医学工程的基本概念、研究内容、研究方法和应用领域。以下是对口腔生物医学工程导论教学内容的分析。

（1）口腔生物医学工程课程介绍及安排。

（2）口腔生物医学工程历史及发展。

（3）口腔生物医学工程涉及的技术和典型案例。

（4）未来口腔医学发展展望。

通过对以上内容的讲解和学习，学生可以全面了解口腔生物医学工程学科的基本概念、研究内容、研究方法和应用领域，熟悉材料科学、数学、物理学、工程科学和生命科学技术在口腔医学领域的应用和前景，帮助学生了解本学科的最新进展和发展趋势。

2. **教学目标** 口腔生物医学工程课程的目标主要是使学生熟悉生物医学工程的基本理论、基本知识和基本技能，具备解决生物医学领域实际问题的能力。具体如下。

（1）了解：口腔生物医学工程的基本理论，包括医学影像技术、生物医用材料、人工器官、医疗机器人等前沿技术，使学生了解生物医学工程领域的最新进展和发展趋势。

（2）拓展：通过课程学习，使学生具备自我学习和自我发展的能力，能够适应生物医学工程领域的快速发展和变化。

3. **课程思政目标**　口腔生物医学工程学科的科学人文素养包括科学精神、医学伦理、社会责任、跨学科合作和自主学习等方面。通过培养这些素养，可以提高学生的综合素质和能力，为未来的职业发展做好准备。

（1）科研思维能力：培养学生通过口腔材料产品研发的案例建立材料的研究思路，培养学生对科学实验的分析与设计思维。

（2）自主学习：口腔生物医学工程学科需要具备自主学习的素养，能够不断更新知识和技能，适应学科发展的变化。学生需要具备自主学习和终身学习的能力，不断学习和探索新的领域和知识，以保持竞争优势。

（3）医学和科学人文素养：口腔生物医学工程学科需要具备跨学科合作的素养，能够与其他学科领域进行合作和交流。学生需要了解其他学科的基本知识和方法，具备跨学科的思维能力和合作精神，以更好地为学科发展做出贡献。

4. **教学重点难点**

（1）教学重点：对多学科交叉理论和基础知识的理解。**教学对策**：①强调跨学科的重要性：介绍口腔生物医学工程的多学科性质，强调其如何整合口腔医学和生物医学工程领域的理论和知识。②实际案例分析：通过实际案例，展示多学科交叉理论如何在解决口腔医学问题中发挥作用，使学生理解其实际应用。

（2）教学难点一：生物材料的分类介绍及技术发展。**难点分析**：生物材料可以根据其应用领域和特性进行不同的分类。一般来说，生物材料可以分为人工合成材料和天然材料。其中，人工合成材料包括金属材料、高分子材料、生物陶瓷材料等，而天然材料则包括生物体材料和生物医用材料。

教学对策：①具体化：通过对材料的成分和结构，材料与组织的相互作用，材料的应用领域进行分类，通过图与案例的模式进行展示，使学生深入理解生物材料的不同分类。②总结生物材料的典型案例：通过 4 个典型案例（人工牙釉质—多尺度牙齿修复材料、GTR 膜材料与组织修复、牙齿脱敏剂和预成纤维桩），进行从临床到科研，再从科研到临床的案例演示。学生可以借此学习和了解生物材料在口腔医学中的应用和发展。

（3）教学难点二：人工智能与口腔的技术。**难点分析**：人工智能与口腔的技术涉及多学科交叉的问题，具体包括人工智能技术的复杂性，口腔医学数据的多样性，人工智能技术与口腔医学交叉学科特性以及人工智能算法的可解释性和可靠性等。

教学对策：①形象化：通过结合具体案例，帮助学生更好地理解人工智能在口腔医学中的应用。例如，可以通过引入 DeepCare 羽医甘蓝的案例技术，经过大量数据的训练，能够有效地检测出口腔疾病，包括龋齿、牙周病、牙髓炎等常见口腔疾病，以及一些较为复杂的口腔疾病，如颌骨囊肿、埋伏牙等。同时，该系统还可以根据患者的个体差异，提供个性化的口腔健康建议和治疗方案。②临床病例，图文共显：通过临床病例片（根尖片、全景片、侧位片和 CBCT 图像等），使学生直观看到人工智能辅助检测的结果，深入理解人工智能技术的可应用点。

5. **学情分析**　口腔生物医学工程是一门涉及生物学、医学、工程学等多个学科的综合性学科。其研究内容包括生物材料、组织工程、医疗机器人、医学影像技术等方面，旨在为人类的健康和医疗事业提供技术支持和创新解决方案。

在生物医学工程领域，学生需要具备广泛的学科知识和技能。首先，学生需要掌握生物学、医学、工程学等相关学科的基础理论知识，包括生物学、解剖学、生理学、病理学、药理学等。其次，学生需要具备工程设计、实验研究、数据分析等方面的技能，能够运用计算机辅助设计工具进行建模和仿真，进行实验设计和数据分析等。此外，学生还需要具备创新思维和实践能力，能够独立思考和解决问题，具备团队合作精神和良好的沟通能力。

针对生物医学工程领域的特点和学生需求，可以采取多种措施来提升学生的学习水平。例如，加强学科交叉和融合，提高学生的综合素质；加强实践环节和项目制学习，提高学生的实践能力和创新意识；加强科研和实践经验的积累，提高学生的学术水平和职业发展能力。口腔生物医学工程的创新点主要包括以下几个方面。

（1）学科交叉融合：口腔生物医学工程是一个跨学科的领域，涉及口腔医学、生物学、材料学、工程学等多个学科的交叉融合。这种交叉融合为创新提供了更多的思路和可能性。

（2）技术更新迅速：口腔生物医学工程领域的技术和方法更新迅速，例如3D打印技术、组织工程、生物材料等。这些新技术的应用和发展，为解决口腔医学中的问题提供了新的解决方案。

（3）临床需求驱动：口腔生物医学工程的发展受到临床需求的驱动。随着人们对口腔健康和美观的要求不断提高，对新技术和新方法的需求也不断增加，这为创新提供了更多的动力。

（4）团队合作：口腔生物医学工程领域的创新需要多学科（包括口腔医生、生物学家、工程师、材料科学家等）的团队合作，从而促进知识共享和经验交流，提高创新效率。

（5）创新思维：口腔生物医学工程领域的创新需要具备创新思维和创新能力，包括对问题的独特见解、对新技术和新方法的敏锐洞察力，以及对解决方案的独特设计等。

（6）实践经验积累：口腔生物医学工程领域的创新需要不断的实践经验积累。通过实践可以发现新问题，验证新技术和新方法的有效性，同时也可以为创新提供更多的思路和灵感。

（7）知识产权保护：口腔生物医学工程领域的创新需要重视知识产权保护。通过专利申请等方式可以保护创新成果，促进技术的转化和应用。

总之，口腔生物医学工程的学情是充满挑战和机遇的，需要具备跨学科的知识背景、创新能力、团队合作精神和实践经验等，同时还需要关注临床需求和技术更新，加强知识产权保护。

6. **教学设计思路** 通过问题引导，将教学主线内容、重要知识点和课程思政贯通起来，通过启发式、对比式、互动式和归纳式教学，以板书、教学模具、视频录像等为载体，生动地讲授口腔生物医学工程（口腔BME）课程包含的内容，具体教学设计思路如图21-1所示。

7. **教学过程** 具体教学过程如表21-2所列。

教学主线	知识内容	能力培养 思政教育	教学设计
课程内容介绍	BME 概述	医学和科学的发展	归纳式教学
	口腔 BME 的发展	创新服务，健康使命	问题驱动
	口腔疾病与 BME 的关系	社会责任感	启发式教学
	教师团队及授课内容	团队协作的培养	
生物医学工程（BME）多学科介绍	★ 生物材料	科研严谨，伦理为先	案例分析
	★ 医学影像和大数据	数据赋能	启发式教学
	生物力学	跨学科的思考和解决问题的能力	案例分析
	生物信息学	合理利用科学技术	启发式教学
	再生医学	探索未知，勇于创新	案例分析
未来口腔生物医学工程的发展	新技术发展	关注科技发展与人类健康的融合	问题导向
	口腔医学的发展期望	不忘初心，围绕健康事业继续奋斗	启发式教学

图 21-1 口腔生物医学工程导论教学设计思路

表 21-2 口腔生物医学工程导论的教学过程

教学目标	教学内容	教学设计
课程导入	**课程导入：通过临床口腔疾病提出问题** 口腔疾病包括的类型。以图引入 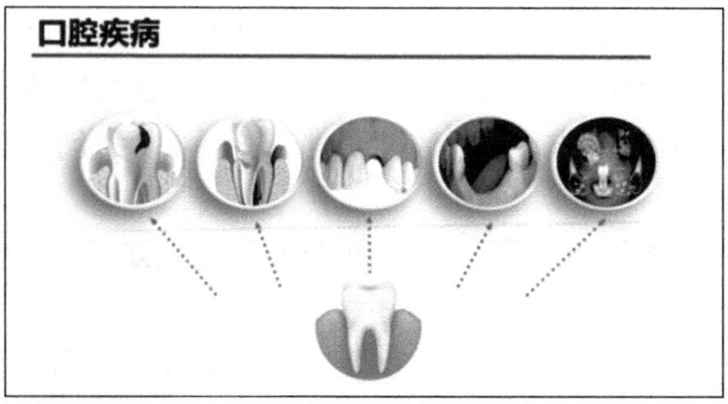 	**案例导入**：引入患者需求及技术发展，提出技术的重要性 **启发教学**：思考口腔 BME 都包括哪些学科
了解 发展历史	1. BME 概述 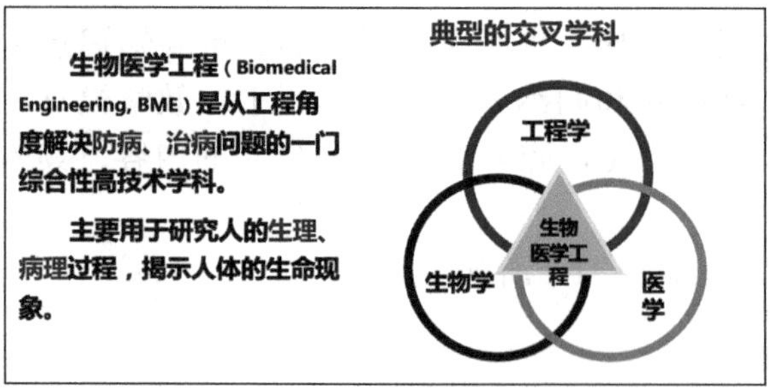 	**启发教学**：引导学生思考为什么需要多学科技术

续表

<table>
<tr><th>教学目标</th><th>教学内容</th><th>教学设计</th></tr>
<tr><td>了解
发展历史</td><td>

2. 医学发展历史

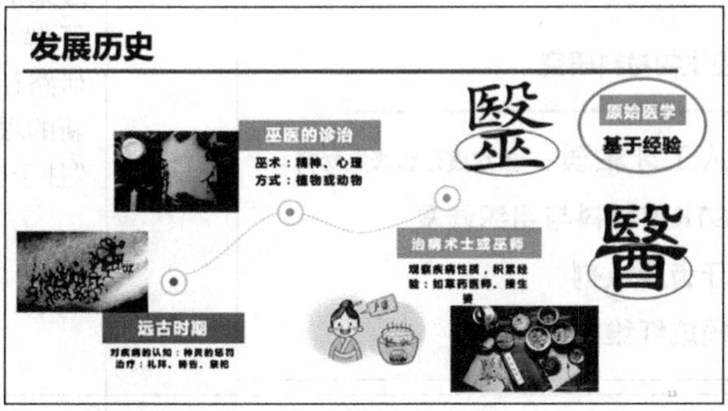

3. 科学的发展历史

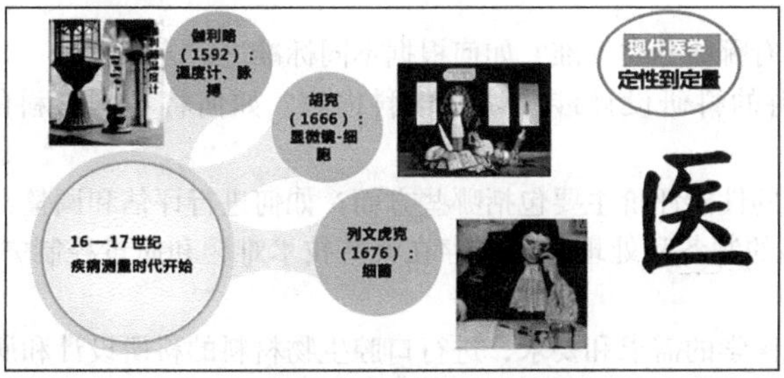

</td><td>

课程思政（医学人文精神）：医学的发展与进步，提升诊断、治疗技术和方法

课程思政（从临床实际问题出发，不断突破的科学探索精神）：在应用前人的发明时，并不是一成不变地继承，而是通过应用发现新的问题，不断地去突破、去改进，培养学生的科学探索精神

</td></tr>
<tr><td>★
掌握
口腔生物
材料分类</td><td>

4. 案例教学

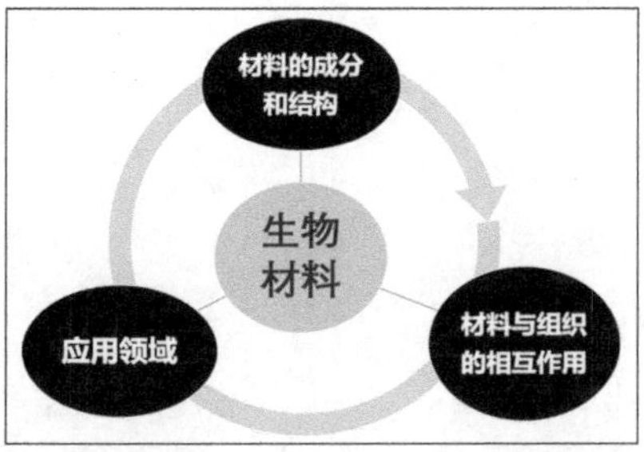

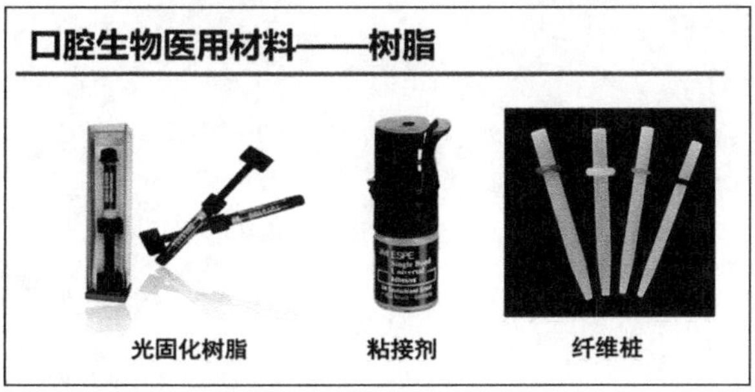

</td><td>

归纳拆解：生物材料的分类，生物材料的应用领域，以及生物材料与组织的相互作用

形象教学：通过案例及用途进行教学

树脂、金属、生物活性材料以及材料的研究热点

提问复习：举例介绍一个口腔中的生物材料

课程思政：通过讲述本院新型口腔生物应用材料的研发，激发学生的创新意识，增强科技自立自强的信心

</td></tr>
</table>

续表

教学目标	教学内容	教学设计
熟悉 案例介绍	**5. 通过案例介绍生物材料的科研路径** 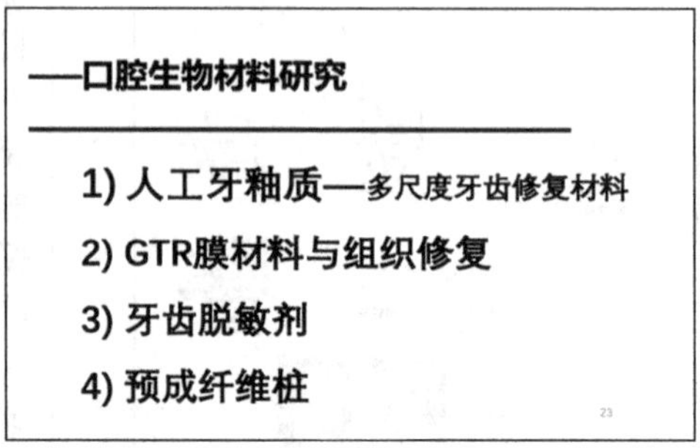 	**案例教学和课程思政：**通过案例进行教学，使学生了解生物材料研发的科研路径，进而体会科研创新的艰苦历程，增强学生“甘于坐冷板凳”的决心
总结	**口腔生物材料的分类（难点）、口腔生物材料的科研设计及所涉及的学科内容（难点）**	
思考题与课后作业	课后思考： 1. 口腔生物材料有哪些分类标准？如何根据不同标准进行分类？ 2. 口腔生物材料的科研设计涉及哪些学科内容？如何将不同学科的知识和方法结合起来？ 3. 口腔生物材料的性能评价主要包括哪些方面？如何进行评估和调整？ 4. 口腔生物材料的制备和处理过程中存在哪些技术难题和质量控制方面的问题？如何解决这些问题？ 5. 如何结合口腔医学的需求和要求，进行口腔生物材料的科研设计和研究？	

第二十二章 𬌗 学

一、课程定位和课程思政建设目标

（一）𬌗学课程定位

𬌗学（occlusion）理论体系中的“咀嚼系统”概念涵盖颅面骨、舌骨、下颌骨、颈椎骨、肩胛骨、胸骨和锁骨等，以及联系这些骨骼的牙齿和肌肉、韧带、关节盘、血管、淋巴、腺体等软组织。各部分在中枢神经系统的调节下形成一个功能整体，任何部分出现功能与形态的改变，都会影响其他部分；反之，应用符合𬌗学思维的理论与技术，也可以解决整个咀嚼系统的功能或形态问题。因此，𬌗学问题起源于口腔修复学领域，影响牙周支持组织，涉及颞下颌关节、咀嚼肌及更广泛的颅颌颈区域。𬌗学理论已被口腔临床医学多个分支学科接受和应用，发展成为一门比较完整的分支学科，它既是口腔医学的基础学科，也是口腔临床与口腔基础研究的桥梁学科。

北京大学口腔医学院𬌗学教学研究工作出自我国最早的咀嚼生理研究室，是我国𬌗学专业的摇篮。第一代学科带头人王毓英教授是我国𬌗学的先驱，出版了国内早期的𬌗学教学参考书，后来又依托医院成立了口颌功能诊疗研究中心，一直在国内𬌗学界享有较高的学术声誉和专科影响力。

𬌗学的工作任务包括：①深入、系统地讲授𬌗学理论，熟悉不同𬌗型的特征及其理论依据，了解𬌗学理论的发展及其在各学科中的应用与联系，使口腔医学各专业的研究生能深入理解𬌗学的理论实质，用以指导自己的课题研究和临床实践；②在临床研究中正确地应用𬌗学理论分析口颌系统的问题，熟悉咬合病和肌功能紊乱的病因和机制，掌握咬合治疗的原则，熟悉可逆、不可逆性咬合治疗的方法，以更好地恢复口颌系统的正常形态和功能，促进患者的口腔和身心健康；③研究𬌗学范畴内的各种新技术、新疗法及其在临床实践中的应用规范，指导和提升研究生在临床和科研中的应用能力。研究生阶段的主要任务是强化𬌗学的基本理论、基本知识和基本技能，掌握常见咬合病的诊疗策略，熟悉𬌗学领域可应用的前沿技术手段，培养学生在口腔诊疗过程中的医学人文品格，使其成为服务人民口腔健康的创新型人才。

（二）𬌗学课程思政建设目标

𬌗学的课程思政建设目标主要包括以下几点。

第一，故事化育人，“立德”与“树人”的辩证统一。通过学科发展历史和医学前辈对口腔医学事业做出的奉献，向学生讲述中国科学故事、中国口腔故事、北大口腔故事、北大口腔𬌗学发展故事等，做到课程思政两融合。帮助学生树立正确的医学人文精神和职业精神，在医学高速发展的浪潮里，绝不能抛弃以救死扶伤、治病救人为初心的根脉，更不能忘却以人为本、以患者为中心的魂脉，坚守好医学生的根和魂，才是医学发展的基础和前提。

第二，专业化育人，“善治病者”与“善救弊者”的辩证统一。善治病者必医其受病之处，善救弊者必塞其起弊之源。医学的根本在于医学专业的培养，以治本病防未病。本课程基于深入、系统地讲授𬌗学理论，应用𬌗学思想分析临床问题，介绍不同𬌗型的特征及其理论依据、咬合病和肌功能紊乱的病因和机制，帮助学生掌握咬合治疗的原则，熟悉可逆、不可逆性咬合治疗的方法，在临床研究中正确地应用𬌗学理论分析口颌系统的问题。

第三，个性化育人，“个性”与“多元”的辩证统一。注重学生的个性特质及兴趣培养，通过多元的专业教育、丰富多样的实习课程以及实际动手操作，激发学生对学科的兴趣，培养其服务于国家和人民口腔医学事业的热情，尊重学生的个性化发展特点，鼓励其在兴趣范围内加以深耕，追求百花齐放的学习效果。

二、教学内容和思政要点设计

本课程的教学内容、知识点和对应思政元素设计及呈现如表 22-1 所列。

表 22-1 𬌗学的教学内容、知识点和对应思政元素设计及呈现

教学内容	知识点	思政元素设计及呈现
𬌗学绪论	𬌗学的基本概念、系统理论、思想、发展，牙列、𬌗、颌位	1. 从𬌗学理论发展史、𬌗学学派的发展和演变，学习先人对疾病的思考与实践，了解𬌗学作为口腔分支学科的意义 2. 通过学习专业领域内领头军前辈们的奋斗自强故事，学习前辈们自主研发并领先于国际的新型设备和技术，体现科技自立自强的信心和刻苦钻研的精神 3. 结合烈士颅骨纪念碑等事迹，讲述来北京大学口腔医学院就诊的维和战士下颌骨损伤的案例，树立救死扶伤的职业责任感
𬌗与颌位的功能解剖	咀嚼肌、颞下颌关节的解剖生理，中枢神经系统对口颌系统功能的调控	1. 通过咀嚼肌、颞下颌关节的解剖生理，以及与牙齿咬合三者之间的相互关系，引导学生思考，如何采取更好、更安全的方法进行口腔治疗 2. 中枢神经系统对口颌系统功能和副功能的调控作用，培养学生对患者的爱伤观念以及预防为主的观念，不要忽视或漠视患者的“说不清楚”的感受，尊重患者、善于沟通，始终把患者健康利益放在首位
𬌗干扰与咬合病	𬌗干扰的概念、分类 咬合病的分类、治疗原则	1. 通过𬌗干扰的概念和分类，𬌗干扰导致咬合病的机制，以及𬌗干扰的临床表现、检查与治疗，强化正确的临床诊疗思维和严谨的临床技术的重要性，如何做到最佳设计，同时避免由于口腔治疗造成咬合干扰等问题，以达到治疗的长期成功

续表

教学内容	知识点	思政元素设计及呈现
𬌗干扰与咬合病		2. 爱伤观念的培养：咬合病的临床表现千差万别，重视患者主观表述的重要性，以及在临床上倾听和相信的力量 体现以患者为中心，做到与患者的良好沟通，准确的判断是诊疗咬合病的重要前提
口颌系统功能研究方法的进展	口颌系统的解剖特点、功能特性、检测手段、新技术新前沿	1. 讲授国内外最先进的研究方法和技术，突出在发展历程中前辈们在经济和技术都受限的情况下如何自主研发出最先进的设备，攻克学科壁垒，以此建立学生的民族自豪感和文化自信 2. 注重科学思维能力培养，鼓励学生在现有条件基础上进一步发奋图强，争取使中国技术领先于国际
咬合病治疗	咬合病和肌功能紊乱的病因和机制，咬合治疗的原则，可逆、不可逆性咬合治疗的方法	1. 咬合病的治疗分为可逆性和不可逆性两种，学会如何保护患者，树立爱伤观念 2. 培养学生对患者个性化需求的关注，培养医学生的耐心和细心 3. 加强对学生诊疗能力的培养，避免在临床治疗过程中使可逆性变为不可逆性
多学科𬌗学思辨	𬌗学理论在其他学科中的应用，各专业联系与融合	1. 辩证思维能力的培养：针对不同科室不同表现的咬合患者，如何运用𬌗学整体思维进行准确诊断和治疗 2. 强调以患者为中心的基本原则，使学生理解对于患者的问题应特别注重全面、辩证地分析，不仅基于患者的口腔局部条件，还应注重对患者全身状况和社会心理因素的考量，以更好地做出适合患者的个性化诊疗方案 3. 团队合作精神，临床上不能盲目，必要时采取多学科会诊以保证对患者的安全治疗 4. 强化学生对于理论基础的掌握和灵活应用，突出诊疗设计能够决定治疗的路线和方向，是整个治疗过程中的关键环节，纠正部分学生重操作、轻设计的错误观念

三、教学设计与方法

九层之台，起于累土。𬌗学是口腔医学重要的基础与临床衔接课程之一，既包含口腔解剖、牙体解剖、口腔生理等基础学科知识，又涵盖修复学、影像学、外科学等临床专业学科知识，是学习口腔医学临床课程的重要基石，本课程从多角度、立体化、深层次融入思政教育。

（1）多角度思政：讲授𬌗学的学科发展历史、中外口腔医学前辈的光辉事迹、身边的老师们为了学科发展所做的不懈努力。例如教研室创始人王毓英教授，在解放初期科研条件极为艰苦的情况下，坚持不懈地致力于𬌗学的相关研究，于 1978 年成立了国内第一家咀嚼生理研究室，成为𬌗学发展的摇篮，并出版了国内早期的𬌗学教学参考书，为𬌗学的奠定和发展贡献了不可磨灭的力量，将这些思政教育闪光点与相关的知识点有效结合，以丰富的形式讲给学生听，讲好北大口腔故事，使生命的本质与意义乃至英雄精神深深植入学生心中，激发其对口腔医学的热爱和为国奋斗的热情。

（2）立体化思政：例如在理论课绪论部分除了讲授王毓英教授为学科和专业发展奉献终生之外，还讲到北大口腔𬌗学教研团队自主研发了许多先进设备，如国内第一台“磁敏无接触型下颌运动轨迹描记仪”及“μP—E微处理机肌电信号实时处理装置”，对比中外技术的不同，增强学生的民族自信和自豪感。将思政教育内容形成完整的立体化脉络，从前至后结合到理论课与实习课当中，每一部分内容各自独立又相互关联。

（3）深层次思政：𬌗学教研室不断钻研、不断改进，一方面不断提升专业理论和技术，例如多学科融合教学，引导学生更全面、更深入地认识口腔功能和疾病本质；另一方面，还引进了数字化教学模式，配置国内最先进的数字化设备，构建了四维立体动态的咬合模型，使实习效果更加真实，更加有趣。“善治病者必医其受病之处，善救弊者必塞其起弊之源”，在教学中融入以人为本、以健康为本的教学理念，教育学生在临床工作中治本比治标重要，引导学生树立“治未病”大于“治病”的医疗思维，从促进、预防、诊断、控制、治疗和康复（简称为“促防诊控治康”）6个方面照护健康。作为当代的医学生，必须做真正的善医者，有当机救急，有长线疗治；做真正的救弊者，有近搏疾行，有远见卓略。

四、课程思政教学案例

课程题目：牙列、𬌗与颌位

授课教师：曹烨（副教授、主任医师）

学时数：2学时

1. 教学内容分析 牙列、𬌗与颌位是𬌗学教学中重要的理论基础，是口腔医学生从基础医学知识向临床专业知识转化的重要桥梁，学生在该阶段的学习中应该重点掌握牙列的基本形态特点及其与𬌗及颌位的生长关系，如此方能在以后的专业课学习及临床工作中辨别异常的牙列咬合形态及其问题所在。因为该部分教学内容的讲解涉及解剖学相关知识，教研室历任授课教师都特别强调解剖学的重要性和意义，用恩格斯的名言“没有解剖学就没有医学”，引导学生重视解剖学的学习，通过引用达·芬奇的名言“人体是一个工程和艺术的杰作”，结合牙列形态与𬌗、颌位的形态与功能相辅相成、紧密连结的关系，帮助学生建立对𬌗学学习的兴趣，激发探究口腔健康和功能的热情。在授课过程中，巧妙地以讲故事、讲病例的形式与思政内容融合，尤其是结合健康中国策略，提高学生对健康中国、健康口腔的医学使命感，增强学生以人为本、以患者为中心的理念，鼓励学生投身于医学研究事业，树立为人民口腔健康服务终身的职业精神。

2. 教学目标

（1）掌握：牙列、𬌗与颌位的基本形态特点；𬌗曲线与𬌗平面。

（2）熟悉：牙列的概念、分类，与𬌗、颌位的关系。

（3）了解：乳牙牙列的形态及与恒牙列的区别。

（4）拓展：数字化技术咬合重建技术的应用。

3. 课程思政目标

（1）以人为本的临床基石：通过对比鳄鱼与人类牙列和颅颌面的特点，培养学生在医学事业的任何阶段，都应坚守以人为本的初心，以人性的角度、温暖的方式、扎实的技术实现治病救人的职业本质。

（2）以患者为中心的诊疗思维：通过学习乳牙列及恒牙列在咬合上的不同，培养学生扎实学好基础知识、专业知识，掌握学科发展的最新技术，在临床工作中可以根据患者的实际情况做出正确的、个性化的诊断和治疗。

（3）以防大于治为目标的治疗决策：咬合的改变通常会对患者口颌系统造成或大或小的影响，在疾病治疗过程中，一定要遵循安全、准确的原则，避免给患者埋下咀嚼系统功能紊乱的隐患。

（4）以科技创新为动力的自我深耕：激励学生在基础科研和临床科研上努力进取，在提高患者诊疗效果的同时力争为我国的科研领先力和影响力添砖加瓦。

4. 教学重点难点

（1）教学重点：牙列的形态特点。**教学对策**：通过教具模型展示下颌牙列的组成、形态、运动、分类特点等，帮助学生形成画面记忆，辅助理解和掌握。通过对真实颌骨或颅骨模型的介绍，使学生了解前辈为了医学事业的发展做出的贡献。

（2）教学难点：咬合曲线与咬合平面。**难点分析**：咬合曲线与咬合平面是依据牙列形态构建出的虚拟曲线与平面，在没有足够的理论基础与实践的前提下，学生不易理解和正确掌握其临床意义。**教学对策**：通过口内牙列扫描，在数字化软件中呈现个性化的虚拟牙列，并可以画出各个咬合曲线及咬合平面。以病例讨论的形式对比不同的咬合曲线及咬合平面的影响。强化学生以患者为中心、用扎实的理论基础和高超的医学技术为患者服务。

5. 学情分析　牙列、𬌗与颌位关系属于基础专业知识部分，相对比较抽象、复杂又难以理解，学生缺乏对知识的概括能力和足够的颅颌面系统的三维空间想象能力，审美的培养、价值观的确立、思政教育和人文培养都处于发展的关键时期，因此对课程的设计和融入均需要根据学生的发育和学习特点进行。

（1）启发式教学：在教学方法中摒弃填鸭式教育的旧思路，主要采用启发式教学，培养学生自主学习、深度学习的能力，加入 PBL 等小组互助式教学、启发式提问、总结式归纳等，鼓励学生主动思考、调动积极性、强化内在参与感，达到同学间相互影响、互相激励、共同进步的人文效果。

（2）拓展式教学：以病例讨论的形式，并充分利用慕课或线上仿真教学平台的资料，理论联系实际，拓展课堂教学内容的深度和广度，帮助学生更好地理解和掌握知识点，并内化吸收为今后可以在临床工作中应用的能力，达到深层次延展性思政教育。

（3）融合式教学：在教学过程中随时随地穿插一些思政或人文类的教育，培养学生对个性化牙列及𬌗、颌位的正确认识，对一些由咬合关系引起的疾病的正确预防，以及以人为本、以患者为中心的医学理念。

6. 教学设计思路　通过问题引导，将教学主线内容、重要知识点和课程思政贯通起来，通过启发式、对比式、互动式和归纳式教学，以板书、教学模具、视频录像等为载体，生动讲授牙列与颅颌面关系内容，具体教学设计思路如图 22-1 所示。

问题引导 寻找答案	教学主线	知识点	能力培养 思政教育	教学设计
问题1：鳄鱼牙齿的生长排列与人类一样吗？	概念	牙列形态及特点	归纳总结能力	案例导入 问答互动
问题2：鳄鱼的颅颌面形态与人类的区别有哪些？	区别对比	乳牙列形态、区别	医学人文素养	综合病例 引发思考
	基本假说	𬌗学理论	逻辑分析能力	手绘板书 模型教具
问题3：什么样的咬合与颌位是好的？	𬌗曲线与𬌗平面	正确𬌗曲线与𬌗平面	拓展思维能力	虚实结合 动态演示
	与口腔功能联系	错误𬌗曲线与𬌗平面	对比分析能力	结合临床 拓展延伸
	关联性	𬌗与颌位及面形关系	学习探索能力	启迪思考 鼓励自主
	科技自主	自主研发下颌运动特点	民族自强传承	历史传承 发扬光大
	现有技术及进展	测试技术及临床应用	科研精神培养	科技创新 板书总结

图 22-1　牙列、𬌗与颌位教学设计思路

7. **教学过程**　具体教学过程如表 22-2 所列。

表 22-2　牙列、𬌗与颌位的教学过程

教学目标	教学内容	教学设计
课程导入	 课程导入：通过视频引出问题 由动物世界鳄鱼捕食视频片段引出课程主题“牙列与𬌗、颌位的关系” 由鳄鱼与人类咀嚼方式的不同，提出 3 个引领问题： 问题 1：鳄鱼牙齿的生长排列特点与人类一样吗？ 问题 2：鳄鱼的颅颌面形态与人类的区别有哪些？ 问题 3：什么样的咬合与颌位是好的？	**视频导入：** **对比 + 启发教学：**用熟悉的动物世界鳄鱼捕食片段开始本次课程，吸引学生的注意力，引出牙列的概念和生理意义，分析多牙列动物与人类口腔发育特点的区别
★ **掌握** 牙列基本形态特点	讲解：恒牙列的长度、宽度、形状特点及其生理意义。如咀嚼中分散𬌗力有利于牙列稳固、避免食物嵌塞，使牙位于最佳位置、牙列整齐，面形丰满，利于舌的活动，对发音和言语的影响，位于面部中央，使下颌运动协调	**课程思政：**讲述教研室所有完整头颅和下颌骨牙列模型的由来；前辈老师们为此付出的心血和努力；激发学生对先烈和英雄的感恩之心和对学科的热爱

续表

<table>
<tr><th>教学目标</th><th>教学内容</th><th>教学设计</th></tr>
<tr><td>★
掌握
牙列基本形态特点</td><td>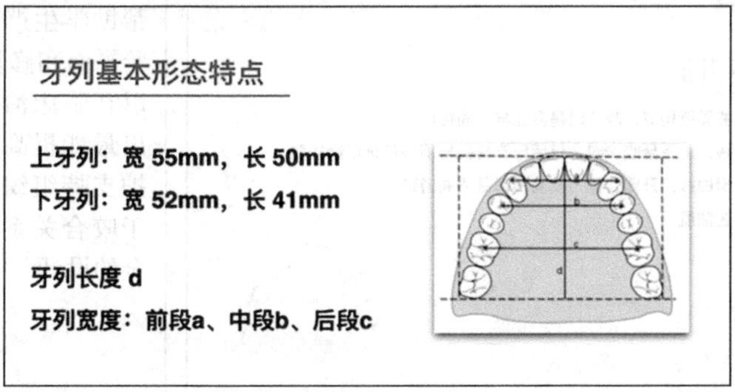

结合烈士颅骨纪念碑等事迹，讲述来北京大学口腔医学院就诊的维和战士下颌骨损伤的案例</td><td>爱国情怀：维和战士在维护世界和平和祖国安宁的伟大使命中不惜付出生命的代价</td></tr>
<tr><td>了解
乳牙列特点，与恒牙列咬合区别</td><td>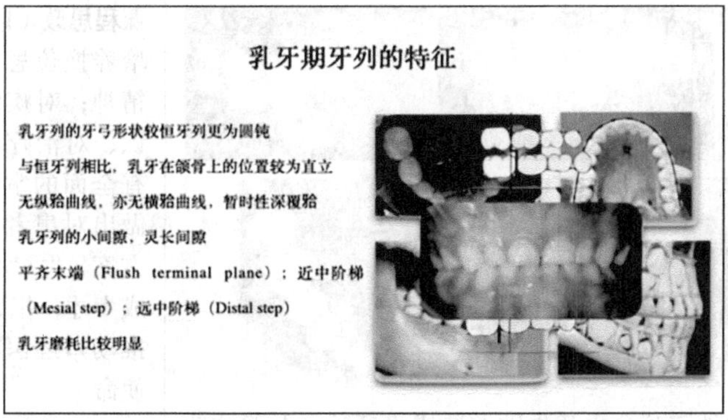

讲解：乳牙列的特点、与恒牙列的区别</td><td>对比教学，延展分析：培养学生在接诊患者时夯实的理论知识、谨慎的诊断分析、规范的操作处理是临床第一要素，以培养优秀的临床思维</td></tr>
<tr><td>熟悉
殆学基本假说</td><td>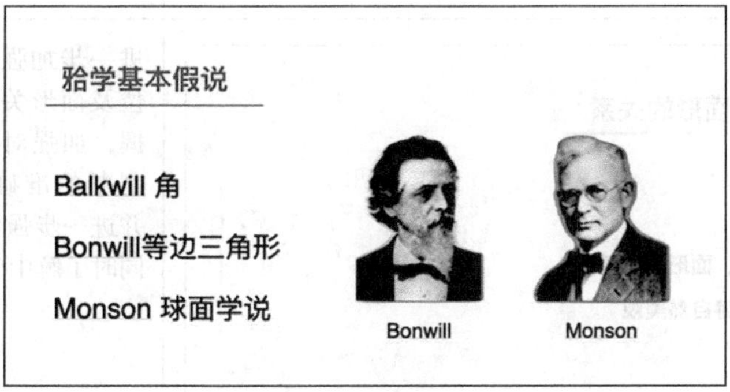

重点讲解：Balkwill 角、Bonwill 等边三角形、Monson 球面学说的原理、生理及临床意义，引入殆学的学科发展</td><td>回顾历史，人文教学：使学生清楚在学科发展历史中中外的差距，清楚为了口腔医学事业发展，前辈们做出的努力，尤其是北京大学口腔医学院王毓英教授等老一辈学者开创了国内殆学的先驱，激励学生永不服输、勇于争先的民族自信心和学习斗志</td></tr>
</table>

续表

<table>
<tr><th>教学目标</th><th>教学内容</th><th>教学设计</th></tr>
<tr><td>★
掌握
𬌗曲线与𬌗平面</td><td>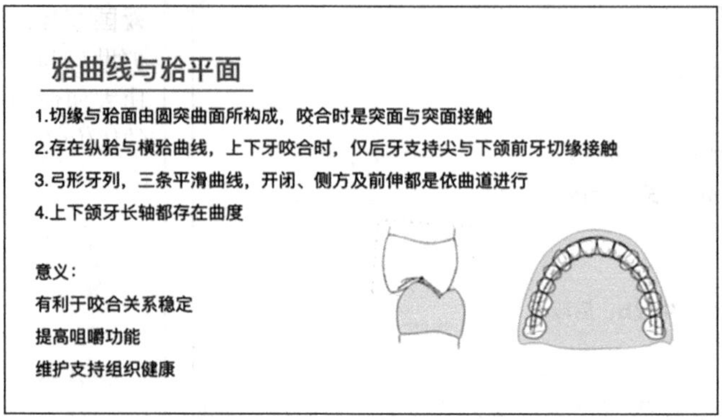

讲解：𬌗平面与𬌗曲线的概念、特点和临床意义</td><td>帮助学生严格掌握解剖学𬌗平面和修复学𬌗平面等，以在临床治疗中为患者做出最能提高咀嚼功能、维护支持组织健康、最有利于咬合关系稳定的、最安全的设计</td></tr>
<tr><td>熟悉
错误咬合曲线对口颌系统功能的影响</td><td>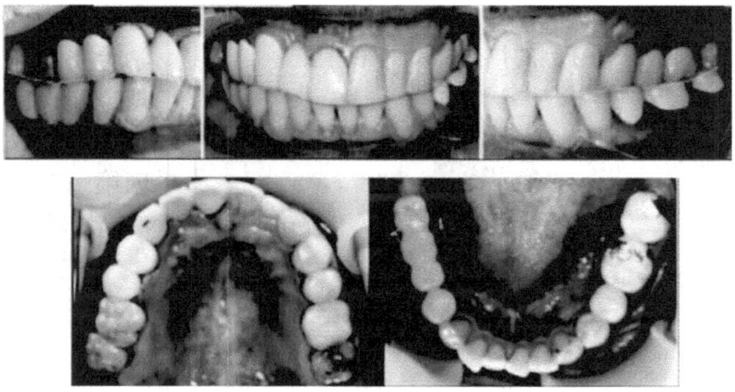
病例分析：通过外院咬合重建失败并造成患者咬合及躯体功能紊乱的病例，讨论错误的咬合关系及𬌗曲线𬌗平面对患者的巨大影响，引发学生对修复规范的深度思考与重视</td><td>课程思政（以患者为中心）：培养换位思考的医学人文精神；对疾病有深入的认识、对治疗流程和效果具有全面的掌握，能够正确做出对患者最有利的治疗方案，“立大志，明大德，成大才，担大任”，肩负起推动口腔医学学科发展的使命</td></tr>
<tr><td>熟悉
𬌗与颌位及面形的关系</td><td>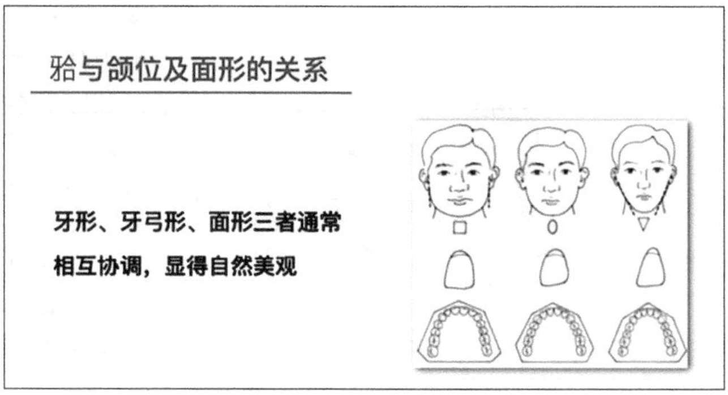

1. 面部三等分、面部左右对称关系
2. 侧貌：面角、E 线、鼻唇角
3. 唇齿关系：静态、动态（垂直向、颊舌向、笑线、发音）
4. 颊廊、牙列中线与面部中线的关系</td><td>进一步加强学生对𬌗与颌位及面形关系的了解和掌握，加强对不同患者临床判断的准确性、全面性，并进一步强化和谐自然美，同时了解中外文化差异</td></tr>
</table>

续表

教学目标	教学内容	教学设计
了解 实验室自主研发的记录下颌运动的设备和技术	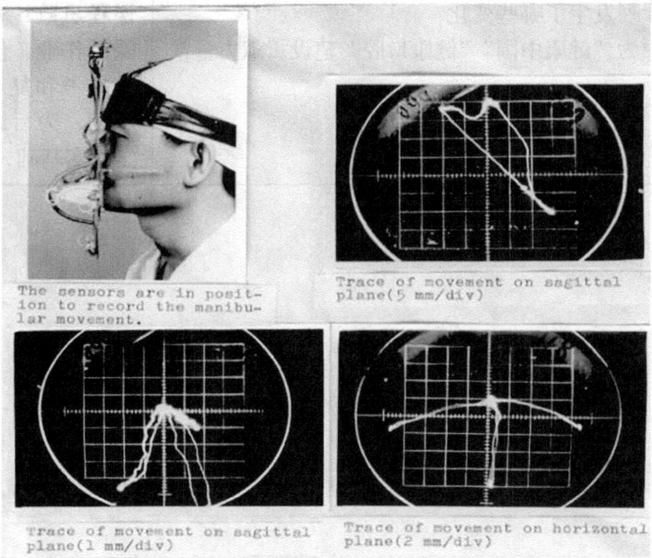 讲解实验室前辈自主研发的成果，1982—1983 年，韩科在王毓英教授指导攻读研究生期间，在北京玻璃总厂刘铁城工程师协助下研制出无接触型下颌运动轨迹描记仪，对 103 名正常人的边缘性下颌运动轨迹进行了测量分析	**回顾历史 + 文化自信：**向学生讲解北京大学口腔医学院实验室前辈自主研发的成果，在条件艰苦的年代靠自主研发带领了国内下颌运动记录技术的发展，大力推动了𬌗学学科的专业发展进程。培养学生的民族自信、科技自信，树立科研强国的信念
熟悉 颌位关系的测定技术及研究进展	讲解目前国内外最先进的、北京大学口腔医学院最常用的几类电子面弓原理、分类及临床应用，介绍我国自主研发的国产电子面弓及下颌运动描记仪的技术特点和发展前景	向学生讲授𬌗学百余年发展史中人类对下颌运动及功能孜孜不倦的研究，以及目前电子面弓的先进特性及广泛的临床应用 树立科技强国的信念：过去数十年电子面弓的发展全部依赖于欧洲的先进技术，但近年来国内科研技术的崛起使得国产电子面弓蓬勃而出，并且在技术和功能等特性上均遥遥领先，激励学生深耕医学科研的沃土，为科技兴国贡献力量
总结	1. 牙列、𬌗与颌位的概念（重点） 2. 𬌗平面与𬌗曲线的特点：临床意义（难点） 3. 错误咬合对口颌功能的影响（难点） 4. 颌位关系的测定技术（重点）	夯实学生的理论知识基础，建立和巩固学生的爱伤观念，通过规范操作，最大程度为患者提供最佳治疗方案和最优的健康服务。体现以患者为中心的服务理念，防患于未然，塑造不治已病治未病的职业素养

续表

教学目标	教学内容	教学设计
思考题与课后作业	1. 乳牙列到恒牙列发生了哪些变化？ 2. 如何在工作中为“健康中国”“健康口腔”建设贡献力量？	**课程思政：**通过思考题和课后作业，使学生能够主动思考和复习，巩固课堂所学，为后续课程学习奠定坚实基础

第二十三章　牙体牙髓病学临床技能培训

一、课程定位和课程思政建设目标

（一）牙体牙髓病学临床技能培训课程定位

牙体牙髓病学临床技能培训是一门临床技能培训课程，是口腔医学专业学位研究生进入临床培训的重要桥梁课程，也是口腔医学专业学位研究生住院医师规范化培训的重点内容，是研究生培养体系的重要组成部分。

本课程涵盖了现代牙体牙髓病学的核心临床技能，包括橡皮障的使用、窝洞预备和根管治疗（包括髓腔进入和冠部预备、根管预备和根管充填）。该课程同时也对临床技术和材料的选择提供了建议。

本课程致力于强化口腔医学专业学位研究生对牙体牙髓病学基本操作技能的掌握能力，同时在教学中注重培养学生的爱伤观念、医德医风和医患沟通能力。通过本课程的学习，学生应该掌握牙体牙髓病学基本操作技能，并具有良好的医学人文品格和职业素养。

（二）牙体牙髓病学临床技能培训课程思政建设目标

牙体牙髓病学临床技能培训的课程思政建设目标包括以下几点。

第一，通过理论讲授、操作示教和临床技能练习，使学生掌握牙体牙髓病学基本操作技能，具备牙体牙髓常见疾病的基本诊治能力，使学生能够顺利进入临床培训。

第二，从牙体牙髓病学发展历程中的重要人物及先进事迹、科技及技术创新、医患沟通的技巧、爱伤观念、规范的病历书写等方面，帮助学生在临床技能培训中进一步提高人文关怀能力和职业素养水平。

第三，在临床技能培训教学实践中挖掘并提炼思政元素，在专业授课的同时，融入思政教育，使学生在知识和技能学习中受到“润物细无声”的德育教育。

二、教学内容和思政要点设计

本课程的教学内容、知识点和对应思政元素设计及呈现如表 23-1 所列。

表 23-1 牙体牙髓病学临床技能培训的教学内容、知识点和对应思政元素设计及呈现

教学内容	知识点	思政元素设计及呈现
基础知识介绍和准备	1. 实习室纪律与要求 2. 机器及其使用与保养 3. 灌离体牙模型 4. 橡皮障使用	1. 强调正确的支点和体位，培养良好的临床工作习惯 2. 正确、规范使用橡皮障。通过临床案例展示，使学生进一步理解橡皮障隔离术如何保护患者的安全 3. 培养学生从临床问题出发，不断探索的能力：讲述牙体牙髓科作为全国首批引进橡皮障隔离术的专业科室，在我国橡皮障隔离术的推广和临床规范制定中发挥的引领作用
窝洞预备及复合树脂直接粘接修复	1. 离体牙备洞 2. 复合树脂直接粘接修复	1. 培养学生规范化操作，在备洞和复合树脂直接粘接修复过程中，学生需要牢记牙体组织缺损修复的原则 2. 培养学生微创和爱伤观念：去腐备洞的同时注意尽量保留健康的牙体组织，保护牙髓及牙周组织。提出口腔医学生"健康口腔，守护天然牙"的责任，在临床工作中，尽量保护患者的牙髓组织、保留患者的天然牙，为患者口腔健康保驾护航 3. 培养学生发现问题、解决问题的科学创新精神：讲述王满恩教授的事迹。1985 年，在王满恩教授的牵头组织下，北京大学口腔医学院与钢铁研究总院合作研发的 GK 高铜银汞合金，打破了国外产品的垄断，提高了充填材料的性能。此外，北京大学口腔医学院科研团队在复合树脂粘接技术方面不断努力和进步，紧跟世界的口腔材料发展方向，积极推动国产口腔修复材料的研发。引导医学生在临床工作中发现问题，通过科研手段解决临床问题
根管治疗	髓腔进入和冠部预备	1. 培养学生临床规范化操作，避免并发症和医源性损伤的发生。髓腔进入和冠部预备是根管预备和根管充填的前提，应遵循治疗原则，规范临床操作，一步一步做好根管治疗 2. 培养学生科研创新以及面对挑战、勇于探索疾病科学真理的精神：讲述王满恩教授和高学军教授的事迹。王满恩教授在 20 世纪 50 年代刻苦攻关创立了塑化治疗术，提高了牙髓病的疗效。在 20 世纪 90 年代，高学军教授在面对是继续深化塑化治疗技术还是普及提高根管治疗技术的抉择时，通过对国内外相关领域进行系统深入的调研后，提出了应当致力于推广和提高根管治疗术，对我国现代根管治疗术的发展起到了重要的作用

续表

教学内容	知识点	思政元素设计及呈现
根管治疗	1. 根管预备 2. 根管充填 3. 讲评	1. 引导学生掌握根管治疗原则并运用于根管预备、根管充填的治疗过程中 2. 培养学生临床规范化操作和爱伤观念。引导学生要注重夯实基本功，将规范严谨的诊疗操作和认真负责的诊疗态度贯穿于临床工作的始终。培养学生树立爱伤观念，加强人文关怀 3. 培养学生不断探索、科研创新精神：使学生了解牙髓根尖周病治疗技术的发展及现状，讲述牙体牙髓病学教研室不断传承、发展、创新，为治疗技术的进步所做出的努力及贡献 4. 介绍根管治疗器械、设备的发展和进步，尤其是国产器械近些年来突飞猛进的发展，向学生强调我国科研水平的不断提高，离不开国家的重视和配套政策的支持，从而激发学生的研究热情
临床检查及病历书写	1. 口腔检查 2. 病历书写要求及规范	1. 全面、准确的病史采集和口腔检查是疾病诊断和鉴别诊断的重要依据。在病史采集和口腔检查中，强调医患沟通的重要性。通过模拟临床情境，相互进行病史采集，使学生学会从患者角度思考问题 2. 强调及时、规范书写病历。病历是记录医疗过程的重要资料，也是医疗纠纷中起重要作用的法律文书。通过临床案例的解读，促使学生养成规范的病历书写习惯

三、教学设计与方法

牙体牙髓病学临床技能培训课的特点是以临床技能操作训练为主，主要目的是使学生掌握规范化的操作。然而，以往的教学重点在于帮助学生掌握临床技术，忽视了对学生人文素养和医德医风的培养，形成“重技术、轻人文”的局面。因此，通过将思政教育融入临床技能培训课程中，达到提升学生的人文关怀能力和职业素养水平的目的。本课程将从以下几个方面进行课程思政。

（1）在每一次教学及实践过程中均融入思政内容，包括医学人文精神、爱伤观念、医学伦理、职业道德等，做到“时时育人”。

（2）本课程从牙体牙髓病学发展历程中的重要人物及先进事迹、科技及技术创新、医患沟通的技巧、规范化病历书写等方面挖掘并提炼思政元素，结合相关知识点，向学生讲述中国口腔故事、北大口腔故事、北大口腔牙体故事，做到“处处育人”。

（3）牙体牙髓病学教研室所有老师以及医护人员“为人师表”和“以身作则”，在传授知识和技能的同时，把良好的思想品格和行为，潜移默化地传承给学生，做到“人人育人”。

针对临床技能培训，在教学中首先要规范学生的操作技术，提高学生的业务水平。引导学生平时要注重夯实基本功，将规范严谨的诊疗操作和认真负责的诊疗态度贯穿于临床工作的始终，避免并发症和医源性损伤的发生。

其次，在教学中要注重培养学生的爱伤观念和医患沟通能力。引导学生把仿头模当成真实的患者，在诊治过程中，关心、爱护患者。通过模拟临床情境，让学生相互进行病史采集，强调医患沟通的技巧及重要性。

最后，在教学中通过牙体牙髓病学发展历程中的重要人物及先进事迹，树立榜样和标杆作用，鼓励学生不断探索、科研创新的精神。例如牙体牙髓科王满恩教授在20世纪50年代面对中国缺医少药的困境，刻苦攻关，创立了塑化治疗术，提高了牙髓病的疗效，挽救了无数人的患牙。20世纪90年代，高学军教授在面对是继续深化塑化治疗技术还是普及提高根管治疗技术的抉择时，通过对国内外相关领域进行系统深入的调研后，提出了应当致力于推广和提高根管治疗术，推动了我国现代根管治疗术的发展。通过这些身边的榜样事迹，引导和激励学生时刻追求卓越，崇尚科学家精神，立志成为未来口腔领域的创新力量和引领者。

四、课程思政教学案例

课程题目：根管治疗（第二讲）——根管预备、根管充填

授课教师：聂杰（副教授、副主任医师）

学时数：4.5学时（讲授2小时，练习2.5小时）

1. 教学内容分析　根管治疗的核心思想是感染控制，它包括两个方面：一是彻底去除根管内的感染源，即用机械和化学的方法预备根管，达到清创的效果；二是杜绝再感染，通过严密地封闭根管，堵塞空腔，消灭再感染的途径。根管治疗由根管预备、根管消毒和根管充填三大步骤组成。现代根管治疗术将根管清理、成形、消毒合为一体，强调机械预备和化学冲洗在实现去除感染目标中的作用，通过严密阻塞根管实现杜绝再感染。高质量的根管预备和根管充填是实现有效控制感染的前提。

本次课程是根管治疗的第二讲，学生在第一讲中已经学习了髓腔进入和冠部预备的原则、步骤和方法，本次课程将讲授根管治疗中的根管预备、根管冲洗和根管充填的原理、方法、常用器械及操作步骤。本次课程在教学内容的安排和设计方面进行了创新设计，潜移默化地融入思政内容。例如，采用大量图片和视频的多媒体教学方式，有助于学生理解和记忆根管预备、根管冲洗和根管充填的原理、方法；展示根管治疗并发症的图片，引导学生要注重夯实基本功，严格把控医疗质量，将规范严谨的诊疗操作和认真负责的诊疗态度贯穿于临床工作的始终，培养学生树立爱伤观念，加强人文关怀。

2. 教学目标

（1）**掌握**：根管预备的常用器械和操作技术。

（2）**掌握**：各种根管冲洗剂的特点和冲洗方法。

（3）**掌握**：根管充填的常用器械和操作技术。

（4）**熟悉**：根管治疗的并发症及预防、处理措施。

3. 课程思政目标　通过讲解根管治疗的原则、步骤、方法，使学生知其然并知其所以然，培养学生以基本理论为中心指导临床诊疗的意识。通过讲解根管治疗的并发症，引导学生要注重夯实基本功，严格把控医疗质量，将规范严谨的诊疗操作和认真负责的诊疗态度贯穿于临床工作的始终，树立和养成爱伤观念。通过了解牙髓根尖周病治疗技术的发展及现状，讲述北大口腔牙体牙髓病学教研室的先进人物和事迹，培养学生不断探索、科研创新的

精神。通过介绍根管治疗器械、设备的发展和进步，尤其是国产器械近些年来突飞猛进的发展，激发学生的研究热情。

4. **教学重点难点**　本次课程的主要内容是根管治疗中的根管预备和根管充填，是临床治疗中的重点和难点。本次课程思政教学的重点和难点在于将思政教育融入临床技能培训课程中。课程通过引入牙体牙髓病学教研室涌现出的先进人物及事迹，在讲述专业理论和技能的基础上，潜移默化地融入思政内容，提升学生的临床能力和人文素养。

5. **学情分析**　学生在根管治疗第一讲中已经学习了髓腔进入和冠部预备的原则、步骤和方法。本次课程的重点内容在于：第一，进一步强化根管治疗的核心是“控制感染”，从根管治疗原则导入，开始讲解根管预备的另一重要部分——根管冲洗，讲清为何要进行根管冲洗，冲洗液的种类及根管冲洗的方法，并且说明错误冲洗方法的危害；第二，讲解根管治疗的各种器械及其用法，并且通过讲解根管治疗器械的发展，尤其是国产器械近些年来突飞猛进的发展，激发学生的研究热情；第三，讲解杜绝根管再感染的关键——根管充填和冠部封闭，说明其重要性和关键点；第四，讲解根管治疗的并发症及预防、处理措施，引导学生要注重夯实基本功，严格要求规范化操作，才是真正为患者的口腔健康负责任；第五，对根管治疗进行总结。

6. **教学设计思路**　通过根管治疗原则的讲解，将根管治疗的各项治疗步骤按时间顺序贯通起来，通过启发式、互动式、归纳式教学，以 PPT 板书、图片、视频、临床案例等教学方式，生动地讲授根管治疗的内容。具体教学设计思路如图 23-1 所示。

图 23-1　根管治疗（第二讲）教学设计思路

7. **教学过程**　具体教学过程如表 23-2 所列。

表 23-2　根管治疗（第二讲）的教学过程

教学目标	教学内容	教学设计
课程导入	课程导入：复习根管治疗的原则 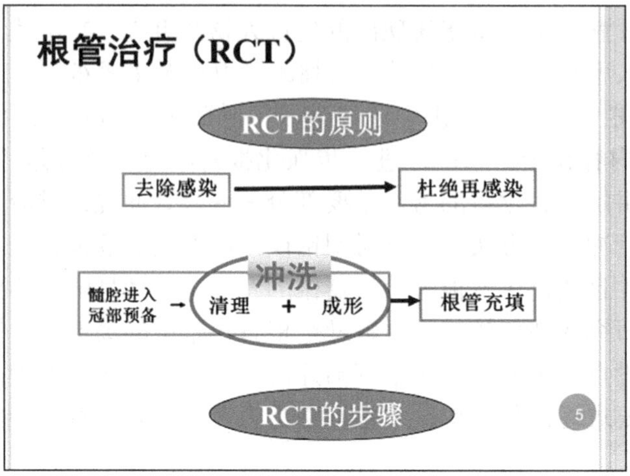	**提问：**根管治疗的原则 复习巩固：把根管治疗的原则和步骤结合起来有利于学生的理解和掌握
★ **掌握** 根管冲洗	提出问题：根管机械预备能否实现根管的彻底清创？ 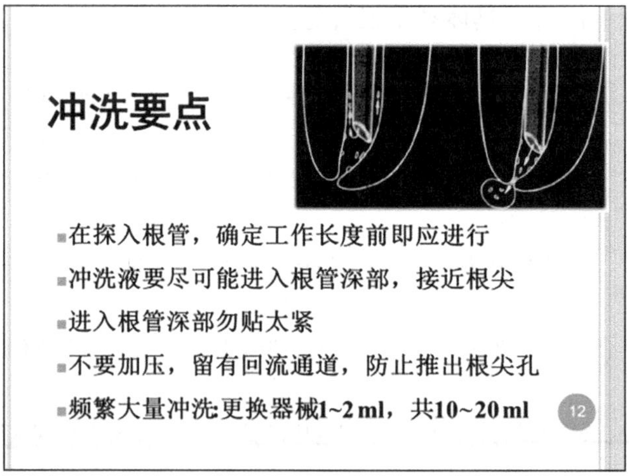 根管冲洗的操作要点 根管冲洗的注意事项	提出问题，启发学生思考。使学生了解机械预备的局限性，认识到根管冲洗的重要性。引导学生思考如何能更安全、有效地去除根管内的感染 **课程思政（从临床实际问题出发、不断突破的科学探索精神）：**使学生了解根管预备的局限性，发现临床问题，通过科研手段，不断地去突破，去探索，从而解决临床问题 **视频和演示：**高浓度次氯酸钠冲洗液的腐蚀性；次氯酸钠和氯己定两种冲洗液直接混合形成有害沉淀氯苯胺；次氯酸钠推出根尖孔造成组织损伤 **课程思政：**进一步强调规范的诊疗操作和认真负责的诊疗态度，树立和养成爱伤观念

续表

<table>
<tr><th>教学目标</th><th>教学内容</th><th>教学设计</th></tr>
<tr><td>★
掌握
根管预备</td><td>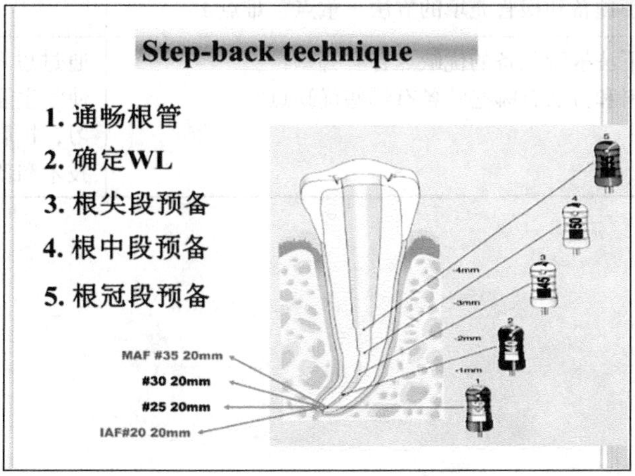

步退法根管预备
根管预备中易出现的问题、处理方法及预防</td><td>运用多种教学手段加深学生对根管预备目的、原则的理解，体会根管清理成形的理念。严格要求规范化操作和培养学生的爱伤观念，避免对患者造成医源性损伤
演示：使学生更直观看到根管预备的过程
课程思政：讲解根管治疗器械的发展，尤其是国产器械近些年来突飞猛进的发展，使学生更加深刻地感受到科技的进步给牙体牙髓治疗带来的便利，从而激发学生的研究热情
提问：步退技术和冠向下技术的优缺点各有哪些？启发学生深入思考</td></tr>
<tr><td>★
掌握
根管充填</td><td>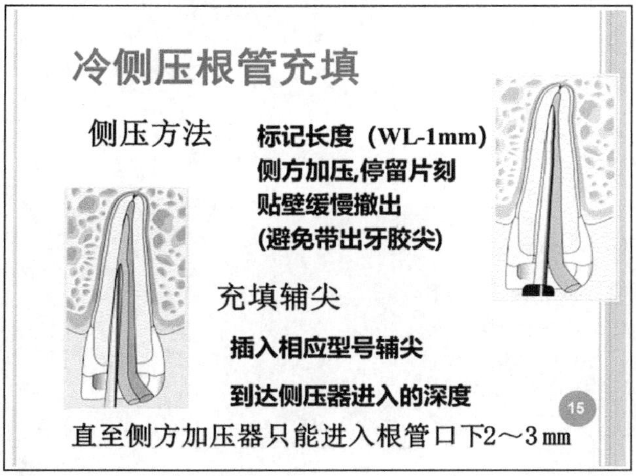

冷侧压根管充填方法和步骤
根管充填中易出现的问题及处理</td><td>**引导式提问：**根管治疗的目的是什么？感染控制的判断方法有哪些？→根管充填的时机是何时？使用的材料是什么？
演示：使学生更直观地看到根管充填的步骤和细节
对比教学：将不同根充糊剂、不同充填方法进行对比，启发学生深入思考其优缺点
课程思政：通过讲解根管充填方法、根管充填材料的发展与进步，引导学生刻苦钻研和追求自主知识产权的精神，为我国的口腔健康事业添砖加瓦</td></tr>
<tr><td>**练习**</td><td>在仿头模上练习根管预备、根管冲洗和根管充填</td><td>巡回指导</td></tr>
</table>

续表

教学目标	教学内容	教学设计
总结	根管冲洗、根管预备和根管充填的方法（重点、难点）	
思考题与课后作业	步退法和冠向下法根管预备的优缺点各有哪些？ 根管充填的材料和方法有哪些？各有哪些优缺点？	通过思考题和课后作业，使学生能够主动思考和复习，扩展知识面，了解新技术和新方法

第二十四章　牙周病学

一、课程定位和课程思政建设目标

（一）牙周病学课程定位

牙周病学是口腔医学的基础学科，其知识体系的建立、更新和发展对口腔医学领域的牙周病学、口腔修复学、口腔正畸学、口腔种植学等专业研究生都有重要的临床指导意义。此门课程将以理论大课讲授为主的形式，传授给口腔医学专业研究生牙周病学系统的理论知识，包括牙周组织解剖及应用、牙周病的病因及发病机制、牙周病的诊断及鉴别诊断、治疗原则、预后判断及治疗计划的制订、牙周病的基础治疗、手术治疗及维护治疗的原则等内容，以及牙周再生手术、复杂牙周炎治疗、牙周炎种植相关问题等最新发展动态，以初步建立口腔医学专业研究生牙周病学的基础理论、临床知识体系，为其专业发展提供支撑；为进一步提高牙周病学专业研究生的临床胜任力和培养其科研能力打下坚实的基础。

牙周病学（研究生课程）旨在通过理论授课，介绍牙周病学的基础理论知识和临床应用，结合阅读参考书目和文献，掌握牙周病的发病机制、临床诊断和治疗，了解和掌握牙周再生治疗、牙周美学手术以及牙周炎患者种植治疗等领域的研究发展动态，为研究生的临床和科研工作打下基础。在授课过程中，注重讲解牙周病学发展历史，了解我国牙周炎的患病率及治疗现状，学习和传承医学大家 / 名家的宝贵精神，树立全心全意为人民口腔健康服务、全力推广牙周病预防和治疗水平、更好地为人民健康服务的理念。

（二）牙周病学课程思政建设目标

牙周病学（研究生课程）的课程思政建设目标主要包括以下几点。

第一，专注于牙周病学专业知识传授，培养研究生掌握牙周病学前沿进展、先进诊疗技术，成为具有创新精神的牙周病学专业人才。与本科阶段相比，研究生阶段更加注重牙周疾病的深入性、综合性和前沿性知识传授；同时，课程讲授增加了本科生阶段较少涉及的牙周病患者的复杂手术治疗、多学科联合治疗及种植体周病的治疗等内容。

第二，培养研究生成为未来牙周病学专业医师的临床能力。通过本课程的学习，牙周病学专业研究生将能对复杂牙周疾病进行更全面的综合诊疗设计，逐步具备牙周住院医师或牙周专科医师的临床能力，为高质量地服务于口腔健康事业打下坚实的实践基础。

第三，通过价值观引领，培养牙周病学研究生正确的医学人文精神和职业道德风尚。本课程通过讲述牙周病学发展简史和改革开放以来中国牙周病学发展历程、牙周名师的先进事迹等内容，引导研究生学习牙周前辈们艰苦奋斗、追求卓越、创新合作的敬业精神，培养研究生树立正确的医学人文精神和良好的医德医风，同时激发研究生的科研创新精神，厚植科学家精神。

二、教学内容和思政要点设计

本课程的教学内容、知识点和对应思政元素设计及呈现如表 24-1 所列。

表 24-1　牙周病学的教学内容、知识点和对应思政元素设计及呈现

教学内容	知识点	思政元素设计及呈现
牙周病学绪论	1. 牙周病学的内容和任务 2. 正常牙周组织及临床应用解剖 3. 牙周病学发展动态	1. 了解我国牙周病学的发展简史，了解国情特点、牙周炎发病率和治疗现状及牙周疾病对全民健康的危害 2. 明确牙周专业面临的任务和口腔医学研究生的责任 3. 树立全心全意为人民服务、普及牙周治疗、维护人民口腔健康的信念
牙周病病因学研究进展（微生物与宿主免疫）	1. 病因学研究的历史背景 2. 微生物和牙菌斑 3. 牙周病的宿主免疫	1. 通过 200 年来人们对牙周病临床特征及牙周病病因的认识和探索过程，培养研究生认识疾病的科学思维和整体观念，思考微观与宏观、局部与整体的辩证关系 2. 引导研究生在未来科学研究和临床实践中始终保持求真求实的态度，脚踏实地，实事求是，不放过任何疑问，培养科学家精神 3. 引导研究生认识到充分运用日新月异的科学方法对牙周病的病因机制进行深入研究的重要性
牙周病的局部因素及全身因素	1. 解剖形态因素 2. 殆创伤、食物嵌塞、不良牙科治疗等因素 3. 全身因素	1. 通过牙周病病因学中全身因素与局部因素的讲解，引导研究生思考疾病发生发展过程中的局部与整体的关系 2. 从牙周病病因研究、探索和认识过程，培养研究生认识疾病的科学思维和整体观念，理解“病”与“人”的双向关系，思考微观与宏观、局部与整体的辩证关系
牙龈病	1. 菌斑性龈炎 2. 妊娠期龈炎及妊娠瘤 3. 药物性牙龈肥大 4. 坏死性溃疡性龈炎	1. 培养研究生对常见疾病研究的思路和方法，在诊治牙龈病的过程中切勿忽视全身因素，强化为“人”服务的理念

续表

教学内容	知识点	思政元素设计及呈现
牙龈病	5. 白血病的龈病变 6. 青春期龈炎 7. 急性龈乳头炎 8. 牙龈纤维瘤病 9. 疱疹性龈口炎 10. 剥脱性龈病损 11. 物理及化学因素引起的龈病损	2. 帮助研究生树立坚持预防为主、倡导文明健康生活方式的理念
牙周炎总论及慢性牙周炎	1. 牙周炎的主要症状 2. 牙周检查和诊断 3. 慢性牙周炎的诊断和治疗	1. 通过慢性牙周炎的危害、流行等与国情的关系，激发研究生普及牙周治疗、维护人民口腔健康的信念 2. 通过慢性牙周炎患病率和发病年龄、发展进程的特点，培养学生临床思维和科学分析能力
侵袭性牙周炎及牙周炎伴发病变	1. 侵袭性牙周炎 2. 牙周炎伴发病变 牙周脓肿 牙周 - 牙髓联合病变 根分叉病变	1. 结合侵袭性牙周炎的病因和临床特点，使研究生掌握正确的诊断和鉴别诊断，形成正确的治疗理念，掌握治疗原则 2. 引导研究生建立牙周炎早诊断、早治疗、早预防的基本理念
牙周疾病分类的发展及 2018 年新分类	1. 1999 年国际分类法 2. 2018 年新分类的临床应用	通过介绍过去 20 多年来两次牙周病分类的变化，特别是国际牙周病学界两次邀请北京大学口腔医学院牙周科孟焕新教授参加国际分类会议的经历，体现专业自信
危险因素的评估及治疗计划的制订	1. 危险因素的评估 2. 预后判断（总体及个别牙）的临床应用 3. 治疗计划制订	1. 掌握牙周病危险因素的评估和预后判断，引导研究生进行正确的临床思辨，为患者提供合理的治疗计划 2. 增强研究生的换位思考意识，培养爱伤观念和尊重患者的理念
牙周系统病例的收集与展示	1. 收集系统治疗病例的临床照片、临床检查记录及 X 线片资料 2. 制作病例汇报 PPT 的规范	强化研究生在临床工作中精益求精，以患者健康为目标的医学人文思想
牙周炎基础治疗及药物治疗进展	1. 牙周炎基础治疗及进展 2. 牙周炎药物治疗及进展	1. 培养研究生的自主学习能力，扎实基础理论，扎实系统学业基础 2. 引导研究生认识到不断更新医学知识的重要性，为正确地诊断和治疗口腔疾病打下坚实基础
牙周组织的生长发育和修复再生	1. 牙龈、牙周膜、牙骨质、牙槽骨的组织发育 2. 牙周组织修复再生的基础 3. 再生机制的研究进展	结合牙周组织再生相关研究的发展历史，培养研究生科学求实、勇于探索、刻苦钻研、为解决口腔医学难题而奋斗的精神

续表

教学内容	知识点	思政元素设计及呈现
牙周病手术治疗及进展	1. 手术治疗的目的、时机、适应证、术前准备、总体要求 2. 各种手术方法的目的、适应证、优缺点及手术方法的选择 3. 牙周组织再生术（GTR）的生物学原理、临床应用 4. 根分叉病变的手术治疗 5. 膜龈手术的应用 6. 牙周手术的进展	1. 说明患者对牙周组织再生等临床科学发展的贡献，强调爱伤观念，合理选择手术适应证 2. 培养研究生的爱伤观念，引导研究生树立处处为患者着想的服务理念
牙周翻瓣术与切除性骨手术	1. 翻瓣术的基本原则和术后愈合 2. 牙周手术后理想的和常见的愈合方式 3. 牙周骨切除和骨成形术方法要点	1. 引导研究生注重文献调研，脚踏实地，逻辑缜密，求真求实，注重培养科学家精神 2. 注重培养研究生的爱伤观念，合理选择手术适应证，处处为患者着想
美学相关的牙周手术	1. 牙冠延长术的原理及牙冠延长术的手术要点 2. 膜龈手术的原理及手术要点和临床应用	引导研究生重视临床过程中发现的各种问题，小问题往往是大发现的线索，培养研究生对临床科研的兴趣
种植体骨结合、种植体周组织及牙周炎患者的种植	1. 种植体的骨结合 2. 种植体与周围组织的界面结构特点 3. 牙周炎患者种植的准备、特点及研究进展	鼓励研究生开展以疾病为核心、以为患者服务为目的的临床研究
种植体周疾病的治疗	1. 种植体周黏膜炎 2. 种植体周炎	培养研究生认识疾病的科学思维、整体观念，理解“病”与“人”的主次关系，思考微观与宏观、局部与整体的辩证关系
全身系统性疾病在牙周组织的表现	掌跖角化 - 牙周破坏综合征等具有重度牙周炎表现的系统病	培养研究生对医学基础研究的兴趣，使其立志为祖国卫生健康事业贡献力量
牙周医学	1. 牙周疾病与全身疾病和状况的关系 2. 牙周感染与全身健康的关联和可能的病理机制及研究进展	通过介绍牙周医学兴起的过程，建立科学循证思维，了解中西方文化对人类认识疾病方法论建立的影响

三、教学设计与方法

在培养牙周病学专业人才的同时，也要注重对学生人文素养的培养，因此在牙周病学（研究生课程）教学中全面融入思政教育，做到“时时育人、处处育人、人人育人、动态育人”。

我国人群中牙周炎发生率极高，牙周炎会导致牙龈红肿、牙齿松动、移位等一系列困扰身心健康的问题，与广大人民群众的切身需求密切相关。牙周病学主讲教师要在遵循牙周病学教学规律的基础上，不断增强课程的思想性、专业性、生动性和先进性。对于教学设计与方法有以下几点考虑：

第一，坚持思政与专业相结合，以提问、案例或情景等形式导入思政内容，以图片、图像或视频等多种形式融入专业教学内容中。同时为学生提供尽可能多的教辅材料，并且鼓励学生学习、阅读、观看其他相关的多种形式（微信、QQ、微博等多种平台）的课外资料，以拓宽视野，扩展教学的深度和广度。

第二，在课程教学中，在传递专业知识的同时，结合学科发展历程制作课程思政教学案例，使学生了解老一辈口腔人刻苦钻研、治病救人的崇高理想和关爱患者的切实举措，将爱伤观念始终贯彻在疾病诊治过程中。坚持理论知识与临床实践相结合，将医学职业素养教育贯穿于课程全过程，使牙周病学课程有思想、有内容、有温度。

第三，调动研究生学习的主观能动性与主动参与性，培养研究生独立思考和创新求实的能力，树立团结、合作、务实的价值取向。鼓励研究生自己提出问题、研究问题并解决问题。在联系之前学习的其他医学基础知识的同时，查询最新的文献和成果，坚持将新技术、新知识、新进展引入教学中。鼓励研究生读原著，学原文，懂原理。在师生互动、生生互动的学习过程中，全面提升研究生独立思考和解决问题的能力。

四、课程思政教学案例

课程题目：翻瓣术和切除性骨手术

授课教师：赵亦兵（主任医师）

学时数：2 学时

1. 教学内容分析 翻瓣术和切除性骨手术是口腔医学生，特别是牙周病学专业的研究生需重点掌握的理论知识和临床操作技能。具体要求掌握的内容是翻瓣术的基本原则（切口、根面清创、瓣复位、缝合、创面保护）和术后愈合；牙周手术后理想的和常见的愈合方式（新附着、长结合上皮）；牙周骨切除和骨成形术的适应证和具体操作要点。注意在本课程中使用临床病例，做到理论紧密联系实际，在讲解过程中通过不同的病例分析讨论来加深学生对手术基本原则、术后愈合方式、适应证和禁忌证的选择等内容的理解。在讲授过程中，注重融入思政内容，比如根据不同患者制订个性化的治疗计划、在手术治疗过程中强调无痛原则、爱伤观念、术后注重复查等，要将重视患者的观念深入每个医学生的心中。作为医学生，要把学好专业知识、掌握专业技能作为自己学习的目标，把利用本专业知识促进人民口腔健康事业发展作为己任，努力学习，提升专业技术水平。利用本课程讲解使研究生了解目前牙周翻瓣术和切除性骨手术的作用和效果，增强研究生“除人类之病痛，助健康之完美”的信念。

2. 教学目标

（1）**掌握**：翻瓣术的适应证和禁忌证，基本原则（切口、根面清创、瓣复位、缝合、创面保护）和术后愈合。牙周手术后理想的和常见的愈合方式（新附着、长结合上皮）。牙周骨切除和骨成形术的适应证和禁忌证，具体操作方法要点。

（2）**了解**：翻瓣术的发展史。

（3）**拓展：**通过病例分析，加强研究生的临床思辨能力，培养爱伤观念，做到时刻以患者为中心。通过专业知识讲授，同时有机融入思政元素，引导研究生产生学习兴趣，热爱钻研，培养临床创新精神，树立实现科技自立自强的决心和抱负。

3. 课程思政目标

（1）**临床思维能力：**通过临床病例引入，引导研究生思考"个性化治疗方案"的制定。

（2）**自主学习能力：**培养研究生主动阅读外文专业书籍和专业文献，了解相关知识的能力。

（3）**科研创新能力：**通过讲解翻瓣术等手术的发展进步，引导研究生寻找差距，勇于创新，引领技术革新与进步，培养研究生志存高远，努力成为中国现代化建设的栋梁。

（4）**医学人文素养：**培养研究生具有"以患者为中心"的觉悟，学会从自己的本职工作、身边事做起。引导研究生树立医德仁爱之风，加强医患沟通能力的培养，学会换位思考，从患者角度考虑适合患者的全面治疗方案，做到耐心沟通，严谨操作，随时注意无痛原则、爱伤观念的应用，培养医学人文精神。

4. 教学重点难点

（1）**教学重点：**翻瓣术和切除性骨手术的原则、适应证。**教学对策：**通过临床病例的实际情况讲解，引导研究生思考。

（2）**教学难点一：**具体操作过程是本节课的难点。**教学对策：**通过模式图、动物模型操作图和临床病例的实际手术操作过程照片等，多角度、形象化地引导研究生理解每一步手术操作的要点、目的和意义。

（3）**教学难点二：**如何激励研究生勇于创新，敢于在牙周手术领域提出新方法、新技术并付诸实践，勇于探索新工具、新技术、新材料，从而促进牙周组织再生，引领技术革新和进步，努力培养研究生志存高远，使中国的牙周病学手术领域能达到世界先进水平。**教学对策：**多举例，讲一些牙周手术领域的发展历程，利用形象化的人物使研究生加深对技术进步、新方法应用的理解，并使其树立勇于探索的信心和高远的志向。

5. 学情分析　研究生在学习本节课之前已经学习了牙周病手术治疗及进展，对牙周手术的整体发展史，从早期的翻瓣清创、切除性手术阶段发展到再生手术阶段，再进展到美学修复手术以及种植修复缺失牙等一系列过程，了解到技术在科技进步的基础上不断革新。本节课针对研究生的特点，进行了以下针对性教学设计。

（1）**强调重点，归纳难点：**通过理论知识介绍和临床病例分析讨论，引导研究生掌握：①翻瓣术的原则、适应证、基本手术过程和术后组织愈合；②切除性骨手术的原则、适应证、基本手术过程。

（2）**课程思政，巧妙融入：**加强课程思政教育，在学习、工作中做到"以患者为中心"，制定符合患者切身利益的"个性化治疗方案"；强化爱伤观念，做到"除人类之病痛、助健康之完美"；培养创新精神，鼓励研究生在牙周手术领域不断研究新技术、新方法、新材料，引领世界口腔医学新技术发展的信念。

（3）**启发互动，自主学习：**通过启发式提问、临床互动讨论等形式鼓励研究生主动思考；引导研究生阅读外文原版专业书籍、查阅国内外相关的最新文献，调动研究生的学习积极性，培养其临床思辨能力、解决问题的能力与科研思维逻辑能力。

（4）**结合病例，联系实际：**通过几个代表性临床病例，引导研究生思考翻瓣术和切除性骨手术的适应证，理解具体的手术步骤和要点，掌握手术后的牙周组织愈合方式。

6. **教学设计思路** 通过问题引导，将教学主线内容、重要知识点和课程思政贯通起来，通过启发式、对比式、归纳式、互动式和形象化教学，以板书和多媒体等为载体，生动地讲授翻瓣术和切除性骨手术内容。具体教学设计思路如图 24-1 所示。

教学主线	知识点	能力培养 思政教育	教学设计
翻瓣术的概念	概念、手术原则、应用	归纳总结能力	案例导入 问答互动
翻瓣术的发展史	几种不同的翻瓣术优缺点比较	分析比较能力	引发思考 自主学习
翻瓣术的适应证	4 种适应证	医学人文素养	引入病例 联系实际
翻瓣术手术步骤	以改良 Widman 翻瓣术为例介绍	逻辑分析能力	模型动画 分步示意
缝合方式	几种常用缝合方式的介绍	分析比较能力	视频演示 强化记忆
翻瓣术的组织愈合	5 种愈合方式和临床效果	归纳总结能力	图片讲解 课堂互动
切除性骨手术的概念	概念，2 种形式的区别	分析比较能力	分析比较 加深理解
切除性骨手术的适应证	6 种适应证	医学人文素养	引入病例 联系实际
切除性骨手术的操作步骤	常用器械，具体步骤	逻辑分析能力	模型动画 分步示意
课堂总结	复习归纳要点、难点	归纳总结能力	提问总结 引起思考

图 24-1 翻瓣术和切除性骨手术教学设计思路

7. **教学过程** 具体教学过程见表 24-2 所列。

表 24-2 翻瓣术和切除性骨手术的教学过程

教学目标	教学内容	教学设计
课程导入	由两个病例导入：第一个是基础治疗即可获得良好治疗效果，不需牙周手术治疗；第二个是基础治疗后仍有深牙周袋，有骨形态异常的需要进入牙周手术治疗阶段 引入本节授课内容：牙周手术中最基础的翻瓣术和切除性骨手术	**提问互动：** 病例导入：由具有不同疾病特点的患者的基础治疗结果，引入下一步适合患者的治疗方案 **启发思考：**牙周手术的必要性，临床上会给患者带来何种益处 **课程思政（医学人文素养）：**引导研究生“以患者为中心”，思考有针对性的“个性化治疗计划”的确立

续表

教学目标	教学内容	教学设计
★ **掌握** 翻瓣术的概念、原则、作用及适应证	翻瓣术的概念：用手术方法切除部分牙周袋及袋内壁，并翻起牙龈的黏骨膜瓣，在直视下刮净龈下牙石和肉芽组织，必要时可修整牙槽骨，然后将牙龈瓣复位、缝合，达到消除牙周袋或使牙周袋变浅的目的 翻瓣术的手术原则：应用不同的手术切口，形成厚薄不一、形态各异的牙周组织瓣，将其翻起，暴露病变区组织，将感染肉芽组织、根面牙石彻底刮净，修整或不修整骨外形，经清创后再将软组织瓣复位，从而使牙周袋变浅，促进骨的修复 翻瓣术的适应证： 1. 深牙周袋或复杂性牙周袋，经基础治疗后牙周袋仍在 5 mm 以上，且探诊后出血者 2. 牙周袋底超过膜龈联合界，不宜做牙周袋切除者 3. 有骨下袋形成，需行骨修整或需进行植骨者 4. 根分叉病变伴深牙周袋或牙周 - 牙髓联合病变患者，需直视下平整根面，并暴露根分叉，或需截除某一患根者	**复习提问：**在上一节手术总论中提到过翻瓣术，通过回忆提出和加深概念 **分析归纳：**拆解定义，便于理解 **承上启下：**为什么翻瓣术是多数牙周手术的基础？引入翻瓣术的发展史
了解 翻瓣术的发展历史，演变过程	Widman 翻瓣术：1918 年 Neumann 翻瓣术：1920 年 Kirkland 改良 Widman 翻瓣术：1931 年 Ramfjord 和 Nissle 改良 Widman 翻瓣术：1974 年	**课程思政（医学人文精神）：**引导研究生理解翻瓣术的发展过程体现了医学研究中不断改进、不断完善、精益求精以获得最佳治疗效果的精神，从而达到"创伤小，恢复美观和功能效果好"的对患者最为有益的治疗结果 **课程思政（从临床实际问题出发，不断突破的科学探索精神）：**引导研究生的创新精神，鼓励研究生在未来的临床实践中不断探索新方法，树立技术自信
★ **掌握** 翻瓣术的具体操作步骤	以改良 Widman 翻瓣术为例，介绍具体手术操作过程：切口设计、切口种类、龈瓣的种类、刮治 + 根平、龈瓣的复位种类、缝合、术后护理、术后可能的并发症 使研究生了解完整的手术过程，理清临床思辨过程，逐步理解手术的具体操作是依赖于患者口腔客观条件（软硬组织条件、张口度等）而进行的设计和操作	**归纳拆解：**具体步骤细化讲解 **形象教学：**利用模式图、猪颌骨模型、临床病例图片等演示，讲解具体操作要点，便于研究生理论联系实际，加深理解

续表

教学目标	教学内容	教学设计
★ **掌握** 翻瓣术的具体操作步骤		**课程思政（医学人文素养）：**引导研究生具体问题具体分析的能力，即使是手术数据相似的患者，根据每个患者的口腔情况和全身情况，甚至文化水平、经济状况等，也会导致不同的手术方案。进一步使研究生学会与患者进行良好的医患沟通，达到手术目标的一致性
★ **掌握** 术后组织愈合	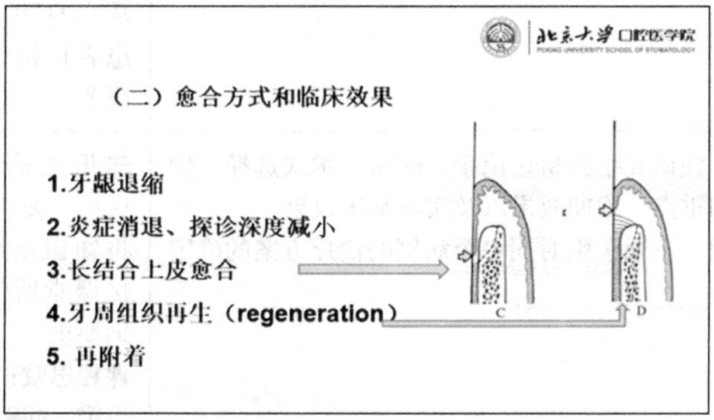	**归纳总结：**结合临床实际效果，分析愈合方式 **课程思政：**激发研究生积极从事基础性科学研究，争取在众多的愈合方式中达到“牙周组织再生”这种最佳的组织愈合方式，为中国牙周病学做出自己的贡献
介绍几种常用的翻瓣术	结合病例介绍改良 Widman 翻瓣术、嵴顶原位复位瓣术、根向复位瓣术、远中楔形瓣术 使研究生进一步体会不同术式的适应证选择，以及相应的不同的临床效果	**临床病例分析：**引导研究生思考，提升临床思辨能力，使研究生可以更好地做到理论联系实际
★ **掌握** 切除性骨手术的定义和适应证	了解正常形态才能知道面对异常形态时，手术的目标是什么，从而选择合适的方法 介绍正常的牙槽骨形态特点，了解骨破坏的类型 定义：切除性骨手术是在翻瓣术中用手术方法修整病变区的牙槽骨，使之恢复正常的形态和生理功能的手术 适应证： 1. 浅的一壁骨袋或宽而浅的二壁骨袋难以有新骨修复者 2. 邻面骨凹坑状吸收 3. 牙槽骨嵴圆钝肥厚或突出呈壁架状，则需修整成形 4. 向邻近缺牙区倾斜的牙齿，常在缺牙侧形成窄而深的骨下袋 5. 反波浪形骨形态 6. 根分叉病变为Ⅱ度，但附着龈宽度较窄；根分叉病变为Ⅲ度时，再生性治疗难以成功	引导研究生掌握解决具体问题的能力，了解骨形态如何从正常到异常再到正常的变化以及手术方案的制定 **分析比较：**正常的牙槽骨解剖形态特点和异常表现。了解手术的最终目标是什么 **图片引导，了解适应证：**引导学生学会选择手术方式，明确治疗目标

续表

教学目标	教学内容	教学设计
★ **掌握** 切除性骨手术的具体操作步骤	使研究生掌握具体操作步骤，并了解如何操作以达到尽量保持支持骨组织的高度和宽度	应用图片和具体的临床病例讲解 **课程思政（医学人文素养）：**建立和巩固研究生的爱伤观念，通过规范操作，最大程度保留患者的牙槽骨，尽量恢复其正常解剖生理外形，为患者提供最佳治疗方案和最优的健康服务。体现“以患者为中心”的理念，从更高层次使研究生理解，如何从自身职业出发，做到为患者提供优质的口腔健康服务
总结	通过具体病例，使研究生分析讨论手术时机、术式选择、操作过程的难点和重点、预期效果以及实际临床效果 思考：不同时期，不同医生对同一个病例的治疗方案的确定是唯一性的吗？	**知识点梳理：**通过提问、讨论，复习当堂所学内容，将知识点系统化，强化记忆课堂所学内容，掌握大纲要求 **课程思政：**引领学生发散性思维，病例的治疗方案的不唯一性。进一步强化与时俱进的思想，随着科技的不断进步，解决问题的手段和方法将有越来越多的选择，更要体现以人为本
思考题与课后作业	给出一个病例，鼓励研究生思考其最合理的手术方案是什么 鼓励研究生理论联系实际、勤于思考	**课程思政：**使研究生能够主动思考和复习，巩固课堂所学的基本知识，为未来的临床实践打下坚实基础。特别是坚持以患者为中心，针对患者制订个性化治疗方案

第二十五章　儿童口腔医学

一、课程定位和课程思政建设目标

（一）儿童口腔医学课程特点

儿童口腔医学（pediatric dentistry）是研究胎儿至青少年口腔器官的生长发育、保健和疾病防治的重要口腔医学分支学科，也是唯一以年龄界定的口腔医学二级学科。研究生阶段的儿童口腔医学教育是以处于生长发育阶段的儿童和青少年为对象，研究其牙体、牙列、颌面骨骼及软组织等结构的形态与功能特征，开展口腔疾病及颌面畸形的诊疗与预防，促进形成功能健全的咀嚼系统。

基于研究生阶段的学生对儿童口腔医学专业知识的深入认识和理解，在教学中应充分发掘课程思政概念的内涵与外延，从爱国情怀、文化传承、品格塑造、专业伦理等方面设计思政内容。在儿童口腔医学研究生课程和临床训练中，注重思政元素的融合，在每一次课堂教学和实习教学中均加入思政内容，在加强基本理论和基本知识学习、规范临床技能训练的同时，也注重医学人文的融入，培养职业精神和职业道德，使学生在课程学习中体会到科技自信。通过向学生讲述我国儿童口腔医学发展的历史和前辈的事迹，帮助学生坚定为祖国口腔医学奋斗的决心，立志成为德才兼备的高素质口腔医学人才。

（二）儿童口腔医学课程思政建设目标

儿童口腔医学的课程思政建设目标主要包括以下几点。

第一，儿童口腔医学相关知识与技能的培养。儿童口腔医学课程以儿童生理和心理发育特点为基础，研究生课程重点讲授牙齿发育和发育异常、儿童龋病、牙髓根尖周病、牙外伤、口腔相关的系统病、遗传病、咬合诱导等方面的相关理论知识和实践技能。课程思政内容的核心在于强调儿童患者的特殊性，要求在诊疗过程中始终遵循患者利益最大化的原则，融入人文关怀，包括爱伤观念、医患沟通方式、告知程序与技巧、疾病与健康的关系、科学与医学的局限性、伦理与法律等。在授课过程中注重职业道德情操的培养，树立呵护全周期生命健康的理念，通过在儿童时期建立良好的就医态度，推动全民口腔健康，以促进我国儿童口腔医学事业的发展。

第二，研究生阶段综合能力培养。引导学生树立正确的医学人文精神和良好的职业道德，培养德才兼备的新世纪口腔医学人才。介绍中国老一辈口腔医学奠基者的功绩，使学生体会科技自立自强的必要性；培养优秀的职业道德、体现专业认同等。在课程教学中，介绍我国学者的相关研究及对儿童口腔医学发展的贡献，建立专业自信。开发学生的科学思维能力，重点强调求真务实、开拓进取、学术诚信，鼓励学生的批判性思维和创新意识，培养严谨求实的科学态度，树立为祖国医学事业发展而奋斗的决心。

第三，职业素养和价值观的引导与培养。通过向学生讲述儿童口腔专业发展历史、学术发展成就、口腔医学前辈典型事迹、医患之间的暖心故事等，将课程学习和思政教育做到有机结合。将人文关怀、思政理念、职业素养等内容细节化，融入学生的理论学习、临床实践和科学研究当中，使学生自临床前期阶段即秉承中华民族优良传统，先学做人，再学做学问，做扎根祖国大地、服务我国人民口腔健康的有用人才。

二、教学内容和思政要点设计

本课程的教学内容、知识点和对应思政元素设计及呈现如表 25-1 所列。

表 25-1　儿童口腔医学研究生课程的教学内容、知识点和对应思政元素设计及呈现

教学内容	知识点	思政元素设计及呈现
牙齿发育的分子生物学机制	1. 发育的概念及研究牙齿发育的意义 2. 牙齿的进化和牙列发育 3. 牙胚的发生及调控因子 4. 牙胚发育位置的确定 5. 牙齿发育形态的确定 6. 蕾状期的结构和功能 7. 釉结和帽状期 8. 成牙细胞的分化和功能 9. 牙根发育和 Hertwig 上皮根鞘	1. 阐释发育生物学对医学发展的推动作用，鼓励研究生主动探索，激发学生对发育生物学研究的兴趣 2. 介绍我国学者包括海外华人和北京大学口腔医学院在牙齿发育方面的研究成果，增强科技自信，厚植爱国主义情怀 3. 介绍牙胚发育的研究现状，我国在该领域的研究进展与现存差距，激发学生的学习动力，培养创新意识，明确研究方向，助力实现国际领先 4. 介绍目前已知的导致牙齿发育异常的基因突变，以及如何在临床上发现病例并正确诊断，培养学生的爱伤观念和保护患者隐私的职业道德。引导学生建立以临床问题为导向、系统分析为核心的医学思维体系
乳牙牙髓治疗及预后评估： 1. 讲座（AAPD、EAPD 和 CSPD 相关指南解读）； 2. 临床病例解析 【第一次课】	1. AAPD、EAPD 和 CSPD 指南相关版本介绍 2. 可复性牙髓炎的概念 3. 间接牙髓治疗的适应证、步骤、材料和预后 4. 牙髓切断术的适应证、步骤、材料和预后	1. 重点介绍中华口腔医学会儿童口腔医学专委会乳牙牙髓治疗指南，强调不但要与世界接轨，学习美国和欧洲的牙髓病学诊疗，我国还根据国情制定了自己的治疗指南。以此说明需要在口腔医学中体现中国特色和文化自信 2. 从保牙不保髓到尽量保存活髓的生物医学模式和医学人文观念的转变，强调保存活髓的概念，引入以人为本、以患者为中心、为患者着想的理念

续表

教学内容	知识点	思政元素设计及呈现
乳牙牙髓治疗及预后评估： 1. 讲座（AAPD、EAPD 和 CSPD 相关指南解读）； 2. 临床病例解析 【第一次课】		3. 通过牙髓切断术术式变化和材料发展使学生认识科学技术和材料的发展对医学的影响，强调科学发展对牙科治疗术式转变的重要性，激发学生的学习积极性，激发学生努力成为推动祖国儿童口腔医学事业发展的中流砥柱
乳牙牙髓治疗及预后评估： 1. 讲座（AAPD、EAPD 和 CSPD 相关指南解读）； 2. 临床病例解析 【第二次课】	1. 乳牙根管治疗的概念，国内外应用情况 2. 乳牙根管治疗的适应证、禁忌证、步骤、材料和预后 3. 间接牙髓治疗、牙髓切断术和根管治疗比较	1. 根管治疗是保存乳牙的重要方法，乳牙存留的辩证思维使学生在工作中养成以人为本、以患者为中心的服务理念，培养爱伤观念 2. 牙髓治疗方法和材料选择，引导学生进行综合考虑，在保证治疗效果的前提下，使患者利益最大化。强调医患之间充分沟通的重要性，在交流中体现人文关怀
儿童龋病研究进展： 1. 讲座（AAPD、EAPD 和 CSPD 相关指南解读） 2. 临床病例解析（AAPD 和 CSPD 相关指南解读） 【第一次课】	1. AAPD、EAPD 和 CSPD 相关指南解读 2. 婴幼儿乳牙龋病、儿童青少年的年轻恒牙龋病诊治特点 3. 以年龄为特点的口腔保健及龋病防治原则 4. 病例解析 - 混合牙列多发龋的综合防治：乳牙龋病与恒牙龋病的关系；年轻恒牙列患龋危险性特点；混合牙列龋防治原则、治疗目标；治疗后随访的评估指标	1. 龋病目前是对我国儿童口腔健康危害最大的疾病，要因势利导，对儿童和家长进行个性化的口腔健康教育 2. 积极研究龋病的防治措施，为儿童健康成长保驾护航。引入思政内容：我国建成了世界上规模最大的教育体系、社会保障体系、医疗卫生体系，人民生活得到全方位改善，获得感显著增强、幸福感持续提升、安全感切实得到保障 3. 介绍中国口腔医学前辈进行龋病研究的事迹，传承其攻坚克难、开拓创新的科研精神 4. 以儿童混合牙列多发龋的综合防治为例，进行病例解析，从患者的病史询问、检查、诊断、鉴别诊断、治疗原则和方法、诊疗评估、随访等方面，引入临床治疗中的个性化人文关怀、健康管理等思政内容
儿童龋病研究进展： 1. 文献综述汇报（儿童龋病中口腔微生物和宿主因素方面的研究进展）	1. 文献综述汇报 （1）宿主遗传与儿童龋病的研究进展 （2）儿童龋病中口腔微生物的研究进展 （3）唾液及口腔免疫与儿童龋病的研究进展 2. 病例解析：重度低龄儿童龋的综合防治、疾病特点、临床表现、患者管理、阻断性治疗的原则	1. 引导、启发学生，激发学生的科研兴趣。儿童龋病的相关机制是基础研究的一大领域，涉及细菌学、免疫学、遗传相关，需要多学科合作，才能够发现患者的发病机制，从而为预防和治疗提供依据 2. 紧跟科学研究前沿，为儿童龋病防治做出贡献；关爱儿童口腔健康，积极阻断龋病发展 3. 低龄儿童龋和儿童多发龋往往需要长期的治疗和观察，以及采集样本进行相关的研究探索，因此，无论从伦理还是法律方面，医生都需要进行充分的医患沟通以获得患者及其监护人的知情同意

续表

教学内容	知识点	思政元素设计及呈现
2. 临床病例解析 【第二次课】		4. 对于一些复杂的病例，常常需要多学科联合，从患者的利益出发，为患者制定个性化的、切实可行的治疗方案，必要时请相关学科专家会诊，保证治疗的严谨性
无痛技术与镇静全麻在儿童口腔治疗中的应用	1. 恐惧、焦虑情绪的意义 2. 口腔治疗中情绪及疼痛管理的重要性 3. 口腔治疗的无痛镇静治疗的发展史 4. 镇静的定义及不同镇静的临床表现 5. 无痛治疗的方法 6. 全麻临床治疗要点	1. 介绍镇静镇痛的发展史，学习前人对疾病的思考与实践，了解医学的发展规律，加强学生树立“敬佑生命”“爱伤观念”“以患者为中心”的服务理念，建立爱护患者、服务患者的意识和基本原则 2. 了解现代口腔医学从拔牙到牙体保存的医学人文观念的转变，通过镇静镇痛的学习使学生进一步理解熟练掌握医学基础知识是对疾病进行正确诊断治疗的根本；这种精神和理念也是对患者最好的人文关怀的体现 3. 以镇静镇痛技术和方案选择为引导，帮助学生建立多学科交叉贯通融合的基本理念意识，进而激励学生对相关学科的兴趣和主动建立连接的“主体意识” 4. 学习北京大学口腔医学院在国内开创全麻下牙病治疗的发展历程，以北大口腔的务实创新为实例，激励学生自主创新的意识和实践应用
国际牙外伤指南解读与病例解析： 1. 讲座 2. 临床病例解析 【第一次课】	1. 学习治疗指南的必要性 2. 回顾各不同版本治疗指南的内容 3. 牙齿硬组织损伤：釉质裂纹、牙釉质折断、牙本质折断、复杂冠折、简单冠根折、复杂冠根折、根折的临床表现与治疗原则 4. 病例解析：通过具体的病例分析（年轻恒牙近冠1/3）强化年轻恒牙根折的诊断、治疗计划及预后	1. 介绍北京大学口腔医学院儿童口腔科的前辈李宏毅教授原创的牙外伤分类，分析其与目前国际通用的牙外伤指南的异同和优缺点，鼓励学生向前辈学习，在学习工作中勤于思考，勇于开创属于北大口腔的原创的理论体系 2. 牙齿硬组织损伤在造成儿童身体伤害的同时，也会给儿童的美观、自信心以及人际交往带来不可忽略的影响，制订治疗计划时除了生理学方面的考量外，还需要有充分的人文关怀，牙冠修复方式的选择要以人为本，结合病情、患者美观需求以及经济承担能力来综合考量
国际牙外伤指南解读与病例解析： 1. 讲座 2. 临床病例解析 【第二次课】	1. 脱位性外伤的并发症 2. 外伤牙的固定及分类 3. 牙齿震荡，牙齿亚脱位，牙齿部分脱出，牙齿侧向移位，牙齿挫入的诊断、治疗及预后 4. 病例解析：结合病例情况与外伤指南的治疗原则，进一步加深对年轻恒牙全脱出的治疗原则的掌握以及预后的评估	1. 介绍牙齿全脱出的预后影响因素，其中很重要的一环是全脱出牙齿的储存方式和就医的及时与否，提醒研究生在做好临床本职工作的同时，有义务有责任对人民群众尤其是外伤高发人群进行牙外伤尤其是全脱出牙齿的应急处理的科普宣传，培养学生的社会责任感

续表

教学内容	知识点	思政元素设计及呈现
国际牙外伤指南解读与病例解析： 1. 讲座 2. 临床病例解析 【第二次课】		2. 通过病例解析，具体介绍牙齿全脱出病例的病史采集和治疗的流程，以及治疗过程中与患儿及其家长的沟通过程，使学生认识到规范的医疗行为是医务人员的基本职业素养，是获得良好治疗效果的前提；具备良好的共情能力有利于更好地与患儿及家长沟通，完成牙齿治疗的同时，要兼顾心理疗愈，缓解牙外伤对患儿及其家长的心理创伤和痛苦
儿童生长发育阶段的口腔颜面管理	1. 进行颜面管理的原因 2. 儿童颜面发育的影响因素 3. 如何对生长发育阶段的儿童进行颜面管理	1. 使学生了解颜面管理的重要性，即可以使儿童拥有一副健康美丽的牙齿和面容，这也是儿童口腔工作者的责任和使命 2. 对于儿童牙齿不齐这一问题，引导学生要从整个颜面发育来考虑，而不是只关注局部，有利于对学生辩证思维能力的培养 3. 通过了解儿童颜面发育的影响因素，使学生进一步了解我国传统医学的经典名言“上医治未病”同样适合颜面管理。发现儿童牙齿不齐时，要询问受哪些因素影响。去除病因后治疗效果会更好，结果也更稳定 4. 儿童错颌畸形受牙齿、肌肉和颌骨的影响，治疗中需和家长沟通，通过开展讲座，介绍医疗服务过程中“以人为本”的思想，在治疗前和治疗过程中做到与患儿和家长良好的沟通
常见遗传病和系统病在口腔的表现及其诊治	1. 中性粒细胞减少症、白血病、朗格汉斯细胞组织细胞增生症的临床表现、口腔表现、口腔诊疗原则 2. 掌握颅骨锁骨发育不全、外胚叶发育不全、低磷酸酯酶血症、掌跖角化牙周破坏综合征及 Reiger 综合征的临床表现、口腔表现及口腔治疗原则	1. 鉴于系统病和遗传病的特殊性，培养学生建立以全身健康状况为大前提的诊疗思维，避免“头痛医头、脚痛医脚” 2. 在遗传病诊治过程中，应当以疾病本质为根本，充分尊重患者诉求，为患者制定个性化的治疗方案，同时还应注意对患者隐私的保护 3. 引领学生提炼诊断依据，给出正确的诊疗方案。引导学生学会在临床中遇到未见过的疾病时如何查询疾病名称及相关文献，培养学生的科研思路 4. 对于患者牙齿萌出障碍和多生牙的管理是一个长期的过程，需要多学科协作进行。融入北京大学口腔医学院以往的基础研究，增强学生的科学兴趣，引导学生注重在临床中提炼问题，培养自己的科学敏感性 5. 通过自主查阅文献，关注研究前沿，培养创新意识和能力。激发学生的积极性和努力探索的实践精神，以患者为中心，心系患者健康，提升诊疗能力

续表

教学内容	知识点	思政元素设计及呈现
儿童年轻恒牙活髓保存与牙髓再生（AAE指南解析）： 1. 文献综述汇报讨论 2. 临床病例解析 【第一次课】	**一、AAE 指南解析** （一）概述 1. 年轻恒牙的概念 2. 年轻恒牙牙髓治疗的目标 3. 牙髓组织的健康状况 4. 临床诊断及治疗计划的制订 （二）具体治疗方法 1. 护髓治疗 2. 间接牙髓治疗 3. 直接盖髓 4. 冠髓切断 5. 根管治疗 6. 牙髓再生治疗术 **二、病例解析** 一例右下恒磨牙深龋洞牙髓治疗的病例，展示年轻恒牙在活髓治疗后良好的治疗效果，明确年轻恒牙牙髓诊断和对应治疗方案的选择	1. 引导学生从患者长远健康考虑，强调患者利益最大化原则。相对于成熟恒牙发生牙髓炎一般采取拔髓、根管治疗的方式，年轻恒牙牙髓组织有较强的修复能力，露髓后可保留全部或部分活髓，促进牙根的发育成熟 2. 通过指南解析，使学生掌握疾病的基本诊治原则和诊疗中的注意事项，只有掌握扎实的专业知识，才能更好地服务患者，为患者解除病痛，激发学生的学习热情 3. 用典型病例加深对年轻恒牙牙髓修复能力的认识，进一步加深对牙髓微创治疗的认识，进而引申出“以人为本”的医疗服务观念的建立；强调在诊疗过程中培养爱伤观念、体现人文关怀，强调在为儿童诊疗过程中的无痛和微创理念
儿童年轻恒牙活髓保存与牙髓再生（AAE指南解析）： 1. 文献综述汇报讨论； 2. 临床病例解析 【第二次课】	**一、文献综述汇报：牙髓再生的研究进展** （一）干细胞在牙髓再生中的应用 （二）牙髓再生中的支架材料 （三）牙髓再生疗效与牙根发育评定方法 **二、病例解析** 一例左下颌第二前磨牙牙髓坏死牙髓再生治疗的病例，明确牙髓再生适应证、治疗过程、疗效及预后	1. 通过文献汇报讨论，提高学生学习新知识理论的参与感，提高学生搜集信息、归纳总结的能力，以便更全面吸收创新点，使学生意识到不断学习新的医学理论是对疾病进行正确诊断和治疗的根本 2. 通过与文献相关的病例学习，使学生能做到理论联系实际，加深对年轻恒牙牙髓坏死治疗新方法的认识，提高诊疗水平，培养共情和爱伤观念，最大程度地促进儿童牙颌健康发育 3. 坚持守正创新：要以科学的态度对待科学，以真理的精神追求真理。不断拓展认知的广度和深度，敢于探索新的年轻恒牙牙髓治疗方法，同时要严谨、实事求是

三、教学设计与方法

儿童口腔医学是一门专业性很强的综合学科，作为研究生课程，其目标是培养高级口腔医学专科人才。课程设置的目标是使学生在学习医学知识的同时，树立正确的政治导向，进行正确的思想指引，培养兼具医德修养与专业能力的复合型口腔医学人才。通过以下几个方面体现。

1. 培养学生对儿童口腔医学的热爱和传承意识　通过讲述李宏毅教授等先驱者建立儿

童口腔医学学科的历程，深化学生对科技自立自强战略的认知，激发学生的学习积极性，培养传承意识。

2. **强调医学生的社会责任，培养人文关怀**　提升医疗服务质量与技术创新水平是医学生的时代使命。在课程教育中注重培养学生的社会责任感和奉献精神，激发学生为人民服务的决心。同时强调对患儿和家长的心理、情感和社会需求的关注，关心患儿的痛苦和困难，给予患儿及其家庭温暖和关怀。

3. **增强学生对科研工作的兴趣，提高创新能力**　在课程教学中以本专业的优秀研究生案例为切入点，结合科室近年来的研究进展，引导学生认识到在医学研究发展过程中，加强基础研究是建设科技强国、促进医学进步的必然要求，是实现高水平科技自立自强的必要途径。由此激发学生的自主创新热情和动力，增强学生对我国儿童口腔医学发展的信心，树立未来在口腔医学领域实现科技自立自强的决心。

四、课程思政教学案例

课程题目：系统病遗传病在口腔中的表现

授课教师：朱俊霞（副教授、主任医师）

学时数：2 学时

1. **教学内容分析**　系统病及遗传病在儿童口腔临床中较为少见，但在诊疗中却是不可或缺的内容。在研究生专业课中讲授这部分内容，有助于培养学生的爱伤观念，树立全身整体医疗的理念，使学生充分认识加强系统病及遗传病的基础研究对支撑高水平医疗诊断、治疗技术革新和应用，医学领域自立自强的重要性和紧迫性。

口腔是机体的重要组成部分，有些儿童的全身系统性疾病，例如血液病、传染病等，在口腔都有不同程度的表现，且口腔表现出现早、特异性强，口腔医生在对患儿进行口腔诊疗时不应只关注口腔疾患，还应考虑可能是全身疾病在口腔的表现，对这些病症的早期发现，有助于全身疾病的诊断，可使患儿得到及时治疗，以免延误治疗时机。医学生应当担负起未来的责任，坚持以人民健康为中心，以患者利益为中心，以保障、改善人民的身体健康为中心是医生的职业使命。

儿童口腔颌面部生长发育是机体生长发育的一部分，一些影响个体发育的遗传因素也会影响口腔颌面部发育，进而出现各种不同的表征，表现为口腔遗传病。目前大多数遗传病尚无有效治疗方法，对于有家族史的家庭在孕前进行遗传咨询非常重要，是实现健康中国的关键一环。一直以来，我国的口腔科医师们对于儿童口腔科常见的遗传病持续开展基础研究，探究致病机制，为遗传咨询及治疗提供了坚实的基础，使研究生了解这部分内容，有助于提升其学术自信及民族和学科自豪感，鼓励学生进行探索，不断拓展认知医学的边界，开辟新的认知疆域，孕育新的医疗技术方法，为口腔医学的未来发展奠定知识基础。

2. **教学目标**

（1）**掌握：**掌握中性粒细胞减少症、白血病、朗格汉斯细胞组织细胞增生症的临床表现、口腔表现、口腔诊疗原则。掌握颅骨锁骨发育不全、外胚叶发育不全、低磷酸酯酶血症、掌趾角化牙周破坏综合征及 Reiger 综合征的临床表现、口腔表现及口腔治疗原则。

（2）**熟悉：**熟悉色素失禁症、眼 - 面 - 心 - 牙综合征及成骨不全的临床表现、口腔表现及口腔治疗原则。

（3）**了解**：了解系统病及遗传病的致病机制。

（4）**贯穿全课程**：培养全身诊疗思维，避免“头痛医头脚痛医脚”；培养爱伤观念，提高诊疗能力，勇于担当，为系统病和遗传病患者提供完善的口腔诊疗，全面提高人民健康水平。

3. 课程思政目标

（1）临床思维能力：掌握系统病及遗传病的全身表现，在观察到口腔表现后自觉联想到可能的其他全身表征，根据全身检查及辅助检查的结果，做出准确诊断，为患者提供完备的诊疗措施及建议。

（2）终身自主学习能力：遗传病是罕见病，但其表现多种多样，在临床诊疗中会遇到陌生的遗传病，此时就需要在孟德尔遗传网站中输入相关症状搜索并查阅文献系统进行相应的系统学习。系统病的知识也需要在接诊相应患者后查阅文献、参考内科学等内容进行系统学习。

（3）医学人文素养：系统病及遗传病患者由于本身病痛的原因，心理敏感，家庭经济负担重，在诊疗中要关爱患者，以人为本，以患者为中心，同时还要依据人文、伦理、法律等相关要求，尽己所能不放弃每一位患者，在治疗的同时注意保护患者隐私。

（4）培养科学敏感性及学科自豪感：在讲授理论知识的同时，也要充分认识到探究遗传病致病机制的重要性，培养学生的科学敏感性。通过在课程中穿插儿童口腔科及北京大学口腔医学院前辈的相关研究，增强学生的学科自豪感，使其认识到不仅要认真锤炼自己的诊疗水平，还要开展科学研究探索，才可以使自己成为志存高远的医者；培养良好的沟通能力，言之有物的表达能力，才可以与患者建立良好的医患关系，更好地为系统病及遗传病儿童的口腔健康保驾护航。

4. 教学重点难点

（1）**教学重点**：①中性粒细胞减少症、白血病、朗格汉斯细胞组织细胞增生症的临床表现、口腔表现、口腔诊疗原则及口腔诊治时的注意事项。②颅骨锁骨发育不全、外胚叶发育不全、低磷酸酯酶血症、掌趾角化牙周破坏综合征及 Reiger 综合征的临床表现、口腔表现及口腔治疗原则。③如何能从口腔颌面部表现溯源到全身背景。

（2）**教学难点**：系统病和遗传病并非口腔诊疗中的常见病，接触机会极少，学生没有感性认识。**教学对策**：通过幻灯展示临床图片，引导学生思考系统病和遗传病在口腔颌面部表现的独特之处，小结时以病例为导向，帮助学生掌握接诊系统病遗传病患者的诊疗思路和方法。

5. 学情分析

（1）融入思政及人文关怀内容：由于系统病和遗传病的特殊性，在本节课中更要加强学生的爱伤观念，以患者为中心的治疗理念，加强与患者及家属的有效沟通，建立良好的医患关系，注重对患者隐私的保护。以疾病本质为根本，充分尊重患者诉求，为患者制定个性化的治疗方案。

（2）以岗位胜任力为导向，以学生为主体：由于系统病及遗传病在临床中较为少见，是研究生临床实践的薄弱环节，所以在课程教授中应将发现口腔表征后还应做哪些全身检查和辅助检查这一问题贯穿始终，引领学生提炼诊断依据，给出正确诊疗方案。引导学生学会在临床中遇到未见过的疾病时查询疾病名称及相关文献的方法，激发学生不畏艰难、积极探索的实践精神，以患者为中心，心系患者健康，提升诊疗能力。

（3）结合病例，注重总结：充分挖掘教研室以往的病例资源，结合课程内容设计以病例为导向的总结，给学生提供实践课程内容的机会，增强其面对此类疾病的自信心。

6. **教学设计思路**　通过问题引导，将教学内容以多媒体课件形式讲授。讲授时尽量结合临床实例，以图片为载体，采取提问式、启发式和归纳总结教学，增加与学生的互动，尽量生动地展示课堂教学内容，采取留作业方式加强内容反刍，提供文献资料开拓学生思路。具体教学设计思路如图 25-1 所示。

教学主线	知识点	能力培养　思政教育	教学设计
系统病表现和诊治	病因和发病情况	爱伤观念	启发式教学
中性粒细胞减少症	基础研究进展	全身诊疗思维	互动式教学
白血病	临床分型	学术敏感性	反复强化
朗格汉斯细胞组织细胞增生症	临床表现	学科自信	归纳总结
遗传病表现和诊治	口腔颌面部表现	临床思维能力	临床病例
颅骨锁骨发育不全	诊断和鉴别诊断	终身自主学习	临床病例为导向
外胚层发育不良	治疗	医学人文素养	讲述提问相结合
低磷酸酯酶症		以患者为中心	结合作业复习
掌跖角化-牙周破坏综合征			结合学习资料拓展知识面
Rieger 综合征			

图 25-1　系统病遗传病在口腔中的表现教学设计思路

7. **教学过程**　具体教学过程如表 25-2 所列。

表 25-2　系统病遗传病在口腔中的表现教学过程

教学目标	教学内容	教学设计
课程导入 系统病例	课程导入： 由病例导入： 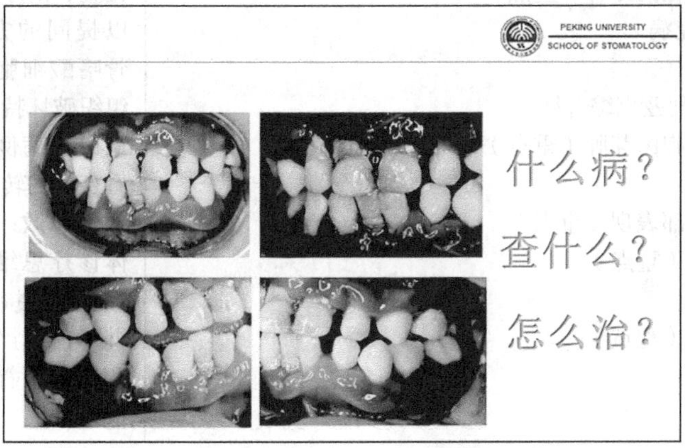	通过病例吸引学生的注意力，引出课程主题 启发学生思考见到儿童如此严重的牙周炎时如何整理临床思路，可能是什么诊断，仅仅是口腔疾病吗？还有没有要完善的检查？如何治疗？从而引出本节课的主题 **课程思政：**培养全身诊疗思维，避免“头痛医头，脚痛医脚”。从患者全身情况、疾病发生发展过程、治疗原则和目标、人文关怀等方面进行全面设计

续表

教学目标	教学内容	教学设计
★ **掌握** 中性粒细胞减少症	1. 中性粒细胞减少症 （1）定义 （2）病因 （3）全身表现（重点） （4）口腔表现（重点） （5）辅助检查（重点） （6）全身治疗 （7）口腔治疗（重点）	讲述：定义及病因 **提问：**根据定义（中性粒细胞减少）推测可能的临床表现 **总结归纳：**根据口内照总结口腔表现 **提问：**中性粒细胞减少症和缺乏症的重要辅助检查结果 **提问：**针对口腔表现应进行的口腔治疗 **课程思政：**针对患儿口内炎症严重的情况，培养爱伤观念，在诊疗过程中动作应轻柔，避免造成进一步创伤，同时培养整体诊疗思维
★ **掌握** 白血病	2. 白血病 （1）定义 （2）病因和发病情况 （3）分型 （4）全身表现（重点） （5）口腔表现（重点） （6）辅助检查（重点） （7）全身治疗 （8）口腔治疗（重点）	这部分内容以讲述为主 **课程思政：**培养多学科协作意识，与血液科同行沟通合作，在血液科医生的支持下，选择合适的治疗时机进行合适的口腔诊疗。早期诊断、早期治疗对白血病患儿的生存至关重要，强调口腔医生首诊发现病情的重要意义，培养职业责任感和自豪感
★ **掌握** 朗格汉斯细胞组织细胞增生症	3. 朗格汉斯细胞组织细胞增生症 （1）定义 （2）病因和发病情况 （3）分类 骨嗜酸细胞肉芽肿（重点） 汉 - 许 - 克病 勒 - 雪病 桥本 - 普利兹克综合征 （4）骨嗜酸细胞肉芽肿（重点） 全身表现 口腔颌面部表现（重点） 辅助检查（重点） 全身治疗 口腔治疗（重点）	讲述：定义、病因和发病情况、分类 讲述：骨嗜酸细胞肉芽肿的全身和口腔表现、辅助检查、治疗方法 以提问的方式总结归纳：骨嗜酸细胞肉芽肿的牙周组织破坏特点 从以往病例的治疗过程来看疾病的转归 **课程思政：**爱伤观念，整体诊疗思维，介绍儿童口腔科既往接诊患者的经验，继承前辈严谨治学的态度和钻研精神，避免漏诊和误诊

续表

教学目标	教学内容	教学设计
★ **掌握** 朗格汉斯细胞组织细胞增生症	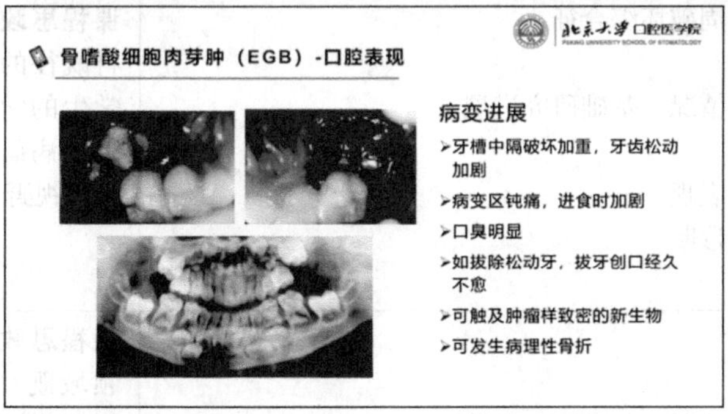 	
★ **掌握** 颅骨锁骨发育不全	1. 颅骨锁骨发育不全 （1）定义 （2）病因和发病情况、基础研究进展 （3）临床表现 （4）口腔颌面部表现 （5）诊断和鉴别诊断 （6）治疗	**课程思政：**对于患者牙齿萌出障碍和多生牙的管理是一个长期的过程，需要多学科协作进行 融入北京大学口腔医学院以往的基础研究，介绍相关研究方法，增强学生的科学兴趣，引导学生注重在临床中提炼问题，培养科学敏感性。通过自主查阅文献，关注研究前沿，培养创新意识和能力
★ **掌握** 外胚层发育不良	2. 外胚层发育不良 （1）定义 （2）病因和发病情况、基础研究进展 （3）临床表现 （4）口腔颌面部表现 （5）诊断和鉴别诊断 （6）治疗	**课程思政：**尽早为患者进行义齿修复可以很好地提高患者的生活质量，促其生理及心理发育，但低龄儿童配合度低，义齿修复过程需要专业、耐心、爱心 融入儿童口腔科及北京大学口腔医学院既往基础研究成果，增强学生的科学兴趣，引导学生注重在临床中提炼问题，培养自己的科研敏感性。通过自主查阅文献，关注研究前沿，培养创新意识和能力
★ **掌握** 低磷酸酯酶症	3. 低磷酸酯酶症 （1）定义 （2）病因和发病情况、基础研究进展 （3）临床分型 （4）临床表现 （5）口腔颌面部表现 （6）诊断和鉴别诊断 （7）治疗	**课程思政：**融入儿童口腔科既往的基础研究，增强学生的学科自豪感。开展多学科联合治疗，培养学生的团队协作精神

续表

教学目标	教学内容	教学设计
★ **掌握** 掌跖角化-牙周破坏综合征	4. 掌跖角化-牙周破坏综合征 （1）定义 （2）病因和发病情况、基础研究进展 （3）临床表现 （4）口腔颌面部表现 （5）诊断和鉴别诊断 （6）治疗	**课程思政：**融入儿童口腔科既往的基础研究，增强学生的学科自豪感，介绍遗传病研究方法，开阔学生的视野，建立科研兴趣
★ **掌握** Reiger 综合征	5. Reiger 综合征 （1）定义 （2）病因和发病情况、基础研究进展 （3）临床表现 （4）口腔颌面部表现 （5）诊断和鉴别诊断 （6）治疗	**课程思政：**融入国内相关领域既往相关基础研究，增强学生的学科自豪感，介绍遗传病研究方法，引导学生思考，培养学生的科研思维
熟悉 色素失禁症	色素失禁症 眼—面—心—牙综合征 成骨不全	**课程思政：**介绍每种疾病的独特表现，既往研究如何从表型展开机制研究，培养学生的科研兴趣，开阔思路
总结	1. 以牙周破坏的病例诊断引出相关疾病内容的总结 2. 在遗传病的回顾中，以知识点梳理的方式，启发学生回忆课程所学，进一步将知识条理化、系统化 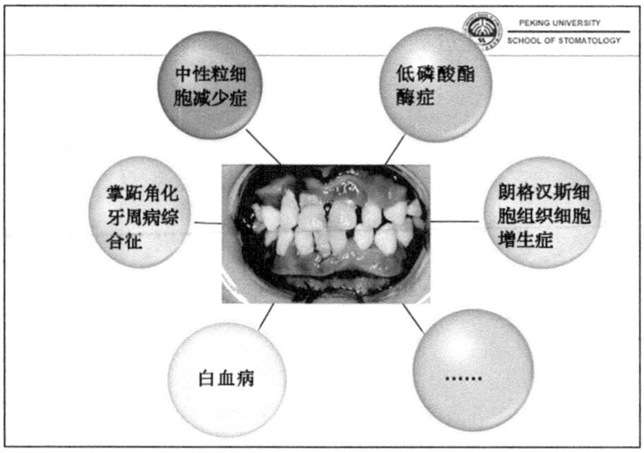	归纳总结，系统梳理
思考题与课后作业	1. 伴有牙周破坏表征的系统性疾病和综合征有哪些？ 2. 伴有牙齿先天缺失的综合征有哪些？	学生回顾讲课内容进行思考答题，巩固学习成果

第二十六章　口腔预防医学

一、课程定位和课程思政建设目标

（一）口腔预防医学课程定位

口腔预防医学是口腔医学专业的三大基本课程（口腔基础医学、口腔临床医学、口腔预防医学）之一，它是研究人群中口腔疾病或口腔健康状况的分布及其影响因素，并研究防治口腔疾病及口腔健康促进的策略和措施，保持社区个体与群体口腔健康的科学。

口腔预防医学以研究人群的集体预防措施为主要对象，以研究群体的口腔疾病患病情况、群体预防措施和个体预防保健方法为基本要素，发现并掌握预防口腔疾病发生、发展的规律，促进整个社会的口腔健康水平的提高。研究生课程内容包含 14 个部分：口腔流行病学调查、氟化物防龋的应用、口腔临床研究、全国儿童口腔疾病综合干预项目、医学统计学在口腔研究中的应用、规范化口腔健康教育、口腔疾病相关的社会学研究、个性化口腔预防、口腔健康相关生活质量研究、龋病综合管理、口腔卫生资源调查与评估、木糖醇与口腔健康、口腔疾病负担和卫生经济学评价研究、唾液多组学标志物在疾病防治中的应用。

口腔预防医学研究生阶段的学习致力于使学生掌握本领域前沿的科学理论及口腔疾病防治的临床应用策略和方法，同时在学习过程中培养他们的医学人文品格；培养学生要做奋斗者，成为有理想、有担当、肯奉献、有学问、有才干，致力于促进人民口腔健康提升的口腔预防人才。

（二）口腔预防医学课程思政建设目标

口腔预防医学研究生课程思政建设目标主要包括以下几点。

第一，注重使学生掌握本领域前沿的科学理论，并深入理解这些工作的社会学意义，培养具有创新精神、掌握最新专业技能、致力于人民口腔健康提升的口腔预防专业人才。与本科生阶段相比，更注重口腔疾病防治的临床应用策略和方法，口腔疾病相关社会学、卫生经济学研究，口腔健康促进项目设计、实施、评价等方面前沿知识的传授。

第二，培养求真学问、练真本领的口腔预防实践者。口腔预防医学是关系卫生政策、公共卫生的重要学科。通过本课程的学习，口腔预防医学专业研究生将更全面、更深入地掌握口腔健康教育的实践技巧，开展常见口腔疾病综合防治、口腔临床研究，以及口腔公共卫生项目的专业技能，逐步胜任口腔预防专科医师的临床实践能力。

第三，培养具备医者精神的口腔预防研究生。课程通过梳理我国口腔健康流行病学调查的历史、重要人物以及各次参加流行病学调查的人员下基层、进乡村，克服困难，完成现场调查的事迹，使学生了解我国各地口腔预防医学发展的不均衡，亟需口腔预防人的持续付出和努力。激发学生树立医者仁心的核心价值观，深刻理解发展和创新是促进学科发展的灵魂，教育引导学生始终把人民群众的口腔健康放在首位，通过不懈努力，采取防治结合的措施，以提高人民群众的口腔健康水平。

二、教学内容和思政要点设计

本课程的教学内容、知识点和对应思政元素设计及呈现如表 26-1 所列。

表 26-1　口腔预防医学的教学内容、知识点和对应思政元素设计及呈现

教学内容	知识点	思政元素及呈现
口腔流行病学调查	1. WHO 口腔健康调查（基本方法）的研究进展 （1）WHO 口腔健康调查（基本方法）手册（1-5 版） （2）调查设计与检查方法 （3）技术与标准的发展 2. 我国口腔健康调查（基本方法）的研究进展 （1）全国口腔健康流行病学调查方案（1-4 次） （2）调查设计与检查方法 （3）技术与标准的发展 （4）调查项目的设置 3. 第四次全国口腔健康流行病学调查项目和结果 （1）口腔健康调查方案 （2）抽样设计与检查方法 （3）调查的组织实施 （4）结果和政策建议 4. 重点人群口腔健康状况监测 （1）监测的意义 （2）监测与全国口腔健康流行病学调查的异同点 （3）技术方案 5. 口腔健康调查的相关研究及进展 （1）世界其他国家的口腔健康调查 （2）口腔健康调查的研究及进展	1. **培养敬佑生命、救死扶伤的医者精神：**通过我国口腔健康流行病学调查的历史、重要人物以及各次参加流行病学调查的人员下基层、进乡村，克服困难，完成现场调查的事迹，使学生了解到我国各地发展的不均衡，领会新时代实施乡村振兴战略的重大意义 2. **深入理解甘于奉献、大爱无疆的医者精神：**以我国的口腔疾病监测系统不断完善、人民口腔卫生状况逐步改善为例，引导学生增强民族自豪感，培养学生服务人民、为医疗事业不断努力的奉献精神
氟化物防龋的应用	1. 循证口腔医学 2. 循证医学的临床建议 3. 局部用氟防龋措施 （1）个人（家庭）应用的局部用氟防龋措施 含氟牙膏 含氟漱口水	1. **鼓励学生投身科学研究：**通过我国氟化物应用的历史、关键人物以及各种争议的背景、氟化物应用的经验教训，使学生认识到“实践是检验真理的唯一标准”以及尊重客观规律的重要性

续表

教学内容	知识点	思政元素及呈现
氟化物防龋的应用	（2）专业人员使用的局部用氟防龋措施 含氟凝胶 氟化泡沫 含氟涂料——重点解析含氟涂料的循证医学证据和实际应用、推广 4. 局部用氟防龋措施的临床应用建议 5. 总结：评估—建议—决定	2. **建立以“患者为中心”的服务理念**：从氟化物防龋的应用和效果展开，为学生树立预防为主的观念，并鼓励学生在临床工作中应用氟化物、推广氟化物，践行患者健康至上的理念，使更多患者受益
口腔临床研究	1. 概述 （1）新药临床研究分期与研究目的 （2）与人体相关的临床研究的要求：伦理和科学 （3）新药批准的基本条件 2. 三期试验设计 （1）设定对照组的意义 （2）对照组类型 （3）理想对照组的条件 （4）对照组选择 （5）设置对照组需要考虑的重要事项 （6）如何设置对照组 3. 随机对照试验 （1）随机化的含义和意义 （2）随机对照研究的优势和劣势 （3）随机对照研究中的伦理问题 （4）盲法：设盲意义和原因 （5）常见试验设计方法：平行设计、交叉设计、析因设计、等效＼非劣效设计 （6）安全性评价	1. **树立预防为主的观念**：讲述30余年来口腔预防前辈们开展含氟牙膏临床试验的实例，以及口腔预防人通过多方努力逐步在全国范围内推广联合应用多种自我口腔保健方式，获得人民口腔健康大幅提升的实践经历 2. **激发学生的责任感和使命感**：强调口腔医学生作为未来医疗从业者的职业操守和专业责任，对患者口腔健康的关注和维护是医学伦理的一部分 3. **深化对法治理念、法治原则、重要法律概念的认知**：培养学生在临床研究中要加强保护受试者尊严、安全和权益的观念，以遵守国家宪法、法律、法规和有关规定为前提，从我做起，促进药物临床试验科学、健康发展，增强公众对药物临床试验的信任和支持
从“全国儿童口腔疾病综合干预项目”看中国口腔疾病“防”与“治”的现状和未来	1. 中国儿童口腔健康状况 2. 儿童口腔健康相关国家政策 （1）相关政策 （2）国家基本公共卫生服务相关口腔内容 3. 全国儿童口腔疾病综合干预项目 （1）主要对象 （2）项目内容 （3）覆盖地区 （4）工作流程 （5）项目实施及效果 （6）项目发展计划：效果评价内容、目标、对象和方法	1. **深刻领会“预防为主，防治结合”方针**：从国家出台的一系列纲领和政策到全国儿童口腔疾病综合干预项目的具体内容等多方面讲授，使学生认识到国家从大的政策到具体措施，再到口腔公共卫生项目，都十分关注口腔健康，关注人民健康

续表

教学内容	知识点	思政元素及呈现
从“全国儿童口腔疾病综合干预项目”看中国口腔疾病“防”与“治”的现状和未来	4. 未来中国口腔发展的策略和方向 （1）继续开展口腔健康教育和大众宣传，营造社会支持环境 （2）口腔疾病与慢性非传染性疾病防控工作相结合，控制共同危险因素 （3）建立口腔疾病监测和信息收集系统 （4）突出重点，推广口腔疾病综合干预措施 （5）完善口腔卫生服务网络 （6）加强人才培养，提高服务能力 （7）建立多方投入、多种形式的筹资保障机制	**2. 树立根植人民、服务国家的价值观：**通过讲述在全国儿童口腔疾病综合干预项目执行过程中北京大学口腔医学院老师付出的辛苦努力，激发学生立志为改善群众口腔卫生状况而努力学习
医学统计学在口腔相关研究中的应用	1. 概述 2. 数据资料的整理 3. 数据资料的描述性分析 4. 数据资料的统计分析 （1）假设检验的一般步骤 （2）注意问题 （3）常用统计学方法 5. 统计资料的汇总 （1）统计表的种类 （2）统计图的种类	**1. 鼓励创新探索精神：**通过介绍最新的研究进展，使学生树立对“科技强国”的认同感，培养学生对科学研究的兴趣，引导学生投身我国的公共卫生事业，立志成为未来口腔预防医学的创新力量和引领者 **2. 培养严谨求实的科研态度：**培养学生对待科研数据要实事求是、细致认真、合理审核，这样才可以获得科学有效的结果
规范化口腔健康教育	1. 通过介绍国家政策导入课程 2. 复习口腔健康教育相关的概念 1）健康教育和口腔健康教育 2）口腔健康教育的任务 3）口腔健康教育的要求 3. 口腔健康教育材料的制作 1）分析目标人群 2）制定核心信息 3）确定健康教育材料的形式 4. 口腔健康教育的方法 5. 不同年龄组的口腔健康教育 1）孕产妇 2）婴幼儿 3）学龄儿童 4）中老年人	**1. 增强学生对于健康教育重要性的认识：**通过介绍国家层面对于口腔健康教育的关注和重视导入课程的主体内容，增强学生对于口腔健康教育的责任感 **2. 引导学生将口腔健康教育工作落到实处：**通过介绍中国儿童口腔疾病综合干预项目曾经进行的考评活动，以及中华口腔医学会开展的规范化口腔健康教育项目，使学生努力学好规范化的口腔健康教育技能，并在未来将口腔健康教育工作落到实处
口腔疾病相关的社会学研究进展	1. 基本概念 社会学、社会医学和口腔社会医学的概念及相互关系 2. 社会医学研究 （1）社会医学相关的研究方法 （2）社会医学研究的步骤 （3）社会医学研究的抽样方法	**1. 加强学生作为医者的责任感教育，践行“关爱患者”的理念：**结合社会医学基本任务，引导学生在临床工作中向患者倡导积极健康观，强调影响口腔健康的因素除生物因素外，还有心理和社会因素

续表

教学内容	知识点	思政元素及呈现
口腔疾病相关的社会学研究进展	3. 定性研究 4. 定量研究 5. 问卷设计	2. **增强学生对我国社会医学的发展史的了解**：以我国社会经济发展、医改政策不断完善对我国居民口腔健康的影响为例，介绍我国社会医学的发展史，中国传统医学中“天人合一”的思想就是一种朴素的社会医学观 3. **培养无私奉献精神和忘我情怀**：通过介绍我国口腔疾病防治工作现有成绩，使学生深刻了解我国口腔预防老一辈工作者在口腔社会医学领域的成果
个性化口腔预防的临床实践应用	1. 口腔预防的概念 2. 忽视个性化口腔预防理念——“新常态” 3. 常见忽视个性化口腔预防的现象 4. 个性化预防融入临床治疗的全过程	1. **培养全局观和预防为主的观念**：目前我国口腔卫生事业以疾病治疗为导向，口腔疾病“防与治”中的“防”被严重忽视。通过深化学生口腔疾病个性化预防的观念，培养口腔医学生作为专业人员对临床治疗进行全面设计的同时，体现预防为主的观念 2. **培养学生的人文关怀素养**：引导学生在对临床接诊的患者实施个性化预防措施的同时，思考如何能够在诊疗过程中使患者更多获益
口腔相关生活质量的评价方法和指标	1. 基本概念 2. 口腔健康相关生活质量评价的意义 3. 口腔健康相关生活质量量表分类 （1）通用型量表 （2）特异型量表 4. 口腔健康相关生活质量量表的应用 （1）单一临床指标 （2）口腔健康综合指标	1. **鼓励学生创新和探索**：通过介绍前沿研究，引导学生投身公共卫生事业，立志提升人民群众的生活质量，成为未来口腔预防医学的创新力量和引领者 2. **培养人文关怀精神**：通过在教学中强调生活质量在口腔医学学习和临床工作中的重要性，指导学生在未来面对患者时要有人文思想，学会换位思考，不仅从生物学角度为患者解决口腔问题，还要从社会学和心理学角度，根据不同对象的特点提供更为人性化的治疗方案，使患者感到被关照和关爱，促进医患关系和谐发展

续表

教学内容	知识点	思政元素及呈现
龋病综合管理	1. 龋病风险评估 2. 常用龋病风险评估系统 3. 临床诊断标准 4. 龋病综合管理路径和干预措施	**1. 树立敬佑生命的医学人文精神：**通过龋病综合管理的过程，培养学生对患者的人文关怀及引导学生为患者着想的服务理念 **2. 使学生认识到“上医治未病”的预防理念：**鼓励学生通过临床工作实践提高对口腔预防工作的认识
口腔卫生资源的调查与评估	1. 口腔卫生系统资源 （1）概念与特点 （2）调查与评估内容 2. 口腔卫生人力资源 （1）概念与特点 （2）调查与评估内容 3. 口腔卫生资源调查评估实例分析	**1. 着力培养学生“大爱无疆”的医者精神：**通过介绍我国口腔卫生资源的分布状况，使学生从宏观层面了解我国各地区对高水平口腔卫生人才的需求程度，激发学生的爱国心、使命感，和为提高我国欠发达地区口腔健康水平而努力奋斗的决心 **2. 加强“医者仁心”教育，鼓励学生扎根、服务基层：**鼓励和号召学生从更高层面出发，认识和对待就业选择，切实做到在未来走向工作岗位时到基层去，到祖国和人民最需要的地方去
木糖醇与口腔健康	1. 使用糖替代品是防龋的措施之一 （1）采取综合措施预防龋病 （2）糖替代品的定义 （3）糖替代品的分类 2. 木糖醇简介 （1）木糖醇的理化特性 （2）木糖醇的代谢 3. 木糖醇的防龋机制 （1）变形链球菌不能利用木糖醇产酸 （2）减少变形链球菌的数量 （3）减少菌斑形成 4. 木糖醇的防龋效果 （1）Turku 等临床研究介绍 （2）循证医学结果 （3）剂效关系 （4）防龋效果的延续 （5）待解决的问题 5. 木糖醇防龋的应用及安全性 （1）木糖醇产品防龋的优缺点 （2）安全性	**1. 培养学生对患者的人文关怀：**强调医患要共同努力减少龋病的发生，提高患者生活质量，亦可减轻个人和医保的经济负担，引导学生为患者着想的服务理念 **2. 培养学生艰苦奋斗、开拓创新的精神：**介绍在北大口腔预防科曾经开展的木糖醇口香糖的临床研究工作过程中，研究人员不懈努力解决问题的事迹，激发学生对科学研究的热情，引导学生投身我国公共卫生事业，立志成为未来口腔预防医学的创新力量和引领者

续表

教学内容	知识点	思政元素及呈现
口腔疾病负担和卫生经济学评价研究方法	1. 口腔疾病负担与经济负担研究概述 2. 口腔卫生经济学评价方法 （1）卫生经济学定义：广义与狭义 （2）卫生经济学评价方法 （3）口腔卫生经济学评价的国际国内应用 （4）口腔卫生经济学评价的意义 3. 总结与展望	**1. 牢固树立口腔疾病预防先于诊治的核心理念：**通过介绍口腔疾病负担与经济负担，使学生从宏观层面理解我国口腔预防医学发展现阶段的优秀成果和未来发展目标 **2. 激发学生的使命感：**介绍从减轻疾病负担和经济负担的角度认识口腔预防专业的重要性，引导学生以提高人民群众幸福感和获得感为奋斗目标
唾液多组学标志物分析及其在疾病防治中的应用	1. 唾液的应用价值 2. 唾液微生物组学分析及其与疾病防治的关联 3. 唾液蛋白 / 多肽组学分析及其与疾病防治的关联 4. 其他唾液组学分析与疾病防治的关联 5. 唾液多组学联合分析及其与疾病防治的关联	**1. 树立口腔卫生保健方面的大局观：**将群体预防置于较高层面上，使学生理解群体预防与个体预防之间相辅相成的关系 **2. 树立爱伤观念：**使学生理解唾液取样简便、无痛无创、短时间内可重复取样的重要优势 **3. 贯彻“预防为主、防治结合”的理念：**使学生明确对疾病开展早期诊断和筛查的重要现实意义 **4. 增强全局观及辩证思维能力：**通过介绍疾病早期诊断和筛查方法的研究设计与新型检测技术的合理应用，增强学生的辩证思维能力，引导学生投身我国卫生事业，立志成为未来口腔预防医学的创新力量和引领者

三、教学设计与方法

本课程融入思政教育，在课堂上介绍几十年来我国口腔事业发展的真实事例，在临床、社会、国家等诸多层面深入阐明口腔预防医学与社会主义核心价值观的密切联系，围绕改善全年龄段口腔健康水平这一核心思想，着力培养具有时代使命感的口腔预防医学人才。

1. 以口腔预防实践为案例，激励学生的时代使命感 口腔预防医学教研室在多年口腔预防实践基础上，积累了大量的口腔疾病防治项目及研究的案例。本课程将案例分析教学贯穿课程始终，通过具体案例来引导学生思考、分析和解决问题。在案例讲解过程中，润物细无声地融入口腔预防人为国家口腔医学事业奋斗终生的理想，用前辈们忘我的付出感染学生，将立德树人根本任务落到实处。

2. **以思政议题融入小组讨论学习为手段，引导学生树立医学责任感** 本课程为小班教学，采用小组讨论的教学方式促进学生互动，增强学习动力，通过讨论过程中多元思维的碰撞，提升全局观念和辩证思维能力，拓展思维的深度和广度，提高解决复杂问题的能力。在小组讨论过程中，将思政内容转化为案例议题，将理论知识结合我国国情，引导学生“预防为主”的意识，培养学生投身口腔预防事业的热情和责任感。

3. **以跨学科多角度教学为特色，提升学生的综合素养** 本课程与卫生经济学、流行病学、医学统计学等诸多学科联系密切。通过跨学科教学，帮助学生拓宽知识视野，深化对不同学科之间关联的理解，提高问题解决能力，强化学习兴趣，更好地理解知识的实际应用和意义，培养学生面对问题时的综合分析和处理能力。

四、课程思政教学案例

课程题目：规范化口腔健康教育

授课教师：司燕（副教授、主任医师）

学时数：2 学时

1. **教学内容分析** 规范化口腔健康教育是口腔预防医学中的特色内容，不同于其他临床学科的教学内容，口腔健康教育适用范围更广泛，实用性强，在课程讲授中，巧妙融入思政内容，展示全国范围内优秀的口腔健康教育材料以及口腔科普演讲的视频，同时提供本院历届学生实习过程中设计的口腔健康教育材料的初稿、中间版本和终稿，使学生体会其中的变化和进步，鼓励学生重视口腔健康教育，并能认真学习相关技巧，且能够立志应用到实践中。

在课程导入时，介绍国家层面对于口腔科普工作的关注和重视。教师以此来激励口腔预防研究生要珍惜这个难得的机遇，做新时代的奋斗者。

在本章节主体内容讲解过程中，注重实例介绍，结合实际，使学生能够对口腔健康教育材料的制作和口腔健康教育的方法等重点教学内容有更深入的理解，例如通过图片、视频形式展示优秀的口腔健康教育材料以及口腔科普短视频，使学生从中学习和领悟到口腔健康教育的技巧；鼓励学生要通过学习知识，掌握事物发展规律，丰富学识，增长见识；并且要求学生面向实际、深入实践，实践出真知。

在拓展内容学习过程中，注重思政教育与学科专业教育相结合，通过介绍中国儿童口腔疾病综合干预项目曾经进行的考评活动，以及中华口腔医学会开展的规范化口腔健康教育项目，帮助学生理解口腔健康教育的重要性和意义，并激励学生要把自己的理想同祖国的前途、把自己的人生同国家的命运紧密联系在一起。

2. **教学目标**

（1）**掌握**：口腔健康教育材料的制作。

（2）**熟悉**：口腔健康教育相关的概念，以及不同年龄组的口腔健康教育特点。

（3）**了解**：口腔健康教育的应用实例等。

（4）**拓展**：通过介绍中国儿童口腔疾病综合干预项目曾经进行的考评活动，以及中华口腔医学会开展的规范化口腔健康教育项目，帮助学生认识到口腔健康教育的意义。

3. 课程思政目标

（1）培养口腔预防研究生艰苦奋斗的精神，努力做新时代的奋斗者。通过介绍国家层面对于口腔健康教育的关注和重视导入课程的主体内容，增强学生对国家新时代的背景环境以及口腔健康教育重要性的深刻理解，激发学生奋斗的决心和使命感。

（2）鼓励口腔预防研究生理论联系实际，积极开展实践，练就真本领。本章特别注重实例介绍，例如通过图片、视频形式展示优秀口腔健康教育材料及口腔科普视频，使学生从中学习和领悟到口腔健康教育的技巧，鼓励学生要通过学习知识，掌握事物发展规律，并且积极开展实践活动，实践出真知。

（3）鼓励学生虚心向前辈学习经验，树立“大爱无疆、甘于奉献”的医者精神。在拓展内容学习过程中，注重思政教育与学科专业教育相结合，通过介绍中国儿童口腔疾病综合干预项目曾经进行的考评活动，以及中华口腔医学会开展的规范化口腔健康教育项目，进一步坚定学生努力学好规范的口腔健康教育技能的信念，并将口腔健康教育工作落到实处，体会“大爱无疆、甘于奉献”的医者精神。

4. 教学重点难点

（1）**教学重点**：本章需要掌握的重点内容包括“口腔健康教育材料的制作”。

（2）**教学难点**：关于“口腔健康教育的概念”学生不太容易理解。**难点分析**：概念抽象，不容易理解记忆。**教学对策**：可结合口腔健康教育的实践过程进行讲解，并结合图片和视频进行解读。

5. 学情分析 研究生课程内容之间的关联性不大，彼此相对独立，没有需要特别承上启下的内容。关于“口腔健康教育和口腔健康促进”这部分内容在本科生教学中有涉及，对于研究生课程要体现出内容的提升。因此，本节课针对学生的特点进行了如下创新设计。

（1）**引起重视**：首先，要引起学生对“口腔健康教育”的关注，这部分可以介绍国家的大环境和政策背景作为导入，激发学生对于此部分内容学习的兴趣。

（2）**经验分享**：其次，通过图片、视频等形式生动形象地介绍“口腔健康教育材料的制作”以及“口腔健康教育的方法”，帮助学生体会和学习口腔健康教育的技巧。

（3）**实例展示**：最后，再通过项目实例的介绍，帮助学生进一步坚定努力学好规范的口腔健康教育技能的信念，并将口腔健康教育工作落到实处。

6. 教学设计思路 通过政策解读导入本节课的主题“口腔健康教育”，通过图片和视频等资料展示优秀的口腔健康教育材料以及口腔科普视频，介绍“口腔健康教育材料的要求”以及“口腔健康教育的方法”，并通过介绍中国儿童口腔疾病综合干预项目曾经进行的考评活动，以及中华口腔医学会开展的规范化口腔健康教育项目，拓展学生的视野。在整个教学过程中，教师将教学主线内容、重要知识点和课程思政贯通起来，通过启发式、对比式、互动式和归纳式教学，生动地讲授规范化口腔健康教育的内容。

具体教学设计思路如图 26-1 所示。

7. 教学过程 具体教学过程如表 26-2 所列。

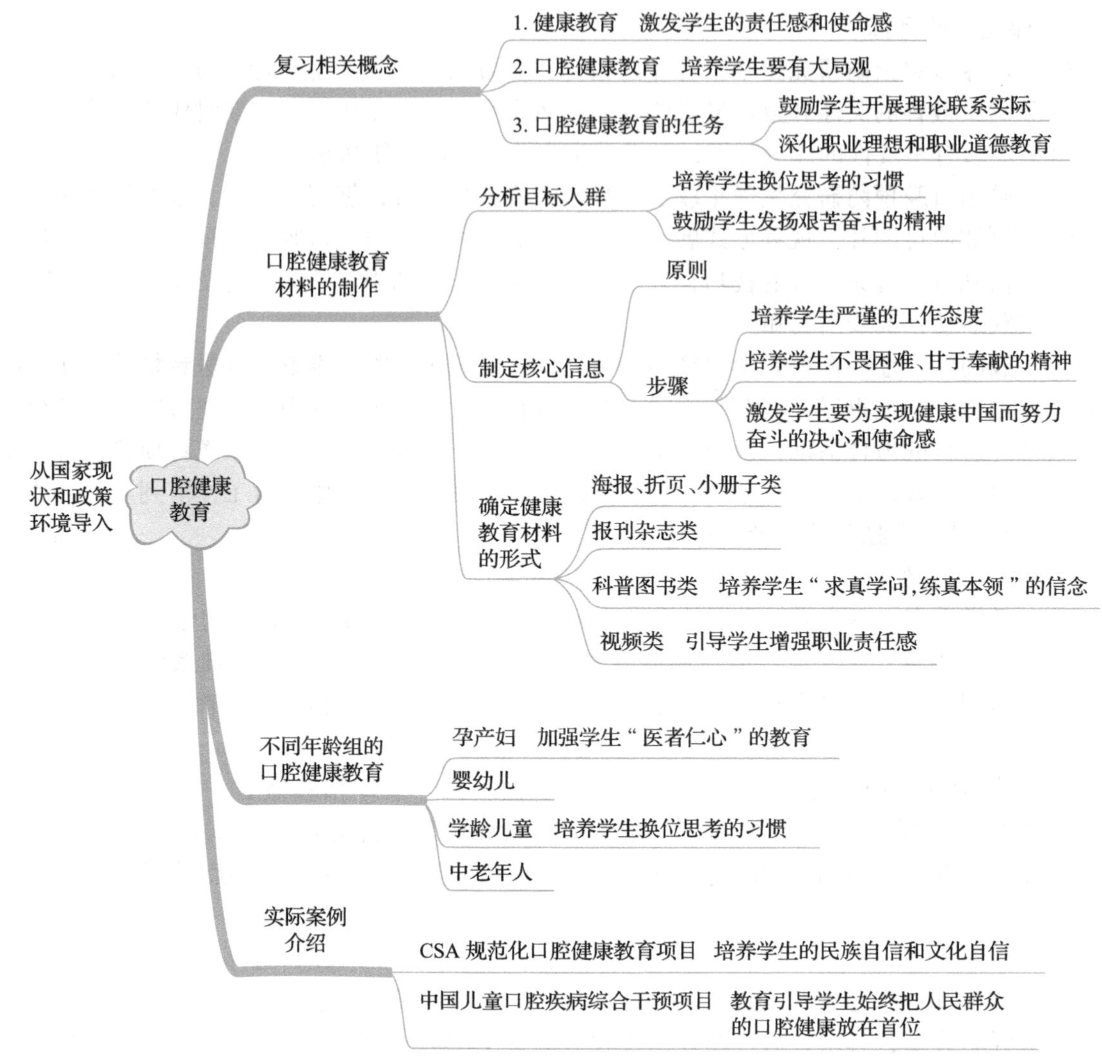

图 26-1　规范化口腔健康教育教学设计思路

表 26-2　规范化口腔健康教育的教学过程

教学目标	教学内容	教学设计
课程导入	**课程导入：通过国家现状及政策环境导入，介绍国家重视“健康口腔”以及“科学普及”工作，以强调本部分内容的重要性** 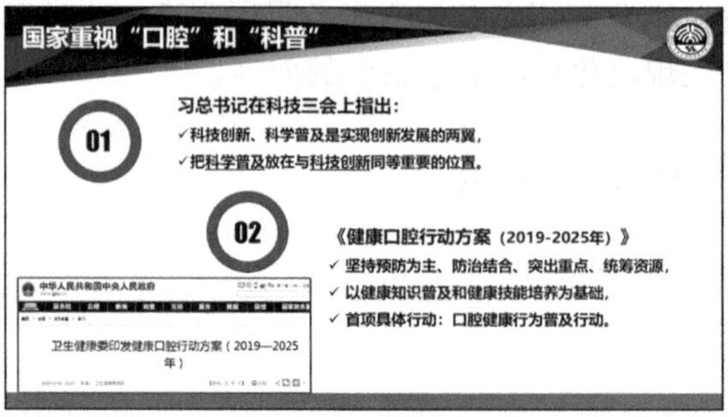	**现状资料导入：** 通过政策解读导入课程内容 **启发学生：** 引起学生对“口腔健康教育”的关注，激发学生对此内容的学习兴趣

续表

<table>
<tr><th>教学目标</th><th>教学内容</th><th>教学设计</th></tr>
<tr><td>课程导入</td><td>
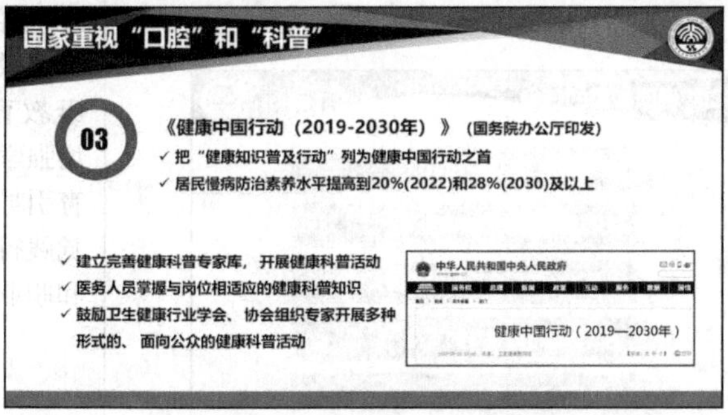

</td><td>课程思政：
培养学生要有大局观：鼓励学生要适应社会需要，增强学生对口腔健康教育重要性的深刻理解</td></tr>
<tr><td>熟悉口腔健康教育相关的概念</td><td>
1. “健康教育”的概念

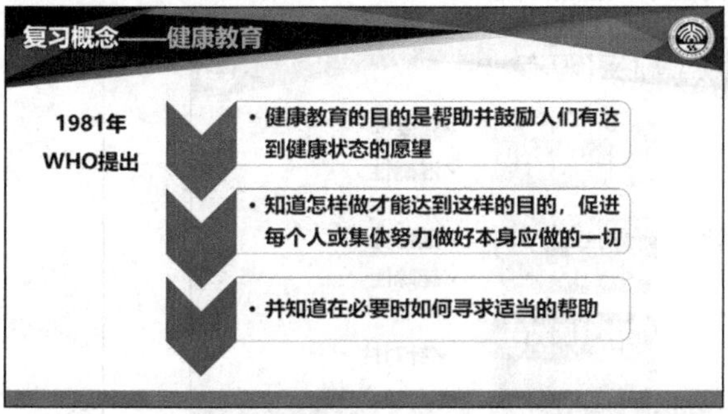

2. “口腔健康教育”的概念

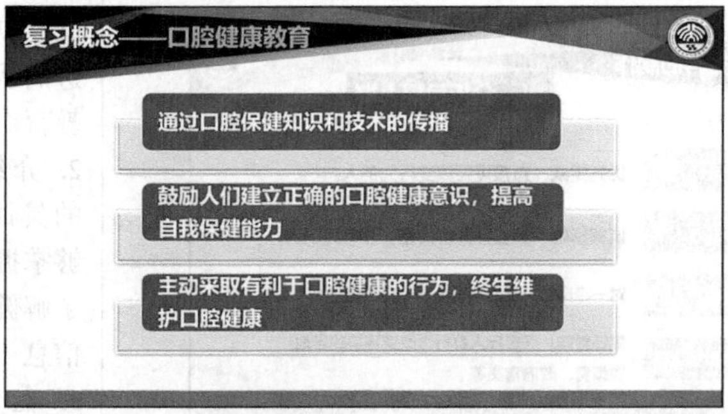

</td><td>解释“口腔健康教育”相关概念
启发学生：
1. 帮助学生循序渐进理解概念，从“健康教育”到“口腔健康教育”，再到“口腔健康教育任务及要求”
2. 引导学生意识到日常生活中谣言的危害很大，要破除谣言，需要积极开展规范化口腔健康教育，通过生动有趣的形式传播科学正确的观点，才可能被公众接受
课程思政：
1. 鼓励学生理论联系实际：鼓励学生通过学习知识，掌握事物发展规律，再结合实践活动，从实践中寻求真理</td></tr>
</table>

续表

教学目标	教学内容	教学设计
熟悉 口腔健康教育相关的概念	**3. 口腔健康教育的任务**  **4. 口腔健康教育的要求（重点讲解）** 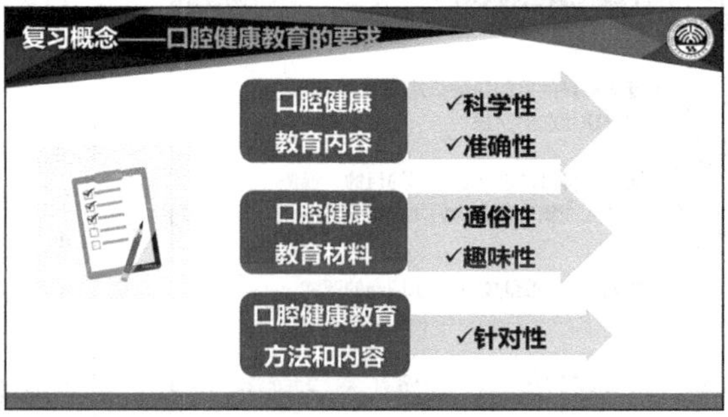 	**2. 深化职业理想和职业道德教育：**结合“口腔健康教育的任务和要求”，增强学生职业责任感，教育引导学生准确理解并自觉践行各行业的职业精神和职业规范
★ **掌握** 口腔健康教育材料的制作（一）	**1. 第一步：分析目标人群** **1）目标人群的种类** 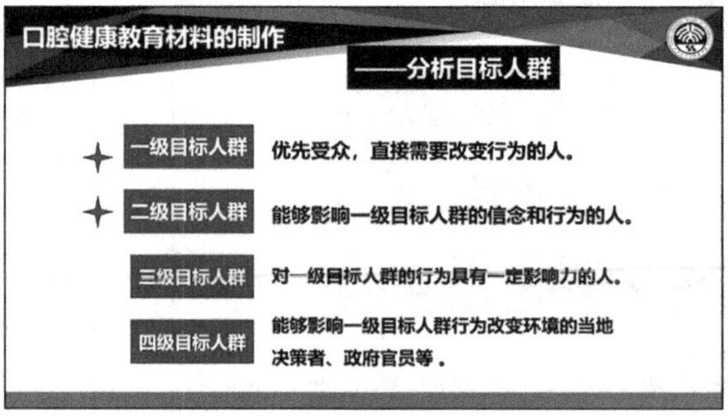 **2）分析目标人群的信息内容：基本情况、对口腔保健的需求，以及健康教育材料可能在目标人群中的覆盖情况** 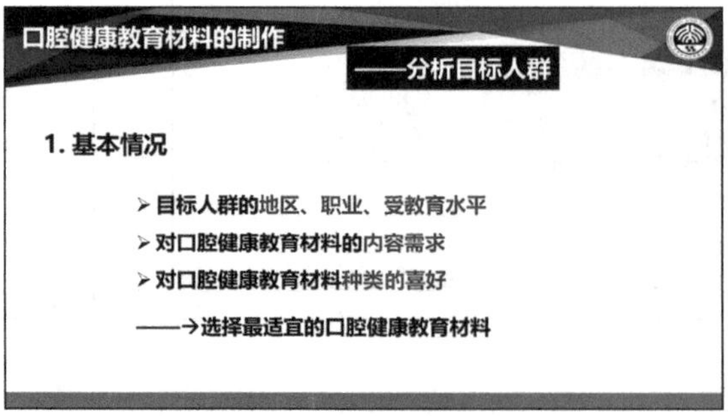 	1. 通过介绍“目标人群的种类”，使学生对此概念有初步的理解和认识，进而认识到了解口腔健康教育对象的重要性 2. 介绍“分析目标人群的具体内容”，使学生能够掌握实际操作技巧，应了解健康教育对象的哪些信息 3. 在介绍目标人群“对口腔保健的需求”方面，区分“客观需要”及“主观需求”两个层面，并通过列举实际案例进行形象生动的讲解

续表

<table>
<tr><th>教学目标</th><th>教学内容</th><th>教学设计</th></tr>
<tr><td>★
掌握
口腔健康教育材料的制作（一）</td><td>

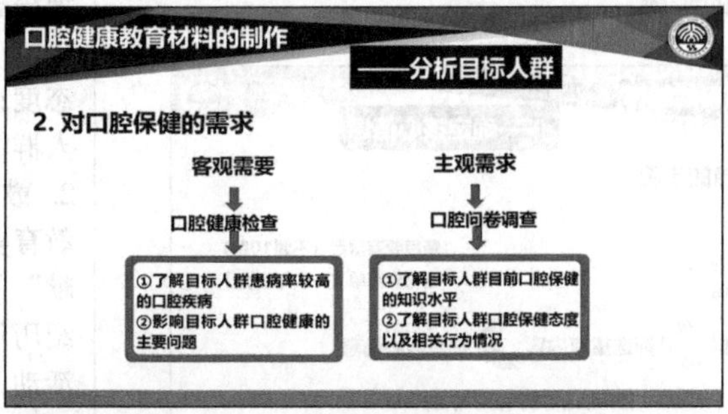

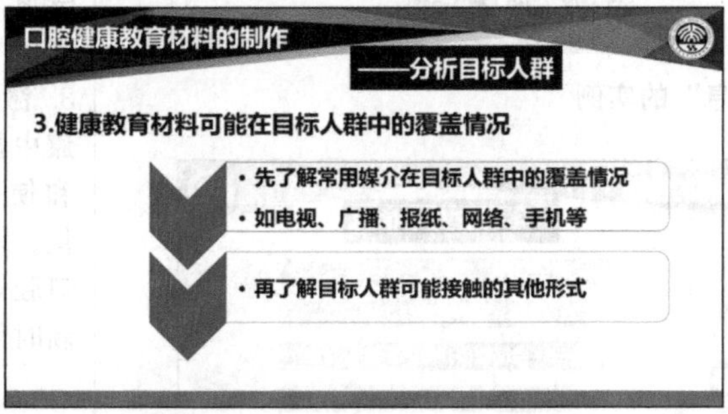

3）分析目标人群的方法

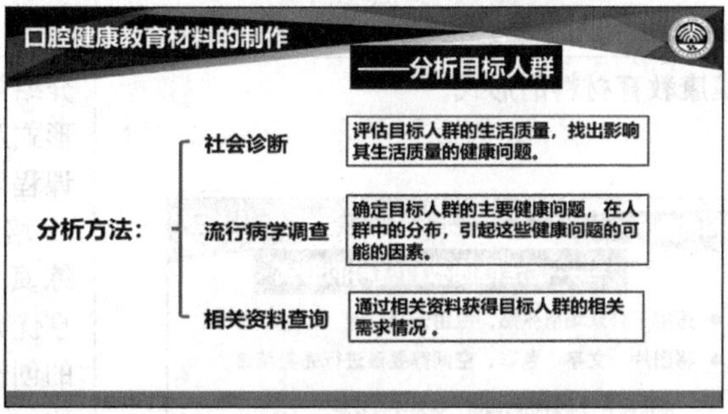

</td><td>课程思政：
1. 培养学生换位思考的习惯：教会学生要做好口腔健康教育，需要从受众的角度考虑，需要初步了解目标人群的基本情况，用何种语言可让他们听得懂、记得住等
2. 鼓励学生发扬艰苦奋斗的精神：使学生学习和掌握具体实际操作技巧，努力学习掌握科学知识，提高内在素质，锤炼过硬本领</td></tr>
<tr><td>★
掌握
口腔健康教育材料的制作（二）</td><td>

2. 第二步：确定核心信息
1）确定核心信息的原则

</td><td>1. 介绍确定核心信息的原则，教授学生筛选目标人群基本信息
2. 介绍确定核心信息的步骤，教授学生操作流程，具备可行性</td></tr>
</table>

续表

<table>
<tr><th>教学目标</th><th>教学内容</th><th>教学设计</th></tr>
<tr>
<td>★
掌握
口腔健康教育材料的制作（二）</td>
<td>

2）确定核心信息的步骤

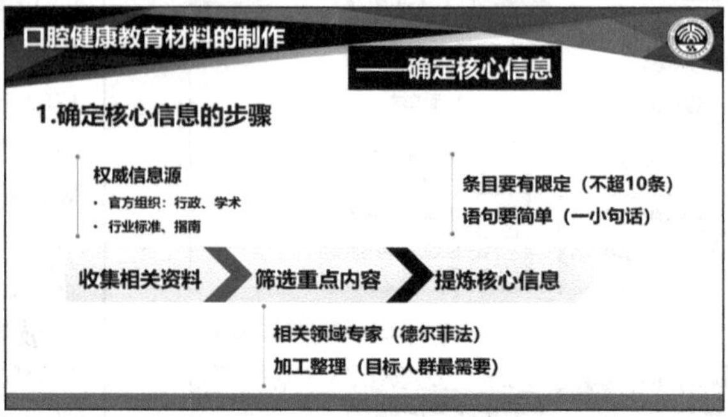

3）列举“核心信息”的实例

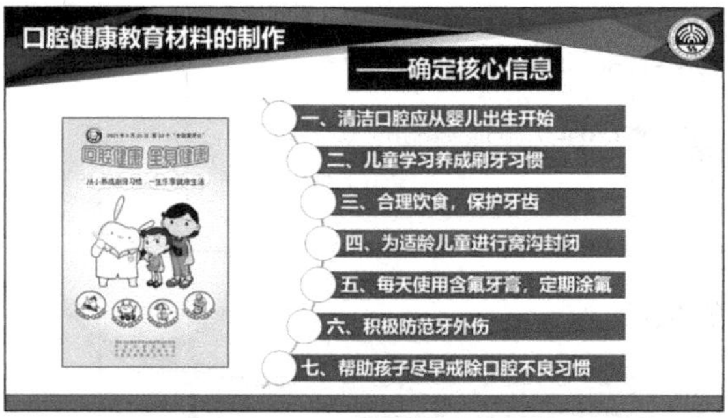

</td>
<td>

课程思政：

1. **培养学生严谨的工作态度：**教授学生基于目标人群情况，筛选核心信息
2. **鼓励学生在口腔健康教育实践中树立“甘于奉献”的医者精神：**通过介绍历年9·20全国爱牙日活动，使学生虚心向前辈学习，继承和发扬“甘于奉献”的医者精神
3. **激发学生要为实现健康中国而努力奋斗的决心和使命感：**通过列举实例，培养学生为提升人群口腔健康水平而努力，做新时代的奋斗者

</td>
</tr>
<tr>
<td>★
掌握
口腔健康教育材料的制作（三）</td>
<td>

3. 第三步：确定健康教育材料的形式

1）海报、折页类

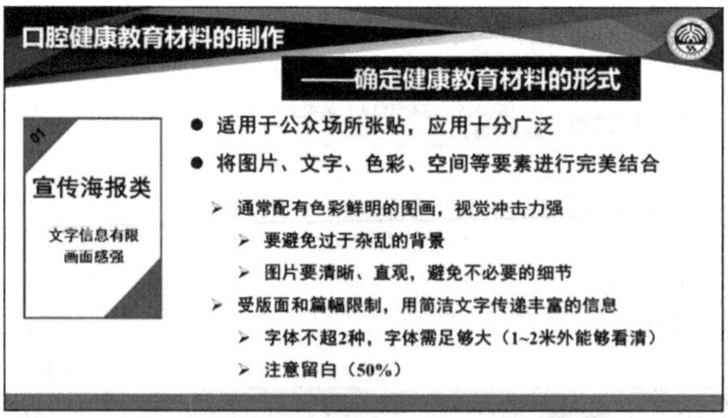

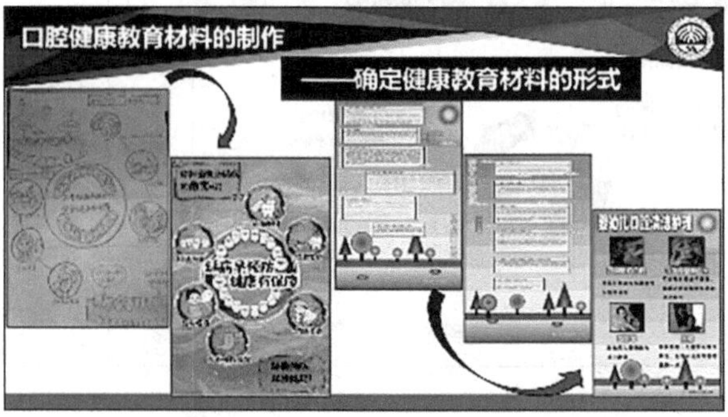

</td>
<td>

介绍常用健康教育材料的形式及特点

课程思政：

1. **培养学生“求真学问，练真本领”的信念：**分享优秀口腔健康教育材料的创作过程，强调“玉不琢，不成器；人不学，不知道。”知识是每个人成才的基石，在学习阶段一定要把基石打深、打牢
2. **引导学生增强职业责任感：**展示全国爱牙日海报，培养学生虚心学习成功案例，为未来制作口腔健康教育材料奠定基础，并使学生深刻理解和自觉践行口腔医生的职业精神和职业规范

</td>
</tr>
</table>

续表

<table>
<tr><th>教学目标</th><th>教学内容</th><th>教学设计</th></tr>
<tr>
<td>★
掌握
口腔健康教育材料的制作（三）</td>
<td>
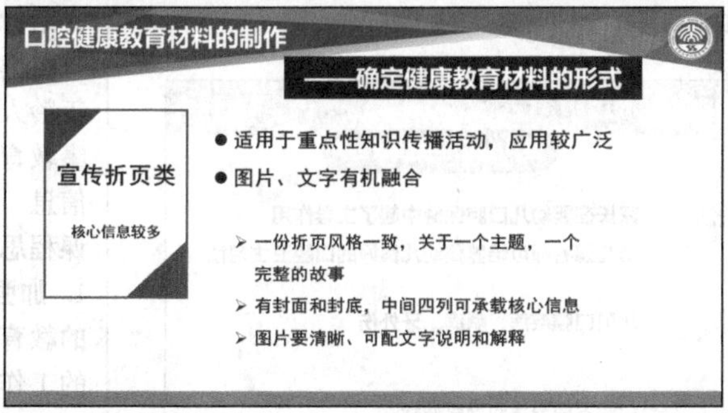

2）报刊杂志类

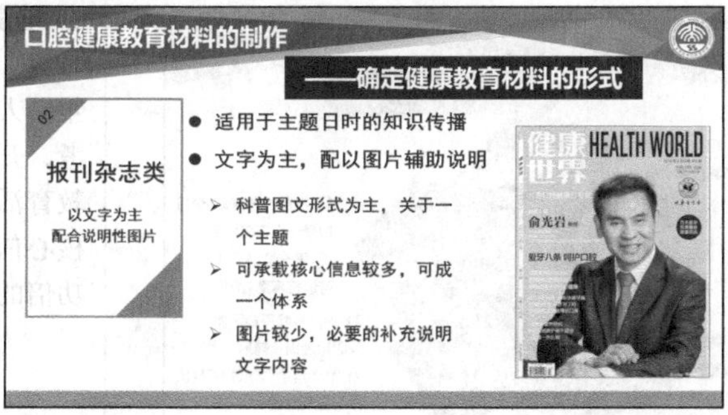

3）科普书籍类

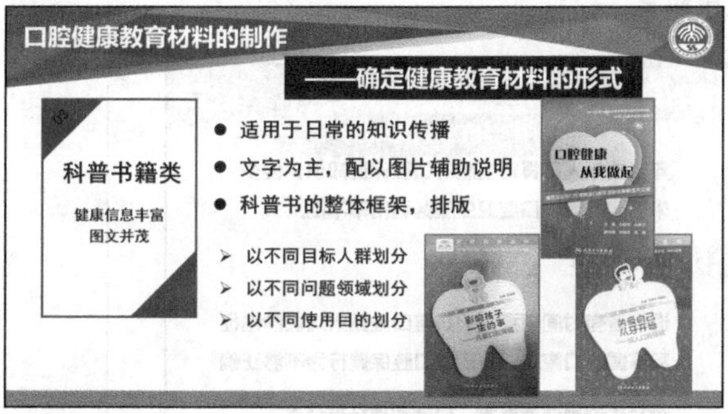

4）科普视频类

</td>
<td></td>
</tr>
</table>

续表

<table>
<tr><th>教学目标</th><th>教学内容</th><th>教学设计</th></tr>
<tr>
<td>熟悉
不同年龄组的口腔健康教育特点</td>
<td>

1. 婴幼儿口腔健康教育

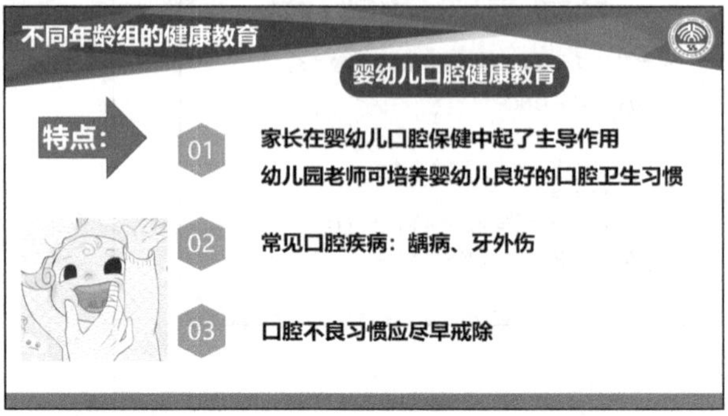

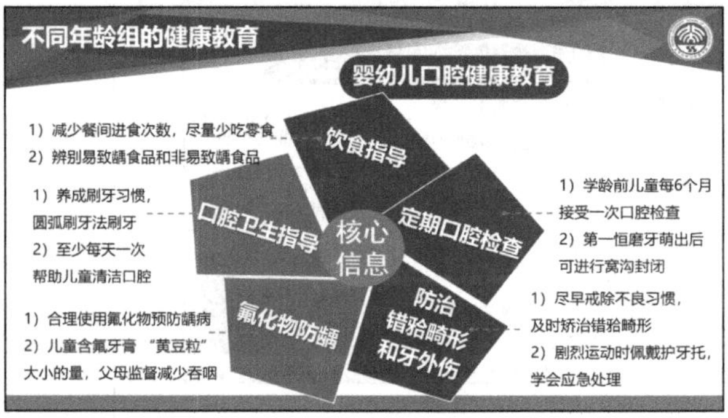

2. 中老年口腔健康教育

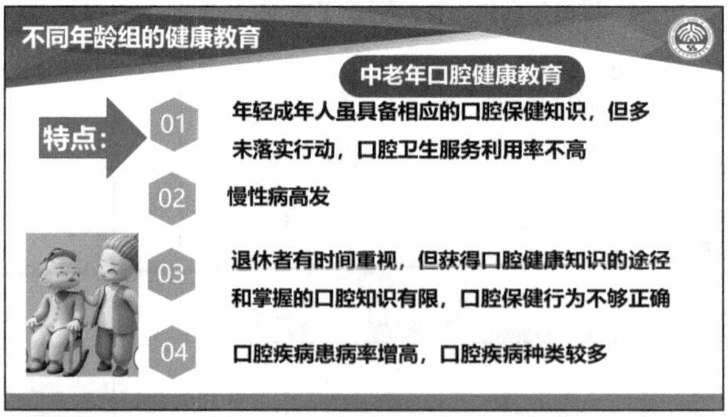

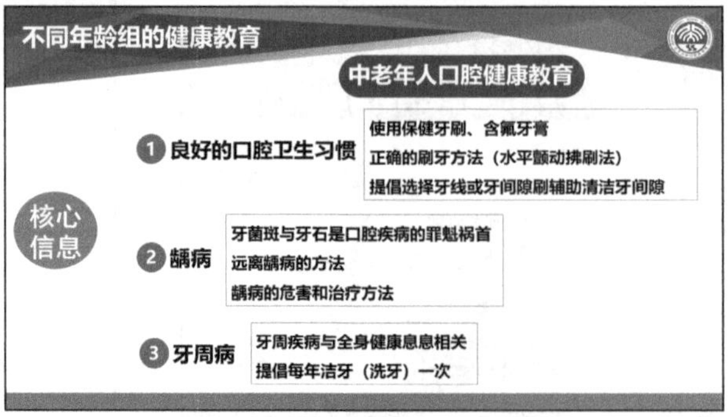

</td>
<td>介绍针对不同年龄人群的口腔健康教育，包括不同年龄人群的特点，以及健康教育需关注的主要核心信息
课程思政：
1. 加强学生“医者仁心”的教育：培养学生在未来的工作中要提升自己的综合素养和人文修养，学会尊重患者，并善于沟通
2. 培养学生换位思考的习惯：鼓励学生根据不同年龄人群的特点，换位思考，开展适宜的口腔健康教育活动，并传播恰当的核心信息，才能达到事半功倍的效果</td>
</tr>
</table>

续表

<table>
<tr><th>教学目标</th><th>教学内容</th><th>教学设计</th></tr>
<tr><td>**熟悉**
不同年龄组的口腔健康教育特点</td><td>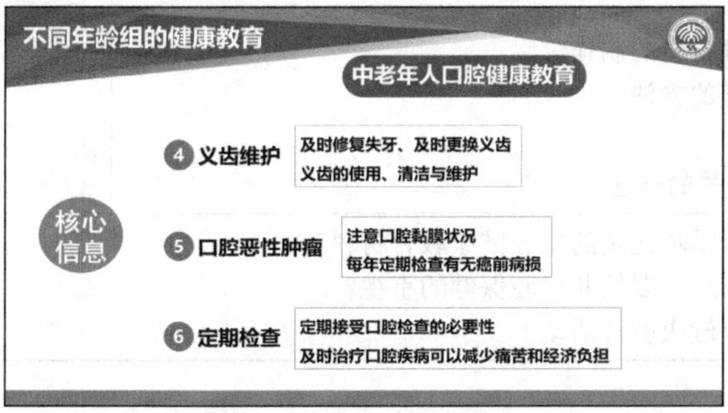
</td><td></td></tr>
<tr><td>**了解**
口腔健康教育的应用实例</td><td>1. CSA 规范化口腔健康教育项目
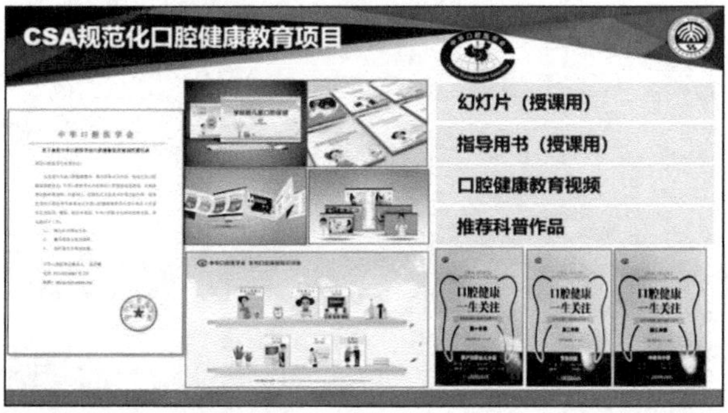

2. 中国儿童口腔疾病综合干预项目
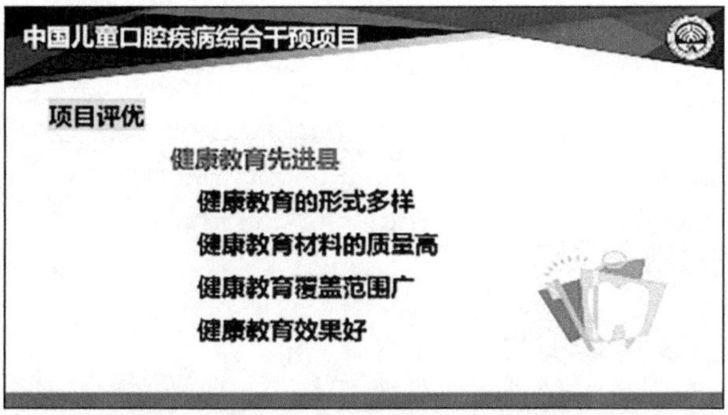

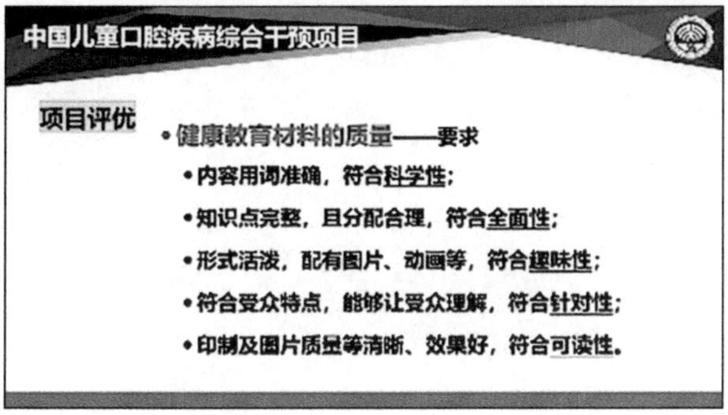
</td><td>列举中华口腔医学会开展的规范化口腔健康教育项目，以及中国儿童口腔疾病综合干预项目中的评优活动
课程思政：
1. **培养学生不畏困难，甘于奉献的精神：**培养学生从优秀前辈的成果中学习艰苦奋斗的精神，并树立向前辈学习并继承发扬的品质
2. **教育引导学生始终把人民群众的口腔健康放在首位：**在讲授理论知识的同时，结合全国口腔公共卫生项目实例，号召学生未来积极参与口腔健康教育工作</td></tr>
</table>

续表

教学目标	教学内容	教学设计
总结	**重点内容：** **1. 口腔健康教育材料的制作** **2. 口腔健康教育的方法** **难点内容：** **口腔健康教育相关的概念**	
思考题与课后作业	1. 如何制作适合学龄儿童的口腔健康教育材料？ 2. 如何提升家长对于婴幼儿口腔保健的重视？ 3. 如何开展线上健康教育活动？	

第二十七章　口腔黏膜病学

一、课程定位和课程思政建设目标

（一）口腔黏膜病学课程定位

口腔黏膜病学（disease of the oral mucosa）是系统研究口腔黏膜病的基础理论与临床诊治的学科，涵盖口腔黏膜病的病因、发病机制、临床表现、诊断、鉴别诊断和防治原则及疾病管理。广义的口腔黏膜病学涵盖唾液腺疾病、口颌面部疼痛等基础理论与临床诊治。因此，口腔黏膜病学是口腔医学（stomatology）的重要组成部分，是一门独立学科，也是口腔医学中与临床医学联系最为紧密的交叉学科。

口腔黏膜病学的学习任务包括：针对病因复杂、病种繁多、表现各异的口腔黏膜病的诊断与治疗，学习其基本理论、基本知识和基本技能及其新进展，培养学生掌握各类口腔黏膜病的基础知识与临床诊疗思维及科学、求实、创新的钻研精神，培养具有基本科学研究能力、良好职业道德和人文素养的口腔医学复合型人才。

（二）口腔黏膜病学课程思政建设目标

口腔黏膜病学的课程思政建设目标主要包括以下几点。

第一，培养掌握口腔黏膜病学前沿进展和具有探索精神的口腔黏膜病学专业人才。在课程中更注重培养口腔黏膜病学研究生对口腔医学与内科学、免疫学、病理学、皮肤性病学等多学科之间的紧密联系，在知识体系搭建中塑造医学整体观。同时，课程讲授增加了本科生阶段未涉及的中医基础知识及其在口腔疾病诊治中的应用，以及口颌面部疼痛、口腔黏膜病的物理治疗等内容。

第二，培养成为口腔黏膜病学专业医师的临床能力。以胜任口腔黏膜病学住院医师或专科医师培训要求，培养口腔黏膜病学专业研究生独立开展规范化诊断疾病能力、个体化治疗决策能力、全面临床思辨能力、疾病管理能力以及多学科协作能力、教学及科研能力等。本课程还着重关注口腔健康与全身健康的有机联系，恢复口腔黏膜的生理功能，促进口腔健康以及全身健康。

第三，通过价值观引领，培养学生具有良好的职业道德、人文素养和医患沟通能力。在教学过程中通过讲述中国故事、北大故事，激发学生的医学责任感与职业价值观。同时，培养口腔黏膜病学研究生在医疗活动中对生命的关注，以“敬佑生命、救死扶伤”为核心，培育学生职业素养。此外提升口腔黏膜病学研究生对患者心理社会需求的觉察与回应能力，培养兼具仁心仁术的新时代健康守护者。

二、教学内容和思政要点设计

本课程的教学内容、知识点和对应思政元素的设计及呈现如表 27-1 所列。

表 27-1　口腔黏膜病学的教学内容、知识点和对应思政元素的设计及呈现

教学内容	知识点	思政元素设计及呈现
口腔潜在恶性疾患的诊断与鉴别诊断	1. 口腔潜在恶性疾患的定义 2. 常见口腔潜在恶性疾患的临床表现及鉴别诊断要点 3. 口腔潜在恶性疾患的无创或微创检查介绍 4. 常见口腔潜在恶性疾患的治疗原则	1. 通过讲述口腔潜在恶性疾患在中国的发展历史和研究现状，回顾老一代口腔黏膜人筚路蓝缕，满怀家国情怀开创口腔黏膜病事业的历程，激励学生薪火相传，不断发展前进 2. 通过对口腔白斑病定义变迁的讲述，培养学生理解认识疾病的过程及方法，见微知著。培养科学观察研究的方法，理解辩证思维在实际工作中的应用 3. 通过无创或微创辅助检查用于临床诊断的探索，引导学生认识到科学技术的创新是第一生产力，同时培养学生的爱伤观念和不断开拓进取的科学精神
中医基础知识及其在口腔疾病诊治中的应用	1. 中医概念及基础理论概述 2. 口腔中西医结合发展史 3. 口腔黏膜病的中成药治疗	1. 通过讲述中医发展史、代表人物以及中医基础理论，了解祖国医学的独特性及其在保证人类健康中的重要作用 2. 在口腔中西医结合发展史中讲述我国口腔中西医结合和口腔黏膜病学的发展历程，并通过对老一辈口腔黏膜人最早开展中西医结合诊治口腔黏膜病工作的艰苦卓绝历程的回顾，激发学生的责任感及文化自信，注重传承与创新，不断推进特色诊疗持续开展，更好地服务患者 3. 使口腔医学生了解中医中药在口腔黏膜病防治中的独特作用、树立对祖国传统医学的自豪感和文化自信
口颌面部疼痛概述	1. 疼痛的定义和分类 2. 口颌面部疼痛的分类，对健康和社会功能的影响 3. 口颌面部疼痛的诊断与鉴别诊断要点 4. 口颌面部疼痛的治疗原则 5. 我国在专业领域的优势与挑战	1. 通过疼痛定义的沿革，理解哲学的科学发展观及其在医学中的迁移 2. 口颌面部疼痛是临床最常见的患者主诉，通过课堂调查了解学生的切身感受，启发学生对口颌面部疼痛临床表现和对生活健康影响的认知，激发学生护佑健康责任之心，充分理解口腔医务工作者的职业内涵

续表

教学内容	知识点	思政元素设计及呈现
口颌面部疼痛概述		3. 通过对慢性口颌面部疼痛临床特点的讲授，使口腔医学生理解医者不仅要以治疗疾病、解除患者病痛为责任，还要重视对患者的人文关怀，在临床工作中不仅要有精湛的技术，更要有医者仁心、高度的责任心、强大的使命感、对生命的敬畏之情，同时还需要有崇高的敬业精神、实事求是的科学态度和优良的医德医风，最大程度减少医源性口颌面部疼痛的发生 4. 通过各类口腔颌面部疼痛疾病的鉴别诊断（鼓励学生列出表格），提升学生的临床辩证思维能力和归纳总结能力
激光治疗口腔黏膜疾病	1. 激光的分类 2. 激光的切割作用 3. 激光的抗炎作用 4. 激光光动力的应用	1. 很多口腔黏膜疾病在治疗方面都存在困境，缺乏有效的治疗方案，使患者身心都备受折磨。开拓新的治疗方法，有望使患者得到更好的治疗和预后 2. 通过激光在口腔黏膜病治疗中的应用，使学生了解激光在口腔黏膜领域的应用情况，引导学生创新探索的精神，激发学生不断向未知领域探索的欲望
全身系统性疾病在口腔黏膜的表现及诊断思路	1. 口腔黏膜疾病的分类 2. 全身系统性疾病的诊断和鉴别诊断要点 3. 全身系统性疾病常见和罕见口腔表现（病例引导）	1. 通过常见的全身系统性疾病的口腔表现，引导学生在学习口腔黏膜病的同时，需要了解和掌握其他相关专业的内容，在学习中，注重“专”，也要做到“博”，培养刻苦钻研的学习精神 2. 通过疑难罕见疾病的诊治过程，引导学生在遇到困难的时候，需要迎难而上，发挥主观能动性，注重多学科协作解决疑难杂症 3. 培养对患者的同理心，专业精进，品德高尚

三、教学设计与方法

口腔黏膜病学研究生课程的教学目标：通过教学使学生在掌握口腔黏膜常见病、多发病诊治原则基础上，着重培养系统思辨能力以及对新技能的实际应用能力。在此基础上，对少数疑难口腔黏膜病具备初步诊断分析及解决问题的能力。通过教学内容与课程思政有机融合，落实立德树人根本任务，在注重临床思维模式与实践能力培养的同时，重点培养学生良好的医学人文素养、优良的医学职业道德、救死扶伤的职业精神；通过讲述中国故事、北大口腔故事与工作成果，增强学生对中国口腔事业发展的自信心和使命感。

围绕本课程教学目标进行教学内容和思政要点设计如下。

1. 加强医学人文素养培养　本课程向口腔医学专业研究生传递“以患者为中心”的理

念，在课程中向口腔医学生传递医者不仅要以治疗疾病、解除患者病痛为责任，还要重视对患者的人文关怀，要将提供口腔疾病管理作为自己的医学责任，在临床工作中不仅要有精湛的技术，更要有医者仁心、高度的责任心、强大的使命感、对生命的敬畏之情，同时还需要有崇高的敬业精神、实事求是的科学态度和优良的医德医风。

2. **以开拓进取的老一代口腔黏膜人为楷模，培养独立、求新、质疑的科学精神，培养创新实干、严谨负责的职业素养** 课程思政以育人为导向，使得医学生在认知、意志、能力等方面均衡发展，培养健全人格。课程思政的生命力在于“鲜活”，润物无声是其重要内涵。不能沿用思想灌输的方式或简单地“贴标签”，而是要让医学生经过研究、比较和思考，真正理解其理论内容和价值内涵，形成内生认同。口腔黏膜病学研究生课程紧密结合课程自身特点，有机融入前辈名师的事迹，树立标杆和价值引领，传递大医精诚的医者精神、家国情怀、创新精神等思政元素。

3. **以口腔黏膜病学学科特色为抓手，培养口腔医学生的整体和系统观念** 口腔黏膜病的发生、发展与全身系统性疾病之间联系密切，因此在口腔黏膜病诊治过程中以及研究层面强调整体观念以及口腔与全身之间的联系。系统观念遵循整体性、结构性、层次性和开放性的思维方式，也是研究生阶段开展探究性学习的基础性思想和方法学指引。口腔作为人体的重要功能器官之一，口腔疾病影响全身健康，而全身健康与功能状态也与口腔健康息息相关。

4. **围绕中医药在口腔医学中的应用，树立文化自信与科技自信** 中医药文化是中华民族特色的文化符号，是中华民族认识生命、维护健康和防治疾病的思想和方法体系。本课程结合中医学发展过程中凝练的中国人民的智慧与不懈追求，结合中医及口腔中医发展史中的典型人物，树立文化自信与科技自信，增强口腔医学生的文化认同，强化学术传承与创新，传承人文精神。同时，将中医人文情怀、职业精神等元素融入课程教学。培养具有坚定的政治信仰、优良的职业作风和广博的人文知识及家国责任担当的复合型人才，做到全方位育人。

四、课程思政案例

课程题目：中医基础知识及其在口腔黏膜病诊治中的应用

授课教师：华红（教授）

学时数：2 学时

1. **教学内容分析** 以“复发性阿弗他溃疡”病例引入，通过对该病治疗方法的介绍，引出中医药治疗口腔黏膜病为中国特色。之后介绍什么是中医，中医基础理论和历史沿革，及重要人物及其在保障人类健康方面的独特贡献；口腔中西医结合发展史及重要人物；口腔黏膜病常用中成药等，为日后从事口腔黏膜病的中西医结合临床及科研工作打下基础。

2. **教学目标**

（1）**掌握**：中医理论精髓、中医诊断方法、中医治疗原则；复发性阿弗他溃疡的定义、临床特征以及中西医结合治疗方法；常见口腔黏膜病的中成药治疗方案。

（2）**熟悉**：中医阴阳学说、五行学说、精气血精液学说等；中医、西医两种不同医学体系诊治思维的差异。

（3）**了解**：中医发展历史、口腔中医及中西医结合发展史。

3. **课程思政目标**

（1）**临床思维能力**：培养学生通过制定复发性阿弗他溃疡的中西医结合治疗方案，了解常见口腔黏膜病中西医结合的诊疗思路，强化学生的中医基础理论和培养中西医结合思维。

（2）**自主学习能力**：培养学生以常见口腔黏膜病的中成药治疗方案为线索，主动查阅相关知识的能力。

（3）**传承与创新能力**：讲解北京大学口腔医学院老一辈口腔黏膜人最早在中国开展中西医结合诊治口腔黏膜病工作的艰苦卓绝的历程，激发学生的医学责任感与职业价值观，注重传承与创新，不断推进特色诊疗持续开展。

（4）**医学人文素养**：以中医药在口腔医学特别是口腔黏膜病的应用场景为切入点，结合中医及口腔中医发展史中的典型人物，融入思政元素，将中医人文情怀、职业精神、辩证思维、传承与创新等元素融入课程教学。培养具有医者仁术、大医精诚的职业素养及职业精神，同时具有传承与创新以及责任担当的新时代复合型人才，做到全方位育人。

4. **教学重点难点**

（1）**教学重点**：复发性阿弗他溃疡的定义、临床特征以及中西医结合治疗方法。**教学对策**：对复发性阿弗他溃疡的复发性、周期性、自限性特征进行拆分记忆；通过“红、黄、凹、痛”记忆复发性阿弗他溃疡的临床特征。

（2）**教学难点一**：中医基础理论。**难点分析**：中医理论精髓、中医诊断方法、中医治疗原则。何为整体观念，辨证论治和望闻问切的具体含义是什么？如何辨证论治，进行个体化治疗？知识点抽象，学生缺乏具体认识。**教学对策**：①形象化：通过视频使学生理解中医诊治疾病的流程，关注病的人，非人的病，局部与整体结合；②具体化：通过舌诊模型或图片，形象化讲解中医如何望闻问切，特别是如何通过舌诊进行辨证施治，增强直观性。

（3）**教学难点二**：常见口腔黏膜病的中成药治疗。**难点分析**：中医体质辨识系统中9种体质的辩识是常见口腔黏膜病中成药治疗的基础，该部分内容抽象，学生缺乏具体认识。复发性阿弗他溃疡中成药治疗中，中成药的适应证和辨证分型是记忆难点。**教学对策**：①临床病例，加深记忆：通过临床病例（开篇引入的复发性阿弗他溃疡中医诊治病例），使学生直观看到中医诊断方法、辨证施治的原则和中成药适应证的选择。②形象化：学生现场模仿患者，根据患者的病史、临床表现、舌苔等具体情况，开出药方，帮助理解与记忆。③启发教学：提问患者用药后出现腹泻等情况时如何处理（了解中药虽然是植物药，但也有不良反应，临床工作中要监测不良反应发生情况并及时处置）。

5. **学情分析**　中医基础理论抽象复杂、常见口腔黏膜病的中成药治疗涉及体质辨识、制剂选择，学生缺乏系统的中医基础知识学习，理解记忆困难。同时学生的人文素养的培养也正处于关键时期。本节课针对学生的特点进行了如下创新设计。

（1）**课程思政，巧妙融入**：通过病例引入，介绍中医药治疗口腔黏膜病的特色及优势，以及中医发展史及口腔中西医结合发展历史、重要人物及其对中医或口腔中西医结合的贡献。将中医人文情怀、职业精神、辩证思维、传承与创新等元素融入课程教学。培养坚定的文化自信、医者仁术、大医精诚的职业素养及职业精神，引导学生对口腔中西医结合传承与发展充满使命感和责任感。以屠呦呦研发青蒿素为例，讲述其在青蒿素提取过程中借鉴古人的经验，并由此获得诺贝尔生理学或医学奖。鼓励学生古为今用，不断地传承与创新。加快推进中医药现代化产业化发展以及中医药与口腔医学更好地融合与发展，为百姓提供具有中国特色的优质医疗服务。

（2）课前预习，降低理解难度：教师布置课前预习任务，要求学生在规定时间内观看相关书籍视频，如《黄帝内经》《中医故事》等，以强化预习效果，使学生在课堂上对于中医基础理论更易理解。

（3）强调重点，归纳难点：在教学中反复强调与回顾重点，通过提问、对比记忆等方法拆解难点；引导学生学习归纳的方式。充分运用现代教育教学手段，结合讲授法、案例教学、网上视频等教学方法，反复讲解本节课教学重点，引导学生重视对中医药传统文化的学习，引发学生对传统中医药与现代医学有机结合的思考，认识中医药在口腔医学现状及未来的走向，不断提高学生的人文素养、职业素养、辩证思维、创新思维以及责任感等。

（4）结合病例，联系实际：课上结合实际临床病例将理论联系实际，课后通过自主查阅资料完成思考题，达到全方位、立体化的育人目标。

6. **教学设计思路** 通过问题引导，将教学主线内容、重要知识点和课程思政贯通起来，通过启发式、互动式和归纳式教学，生动地讲授口腔中西医结合内容，具体教学设计思路如图 27-1 所示。

7. **教学过程** 具体教学过程如表 27-2 所列。

图 27-1 中医基础知识及其在口腔黏膜病诊治中的应用教学设计思路

RAU：复发性阿弗他溃疡（recurrent aphthous ulcer）

表 27-2　中医基础知识及其在口腔黏膜病诊治中的应用教学过程

教学目标	教学内容	教学设计
课程导入	**课程导入：通过临床病例提出问题** 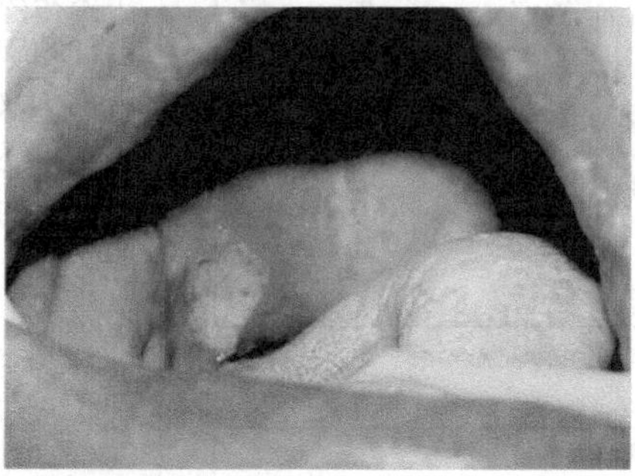 **由患者提出的问题贯穿课程主线：** **我患的是什么病?** **我的病怎么治疗?** **我的病可否用中药治疗?**	**病例导入：**引入一个复发性阿弗他溃疡临床病例 这个患者的临床诊断是什么？ 如何治疗该患者？ 中医药治疗有何特色？ **巩固知识：**复习阿弗他溃疡的临床表现及治疗原则 **启发教学：** 阿弗他溃疡有哪些治疗方法？ 中医药在治疗阿弗他溃疡时有何特色？
★ **掌握** 复发性阿弗他溃疡的定义、临床特征以及治疗方法（西药、中药）	**复习** **复发性阿弗他溃疡的定义、临床特征和治疗方法** 1. **复发性阿弗他溃疡的定义：**复发性阿弗他溃疡（recurrent aphthous ulcer，RAU）又称为复发性口腔溃疡，是最常见的口腔黏膜疾病，具有周期性、复发性、自限性特征，溃疡灼痛明显，故被冠以希腊文“阿弗他（aphthous）”（灼痛）。 2. 拆分为三层含义 （1）周期性（2）复发性（3）自限性 3. 临床特征：红、黄、凹、痛 常见类型：轻型、疱疹样型、重型 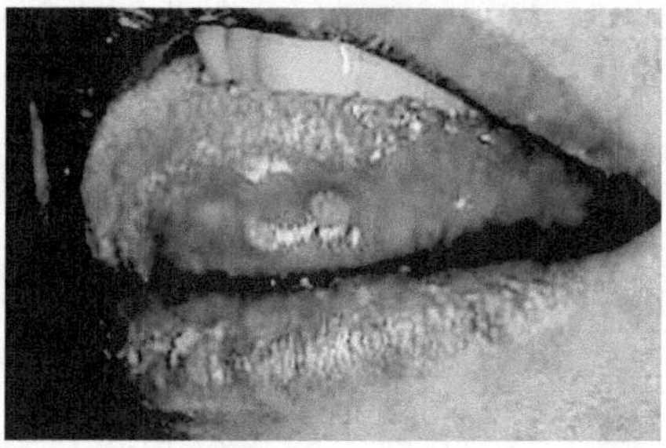 4. **治疗方法：西药及中药治疗**	**复习提问：**复发性阿弗他溃疡的定义 **分析归纳：**将阿弗他溃疡的定义拆解为3层含义，便于记忆 **归纳教学：**结合典型临床图片展示疾病的特征 **承上启下：**阿弗他溃疡有哪些治疗方法？中医治疗效果如何？有何特色？
了解 中医发展历史	1. 中医的定义、内涵及特色 2. 中国最早的医书：黄帝内经中有关“口疮”的论述，以及历代古代医书中有关口疮的认识、治疗等。引出中医四大经典之作及其作者，以及其在祖国医学中的重要贡献	**启发教学：**（1）中医有关复发性阿弗他溃疡有相应的病名吗？ （2）中医诊治疾病思路与西医有何不同？

续表

教学目标	教学内容	教学设计
	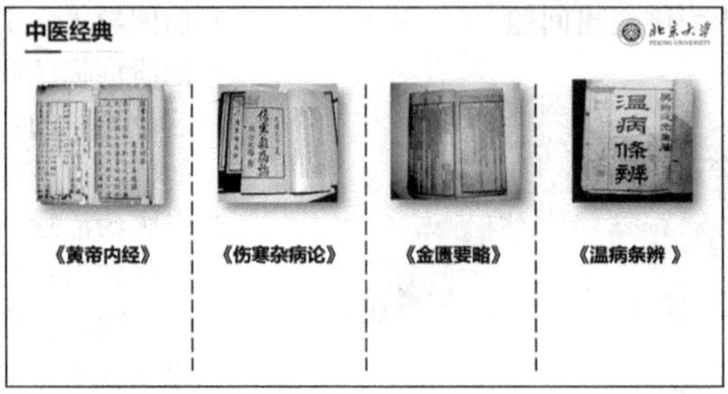  	**课程思政（医学人文精神）：** 中医是从实践中总结产生的，中医诊断中强调病的人，强调对患者的人文关怀及医学人文精神。重点讲述孙思邈的大医精诚、医者仁术的医学人文精神
了解 中医发展历史	**3. 简要介绍中医发展史：** 不同阶段、不同历史人物以及对祖国医学的重要贡献 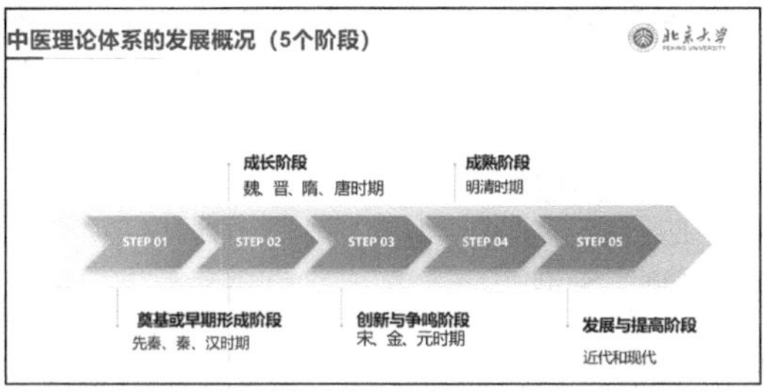  	

续表

<table>
<tr><th>教学目标</th><th>教学内容</th><th>教学设计</th></tr>
<tr><td>了解
中医发展历史</td><td>

中医中药的发明及中医的传承发展是中华民族智慧的结晶，是中华文明的象征，通过使学生感受到中国医学的悠久历史与对医学发展所做出的卓越贡献，培养学生的文化自信和科技自信
我们在应用前人的卓越成就及经验时，并不是一成不变的继承，而是通过应用发现新的问题，不断地去传承与创新。举例屠呦呦研发青蒿素，获诺贝尔生理学奖</td><td></td></tr>
<tr><td>★
掌握
中医基本理论</td><td>1. 中医脏腑理论，中医学思维方法：整体观念，辨证论治
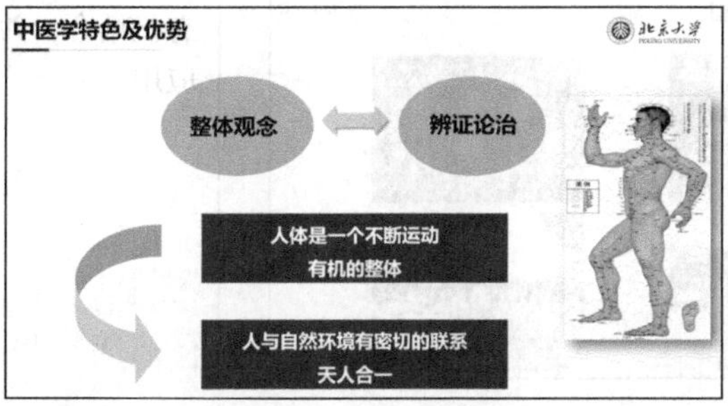

2. 中医诊断：望闻问切
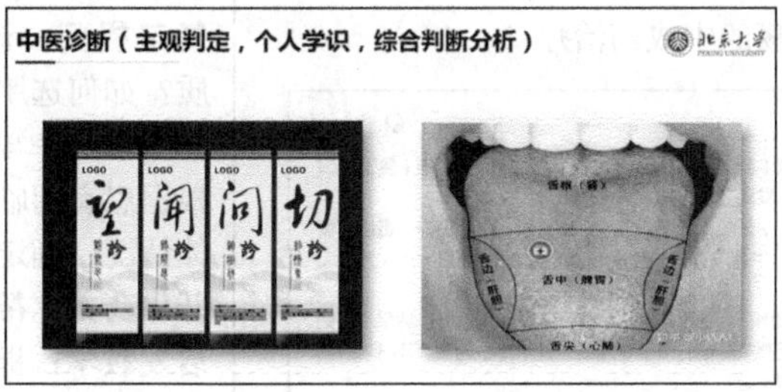

3. 中医治疗：辨证论治，个体化治疗</td><td>视频：使学生理解中医诊治疾病的流程，关注病的人，而非人的病。在诊治实施中注重局部与整体结合，综合判定，个性化治疗
形象教学：通过舌诊模型或图片，形象化讲解，中医如何望、闻、问、切，特别是如何通过舌诊进行辨证施治，增强直观性
提问复习：中医治疗的方法及特色有哪些？</td></tr>
</table>

续表

<table>
<tr><th>教学目标</th><th>教学内容</th><th>教学设计</th></tr>
<tr><td>熟悉</td><td>1. 中医基础理论：
（1）阴阳学说
（2）五行学说
（3）精气血精液学说等
2. 通过中西医对比，了解中医、西医两种不同的医学体系诊治思维的差异</td><td>对比教学：通过图表对比，使学生直观认识两种不同医学诊治体系及其优缺点
课程思政：辩证思维，独立分析问题，科学精神</td></tr>
<tr><td>了解
中西医结合口腔中医及发展史</td><td>1. 中西医结合概念的提出及其重要意义
2. 中医在口腔领域的发展史
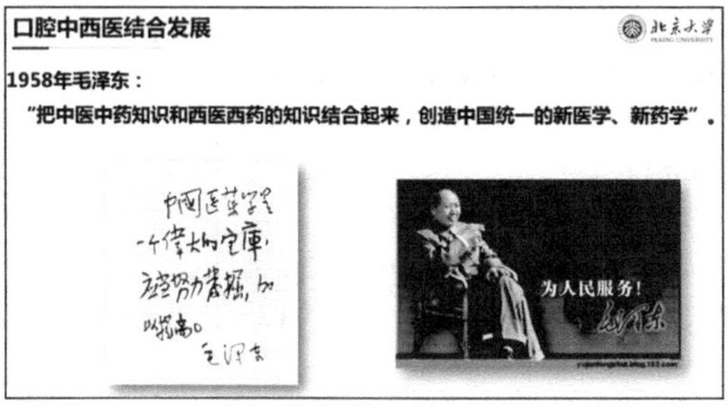
3. 口腔中西医结合发展史及重要人物、贡献
</td><td>对比归纳：与之前的中医发展史的重要历史阶段相对应，阐述不同历史阶段中医发展与口腔医学的联系及祖国医学对口腔的重要贡献，便于学生联想记忆
中西医结合概念的提出
教具：选择部分相关书籍，北京大学口腔医学院徐治鸿等教授的著作，研发的药物（苔藓平颗粒剂等），给学生以直观体会
课程思政：
中国自信，中国方案
复习提问：中医如何诊断与治疗
启发思考：中医如何与口腔医学有机结合，并在实践中积极拓展应用？</td></tr>
<tr><td>★
掌握
常见复发性阿弗他溃疡的中成药治疗</td><td>1. 中医体质辨识系统简单介绍
2. 复发性阿弗他溃疡的中成药治疗
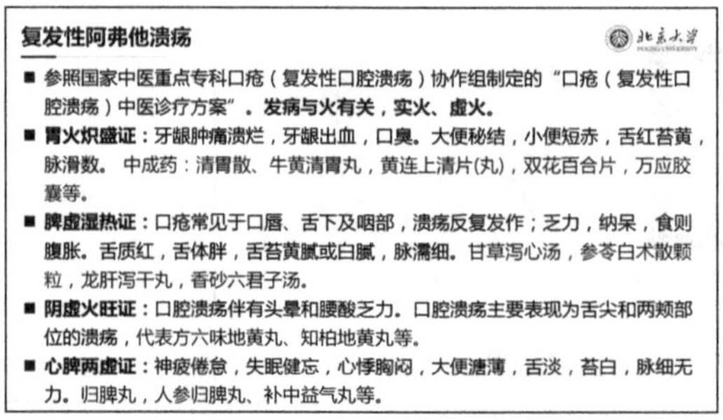</td><td>临床病例：引入病例（开头）
复习提问：该患者属于何种体质？如何选用中成药治疗？
形象教学：学生现场模仿患者，根据患者的临床表现、舌苔等具体情况，确定患者的体质类型并开出药方，帮助理解与记忆
启发教学：提问患者用药后出现腹泻等情况时如何处理？（了解中药虽然是植物药，但也有不良反应，临床应用过程中要定期监测不良反应）</td></tr>
</table>

续表

教学目标	教学内容	教学设计
★ **掌握** 常见复发性阿弗他溃疡的中成药治疗		**前沿拓展**：有效成分的药物在临床应用 **课程思政**：强调中医药要传承发展，与时俱进，注意与口腔有机联系。注重中医药现代化，实现自立自强的发展道路 **自主学习**：查阅文献与书籍，拓展中医相关知识 **课程思政（医学人文素养与医患沟通）**：构建和谐医患关系，体现人文关怀，注重对患者的病情解释和安抚工作
总结	中医概念及理论精髓（重点）、口腔黏膜病的中成药治疗（难点）	
思考题与课后作业	1. 口腔中西医结合发展现状及未来趋势是什么？ 2. 如何传承与创新发展口腔中西医结合？	

第二十八章 口腔颌面外科学

一、课程定位和课程思政建设目标

（一）口腔颌面外科学课程定位

口腔颌面外科学研究生课程是以研究口腔颌面部各类疾病防治为主要内容的学科，是口腔颌面外科研究生的必修课程。本课程以讲授口腔颌面外科学的基础理论与临床实践相结合，介绍口腔颌面外科学的基本理论和临床诊疗新进展，结合阅读参考书目和文献，要求学生掌握口腔颌面部常见疾病的发病机制、临床诊断和治疗，了解口腔颌面外科常用实验技术。通过临床病例培养学生的临床思辨和科学思维能力，使学生初步具有解决临床复杂问题的能力。在教学过程中，将人文思想、职业素养、科研精神等与口腔颌面外科学的专业知识相结合，激发学生的学习热情，树立学生高尚的从医价值观，培养学生开拓创新、锐意进取的科学研究精神，旨在培养理论知识扎实、临床能力突出、道德品质优秀、思想觉悟过硬的优秀口腔颌面外科医生。

（二）口腔颌面外科学课程思政建设目标

口腔颌面外科学研究生课程的思政建设目标包括以下几点。

第一，将密切相关的思政内容和精神融入到口腔颌面外科学研究生课程中，在潜移默化中完成育人目标。将家国情怀和爱校荣校意识、刻苦钻研和吃苦耐劳精神、救死扶伤和医患同心思想、全心全意为人民健康服务的信念，以及实事求是和科研诚信的要求，以“润物细无声”的形式与口腔颌面外科学的专业知识相结合，将口腔颌面外科学的专业课程打造成不仅是传授学生科学专业知识的基本载体，也是引导学生形成正确人生观和价值观的重要抓手。

第二，在培养学生基本掌握和熟悉口腔颌面外科疾病相关基础知识和基本临床诊疗原则的同时，注意培养其结合临床病例和实际问题进行正确分析、处理医疗问题的能力，以及医患沟通的能力。通过学习口腔颌面外科前辈们创造的光辉历史，以及北大口腔一代一代口腔颌面外科人不断求索、锐意进取的感人故事，培养学生在科学研究道路上不畏困难、勇往直前、开拓进取的精神；通过本课程学习，培养理论知识水平扎实、临床思维能力突出、思想品德意识过硬的优秀口腔颌面外科医学生，服务于国家和人民口腔健康事业。

二、教学内容和思政设计要点

本课程的教学内容、知识点和对应思政元素设计及呈现如表 28-1 所列。

表 28-1 口腔颌面外科学的教学内容、知识点和对应思政元素设计及呈现

教学内容	知识点	思政元素设计及呈现
临床科研与思维	1. 下颌下腺移植治疗重症干眼症项目的概况 2. 创新性思维的实践 3. 创新性思维及转化医学研究的要点	通过对重症干眼症患者救治过程的讲述，在学生心中充分树立医学“除人类之病痛、助健康之完美”的崇高感；通过对下颌下腺移植技术的研究攻关过程的讲述，使学生充分树立“献身医学，刻苦钻研，孜孜不倦，精益求精，全面发展”的理想；通过本课程的讲述，最终进一步坚定学生“救死扶伤，不辞艰辛，执着追求，为祖国医药卫生事业的发展和人类身心健康奋斗终生”的使命感
外科诊疗规范及病历书写	1. 介绍 18 项医疗核心制度 2. 正颌外科、创伤、炎症、肿瘤 4 个亚专业的病房临床工作重点 3. 病案管理相关国家法律法规 4. 门诊及住院病历书写要求	通过医疗纠纷案例讲解病历书写的重要性，使学生意识到外科病历书写与法律的关系，认识到规范的医疗行为体现了医务人员基本的学术诚信，良好公正的病历书写具备良好的法律效应
口腔颌面外科术后危象的处理	1. 口腔颌面外科术后呼吸道梗阻的常见原因和处理 2. 口腔颌面外科术后急性心肌梗死、脑血管意外、肺栓塞的识别和处理原则 3. 口腔颌面外科术后躁动和谵妄的原因和处理原则 4. 口腔颌面外科心肺脑复苏的要点	通过在专业课程讲解中，融入口腔颌面外科医生抢救危重急诊患者的真实故事，体现医务人员勇于奉献、救死扶伤、全心全意为人民服务的精神。培养学生救死扶伤的高尚医德，以及生命安全至上，面向人民健康的服务意识
面神经损伤的诊断与手术治疗	1. 面神经的胚胎发育及解剖特点 2. 口腔颌面部最常见的周围性面瘫：创伤性面神经损伤和贝尔面瘫 3. 创伤性面神经损伤的手术治疗	通过对典型面神经损伤手术治疗病例的分享，引导学生在临床诊疗过程中注重医者仁心，对患者进行人文关怀，明确治疗方案要以患者为中心、“以人为本”“个性化”，只有适合患者的治疗方案才是“最好的”方案
颅底肿瘤的诊治	1. 咽旁颞下区及中颅底的手术解剖 2. 手术适应证探讨及术前准备 3. 手术入路选择 4. 手术要点及注意事项	以高难度颅底肿瘤手术的发展历程，以及北大口腔颌面外科在该领域所进行的研究，讲解北京大学口腔医学院口腔颌面外科在发展过程中不断开拓创新、锐意进取，取得了令人瞩目的成绩，引导学生树立家国情怀和爱校荣校意识，激发对口腔医学专业的热爱和追求，使学生树立在高水平的科学研究平台中，要不断努力做到引领模范的意识

续表

教学内容	知识点	思政元素设计及呈现
唾液腺肿瘤的诊断与治疗	1. 唾液腺肿瘤的发病特点 2. 唾液腺肿瘤的诊断 3. 唾液腺肿瘤的分期和分级 4. 唾液腺肿瘤的治疗原则	介绍唾液腺外科开拓者马大权教授、俞光岩教授等老一辈专家们的故事，引导学生在临床工作和科学研究中刻苦钻研和吃苦耐劳的精神
髁突骨折与创伤性关节强直	1. 关节创伤继发关节强直的发生机制 2. 髁突矢状骨折的治疗原则和基本方法 3. 创伤性关节强直的临床分类和手术治疗	通过介绍北大口腔颌面外科专家团队救治来自藏族地区的关节强直患者的故事，向学生传授北大医学“厚道”的医者精神，使学生意识到在医疗过程中要对少数民族、贫困人群进行关心和照顾，在注重提升医疗技术的同时，不忘医者仁心的崇高使命
颌骨缺损的功能性重建	1. 颌骨缺损的分类 2. 血管化骨瓣移植修复颌骨缺损 3. 数字技术在颌骨缺损重建中的应用	通过介绍一例历经困难最终取得成功的颌骨缺损重建病例，引导学生在临床工作中要具有沉着冷静、永不言弃的精神 通过介绍北京大学口腔医学院口腔颌面外科取得的国际发展成绩，引导学生树立家国情怀和爱校荣校意识

三、教学设计与方法

本课程以口腔颌面外科的几类主要疾病为教学内容，开展混合式教学，即课堂教学、线上教学、课堂讨论、病例教学等方法相结合。将思政元素融入课堂讲授、线上学习和病例教学中，坚持思政与专业相结合、思政与临床实践相结合的原则，在培养学生专业知识和专业技能的同时，学习“如何做人”“如何做事”“如何思考”，树立学生的“职业道德”和“社会责任”，激发学生的“爱校、荣校情怀”和“家国情怀”。

1. **如何做人**　在课程中讲述口腔颌面外科的光辉发展历史和重要的开拓者们的故事，培养学生向前辈学习，继承北大口腔颌面外科的光荣传统，励精图治，发愤图强，刻苦钻研，吃苦耐劳，做一名优秀的北医人和北大口腔人。

2. **如何做事**　在课程中通过临床病例和课堂讨论，讲述在临床工作中如何与患者沟通、如何为患者服务，培养学生的医者仁心，对患者进行人文关怀的意识，以及全心全意为患者服务的意识。

3. **如何思考**　在课程中通过实际案例讲述如何发现临床问题，如何根据临床问题设计科学研究方法，进行严谨的科学研究，从而解决临床问题的过程。培养学生实事求是、勤于思考、努力钻研、永不言弃的科学研究精神，树立作为北大口腔人，在科研道路上的使命感和责任感。

4. **职业道德**　在课程中通过讲述职业规范和病例书写要求，使学生树立正确的从医观，了解医学的法律边界和医疗文书的法律效益，提升学生的职业道德感和使命感。

5. **爱校意识**　在课程中多次介绍北大口腔以及口腔颌面外科在各个领域的发展历史和取得的成就，使学生树立爱校、荣校意识。

四、课程思政教学案例

课程题目：口腔颌面外科学——颌骨缺损的功能性重建

授课教师：彭歆（教授、主任医师）

学时数：3 学时

1. **教学内容分析**　血管瘤与脉管畸形是口腔医学生应该重点掌握的内容，尤其是应重点掌握血管瘤与脉管畸形的发病机制、临床诊断和治疗原则。本节课在教学内容的安排和设计方面进行了创新设计。例如，结合临床病例联系实际，在临床表现与治疗原则的讲解过程中，通过引入不同的病例进行分析讨论。在课程讲授中，巧妙融入思政内容，尤其是结合国家医改政策，提高学生对“医者仁心”的认识。针对血管瘤治疗药物“平阳霉素”的发现，讲解医学实践过程中的创新与发展。通过讲解血管瘤大出血抢救的病例，促使学生形成家国情怀、道德责任感、正确的职业价值观，养成优良的医学职业道德和“珍爱生命、大医精诚”的救死扶伤的职业精神。

口腔颌面部缺损是口腔颌面外科的常见疾病，口腔颌面部缺损的重建一直都是口腔颌面外科手术的难点和研究热点，也是口腔颌面外科研究生应该重点学习的内容。本课程主要介绍颌骨缺损的分类及颌骨缺损重建的方法，重点讲解血管化骨瓣移植修复颌骨缺损以及数字技术在颌骨缺损重建中的应用。在课程讲授中，将思政元素有机融入到专业理论知识的讲授中。一方面，通过介绍一例非常具有挑战性的口腔颌面部缺损修复病例，讲述在临床治疗的过程中如何战胜重重困难取得最终成功的故事，提高学生对“医者仁心”的认识，培养学生不畏困难、敢于挑战、永不言弃的医者精神；另一方面，通过讲述口腔颌面外科修复重建团队在国内外取得的重要成就，以及北京大学口腔医学院作为国际内固定协会颅颌面外科分会（AOCMF）以及亚洲口腔颌面外科医师临床培训中心，接纳来自世界各地的医生来此学习颌骨缺损重建技术，引导学生树立爱校荣校意识和家国情怀。

2. **教学目标**

（1）知识目标：掌握颌骨缺损的临床分类，掌握颌骨缺损重建的治疗原则，了解该领域的研究发展动态。

（2）能力目标：应用颌骨缺损重建的理论知识解决临床问题，针对临床上不同类型的颌骨缺损提出合理的修复方法，初步培养临床思辨和科学思维能力。

（3）人文素养目标：引导学生树立救死扶伤的职业精神，培养学生不畏困难、吃苦耐劳、永不放弃的医学探索精神，树立学生的荣校爱校意识和家国情怀。

3. **课程思政目标**　通过讲解临床疑难病例的治疗过程，引导学生树立刻苦钻研和吃苦耐劳精神，传授救死扶伤和医患同心的思想，树立全心全意为人民健康服务的信念；通过讲解北京大学口腔医学院口腔颌面外科获得的国际认可，引导学生的家国情怀和爱校荣校意识。

4. **教学重点难点**　本课程的教学重点是颌骨缺损的分类以及治疗原则。难点是不同类型颌骨缺损修复重建方法的选择以及如何实现个性化重建的目标。课程思政的重点和难点是如何通过实际的临床病例，使学生学习如何与患者进行有效沟通，并在医疗过程中体现医者仁心、救死扶伤的精神，和在诊疗过程中通过理论知识解决临床实际问题和困难的方法，以及在此过程中体现出的持之以恒、吃苦耐劳的科学精神。

5. **学情分析**　学生在学习本节课之前，已在本科生阶段学习了口腔颌面部缺损的基本理论，并在研究生课程中学习了口腔颌面部肿瘤类疾病的诊治原则和方法。口腔颌面部缺损主要是由于口腔颌面部肿瘤切除或口腔颌面部创伤导致，本节课主要要求学生掌握游离组织瓣修复口腔颌面部缺损，是相对独立的学习单元，也是研究生学习过程中的难点。因此，第一，要让学生了解口腔颌面部缺损的分类以及不同分类的特点；第二，基于不同类型的颌面部缺损，要合理制定重建目标，选择合适的重建方法。在讲授过程中，强调颌骨缺损修复重建的难度，结合一例困难临床病例的讲解，引导学生树立刻苦钻研和吃苦耐劳的精神，传授救死扶伤和医患同心的思想，树立全心全意为人民健康服务的信念；第三，介绍北大口腔在颌骨缺损重建方面取得的成就以及口腔颌面外科的发展和成就，激发学生对于科学研究的兴趣，通过讲解北京大学口腔医学院口腔颌面外科获得的国际认可，引导学生的家国情怀和爱校荣校意识。

6. **教学设计思路**　通过问题引导，将教学主线内容、重要知识点和课程思政贯通起来，通过启发式、互动式和归纳式教学，以板书、教学模具、视频录像等为载体，生动地讲授血管瘤和脉管畸形内容，具体教学设计思路如图 28-1 所示。

图 28-1　颌骨缺损的功能性重建教学设计思路

7. **教学过程**　具体教学过程如表 28-2 所列。

表 28-2　颌骨缺损的功能性重建教学过程

教学目标	教学内容	教学设计
课程导入	**课程导入：通过临床病例进行导入** 介绍上颌骨缺损的病例 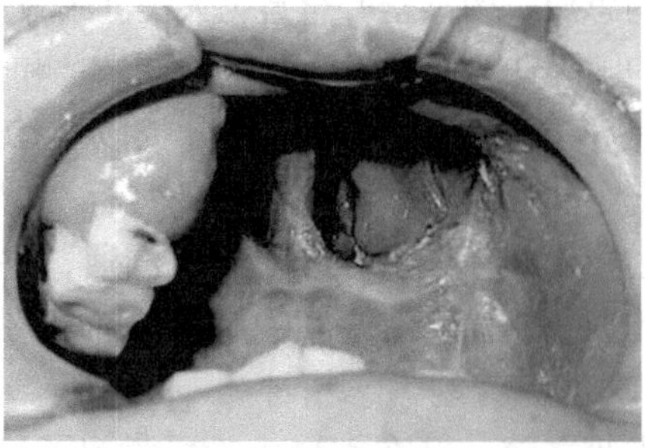	**病例导入**：通过典型病例导入，吸引学生的注意力，引发“上颌骨缺损如何修复”的思索

续表

教学目标	教学内容	教学设计
课程导入	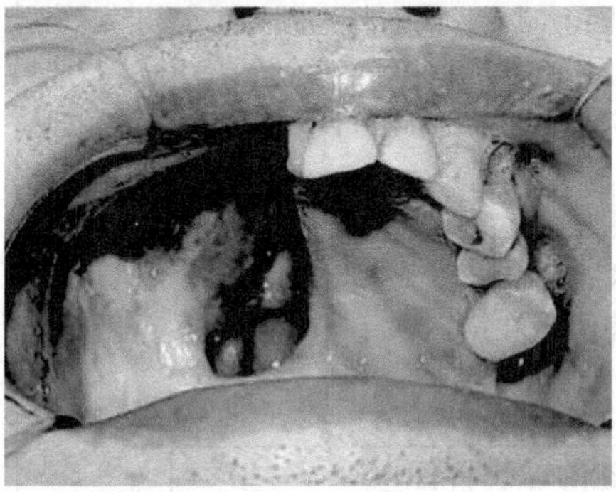	**课程思政**：上颌骨缺损给患者造成的疾病负担——外形、功能和生活质量的影响。启发学生讨论，上颌骨缺损是否要修复？如何修复？需要解决患者的哪些问题？
★ **掌握** 颌骨缺损的特点	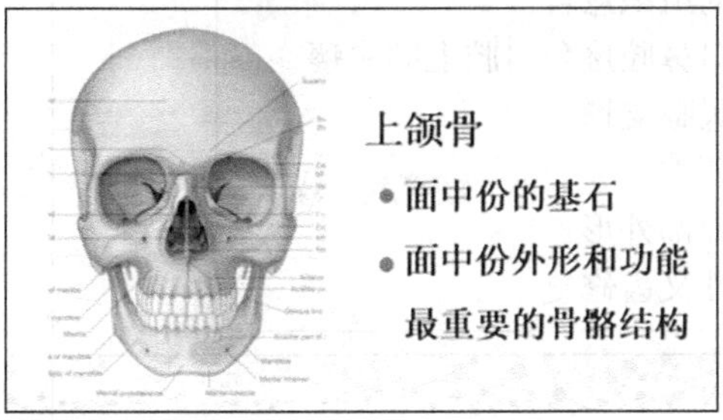 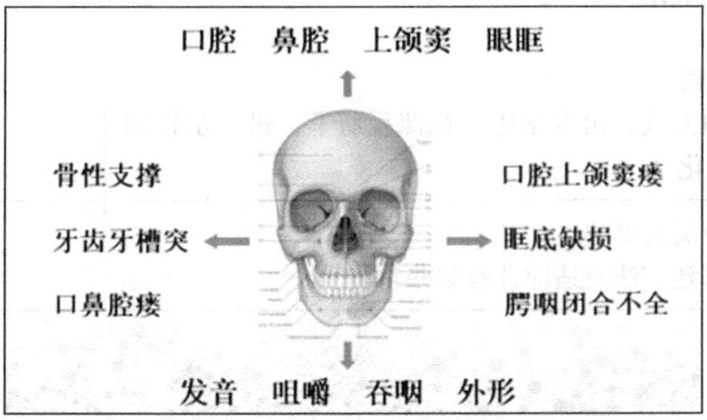	**分析归纳**：归纳上颌骨缺损的特点，使学生理解上颌骨缺损修复的必要性
熟悉 颌骨缺损重建的历史沿革	介绍北京大学口腔医学院口腔颌面外科修复重建领域在国际上的地位。目前已成为国际内固定研究协会颅颌面外科（AOCMF）培训中心，国际口腔颌面外科医师协会肿瘤与修复重建培训中心，近 10 年已接收来自 26 个国家和地区的 118 名国际医师进行培训 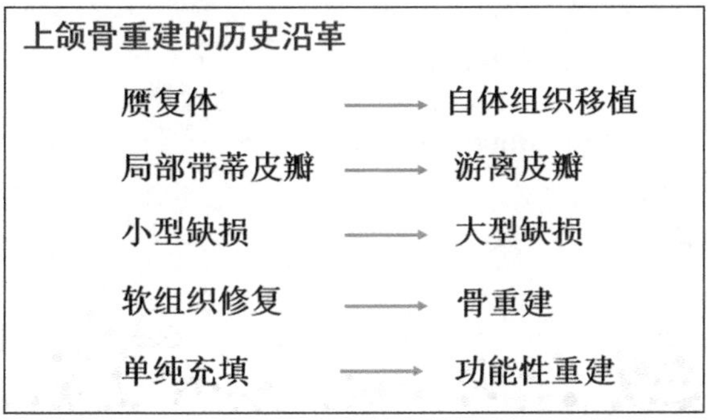 上颌骨重建的历史沿革 赝复体 ⟶ 自体组织移植 局部带蒂皮瓣 ⟶ 游离皮瓣 小型缺损 ⟶ 大型缺损 软组织修复 ⟶ 骨重建 单纯充填 ⟶ 功能性重建	**课程思政（家国情怀和爱校荣校意识）**：中国技术向世界推广，我国的临床诊疗水平得到国际认可，引导学生的家国情怀和爱校荣校意识

续表

教学目标	教学内容	教学设计
★ **掌握** 颌骨缺损 重建的目标	介绍病例：患儿9岁，因上颌骨骨肉瘤行上颌骨扩大切除术+股前外侧皮瓣移植术，由于患儿血管非常纤细，术中进行了7次血管吻合，历经15个小时才完成手术，但术后皮瓣出现坏死。 患儿父亲希望孩子能获得良好的生活质量，要求和鼓励医生再次进行皮瓣移植手术。医患同心，患儿家属给予了医生很大的信心和动力，最终医生在第二次手术中克服重重困难，手术取得圆满成功 上颌骨重建的理想目标 良好的组织愈合 封闭口鼻腔瘘和口腔上颌窦瘘 恢复眼眶支撑 充填死腔 恢复面部外形 功能性义齿修复 游离组织瓣	**课程思政（坚持不懈的努力和迎难而上的精神）**：激发学生学习的热情，引导学生刻苦钻研和吃苦耐劳，传授救死扶伤和医患同心的思想，树立全心全意为人民健康服务的信念
总结	**颌骨缺损的分类** **颌骨缺损的重建方法** **血管化骨重建** **数字化技术的应用** 以知识点梳理的方式，启发学生回忆课程所学，进一步将知识条理化、系统化	
思考题与课后作业	1. 颌骨的临床分类有哪些？ 2. 颌骨缺损的重建方法及适应证有哪些？	

第二十九章 口腔修复学

一、课程定位和课程思政建设目标

（一）口腔修复学课程定位

北京大学口腔修复学研究生课程（advanced prosthodontics for postgraduates）是中国学位与研究生教育学会医药科工作委员会医药学研究生精品课程、北大医学部研究生课程思政课程建设项目。本课程是口腔临床医学的骨干课程，在整个口腔医学研究生课程体系中有着重要的基础支撑作用，与牙体牙髓病学、牙周病学、口腔正畸学、口腔颌面外科学、口腔种植学等分支学科有着非常密切的关联。本研究生课程开设在本科口腔修复学课程的基础上，进一步深化阐述了口腔修复学的理论、知识和技能，着重介绍口腔修复学的重点、难点、疑点及热点内容，对目前口腔修复诊疗中的困惑、局限和不足以及诊疗中应注意的问题等现状进行综合分析。同时，本课程结合医学人文知识、职业精神、科学家精神和口腔修复医疗安全等知识的介绍，突出口腔修复学科研究热点和发展方向的讲解，不断拓展学生的创新思维，激发研究兴趣，培养临床思辨能力。本课程将为培养具有扎实临床胜任力的口腔修复专业医师奠定坚实基础。

（二）口腔修复学课程思政建设目标

口腔修复学研究生课程的思政建设目标主要包括以下几点。

第一，专注于口腔修复学高级专业知识传授，培养掌握口腔修复前沿进展、最新技术和具有创新精神的口腔修复专业人才。与本科阶段相比，研究生阶段更加注重牙体缺损、牙列缺损、牙列缺失三大口腔修复疾病的深入性、综合性、疑难性和前沿性知识传授；同时，课程讲授将增加本科生阶段未涉及的颌面缺损修复、牙周病修复治疗和颞下颌关节病修复治疗等内容。

第二，培养成为未来口腔修复专业医师的临床能力。通过本课程的学习，口腔修复学专业研究生将能更全面地进行临床思辨，逐步胜任口腔修复住院医师或专科医师的临床能力，以为高质量地服务人民口腔健康事业打下实践基础。

第三，通过价值观引领，培养口腔修复研究生的医者精神。本课程以口腔修复学发展简史、发展历程中的重要人物和北大口腔修复专业的自主研发精神为基础，向学生讲述北大口腔修复医者担当和精神，激发研究生树立良好医德医风和医者仁心，培养研究生的科研创新精神，建立科技自立自强的信心和决心，厚植科学家精神。

二、教学内容和思政要点设计

本课程的教学内容、知识点和对应思政元素设计及呈现如表 29-1 所列。

表 29-1　口腔修复学的教学内容、知识点和对应思政元素设计及呈现

教学内容	知识点	思政元素设计及呈现
口腔修复之路——安全、质量和自我实现	1. 口腔修复发展史 2. 口腔修复先进人物介绍 3. 北大口腔研发的新型材料和技术 4. 口腔修复医学理论和诊疗原则 5. 口腔修复质量、安全理念 6. 医患沟通原则	1. 通过图片、视频展示及多媒体案例讲解，为学生介绍中国口腔修复学科发展的历程、现状和未来发展趋势，使学生建立“以患者为中心”的服务理念，坚定为“健康中国”“健康口腔”建设贡献力量的决心 2. 通过学习学科发展过程中形成的光荣历史和先进人物事迹，展现中国自信和培养科学家精神 3. 通过学习北大口腔研发的新型材料和技术，增强学生科技自立自强的信心 4. 通过学习口腔修复医学理论和诊疗原则总论，使学生意识到认真理解医学理论是对疾病进行正确诊断治疗的根本，也是对患者最好的人文关怀和医者初心的体现 5. 通过对质量、安全理念的学习，掌握如何提高医患沟通能力和安全意识，以及对修复体质量的全程把控 6. 通过对学科未来的展望，激发学生努力学习的决心和动力，塑造为人民口腔健康服务的理想抱负 7. 呈现方式：幻灯片、多媒体讲授，虚拟仿真教学和临床实习实践；线上线下教学相结合
固定修复之一：粘接修复	1. 掌握牙列缺损的不良影响和危害 2. 掌握粘接材料的优缺点和适应证 3. 了解固定义齿在临床中逐步被种植义齿替代的原因及其效果和影响	1. 通过图片、视频以及临床病例展示，讲解牙列缺损的不良影响和危害，引出我国第四次口腔健康流行病学调查数据展示的人民口腔健康提升数据，牙列缺损的人群患病率持续下降，使学生切实理解国家富强进步、科技提升、医疗发展带来的全民健康水平的提升。帮助学生掌握及时为患者修复缺失牙的必要性和临床意义 2. 通过粘接材料的发展和快速迭代，结合当今新技术的涌现，数字化技术的发展，人工智能大数据的应用，引导处在科技变革时代的学生以主人翁的主动精神，抓住时代机遇，锐意进取，积极思考，不断创新 3. 通过辩证思维，了解固定义齿在临床中逐步被种植义齿替代的原因；结合科技发展对固定修复技术、理念的变革与推动，引导学生以主动思考的视角，代入到每一次固定修复技术跃迁的时刻，思考技术理念革新产生的基础、根源和意义
固定修复之二：色度学的应用	1. 三个口腔修复基本原则的综合统一（生物力学原则、生物学原则、美学原则）	1. 通过三个口腔修复基本原则（生物力学原则、生物学原则、美学原则）的提出、讲解与讨论，引出口腔修复中医学人文理念的重要性。“科技以人为本”，这是科学技术发展的终极目的，借此突出科学技术的人文价值。强调口腔修复从生物医学模式向生物 - 心理 - 社会医学模式的转变

续表

教学内容	知识点	思政元素设计及呈现
固定修复之二：色度学的应用	2. 色度学的基本原理及发展历史 3. 色度学相关的新技术、新仪器及新进展和临床研究	2. 通过口腔牙体缺损、牙列缺损修复中对牙体硬组织颜色的模拟和重现，引申出色度学的必要性和重要性，阐明现代口腔修复学的目的已经从单纯地恢复功能转变为同时满足功能与美学需求 3. 通过色度学相关的新技术、新仪器及新进展和临床研究，探讨科学技术的应用给口腔修复这一实践学科带来的转变和提升，突出临床实践与科学进展相辅相成的发展路径，引导学生建立从临床问题入手提出科学问题的主动性思维模式，以及树立将基础科研成果转化到临床应用的完整应用科学思路
固定修复之三：前牙美学修复的进展	1. 口腔修复美学区的概念的建立 2. 前牙美学的基本原则和临床应用 3. 科学思维能力培养：如何做到美学修复基本原则的综合统一 4. 固定修复中患者个性化美学需求的考量：爱伤观念，微创与个性化的修复方法	1. 通过口腔修复美学区的概念的建立图片及文献展示，回顾口腔美学发展史，“明眸皓齿”“齿如瓠犀”等，阐明人民对美好生活、对美学的追求古已有之，结合当代我国已全面建成了小康社会，人民自发自愿地产生更高的美学需求，是现代口腔修复、固定修复所必须考虑、必须满足的一个需求 2. 通过前牙美学的基本原则和临床应用，突出定量研究在现代口腔固定修复中的重要意义。阐明口腔修复美学设计从经验科学走向理论科学的变化过程，进一步引申到整体口腔修复学的现代理论体系的建立及其重要意义 3. 对学生进行科学思维能力培养，阐明如何做到美学修复基本原则的综合统一 4. 培养学生对患者个性化需求的关注：增强研究生的爱伤观念，引导学生思考，如何能采取更好、更微创和个性化的方法修复牙体缺损，恢复患者的美观和自信
可摘局部义齿修复之一：游离缺失的印模技术与𬌗记录	1. 游离缺失可摘局部义齿印模技术的发展历史 2. 游离缺失可摘局部义齿印模制取要点及相关研究 3. 游离缺失可摘局部义齿修复颌位关系记录关键技术及原理	1. 通过图片、视频展示游离缺失可摘局部义齿印模技术的发展历史以及第四次口腔健康流行病学调查数据，展示牙列缺损这种高发病的患病率，体现民众对缺失牙修复的迫切需求，结合《“十四五”国民健康规划》中提出的全周期保障人群健康，以及提高医疗卫生服务质量的重点目标要求，阐明可摘局部义齿修复中，对印模制取细节的把握与患者修复体戴用效果息息相关。教导学生利用临床验证有良好效果的技术，做细做精，才能更好地服务患者，最大程度地提高患者的修复效果 2. 游离缺失可摘局部义齿印模制取要点及相关研究，凸显临床研究的重要意义。结合牙列缺损可摘义齿修复受众的人群分布，使学生更明确地认识到做好难度较大的可摘义齿修复的重要性和必要性 3. 通过详细讲解游离缺失可摘局部义齿修复颌位关系记录关键技术及原理，使学生学会如何保护患者：可摘局部义齿印模制取时，如何避免给患者造成疼痛；如何最大程度减少恶心；如何疏解患者的紧张情绪

续表

教学内容	知识点	思政元素设计及呈现
可摘局部义齿修复之一：游离缺失的印模技术与殆记录		4. 医学人文素养目标的培养：其具体措施是培养爱伤观念，关爱患者，关爱他人，培养具有医学人文品格的口腔修复医师 5. 培养医学生的耐心和细心：讲授如何耐心地进行医嘱，教会患者掌握戴牙的技巧，尤其是针对理解困难或行动不便的老年人
可摘局部义齿修复之二：局部义齿的支架设计	1. 不同牙列缺损类型，局部义齿支架设计原则和理论依据 2. 可摘局部义齿修复的分类设计的生物学原则：最大限度地保存患者的口腔组织，最大程度地延长口内剩余牙的存留时间 3. 可摘局部义齿支架设计的医患沟通	1. 通过特定的临床病例引入、提问讨论等，请学生为病例进行设计，讲解不同牙列缺损的类型，如何做到最佳的设计，使患者的修复得到长期的成功；培养学生的辩证思维能力，帮助学生培养和构建科学方法论体系，并熟悉在口腔可摘局部义齿修复中的实际应用场景 2. 爱伤观念的培养：可摘局部义齿修复的分类设计如何体现生物学原则，最大限度地保存患者的口腔组织，最大程度地延长口内剩余牙的存留时间 3. 以患者为中心理念的培养：修复治疗设计如何体现以患者为中心，在设计中如何做到与患者的良好沟通，是讲授的重要内容
可摘局部义齿修复之三：复杂牙列缺损的修复治疗设计	1. 复杂牙列缺损的定义和临床表现 2. 复杂牙列缺损的修复方案及治疗设计原则 3. 复杂牙列缺损的可摘局部义齿修复与种植修复的结合	1. 通过病例、视频和临床案例展示，使学生深入了解复杂牙列缺损的定义和临床表现，使学生直观、系统地学习到复杂牙列缺损的难点和患者的功能障碍带来的身心影响，进而感受到为患者选择最适合的修复方式的必要性和重要意义 2. 通过讲解复杂牙列缺损的修复方案及治疗设计原则，培养学生总结归纳的能力。通过对复杂牙列缺损案例的呈现、设计和讨论，训练学生抓住复杂口腔问题关键点的思维方法，建立归纳、总结、变量简化、去除冗余和噪声的思考方法论，进而培养学生大处着眼、细节入手的修复设计理念 3. 通过讲解复杂牙列缺损的可摘局部义齿修复与种植修复的结合，使学生认识可摘局部义齿修复的局限性，鼓励研究创新；通过讲述北大口腔在数字可摘局部义齿研发上的自主创新和产品转化，体现主动的探索和创造在口腔修复领域的重大意义，增强学生科技自信，提升学生自主创新的意识，使学生认识到“主动思考”的重要性
全口义齿修复的演变	1. 全口义齿修复的历史 2. 全口义齿修复的里程碑事件 3. 全口义齿修复的材料与技术进展 4. 北京大学口腔医学院自主研发的功能易适全口义齿体系的研发过程及临床应用	1. 通过图片和案例讲解，回顾全口义齿修复的历史，以及全口义齿修复的里程碑事件，通过视频、多媒体、教师引导的学生自身观察案例分享，介绍牙列缺失后的软硬组织变化，使学生直观、多角度学习和掌握，初步建立医疗过程中对老年患者、无牙颌患者的关心、关怀和尊重，重视患者的个性需求，尊重患者的权利，切实认识到医疗的初衷是解决患者的实际问题，不忘为人民健康服务的初心 2. 通过介绍全口义齿修复的材料与技术进展，体现科技进步对口腔修复的重大变革性影响，使学生深刻体悟“科技是第一生产力”的具象表现

续表

教学内容	知识点	思政元素设计及呈现
全口义齿修复的演变		3. 通过详细介绍北京大学口腔医学院自主研发的功能易适全口义齿体系的研发过程及临床应用，讲述北大口腔在数字全口义齿研发的创新案例及在全国和亚太地区推广应用的具体案例，培养学生的创新思维，深刻理解科技发展和新材料的应用对无牙颌全口义齿修复带来的变革性影响，使学生增强科技自信 4. 初步建立医疗过程中对老年患者、无牙颌患者的关心、关怀和尊重，建立学生重视患者的个性需求，尊重患者的权利，切实认识到医疗的初衷是解决患者的实际问题，不忘医疗服务的本质和初心
全口义齿修复：全口义齿的设计	1. 全口义齿修复历史演变及材料的发展 2. 全口义齿修复的生理基础及其与口腔颌面部解剖结构的关系 3. 全口义齿设计中的创新思维	1. 通过图片、多媒体视频展示，回顾全口义齿修复历史演变及材料的发展，展示创新思维在全口义齿百年应用过程中的重大意义。提高学生的辩证思维能力，引导学生思考如何在修复中提高全口义齿的固位和稳定能力 2. 通过讲述北大口腔数字全口义齿研发的创新案例及在全国和亚太地区推广应用的具体案例，培养学生的创新思维，深刻理解科技发展和新材料的应用对无牙颌全口义齿修复带来的变革性影响 3. 培养学生对老年患者的关爱，使学生意识到无牙颌给老年患者造成的生理和心理的严重影响，以及由此带来的经济负担 4. 结合国家“十四五”期间促进健康老龄化的指导思想、基本原则和发展目标，结合北京市养老社区、示范点建设案例，使学生理解老龄化社会的迫切需求和亟待解决的关键问题并理解自己应有的责任担当
全口义齿修复：改良𬌗型	1. 全口义齿𬌗型设计的发展历史 2. 全口义齿𬌗型的改良过程及创新性事件 3. 北大口腔修复科团队研发长正中𬌗型的研究过程和成果	1. 通过案例讲解、图片及视频展示，回顾全口义齿𬌗型设计的发展历史，使学生理解全口义齿的咬合设计不仅要考虑咀嚼功能，还应兼顾美学与功能的外观设计，使患者增强生活的自信心；引导学生深入理解党和国家提出的“十四五”期间促进健康老龄化的指导思想、基本原则和发展目标，即“老年人健康生活的社会环境更加友善，老年人健康需求得到更好满足”，全口义齿人工牙排牙兼具美观与功能的质量提升，符合健康老龄化、健康口腔的指导目标 2. 培养医学生的同理心，不能仅考虑经济因素，要切实做到关爱老年患者，做到老吾老以及人之老，幼吾幼以及人之幼 3. 北大口腔团队研发的长正中𬌗型人工牙，是北京大学口腔医学院拥有自主知识产权的自主研发的人工牙产品，在临床得到了大量应用和广泛好评，是北京大学口腔医学院临床研究及科研转化的成功代表，以此为例，激发学生勇于创新的主观能动性，以及创造力和自信心

续表

教学内容	知识点	思政元素设计及呈现
覆盖义齿	1. 利用患者天然牙残根的覆盖义齿设计基本原则 2. 天然牙上部附着体的分类和设计 3. 北大口腔自主研发的用于天然牙的附着体介绍	1. 通过临床病例介绍、图片及视频展示，讲解覆盖义齿设计的基本原则，使学生学习对患者天然牙残根的利用，符合尽最大可能保存天然牙的理念 2. 通过临床病例多媒体展示，阐明覆盖义齿修复具备良好的修复效果，同时是相对经济的治疗手段，更加适用于老年患者，体现了医生对患者的人文关怀 3. 通过图片展示、举例子等方法，介绍北大口腔自主研发的用于天然牙的附着体（如球帽附着体等）。使学生切身感受到从临床问题入手，利用创新性思维通过医工结合的方法解决临床关键问题的意义和良好前景，激励学生主动思考，主动创新，设计有实际应用价值的修复体
䶮架和面弓的原理及临床应用	1. 䶮架的基本原理和分类 2. 面弓的基本原理和分类 3. 电子面弓和虚拟䶮架在口腔修复中的应用	1. 通过图片和视频展示，由简入繁地介绍䶮架的类型、发展历史，以及䶮架材料的演变。突出䶮架的意义，及䶮架出现的变革性效果。引导学生思考口腔修复学的发展方向，要向更严谨、更科学、更精密的方向发展 2. 通过实物展示介绍面弓的基本原理和分类，引导学生思考䶮架及面弓在牙体缺损、牙列缺损、牙列缺失修复中的应用意义，以及思考如何从根本上改变传统的将患者口腔作为“䶮架”，需要反复调试才能咬合舒服的尴尬状况，精益求精地为患者制作出既美观又好用的义齿 3. 培养学生的爱伤观念：面弓转移上䶮架需要医生和患者的良好配合，但最需要使用䶮架面弓的患者群体，多数是年老体弱的患者群体，其听力下降，加之有许多基础病，临床操作配合度较差，所以在讲课中应穿插讲解如何帮助患者，不只是在操作技术方面，还要有柔和的语气、耐心细致的讲解，使学生真正领悟到要面对的是“患者”，而不仅仅是“缺损的牙列” 4. 通过视频展示电子面弓和虚拟䶮架在口腔修复中的应用，引导学生思考科技发展对口腔修复学发展的推动作用，只有将基础科研和临床实践相结合，才能使口腔修复学得到真正的发展和提升
口腔修复与颞下颌关节	1. 口腔修复与颞下颌关节关系认识理念的变化发展 2. 使用修复方法治疗颞下颌关节疾病的临床技术：适应证、禁忌证、基本治疗原则	1. 通过历史回顾、经典人物和事件讲解、经典文献复习、图片及视频展示，以纵向时间角度，厘清口腔修复与颞下颌关节关系的认识理念变化，提高学生对相关知识的辨析能力，阐明适度使用临床修复技术用于颞下颌关节紊乱病的治疗，可在临床实践中更好地为患者服务；使学生掌握科学严谨的治学理念，实事求是的治学态度，大胆假设、小心求证的科研精神，和基于坚实的科研结果发现，挑战传统错误理念的科学勇气和胆识 2. 对需要使用修复方法治疗颞下颌关节疾病的临床技术，不仅要充分了解其适应证，更要全面掌握临床使用要点，把控临床治疗进程，避免出现不良反应。引导学生具备正确的临床医疗态度，和对医学伦理原则的严格掌握及敬畏

续表

教学内容	知识点	思政元素设计及呈现
口腔修复与颞下颌关节		3. 在用修复手段治疗颞下颌关节紊乱病前，应十分注意把握患者的整体情况，要格外关注患者的心理状态，以免影响修复治疗的效果
种植修复之一：诊疗设计	1. 种植修复的基本诊疗原则总论 2. 种植修复的安全原则 3. 种植修复的生物学原则 4. 种植修复的功能原则 5. 种植修复的美学原则 6. 种植修复的力学原则 7. 种植修复的适宜原则	1. 通过临床案例展示、视频等手段，强化学生对于理论基础的掌握和灵活应用，突出诊疗设计能够决定治疗的路线和方向，是整个治疗过程中的关键环节，纠正部分学生重操作、轻设计的错误观念 2. 通过文献学习、病例讨论，强调以患者为中心的基本原则，使学生理解对于患者的问题应特别注重全面、辨证的分析，不只基于患者的口腔局部条件，还应注重对于患者全身状况和社会心理因素的考量，以更好地做出适合患者的个性化诊疗方案 3. “以修复和生物学为导向”是当今种植修复的基本理念。种植修复治疗的主要目标是实现良好的修复效果、保护软硬组织健康并保持长期稳定。种植修复治疗涉及专业较多，风险相对较大，疗程较长，费用较高，患者期望值高，成功的治疗源于科学的设计，治疗开始前精心的设计至关重要，需要基于循证证据，遵照种植修复的原则，结合患者的个体情况制订设计方案
种植修复之二：生物学和力学并发症	1. 种植修复的生物学并发症病因、临床表现、治疗和预防 2. 种植修复的力学并发症病因、临床表现、治疗和预防	1. 通过展示典型、严重的并发症，讲述这些并发症给患者带来的损失或伤害，强调医患沟通中同理心的原则，使学生加深对于并发症的理解和认识，更好地掌握主要种植修复并发症的防范原则和方法 2. 通过带领学生分析并发症的生物学和力学理论，强化学生对多学科交叉分析和解决临床问题的理念 3. 通过回顾经典和最新文献，激发学生对于临床研究的热情 4. 临床医学强调“以患者为中心”提高医疗质量，随着种植修复在中国的逐渐普及，口腔修复的工作重心将会在为患者提供良好的、高质量的修复体的同时，严格防范并发症的发生，向学生阐明其担负的重任，督促学生在临床实践中严格把握适应证，设计耐用、安全的种植修复体
种植修复之三：软组织美学	1. 种植修复软组织美学总论：美学参数和评价 2. 实现种植修复美学效果的软硬组织要求 3. 前牙即刻种植的美学考量	1. 通过引入临床种植美学病例，启发学生在临床上发现问题、思考问题以及解决问题的能力 2. 通过经典种植软组织美学文献回顾，论述种植修复中软组织和硬组织各自的重要性以及两者的辩证关系 3. 通过图片病例分析，掌握前牙种植粉白美学评价参数，培养学生的美学素养 4. 通过正反临床案例解读，引申出前牙即刻种植的美学要求、适应证和禁忌证。使学生掌握前牙美学病例的实现要素，关键是掌握好适应证、禁忌证，要有高度的责任心，不打无准备之仗

续表

教学内容	知识点	思政元素设计及呈现
无牙颌的种植覆盖义齿修复设计	1. 无牙颌采用种植覆盖义齿修复的必要性和临床意义 2. 无牙颌种植覆盖义齿临床经典文献回顾 3. 无牙颌种植覆盖义齿设计原则 4. 无牙颌种植覆盖义齿的种植体数目选择 5. 种植覆盖义齿的上部结构选择和优缺点 6. 种植覆盖义齿的并发症及维护	1. 通过引入临床病例，以及图片、视频、多媒体等手段，展示无牙颌患者的全口义齿修复已经有100余年的历史，在种植技术出现之前，一直是无牙颌修复的主要手段。随着新技术的涌现，种植体加工技术的不断改进，种植覆盖义齿能为无牙颌患者的口颌系统重建提供效果更确切、功能更佳的修复体，是无牙颌口腔修复方式的一大进步 2. 通过列举典型人物的重要事件，培养学生的创新精神：学生在临床工作中也应该充分发扬创新精神，针对临床的难点问题，利用各种先进技术和手段，开发出效果更明确、流程更便捷的现代修复体，造福大众 3. 培养学生的人文关怀：无牙颌患者以老年人居多，属于人群中的弱势群体，经济条件大多处于平均水平以下。针对这类患者，医师应提供效果好、预算合理的修复体，种植覆盖义齿就是这类修复体的较典型代表。有文献表明，种植覆盖义齿具有良好的固位支持和稳定效果，费用支出却要明显低于种植固定义齿。医师在临床工作中，应对此加以考虑，为患者提供更适合其解剖、生理、心理条件及预算的修复体
牙周病的修复治疗	1. 牙周病修复治疗的历史发展及意义 2. 可摘式牙周夹板的应用 3. 固定式牙周夹板的设计和应用 4. 牙周病修复治疗的新进展	1. 通过我国第四次口腔健康流行病学调查数据展示我国牙周病患病率仍然较高，阐明牙周病的修复治疗仍处于需求旺盛的阶段，引起学生对老年人口腔健康特别是牙周健康的重视 2. 通过临床具体病例展示，以及借助幻灯片、多媒体讲授，使学生掌握应给予牙周病患者全面且最适合的修复方法，而不是一味使用所谓“最时髦”的技术 3. 培养学生如何关爱牙周病患者和老年患者，如何最大限度保护患者的组织，最大程度体现爱伤观念和医学人文价值
颌面缺损修复（一）	1. 颌面缺损的定义、病因、分类 2. 颌面缺损的基本治疗原则 3. 颌面缺损的新技术及数字化在颌面缺损修复中的应用	1. 颌面缺损是对口腔功能影响最严重的疾病之一，通过学习，掌握如何安慰、鼓励和体谅患者，最大程度体现爱伤观念，体现对此类患者的人文关怀 2. 此类患者的缺损修复难度大，操作过程中的精细操作和如何保护心理脆弱的患者，均应在课程中予以传授 3. 如何优化设计，最大程度为患者提供经济且有效的适宜方案，是本课程的核心内容 4. 新型自主研发的数字化技术应用于颌面缺损修复，体现科技自立自强；教授口腔修复研究生学会如何面对国家需求，努力学习，成为能引领口腔修复学发展的创新型人才
颌面缺损修复（二）	1. 颌面缺损修复的多学科联合治疗	1. 通过病例展示，体现颌面缺损修复的多学科治疗思路，强调不同学科间合作与沟通的重要性。培养学生的辩证思维，培养学生如何掌握颌面缺损修复的设计原则，做到各学科各司其职，在充分沟通的基础上各展其能，密切合作

续表

教学内容	知识点	思政元素设计及呈现
颌面缺损修复（二）	2. 颌面缺损修复的理念转变——从单纯的去除病变组织到重视缺损的修复及关注患者的社会心理功能的恢复 3. 颌面缺损的创新技术的应用进展	2. 通过引用经典文献综述的流行病学调查数据，呈现目前颌面缺损人群的发病率及修复现状，使学生充分理解颌面缺损的口腔修复仍然任重而道远 3. 培养学生对患者的爱伤观念，使学生意识到颌面缺损人群的特殊性，了解颌面缺损为患者带来的身心负担及经济负担，引导学生思考，如何能更好地、更便捷地、更长久地解决患者的临床问题，以满足“人民群众日益增长的口腔健康需求” 4. 鼓励学生努力科研，不断创新，寻找治疗方法的进一步突破

三、教学设计与方法

对于口腔修复学研究生课程，在讲述专业知识内容的过程中，应落实全面的课程思政融合，在每一章节、每一堂课、每一次研究生的临床实践中，均有机融入思政内容。

1. 以“健康中国”战略为牵引，厚植医学人文情怀　以医学人文教育为抓手，引导学生敬畏生命，牢固树立“以患者为中心”的服务理念，全面培养学生的医学人文品格和“以人为本”的职业观，为满足人民群众对高质量口腔健康和美好生活的需要而不断学习和努力；通过全面、系统的学习，厚植学生对“健康中国”战略的理解和应用，不断增强学生努力为“健康口腔”行动计划做好知识储备的决心和责任感；厚植大健康理念，树立为人民口腔健康服务终身的职业精神。

2. 以中国口腔修复学尤其是北大口腔修复学科历史、杰出人物为示范，激励学生为中国口腔修复事业贡献力量　在教学中充分挖掘中国口腔修复学领域，尤其是北大口腔修复学科的光荣历史和奋斗历程，通过讲述学科和前辈名师的成长历程、光辉事迹、奋斗精神、科学家精神等，为学生的成长启智润心、铸魂育人。

3. 以自主研发的新技术新疗法为引领，不断树立学生科技自立自强的信心　通过讲述中国和北大口腔修复学科自主研发的材料和技术，引导学生逐步建立科技创新的思维和意识，树立为科技自立自强目标奋斗的信心，努力成为党和国家需要的新时代创新型人才。

4. 以中国传统文化为底蕴，强化学生的中国自信，厚植爱国情怀　在讲授口腔修复学课程过程中，及时结合课程内容引入与之相应的中国文化、中国历史、中国故事，不断增强学生的中国自信，结合课程，强化正确的世界观、人生观和价值观，不断厚植学生的爱国情怀。

四、课程思政教学案例

课程题目：口腔修复之路——安全、质量和自我实现

授课教师：周永胜（教授、主任医师）

学时数：3 学时

1. 教学内容分析　本课程的教学内容之一，是讲述中国和北京大学的口腔修复学科发展简史、发展历程中的重要人物，以及如何达成职业发展和自我实现的目标；通过讲解，使口腔修复专业研究生了解中国和北京大学口腔修复学科发展的不平凡、卓越学术带头人的创业历史和实现学科引领的决心和贡献，使学生坚定中国自信，弘扬科学家精神，了解科技自立自强的奋斗历程，激发学生努力学习和奋斗的精神，为中国口腔修复学科建设贡献青春力量。教学内容之二，是讲述口腔修复临床中的医患沟通技巧和提高医疗纠纷防范能力的举措，讲解不同修复类型纠纷的病例特点和解决方案；通过讲述，使口腔修复专业的研究生掌握医患沟通中的患者告知程序与技巧，进一步加深和强化医学人文知识素养和品格，了解科学和医学的局限性，生命的本质等方面，强化医者担当，弘扬医者大爱精神等。教学内容之三，通过向学生讲述中国科学故事、中国口腔故事、北大口腔故事、北大口腔修复故事等，做到课程思政两融合，将课程育人任务落到实处。

2. 教学目标

（1）了解中国及北京大学口腔修复学科的发展简史。

（2）讲解和讨论口腔修复医师的职业发展与自我实现。

（3）掌握口腔修复医患沟通技巧和提高医疗纠纷的防范能力。

（4）掌握基于不同修复类型纠纷的病例分析和解决方案，全面提高学生的临床思辨能力。

（5）体现口腔修复课程思政与教学内容的双融合（医学人文、职业精神、法律法规与高质量医疗质量的关系）。

3. 课程思政目标　在实现医学人文素养和课程思政目标方面，聚焦医学人文品格的提升，对口腔修复职业精神的敬仰，对医疗纠纷相关法律法规的掌握和筑牢口腔修复医疗质量与安全的根基4个核心内容。在医学人文品格的提升方面，着重塑造大医精诚，弘扬北大医学“厚道”精神、北大口腔“厚德尚学，精医济世”的院训精神，以北大医学人、北大口腔人和北大口腔修复学科前辈的优秀事迹，强化医者担当，弘扬“敬佑生命、救死扶伤、甘于奉献、大爱无疆”的医者美德。在弘扬和讲解口腔修复职业精神时，强化职业道德的培养，如何实现职业发展与自我实现的融合，实现职业与生活的融合；如何在职业发展中追求严谨、追求完美、追求和谐；如何在职业提升过程中，做到自省和不断改进，了解“仁者如射，射者正己而后发；发而不中，不怨胜己者，反求诸己而已矣”的道理涵义。在讲述口腔修复临床中的医患沟通技巧和提高医疗纠纷防范能力的举措方面，以讲述国家和卫生健康领域有关医疗纠纷的法律法规为出发点，强化在口腔医疗健康服务过程中践行“以人民为中心发展思想”的理念，通过讲解不同修复类型纠纷的病例特点和解决方案，提升口腔修复专业研究生医患沟通中的告知程序与技巧，以预防医疗纠纷发生为根本要求和治本之策，提高医患沟通的能力。最后，在塑造医学人文素养的目标方面，如何筑牢口腔修复医疗质量与安全的能力和根基是真正改善医疗服务、提高医疗服务水平的前提，是进一步提升医学人文素养的根基，因此，通过对不同类型纠纷发生所涉及的口腔修复质量与安全要点的一一讲解，全面提升口腔修复专业研究生的医疗质量、安全理念和能力，为全面提升医学人文素养奠定坚实基础。

4. 教学重点难点

（1）医疗纠纷处理相关法律法规的学习。

（2）医学人文品格的建立。

（3）口腔修复临床的医患沟通技巧和医疗纠纷的防范。

（4）不同类型口腔修复医疗纠纷的预防、应对策略、辩证思维和解决方案。

5. **学情分析**　学生在开始学习前，已经通过本科阶段的口腔修复学学习，在口腔修复学基本知识、基本理论和基本技术方面，都有了一个较为全面的、初步的了解。在此基础上，通过中国及北京大学口腔修复学科的发展简史，讲解和讨论口腔修复医师的职业发展与自我实现，讲解口腔修复医疗纠纷相关法律法规、医患沟通技巧和如何防范医疗纠纷，讲解不同修复类型纠纷的病例特点和解决方案等，口腔修复专业研究生完全具备掌握上述知识的能力和素质。在讲解中，通过大量丰富的医疗纠纷案例的展示和阐述，以及大量病例图片、示意图、视频等多种新型教学手段帮助学生理解，使得该节课的内容深刻、精彩、易于理解和记忆，进而全面提升学生的临床思辨能力。

6. **教学设计思路**　课程思政融合的教学设计思路体现在 4 个方面：①融入学科发展历史与学科奠基人的开拓精神：本课程通过讲述中国和北大的口腔修复学发展史，发展历程中的开创者、重要人物如毛燮均、朱希涛等，激发学生的创新精神和为事业发展奋斗的决心，弘扬科学家精神和坚定科技自立自强的前进动力；②融入医学人文知识：通过讲述医学人文知识、医患沟通程序与技巧，建立学生“以人为本”的医疗服务理念和大医精诚的医者精神，培养医者“敬佑生命，救死扶伤，甘于奉献，大爱无疆”的美德；③融入口腔修复医疗质量与安全理念：以讲述国家和卫生健康领域有关医疗纠纷的法律法规为基本出发点，强化在口腔修复健康服务过程中如何提升医疗质量，践行医疗安全理念，做到在口腔修复诊疗过程中，做到规范、标准，使学生具备精益求精的服务精神，不断践行“厚德尚学，精医济世”的北大口腔院训精神；④融入职业精神和道德理想教育：在弘扬和讲解口腔修复职业精神时，强化职业道德的培养，如何实现职业发展与自我实现的融合；实现职业与生活的完美融合；如何在职业发展中追求严谨、追求完美、追求和谐；如何在职业提升过程中，做到自省和不断改进，成为中国口腔医学事业的合格接班人和优秀建设者。综上，通过向学生讲述中国科学故事、中国口腔故事、北大口腔故事、北大口腔修复故事等，做到课程思政两融合，推进课程育人的根本任务落到实处。具体教学思路如图 29-1 所示。

教学主线	知识点	能力培养　思政教育	教学设计
口腔修复学发展历史	发展史，重点人物	牢记历史，精神传承	问答互动
融入医学人文知识	医患沟通程序与技巧	服务理念和医者精神	典型事例，引发思考
口腔修复质量与安全	法律法规，医疗质量	精益求精的服务精神	案例讲解，分析原因
执业精神和道德培养	提升质量，恪守规范	北大院训精神	引发思考，鼓励创新

图 29-1　口腔修复之路——安全、质量和自我实现教学设计思路

7. **教学过程**　具体教学过程如表 29-2 所列。

表 29-2 口腔修复之路——安全、质量和自我实现的教学过程

教学目标	教学内容	教学设计
课程导入	**课程导入：通过启发性问题引出本节重点内容** **由教师提出的问题贯穿课程主线：** **课前问题 1：大家能说出北大口腔修复学科是哪年建立的吗？** **课前问题 2：能列举两位我国修复学科的知名前辈和重要事迹吗？** **进而引出本节内容的提纲：**使学生了解中国和北大口腔修复学科的发展历程，如何从起步到成为全国引领学科的发展经验  	**问题导入：**通过对学生提问的形式，引导学生回答，并询问关键人物的重点事迹，引出对后续北大口腔修复学的历史回顾及人物展示 **思政设计目标：**开篇引入历史回顾，使学生了解北大口腔修复学科的发展经验，激发学生自我实现的决心和努力
★ **掌握** 口腔修复学科的历史回顾	介绍全国口腔修复学科的前辈泰斗，熟悉口腔修复学科发展历程中的重要人物以及他们作为科学家、学科带头人的贡献和创新精神、奉献精神  详细讲解北大口腔的院训精神  了解北大口腔修复学科的多个“第一”和学科前辈们的创新创业精神	通过介绍北京大学口腔修复学科卓越学术带头人的学科创建历史，使学生坚定中国自信，弘扬科学家精神，了解科技自立自强的奋斗历程，激发学生努力学习和奋斗，成为未来中国口腔修复学科的建设者和接班人，坚定学生报国和为人民服务的决心 **启发教学：**北京大学口腔医学院的院训大家是否能脱口而出？ **课程思政（医学人文精神）：**通过院训精神的介绍，引导学生践行“厚德尚学，精医济世”的院训精神，激发他们为此目标而努力学习的决心 激发学生的创新意识和自立自强的决心；学习前辈们的科学家精神，培养甘于坐冷板凳的攻关精神

续表

教学目标	教学内容	教学设计
★ **掌握** 口腔修复学科的历史回顾	 建立正确的职业精神，为自我实现奠定基础 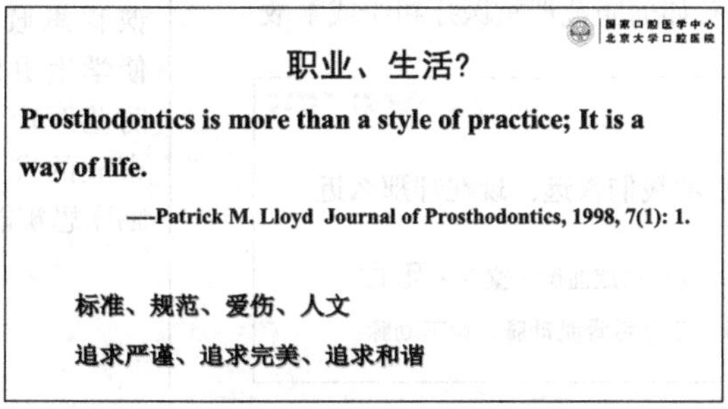 	通过讲解，使学生建立正确的职业精神，为患者提供最优质的医疗健康服务，保持生活的正确追求，为自我实现奠定扎实的基础
熟悉 创新思维的建立，突破自我，自我实现	结合具体案例，介绍北京大学口腔医学院具有自主知识产权的功能易适全口义齿的研发及临床应用之路，激发学生突破自我、自我实现的决心 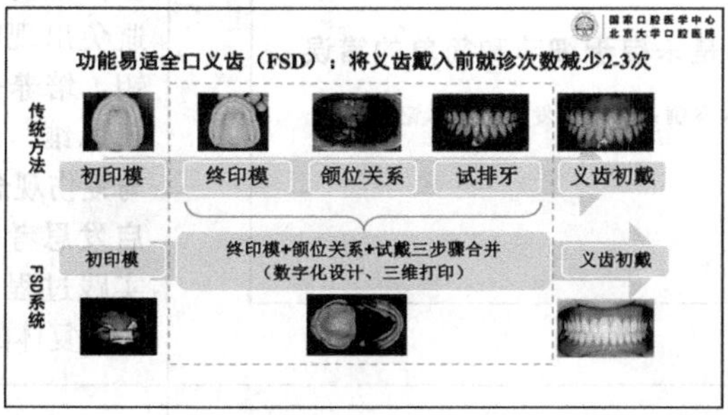 	**课程思政**：培养学生发现临床问题，积极探索，勇于创新的临床科研思维，以及将科研成果实现临床转化的完整科研实践链条的责任意识和担当，将科研和临床创新报国与自我实现紧密结合起来 **课程思政**：激发学生对临床实践和基础研究结合的兴趣，培养学生的国际视野和积极创新的意识，激励学生努力学习，广泛阅读，深入思考，树立以实现口腔修复学的国际引领为己任的远大志向
★ **掌握** 口腔修复临床中的医患沟通	了解和掌握国家和卫生健康领域有关医疗纠纷的法律法规的演变，了解和掌握医者精神和合格医师的标准 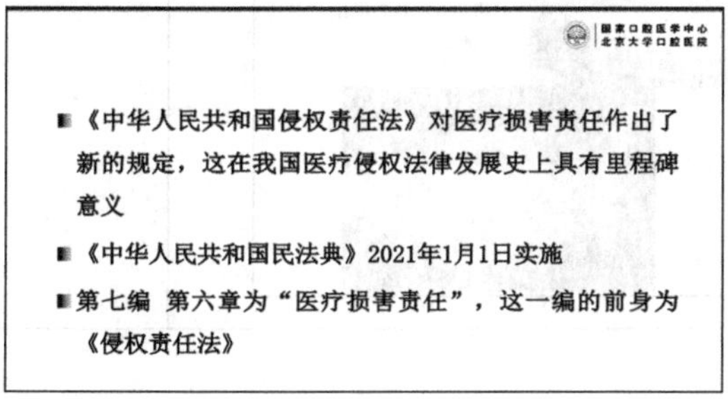 	**课程思政（医学人文精神）**：掌握国家和卫生健康领域有关医疗纠纷的法律法规，以此为出发点，加强学生在口腔医疗健康服务过程中践行“以患者为中心”的理念的决心

续表

<table>
<tr><th>教学目标</th><th>教学内容</th><th>教学设计</th></tr>
<tr>
<td>熟悉
口腔修复
医疗纠纷
的防范

熟悉
口腔修复中
可能发生的
严重并发症</td>
<td>熟悉口腔修复医疗纠纷的类型、各型特点以及防范措施和解决方案

结合案例和解剖，讲解如何防范严重医疗纠纷或事故
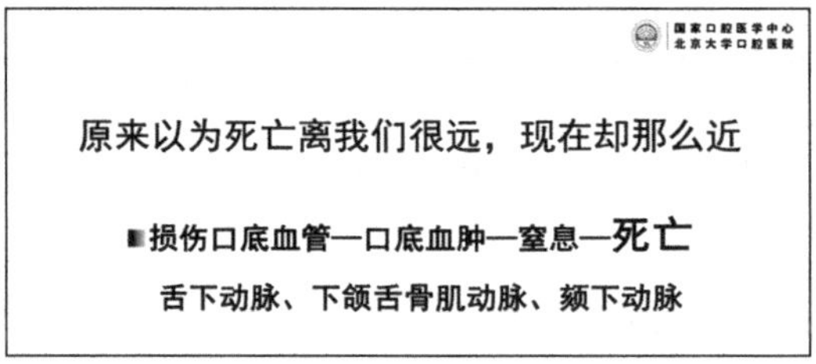
</td>
<td>播放视频：通过视频形象阐释不同修复类型纠纷的病例特点和解决方案
课程思政（医学人文精神）：通过讲解不同修复类型纠纷的病例特点和解决方案，提升口腔修复专业研究生医患沟通中的告知程序与技巧，以预防医疗纠纷发生为根本要求和治本之策
课程思政：通过案例讲解，使学生更易于懂得如何提前防范医疗纠纷，尤其是医疗事故的发生，提高研究生的临床思辨能力</td>
</tr>
<tr>
<td>熟悉
细节决定
成败</td>
<td>使学生了解细节决定成败的道理
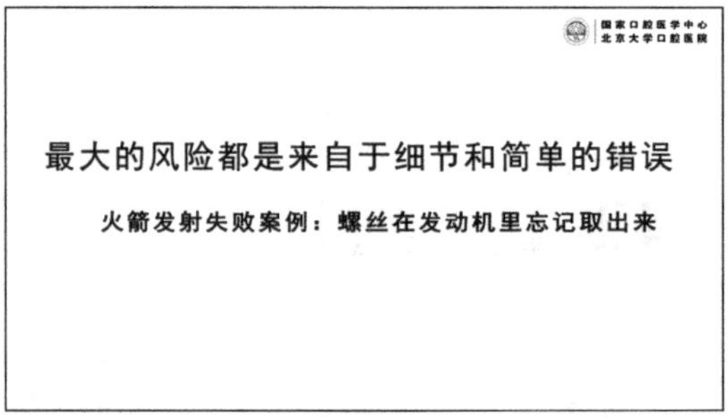
</td>
<td>课程思政：通过与火箭发射失败案例的对比，进一步使学生明白细节决定成败的道理，预防是减少医疗纠纷、避免出现医疗质量问题的锁钥。培养全面严谨的医学逻辑思维，以及医学人文素养与爱伤观念
启发思考：口腔修复学临床实践过程中，哪些要素决定了修复体的成败？</td>
</tr>
<tr>
<td>熟悉
如何实现
良好的医患
沟通？</td>
<td>通过案例，使学生了解医患沟通的必要性，医生认为“美”的修复方案，患者可能并不接受
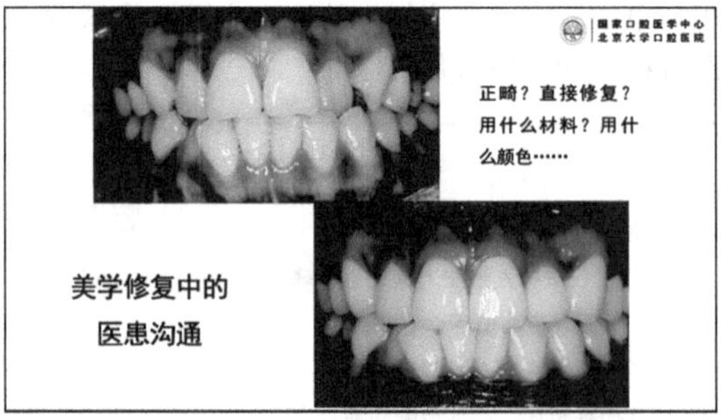
</td>
<td>案例教学：以案例教学，突出医患沟通的重要性和加强医患沟通的技巧</td>
</tr>
</table>

续表

教学目标	教学内容	教学设计
★ **掌握** 医患沟通 基本原则	讲解医学人文素养对口腔修复医疗质量和优质服务的促进作用 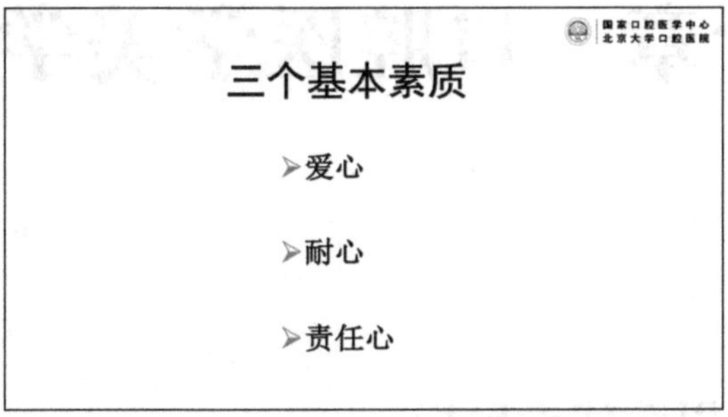 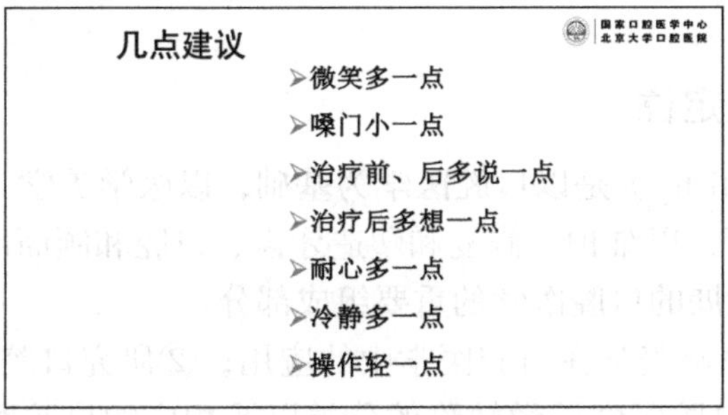 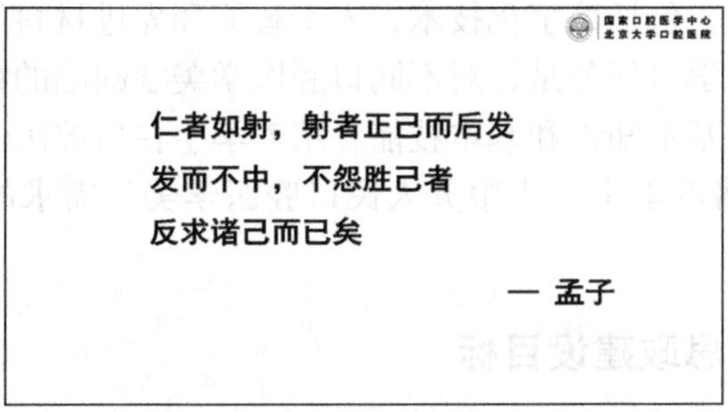	**课程思政**：阐述医学人文素养、医学人文品格对口腔修复医疗质量提升和优质服务的促进作用；培养学生在医疗服务中，要经常自省，把患者首先当做“人”，而非仅仅关注“病”，春风化雨，形成医患和谐、共同抵御疾病的命运共同体
总结	**我国和北京大学口腔医学院口腔修复发展史和重点任务（重点）、口腔修复医学生如何突破自我、完成自我实现（难点）**	
思考题与课后作业	**1. 学习口腔修复学的发展史后，你有哪些感悟？** **2. 对目前口腔修复学发展的前沿和目标，你有哪些了解？如何在口腔修复的发展历程中实现自我，突破自我？**	

第三十章　口腔医学美学

一、课程定位和课程思政建设目标

（一）口腔医学美学课程定位

口腔医学美学（esthetic dentistry）是以口腔医学为基础，以医学美学为导向，采用合适的口腔医学技术、程序及材料等，以维护、修复和塑造牙齿、口腔和颌面部美观的一门口腔医学分支学科，是近年来迅速发展的口腔医学的重要组成部分。

其工作任务包括：①研究医学美学在口腔医学中的应用；②研究口腔医学美学的规律、评价标准及影响因素；③研究口腔医学美学缺陷的分类以及相应的口腔医学美学分析、美学表达和美学实现的理论与技术，包括数字化技术、人工智能和先进材料的应用及多学科融合的理念等。研究生阶段的主要学习任务是针对不同口腔医学美学缺陷的特点，学习从美学分析到重建全过程的基本理论、基本知识和基本技能，培养学生在口腔医学美学诊疗过程中的医学人文品格和审美意识，培养学生成为服务人民口腔医学美学需求的创新型、复合型人才。

（二）口腔医学美学课程思政建设目标

口腔医学美学的课程思政建设目标主要包括以下几点。

第一，构建扎实的口腔医学美学基础。以口腔医学美学专业核心素养为根基，系统阐释学科概念、范畴及理论框架。聚焦牙体、牙周、牙列和颌面四个美学维度，深度解析美学评价标准、缺陷类型及系统诊疗方案，融合数字化技术与中华传统美学理念，引导学生构建符合社会主义核心价值观的科学审美认知体系，夯实“形态 - 功能 - 健康 - 美观”协同发展的专业理论基础和科学认知体系。

第二，培养卓越的口腔医学美学临床实践能力。构建“美学认知 - 临床实践 - 人文关怀”三维能力框架，依托人工智能辅助诊断、数字化美学设计等前沿技术，培养学生掌握微创修复等核心技术。课程融入医患共情沟通、多学科协作决策等情景化教学，深化以患者为中心的价值导向，培养学生掌握临床思维与人文关怀协同发展的复合能力，践行“精准医疗、温暖医疗”的现代医学理念。

第三，培育深厚的口腔医学美学学科传承与使命担当。通过讲述北京大学口腔医学院前辈胸怀国之大者、攻坚克难，创立具有中国特色的口腔医学美学理论体系等奋斗历程，系统阐释我国口腔医学美学的创新发展路径。着力培养学生学术报国的使命意识，传承“敢为天下先”的学术担当。这种传承精神不仅是对口腔医学美学知识的赓续，更是新时代青年医者对国家口腔医疗事业的责任和担当。

二、教学内容和思政要点设计

本课程的教学内容、知识点和对应思政元素设计及呈现如表 30-1 所列。

表 30-1 口腔医学美学的教学内容、知识点和对应思政元素设计及呈现

教学内容	知识点	思政元素设计及呈现
口腔医学美学概述	口腔医学美学基本概念，口腔医学美学的发展和展望	1. 在美学基本概念的介绍中加入中国传统美学的元素：中国传统美学认为，审美活动就是要在物理世界之外建构一个意象世界，即所谓“于天地之外，别构一种灵奇”，这个意象世界就是审美对象，也就是人们平常所说的广义的“美” 2. 介绍美感的起源和发展、美感的特征以及美感的共性与个性等问题，引导学生自觉树立正确的审美观 3. 介绍口腔医学美学的发展过程，尤其是中国口腔医学美学的发展历程，以及中国口腔医学美学开创者们尤其是北京大学口腔医学院孙廉教授等对口腔医学美学的贡献，树立民族自豪感和自信心
医学美学基础	美学基础，医学美学基础，医学美学心理学基础	1. 美学：结合中国的传统文化，讲述什么是美，美的本质及美的形态，如何感受美、鉴赏美、创造美等。通过对这些问题的研究，帮助学生系统地了解美学的基础知识和基本理论，了解美学研究的对象及方法，培养学生感受美、鉴赏美的能力，加强美学修养，从而提高学生的人文素养。通过自然界的美、人际关系的美探究人的精神境界美、道德品质美、人伦个性美，使每一个学生都能够逐步趋向美、拥有美、创造美 2. 美学 + 医学：结合“以人民为中心的发展思想”，强调“以患者为中心”和以人为本的医学美学服务宗旨，树立健康的医学审美观 3. 美学 + 医学 + 心理学：介绍美学的心理学基础，以及人的心理活动对审美和诊疗过程的影响。介绍我国学者如朱光潜、王国维、郭沫若、鲁迅等对美学心理学的突出贡献
生长发育与口腔医学美学	颌面部（颜面部）生长发育动态美学，牙𬌗生长发育动态美学，牙周软组织生长发育动态美学	1. 颌面部生长发育动态美学：用动态的、发展的、变化的眼光认识和理解口腔医学美学的发展过程以及在医学诊疗过程中的指导意义 2. 牙𬌗生长发育动态美学：介绍我国口腔正畸学创始人之一毛燮均教授在牙𬌗生长发育领域的突出贡献及在国际上的学术地位，以及毛燮均错𬌗畸形分类法的临床指导意义，鼓励学生自主创新的意识和自信心

续表

教学内容	知识点	思政元素设计及呈现
		3. 牙周软组织生长发育动态美学：重点介绍由我国学者提出的“软组织张力理念”，其提出过程及其在生长发育、拔牙窝的愈合、即刻种植、位点保存、软组织美学塑形中的重要临床意义和学术价值，培养学生的临床思辨能力和独立思考的能力
口腔医学美学基本标准（口腔医学美学基础）	牙体硬组织美学基本标准，牙周软组织美学基本标准，牙列空间美学基本标准，颌面部（颜面部）美学基本标准	1. 通过追溯华夏文明的美学起源，总结中国几千年来中华儿女对美的追求和认识，塑造中国人民对于美的理解和界定，充分展示中国人民灿烂的美学文化，对美学发展历史的贡献和美学人文思想的建立，充分展现我国在口腔医学美学方面的文化自信 2. 结合各类美学的基本标准，构建口腔医学美学框架，建立口腔医学美学的人文基础，塑造学生的美学理念和美学思想，充分理解中国人民对于美的期望和对美好生活的期待和向往，从而充分建立为口腔医学美学事业努力奋斗的决心和信心 3. 通过对美学标准的理解和掌握，建立以外在美为基础、内在美为核心的价值理念，展示美好心灵对学生价值观的塑造和人文精神传承的意义，坚定为口腔医学美学工作不断奋斗的信念、勇往直前的步伐、艰苦奋斗的意志
口腔医学美学缺陷（临床口腔医学美学问题）	牙体硬形态美学缺陷，牙周软组织美学缺陷，牙列空间美学缺陷，颌面部（颜面部）美学缺陷	1. 通过对口腔医学美学缺陷定义的理解和各类口腔医学美学缺陷的认识和掌握，充分了解美学缺陷对于人民群众健康生活所造成的影响，建立治疗医学美学缺陷的决心与提高人民群众美学健康的愿景 2. 通过对口腔医学美学问题的探索，充分理解和掌握各类口腔医学美学缺陷的病因、临床检查、诊断和鉴别诊断的意义，探寻目前口腔各类疾病存在的美学问题和美学难点，把握人民群众口腔医学美学问题的根源和痛点，建立实事求是、一切从实际出发的思维理念和思维模式 3. 通过对各类口腔医学美学缺陷疾病的认识，建立爱伤观念，重视对患者心理健康的关注和共情，体现口腔医学美学人文思想和人文关怀，建立改善躯体美学缺陷、塑造健康美学心灵的理念
牙体硬组织美学多学科融合治疗	牙体硬组织颜色美学治疗，牙体硬组织形态美学治疗	1. 通过充分了解各类牙体硬组织美学问题的根源，尤其是四环素牙、氟牙症的发病原因、历史成因、地域分布和发展现状，充分理解中国各地区口腔医学美学问题发生、发展和治疗不平衡的根源 2. 通过对牙体硬组织颜色及形态美学的病因分析、临床检查和诊断，充分理解和掌握多学科融合治疗的思维理念，建立团结协作、分工合作的思维模式 3. 通过对牙体硬组织颜色及形态美学治疗方法和治疗技术的理解和掌握，充分认识数字化技术对口腔医学美学治疗所带来的影响和变革，使学生建立追求卓越、不断创新、引领科技、共建人文的思想境界，从而脚踏实地、不忘初心、砥砺前行，一步一步做好多学科美学融合治疗

续表

教学内容	知识点	思政元素设计及呈现
牙周软组织美学多学科融合治疗	天然牙牙周软组织美学治疗，种植体周软组织美学治疗	1. 牙周软组织美学是口腔医学美学的重要组成部分。由各种病因导致的牙周软组织形态、颜色等异常，可影响患者口腔美观。种植体是人类的“第三副牙齿”，也是口腔医学历史上的伟大发明，种植体周软组织美学也是当代口腔美学的重要组成部分。通过视频演示、教具演示等示教方法，使学生首先明确天然牙和种植体周围软组织的不同特点，并深刻体会软组织的不美观对于最终修复效果的影响 2. 指导学生深入学习美学思维中的“粉白美学”协调的重要性。强调一个完善的美学病例不能只关注牙齿，还要关注软组织美学。种植体能够在临床推广并大范围应用，离不开前辈们的不断创造和改革，“创新是一个民族进步的灵魂，是国家兴旺发达的不竭动力”，以此教导学生树立良好的创新精神
牙列空间美学多学科融合治疗	牙齿缺失的修复治疗，错殆畸形的治疗	1. 为学生树立正确理解牙列空间美学缺陷的概念：由各种病因导致的牙列形态、排列和完整性发生异常，可影响患者口腔美观。这类美学缺陷包括牙齿缺失导致的牙列缺损和牙列缺失，以及牙齿位置和排列异常导致的错殆畸形两大类美学缺陷疾病 2. 修复和正畸往往提供不同的治疗方案，但其实在一定程度上可以相互融合，达到统一的多学科治疗目的。通过病例分析、教案分析等手段，使学生学会区别不同的牙列空间美学缺陷，在区别的基础上能够自主选择最优的治疗方案。方案致力于以最小的代价通过多学科融合治疗达到最好的治疗效果，使学生形成通过学科交叉融合建立最优方案的临床诊疗思路，培养学生在临床工作中的“爱伤”观念
颌面部美学多学科融合治疗	颌面骨组织美学治疗，颌面软组织美学治疗	1. 由各种病因导致的颌骨、颌面部软组织异常，可影响患者的颌面部美观。通过病例分析及讲解，使学生深入了解颌骨的畸形、唇腭裂畸形及软组织塌陷，软组织皱纹、瘢痕、色素沉着等都将导致严重的美学问题 2. 为学生树立美学的“全局”观念，不再单纯指口腔部分美学的概念范畴。以美学的整体概念教导学生学会把单个问题放到整体中加以思考，不要“只见树木、不见森林”。树立全局的美学概念，要求斟酌问题不能顾此失彼，只在意部分问题，而疏忽了全局性利益。就如同在考虑口腔部分的美学时，要关注颌面部骨组织及颌面部软组织的相关问题，要关注给予患者统一协调的美学修复效果才是真正的口腔医学美学。教育学生在此类患者的治疗中学会制订多学科融合的治疗计划，以解决颌面骨组织、软组织的美学问题

续表

教学内容	知识点	思政元素设计及呈现
口腔医学美学常用技术和材料	口腔医学美学临床摄影，口腔医学美学分析与设计，口腔医学美学色彩学基础，数字化技术与口腔医学美学，口腔医学美学常用材料	1. 通过图片和模型示例，使学生了解从最初始的传统方式如雕刻蜡型、纸质版书籍进行美学及色彩分析，通过采用胶卷相机进行临床病例摄影收集，到科技高速发展的当今，可以通过电脑、数字化、虚拟化的多种形式进行美学的分析和设计及色彩的认知和选择，培养学生具备良好的创新思维和开拓精神，勇于在当下环境中进行方法创新、科技创新，以更好地服务于临床工作 2. 通过历史回顾及病例图片展示美学修复材料的发展史，从原来的银汞合金材料到现在的全瓷材料的发展，使学生深刻理解材料学的发展奠定了口腔医学美学的进步。科技的创新和材料的开拓对于口腔修复领域具有深远的影响。鼓励学生善于思考，致力于科研创新，从临床所需问题出发，勇于改革及创造

三、教学设计与方法

在口腔医学美学课程中引导学生认识口腔医学美学，感受美，感知美，将无炎症、有功能、兼具美学作为口腔健康的三大目标，并深入理解健康中国战略，增强学生的责任感和使命感。

口腔医学美学课程主要从课程内容设计、教学手段革新等方面融入思政教育，着力培养具有家国情怀、国际视野、专业素养和崇高品质的口腔专业人才。

1. **设计与课程内容相结合的思政元素** 本课程涉及口腔医学美学的方方面面，因此在每节课的授课过程中，都将融入相关的思政元素，使学生学有所思，强化印象。本课程将结合美学病例，引导学生在口腔医学美学的学习和实践中贯彻人文思想。力争在每节课中都引入适当的案例，贯彻“以人为本”“以患者为中心”的医学服务理念，强化学生的职业素养，引导学生形成正确的职业道德观念；挖掘我国尤其是北京大学口腔医学美学领域前辈名师的先进事迹和为科学创新奋斗的历程，引导学生追求卓越，崇尚科学家精神，立志成为未来口腔医学美学领域的引领者；加入中国传统文化中对口腔、颌面部美学的理解，尤其是中国古代诗词和文化作品中对面部美的描写，使学生深入体会民族特色和传统底蕴，增强中国文化自信和爱国情怀；在学科新发展和新技术方面着重引用我国学者的创新特色，尤其是北京大学口腔医学院在口腔医学美学修复材料、数字化口腔医学美学技术等方面的自主创新案例，例如美学分析比例尺、美学分析表等，强化学生科技自立自强的意识，激励学生勇于探索、攻坚克难、引领口腔医学美学的学科发展。

2. **形式多样的教学手段** 为了活跃课堂氛围，使学生对学习内容印象深刻，本课程将通过多种课堂形式开展教学。例如通过观看典型案例视频，尤其是涉及医学伦理、法律法规的案例，设计小组讨论、角色扮演、小组辩论等形式，强化学生的职业道德观念，全面培养学生的医学人文品格和仁心仁术的职业观；通过建设虚拟仿真教学体验中心，利用现代 VR 技术，使学生身临其境体验我国口腔医学美学的发展历程，感受前辈大师们舍身忘我的奉献精神；通过微课堂、微电影、微纪录等线上的教学手段，设置课前思考题、师生弹幕互动、小组讨论交流等进行线上线下互动交流；通过组织社区义诊、校园义诊等公益活动，使学生亲身体会，在实践中更好地理解和感受社会责任感。本课程通过虚实结合，理论与实践结合，线上线下互动等多种形式将教育生动化、具象化，“春风化雨、润物无声”，使学生不仅听到、看到，还能亲身感受、思考，大大增强学生的兴趣和接受度。

3. **教学的反馈与优化** 本课程通过课后对学生和授课教师的调查问卷、访谈等形式进行教学效果的反馈，尤其针对教学的内容、形式设计等进行问卷结果的深入分析，并对教学设计进行逐步优化调整。紧跟新时代“大思政课”的理念，不断推进口腔医学美学课程思政的建设，努力将其打造成有思想深度、时代高度和情感温度的精品课程。

四、课程思政教学案例

课程题目：口腔医学美学分析与设计

授课教师：刘晓强（副教授、主任医师）

学时数：2 学时

1. **教学内容分析** 口腔医学美学分析与设计是口腔医学美学治疗的关键步骤。本节课是对口腔医学美学理论知识的梳理和应用，对培养学生的临床思维至关重要。本节课的教学内容主要包括：①口腔医学美学数据的获取，二维数据如临床照片、根尖片、曲面体层片等，三维数据如口扫、CBCT、动态 / 静态面扫等；②口腔医学美学分析的思维过程，面部美学分析、唇齿美学分析、齿龈美学分析、牙齿美学分析；③口腔医学美学分析与设计的常用方式，包括诊断蜡型、诊断饰面（mock up）、临时修复体、模型外科、数字化技术等。在课程讲授过程中，通过大量临床实践病例，结合口腔医学美学理论知识进行讲解，并巧妙融入思政内容，如新技术、新材料等体现科技自强自立的内容，以及医患沟通和换位思考等人文关怀的内容，使学生学习时真正做到入耳、入脑、入心、入行。此外，课程还将注重思政与专业的融合，通过穿插介绍最新科技进步下衍生的口腔医学美学相关数字化技术和材料，培养学生的创新精神和国际视野。

2. **教学目标**

（1）**掌握**：口腔医学美学分析与设计的方法与临床操作流程。

（2）**熟悉**：口腔医学美学分析的思维过程。

（3）**了解**：口腔医学美学数据的获取原理和影响因素。

（4）**拓展**：口腔医学美学的最新进展。

3. **课程思政目标**

（1）**临床思维能力**：培养学生在掌握口腔医学美学理论知识的基础上，建立口腔医学美学分析与设计的诊疗思路，养成正确的临床思维方式。

（2）**医学人文关怀**：口腔医学美学具有一定的客观标准，同时又有较强的主观特性。通过口腔医学美学分析与设计，使学生理解在临床上与患者进行有效沟通以及换位思考的重要性，最终为患者提供最适宜的解决方案。

（3）**科技创新能力**：通过口腔医学美学材料和技术的国内外最新进展，以及北京大学口腔医学院在相关方面的自主创新工作，鼓励学生勇于探索科技创新，开拓国际视野，博采百家之长，服务于临床实践。

4. **教学重点难点**

（1）**教学重点**：口腔医学美学分析与设计的常用方法。**教学对策**：通过大量临床实践病例，结合口腔医学美学理论知识进行全面、系统讲解。

（2）**教学难点**：口腔医学美学分析与设计的技术。**难点分析**：学生对口腔医学美学分析与设计所用工具尚不熟悉，虽然在宏观上学习了有关方法，但是在具象上难以把握实践操作步骤。**教学对策**：①系统化：向学生全面讲解相关技术以及所需要的材料、器械、软件等，使学生对临床工作有整体认识。②碎片化：选取 2 ~ 3 项代表性技术，向学生一步一步介绍临床操作流程、要点、细节和注意事项，使学生真正学以致用。

5. **学情分析** 口腔医学美学分析与设计的临床操作步骤多、记忆难，此阶段的学生又缺乏足够的临床实践经验和全面的临床思维能力。因此，本节课将通过专业知识与思政内容的双融合，在提高学生临床思辨与实践操作能力的同时，培养学生的创新精神和科技自立自强的决心。针对以上特点，本节课的教学设计将体现三个“强”：①强基础：注重讲授基本理论知识，为后续的临床工作打下良好基础；②强应用：将理论与知识和临床病例相结合，使学生尽快掌握临床思维方式；③强人文：在课程中注重融入思政元素，培养学生的人文精神和科技创新意识。

6. **教学设计思路** 本节课将以临床病例为切入点，以临床问题为导向，不断启发学生的思路，通过对比不同技术要点，总结重要知识点和关键临床技术；结合临床与生活实例、照片、示意图等进行讲述，做到通俗易懂，具体教学设计思路如图 30-1 所示。

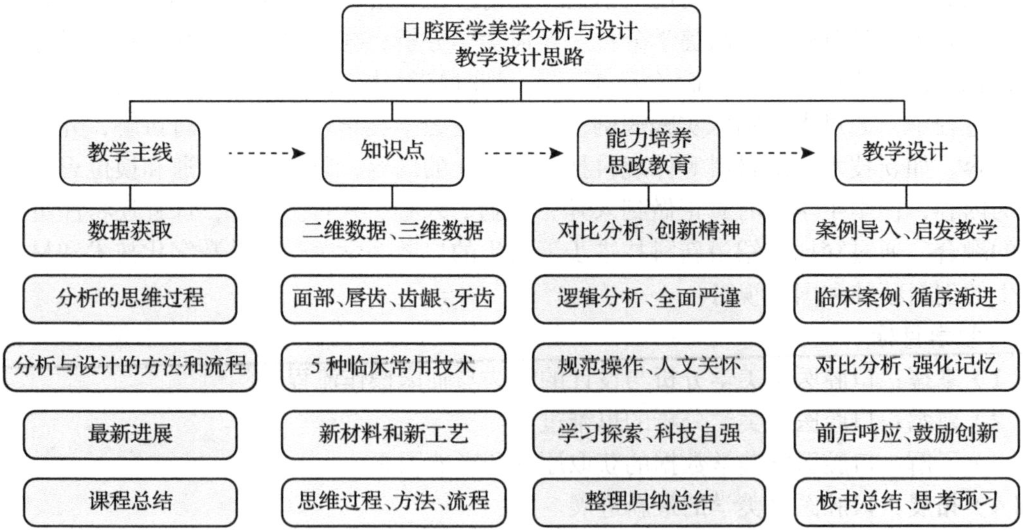

图 30-1 口腔医学美学分析与设计教学设计思路

7. **教学过程** 具体教学过程如表 30-2 所列。

表 30-2　口腔医学美学分析与设计的教学过程

教学目标	教学内容	教学设计
课程导入	**课程导入：通过临床病例提出问题** 患者存在前牙美学缺陷：主观上，患者有美学治疗的诉求，客观上，患者存在哪些美学问题呢？ 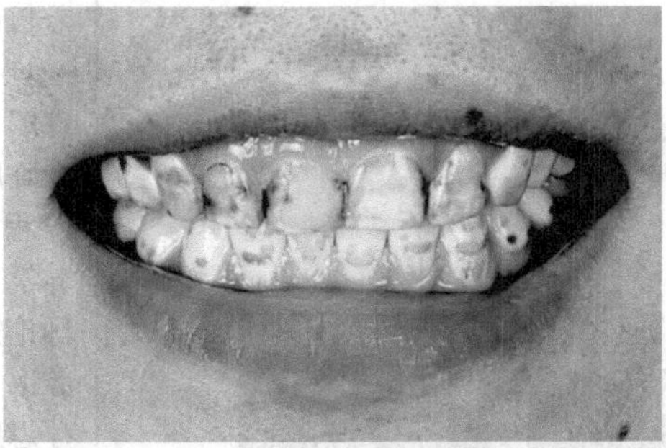 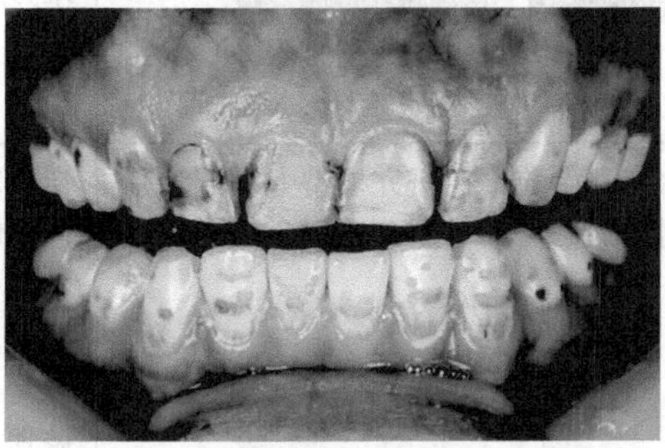	**病例导入**：通过临床真实病例，引出口腔医学美学分析与设计这一主题。 **复习巩固**：口腔医学美学缺陷的类型和特点 **启发教学**：如何分析患者存在的口腔医学美学缺陷？如何进行治疗设计？
了解 口腔医学美学数据的获取	**二维数据**：临床照片、根尖片、曲面体层片等 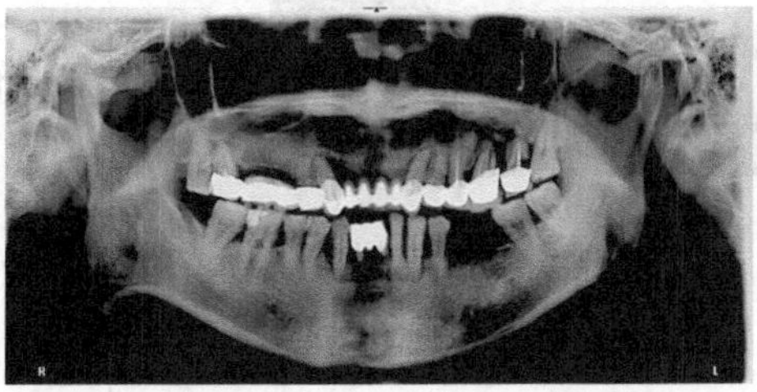 **三维数据**：口扫、CBCT、动态 / 静态面扫等 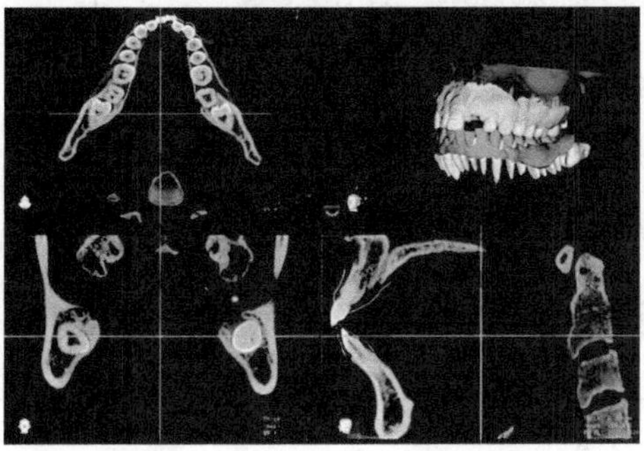	**启发教学**：不同类型的数据提供的临床信息有何差异？ **课程思政（科技创新）**：科技进步带来临床诊疗的进步，可有效提升治疗效果，鼓励学生勇于探索科技创新

续表

教学目标	教学内容	教学设计
熟悉 口腔医学美学分析的思维过程	**面部美学分析** **唇齿美学分析** **齿龈美学分析** **牙齿美学分析** 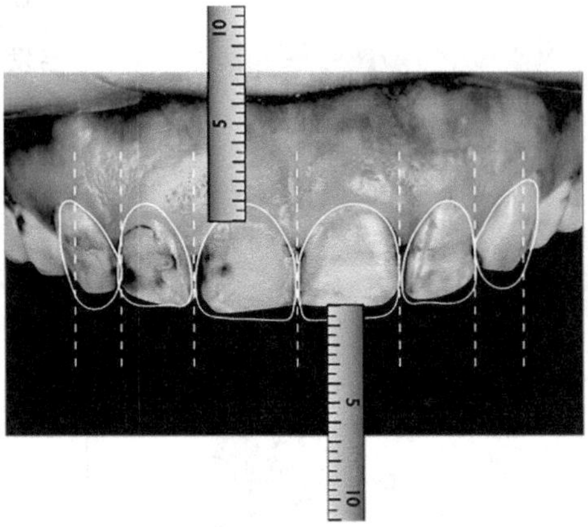	**启发教学**：针对本节课提出的具体临床病例，该如何进行美学设计？ **操作演示**：选择数字化美学分析设计的关键步骤，进行一步一步讲解，使学生充分理解口腔医学美学理论知识在临床实践中的应用价值 **课程思政（临床思维）**：培养学生在掌握口腔医学美学理论知识的基础上，建立口腔医学美学分析与设计的诊疗思路，养成正确的临床思维方式
★ **掌握** 口腔医学美学分析与设计的方法和临床操作流程	**诊断蜡型**：指在修复治疗开始前，在研究模型上按照治疗设计利用特殊效果蜡制作的修复体蜡型，用以直观地反映修复治疗设计所预期的效果 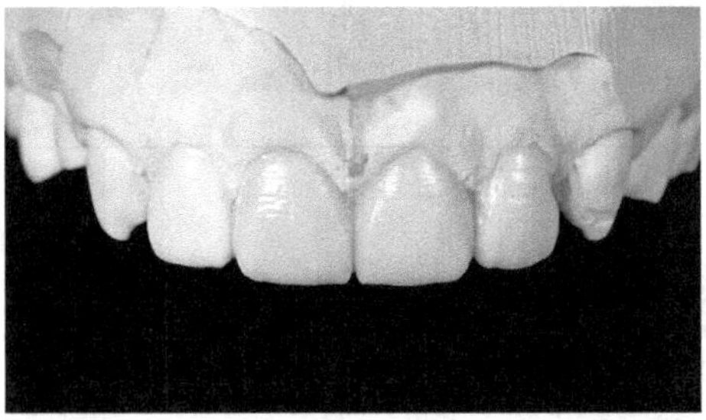 **诊断饰面（mock up）**：指使用树脂等牙色材料覆盖在所修复牙齿的表面，直接形成修复后的牙齿形态和外观 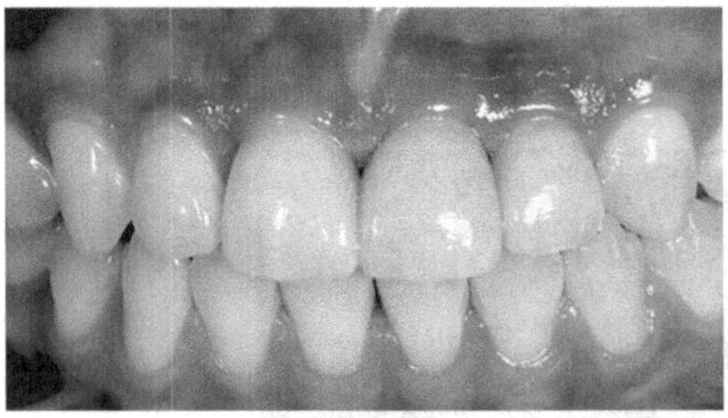 **临时修复体**：是出于诊断目的、为美观和咬合关系提供诊断信息而制作的临时性的修复体	**启发教学**：通过哪些技术手段能够有效开展口腔医学美学分析与设计，并实现与患者的充分沟通？ **课程思政（人文关怀）**：口腔医学美学具有一定的客观标准，同时又有较强的主观特性。在分析与设计过程中，与患者进行有效沟通以及换位思考非常重要

续表

教学目标	教学内容	教学设计
★ **掌握** 口腔医学美学分析与设计的方法和临床操作流程	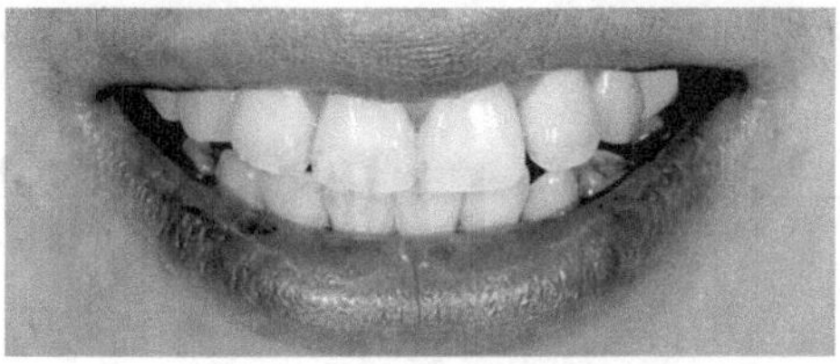 **模型外科**：在体外模型上设计和实施“手术”，表达预期治疗效果，并为手术制作导板，辅助提高治疗精度 **数字化技术**：以二维或三维的数字化图像展示预期治疗效果 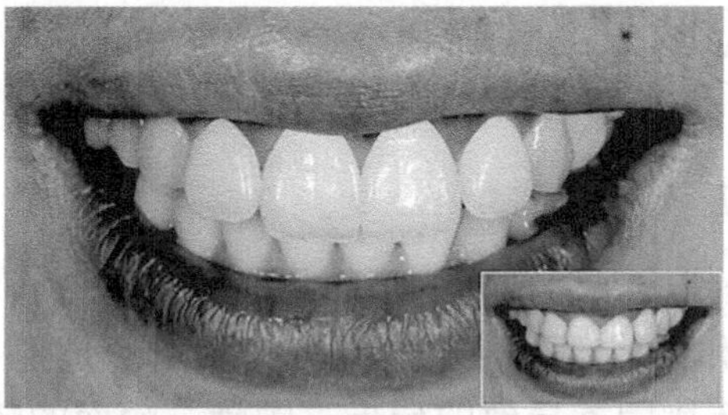	
拓展 口腔医学美学最新进展	数字技术的发展，带来了材料、加工工艺等方面的革新，也促进了口腔医学美学诊疗理念和方法的不断更新 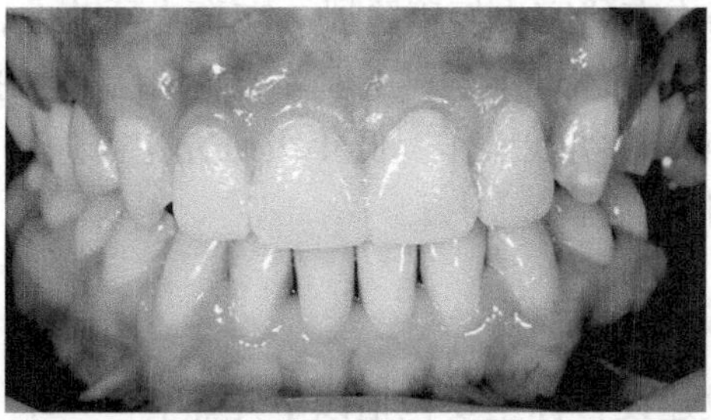	**前沿拓展**：紧跟世界科技前沿，介绍国际、国内、校内相关领域的最新进展 **课程思政（科技创新）**：通过介绍国内外最新进展以及北京大学口腔医学院修复科团队在相关方面的自主创新工作，鼓励学生勇于探索科技创新，开拓国际视野，博采百家之长，服务于临床实践
总结	口腔医学美学分析的思维过程 口腔医学美学分析与设计的方法与临床操作流程	
思考题与课后作业	下图中的患者存在口腔医学美学缺陷，为了解决这一问题，还需要采集哪些临床信息，以及如何进行美学分析和设计？ 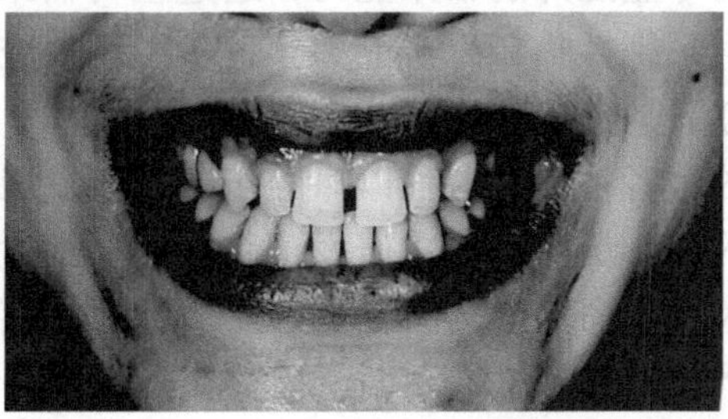	

第三十一章　口腔正畸学

一、课程定位和课程思政建设目标

（一）口腔正畸学课程定位

口腔正畸学（orthodontics）是研究错𬌗畸形的病因机制、诊断分析及其预防和治疗的一门学科，是口腔医学的重要分支和组成部分。绝大部分错𬌗畸形是指儿童在生长发育过程中，由先天的遗传因素或后天的环境因素导致的牙齿、颌骨、颅面的畸形，不但影响外貌，同时也影响功能。

口腔正畸学课程是口腔正畸研究生教学的主要课程。口腔正畸学是操作性非常强的一门临床学科，临床能力的培养主要集中在研究生培养阶段。在育人环节上，基于以上学科特点，研究生理论课程的学时较为精炼，主要体现本学科的基本概念和基本治疗原则，并以线下讲授为主；临床技能的培训主要来自临床实践操作，低年级研究生需进行医患沟通技巧和正畸咨询培训，在研究生中组织病例讨论课程。

（二）口腔正畸学课程思政建设目标

口腔正畸学研究生课程的思政建设目标主要包括以下几点。

第一，深化口腔正畸学专业知识传授，培养掌握口腔正畸学科前沿进展及最新矫治技术的专业人才。研究生课程聚焦于颅颌面骨生长发育机制、错𬌗畸形生物力学、数字化三维诊断等口腔正畸学知识，介绍隐形矫治、多学科正畸联合治疗设计等本科生阶段未涉及的复杂临床内容。

第二，培养成为未来口腔正畸专业医师的临床能力，通过正畸临床咨询接诊和治疗案例教学讨论，培养正畸学专业研究生系统性临床思辨能力，逐步胜任口腔正畸专科医师的临床工作，为服务人民口腔健康事业打下坚实基础。

第三，培养口腔正畸研究生的医者精神。课程以口腔正畸学科发展中的学术精神和医学人文传统为基础，讲述学科先辈的奋斗历程和自主研发道路，树立学生的职业认同感和责任感，培养以解除患者病痛、维系人民生命健康为首任的医生。通过介绍国内外先进正畸矫治技术，激发学生的进取心，培养严谨的临床思维和创新精神。

二、教学内容和思政要点设计

本课程的教学内容、知识点和对应思政元素设计及呈现如表 31-1 所列。

表 31-1 口腔正畸学研究生课程的教学内容、知识点和对应思政元素设计及呈现

教学内容	知识点	思政元素设计及呈现
错𬌗畸形的矫治设计	1. 学习患者资料的整理与分析 2. 明确正畸治疗目标 3. 掌握治疗方案的制定思路	1. 培养学生对患者资料收集、梳理、总结的观念，通过观察和沟通，制定出符合患者需要的个性化治疗方案，在保障患者健康与功能的前提下，满足患者对美的个性化要求，引申出“以人为本”的医疗观念的建立 2. 介绍林久祥教授率先提出“健康、科学、艺术相统一”的健康矫治理念及其对于专业发展产生的深远影响和重大贡献，引导学生思考医学的初心是“健康至上”，在成为医生的路上应时刻牢记初心 3. 辩证思考支抗类型的选择，辩证思考种植体支抗的优劣，结合时代发展、技术突破带来的医疗技术的变革，引导学生在享用新技术带来的便利性的同时需要保持警惕，从对患者的最大利益角度出发，引导学生胸怀科技创新的使命感和责任感
固定矫治技术在中国的发展	1. PASS 矫治技术的适应证及治疗思路 2. Z2 矫治器治疗策略	1. 讲解许天民教授发明的 PASS 矫治技术，将“时间即生长发育”维度加入正畸诊断设计和矫治思路，结合病例分析以及实习课堂，体现技术自立自强的信心，以病例为实例，增强学生自主创新的意识和实践应用 2. 曾祥龙教授根据国人数据，开发出适合国人的矫治装置。讲述我国中青年正畸专家对于当代固定矫治技术的发明创造和改进的相关贡献，引导学生学习前辈的治学态度和积极探索的精神
隐形矫治技术在中国的发展	1. 隐形矫治发展历史 2. 无托槽隐形矫治器及舌侧矫治器 3. 隐形矫治技术与固定矫治的区别	1. 舌侧矫治技术出现于 20 世纪 70 年代，由国外引进，无托槽隐形矫治于 1997 年首次推出。随着我国经济发展和科技进步，国产数字化舌侧矫治器和无托槽隐形矫治器发展迅速，为广大正畸医师提供了更为优化的选择。叙述中国数字化口腔正畸产业的发展与成长，树立应紧跟科技发展、不断为行业注入新鲜思想和动力源泉的创新观念 2. 舌侧矫治系统和隐形无托槽矫治，因其不影响美观等突出优点而广受患者青睐。医生在临床选择矫治器类型时，应从患者最大利益角度出发，选择最适合患者的矫治器类型，体现“医者仁心”的崇高追求

续表

教学内容	知识点	思政元素设计及呈现
唇腭裂多学科矫治	1. 正畸在唇腭裂矫治中的作用 2. 唇腭裂正畸治疗的时机 3. 唇腭裂正畸治疗的治疗思路	1. 介绍正畸治疗因其独特的生长发育视角和专业治疗的特点在唇腭裂序列治疗中扮演的重要角色，唇腭裂患者术前和术后都需要进行正畸治疗，从而达到稳定的治疗效果，这就需要广大正畸医生在临床中不断总结经验和进行科学研究才可能取得更好的效果 2. 结合病例分析，以我国唇腭裂序列治疗的发展历程为代表，介绍正畸治疗在多学科诊疗中的重要作用，强调作为口腔医学重要组成部分的正畸学科体现的“大医精诚”的崇高职业精神
睡眠呼吸障碍的口腔治疗	1. 正畸在睡眠呼吸障碍口腔治疗中的作用 2. 睡眠呼吸障碍正畸治疗的时机 3. 睡眠呼吸障碍正畸治疗的治疗思路	介绍睡眠呼吸障碍这一口腔医学面向全身健康、跨界最远的诊疗和研究领域，不仅说明全身各个器官系统紧密连接的大医学概念，而且可上升到事物是普遍联系的唯物辩证法的又一印证，培养学生不仅局限于口腔的全局观念，激发学生的职业自豪感，树立高尚的职业价值观
正畸联合牙周、种植、修复等多学科综合治疗	1. 正畸与牙周学联合治疗 2. 正畸与修复种植学联合治疗 3. 多学科联合治疗	高等医学教育的目标是培养具有现代医学基础、临床医学知识和口腔专业医学知识的口腔科医师，而非仅能重复进行一些技术操作的“技师”。通过介绍多学科正畸综合病例，使学生意识到正畸医生需要具备探索精神，积极拓展正畸的适应证，与其他学科交叉融合而开创更多的细分专业领域

三、教学设计与方法

课前，教师准备思政元素相关的讲解资料，以小故事、纪录片视频、三维数字化模型等多种形式呈现，将课件和视频等材料通过线上平台供学生下载、观看；课上，通过翻转课堂的模式，由学生分享对学习资料的体会，再以组为单位组织进行更深层次的探讨；最后，教师对学习内容进行反思总结，进一步提升教学效果。

教学课件示例如图 31-1 所示。

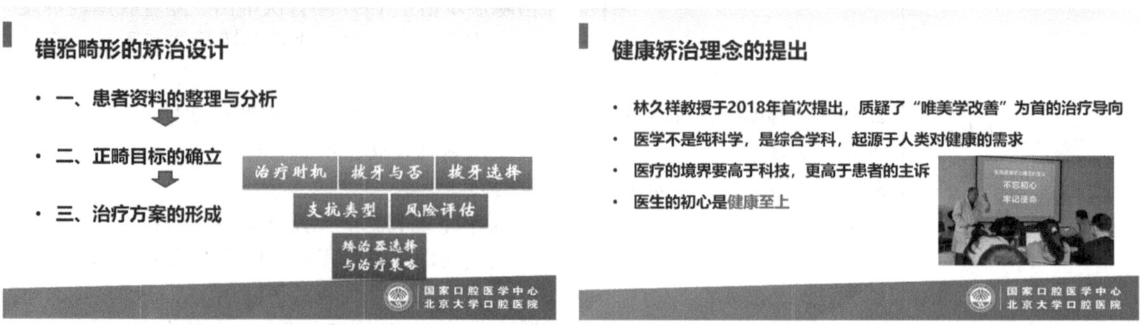

图 31-1　错䶮畸形的矫治设计教学课件示例

其他线上数字化教学资料如表 31-2 所列。

表 31-2　线上数字化教学资料

类别	教学材料
视听材料	中国口腔正畸发展史纪录片 正畸先辈讲座视频 人类口腔演化进程纪录片
文本材料	口腔正畸原始文献及书籍
互动材料	初始矫治器模型
	三维数字化矫治器模型
	颅骨模型、牙列模型

四、课程思政教学案例

课程题目：错殆畸形的矫治设计

授课教师：李巍然（教授、主任医师）

学时数：2 学时

1. 教学内容分析　本次课程讲解错殆畸形的矫治设计，从患者资料的整理分析，到正畸目标的确立，再到治疗方案的形成，使学生掌握正畸治疗方案的制定要素。通过引导学生思考对种植钉支抗的利弊，学习“健康矫治”理念，培养学生的医德，在矫治设计的同时加入医患沟通、人文关怀技巧，教导学生树立敬重生命、厚德敬业、谦和仁爱的人生观和职业信念。

2. 教学目标

（1）**掌握：**错殆畸形矫治设计中患者资料的整理分析，正畸目标的确立。

（2）**熟悉：**治疗时机，拔牙病例的选择，支抗类型，正畸风险评估，矫治器选择与治疗策略。

（3）**了解：**医患沟通技巧。

3. 课程思政目标

（1）**临床思维能力：**培养学生整理分析患者资料的能力，建立矫治方案形成的思路；通过讲授口腔正畸学的治疗目标，强调美学与健康的辩证关系，传递不盲从的理性美学观念。

（2）**自主学习能力：**通过实际病例，培养学生自己总结学习并设计病例矫治方案的能力。

（3）**科研创新能力：**通过讲授支抗设计，讲解种植体支抗的发明历史以及如何合理选择种植体支抗，培养兼具创造能力和辩证思维的正畸医学生。

（4）**医学人文素养：**通过讲授医患沟通，讲解如何在正畸治疗中体现医学人文精神，树立医德仁爱之风，培育新时代高素质口腔正畸学人才。培养学生的医德，在矫治设计的同时加入医患沟通、人文关怀技巧，教导学生树立敬重生命、厚德敬业、谦和仁爱的人生观和职业信念。

4. 教学重点难点　本节课的教学重点是正畸治疗目标的确立，通过综合患者主诉和临床检查确立面型目标、唇齿关系、牙齿排列、咬合关系四方面目标；培养学生缜密、全面的临床思维，使之可以胜任未来的临床工作。本节课的教学难点是治疗方案的形成，包括治疗时机、是否拔牙、支抗设计和风险评估，学生根据确立的治疗目标，可以初步形成治疗方案，并对种植钉支抗等支抗控制手段、矫治器的选择进行辩证思考。

5. **学情分析** 学生在学习本节课之前，已经对错殆畸形的病因和分类有了初步认识，但对于治疗的目标尚没有形成观念。因此，第一，应该使学生树立正确的审美观念，口腔正畸需要塑造容貌美，前来口腔正畸科就诊的许多患者其第一动机、第一主诉就是要塑造容貌美，探究健康、正确的美学观念，才能更好地培养具有美学素养的正畸医学生。正确引导正畸患者建立正确的审美观，不盲从标准一致的审美显得尤为重要。美是建立在健康的基础上的，美的容貌应该是健康、和谐的结合。正确的美学观才能帮助患者实现正畸治疗平衡、稳定、美观、健康的目标；第二，在讲解支抗设计时，应对比多种支抗选择并解析各自优劣，使学生认识到种植支抗作为有创的支抗手段能够帮助正畸医师治疗一些既往无法完成的骨性错殆畸形病例，扩大了治疗范围，但也存在一些可能发生的并发症，将微种植体支抗引入临床需要严格掌握适应证，还需要提升治疗技术，降低有创治疗的使用率，在此过程中培养正畸医学生的辩证思维；第三，在初步了解和学习矫治设计后，使学生认识到医生治疗的不仅是患者的错殆问题，同时也是在帮助患者恢复健康，保持积极向上的心理状态，树立自信心，完善患者的自我意识。只有具有丰富人文思想基础的口腔正畸医生，才能通过观察和沟通制定出符合患者需求的个性化治疗方案，满足患者对美的个性化要求，由此培养出扎根中国大地、服务中国百姓、爱党爱国的医学人才。

6. **教学设计思路** 通过提出“正畸治疗方案是如何形成的”引入本课程，梳理出错殆畸形矫治设计的三大流程（患者资料的整理与分析、正畸目标的确立和治疗方案的形成），并就每一流程分步进行讲解。正畸矫治设计富含丰富的思政教育内涵，如医患沟通、人文关怀技巧、爱伤观念等，要将这些不同的思政元素有机融入本课程知识点中，潜移默化地将人文内涵传递给学生，具体教学设计思路如图 31-2 所示。

教学主线	知识点	能力培养 思政教育	教学设计
概论	治疗方案形成思路	分类归纳能力	案例导入 提问互动
★患者资料整理	患者主诉、临床检查	提炼总结能力	病例分析 温故知新
★确立正畸目标	面型、唇齿、牙齿、咬合	归纳总结能力	模型教具 形象记忆
治疗方案——治疗时机	恒牙期 & 早期矫治	学习分析能力	对比分析 自主学习
治疗方案——拔牙与否	间隙分析、拔牙原则	审慎严谨医风	病例实战 计算分析
治疗方案——支抗设计	类型、种植体	辩证思考能力	反思讨论 课堂互动
治疗方案——风险评估	牙周牙体、牙槽骨、稳定	医学人文素养	视频讲解 引导思考
课堂总结	治疗方案设计策略	整理归纳能力	幻灯总结 思考复习

图 31-2 错殆畸形的矫治设计教学设计思路

7. **教学过程**　具体教学过程如表 31-3 所列。

表 31-3　错殆畸形的矫治设计教学过程

教学目标	教学内容	教学设计
课程导入	**课程导入：** 错殆畸形的矫治设计就是学习如何制定治疗方案 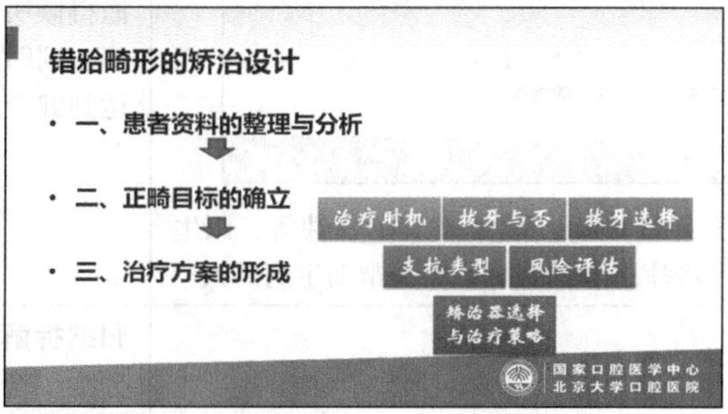	**病例导入**：启发学生形成错殆畸形的矫治设计思路 **复习巩固**：错殆畸形的分类，正畸常规检查项目 **分析归纳**：梳理课程，使学生首先建立矫治设计的基本框架：错殆畸形的矫治设计包括患者资料的整理与分析，正畸目标的确立和治疗方案的形成三部分
★ **掌握** 患者资料的整理与分析	**复习** **错殆畸形分类：** **安氏分类：根据上下第一恒磨牙关系分为三类** **毛氏分类：根据牙量骨量、长度、宽度、高度等维度分为六大类** 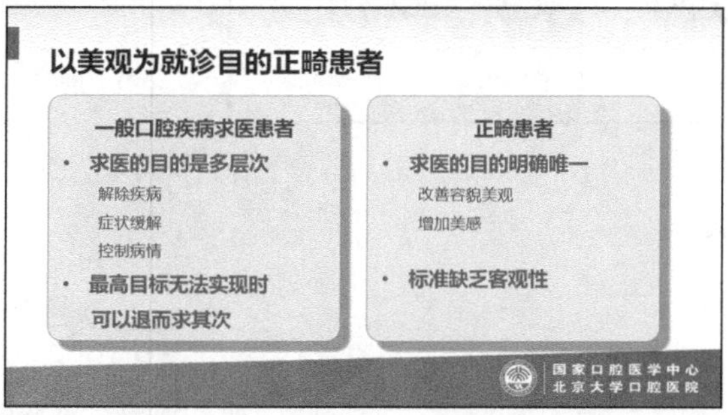 对比一般口腔疾病求医患者和正畸患者的诉求，启发学生了解患者的真正需求，评价患者的治疗动机 参考患者的主诉，分析临床资料（全身健康状况、面部突度、唇齿关系、牙弓与颌间关系、牙槽骨与牙龈、口腔卫生情况），形成患者个性化问题列表	**复习提问**：患者的错殆畸形分类 **对比教学**：一般口腔疾病求医患者与正畸患者的就诊差异 **课程思政（树立审美观念）：**探究健康、正确的美学观念，才能更好地培养具有美学素养的正畸医学生。正确引导正畸患者建立正确的审美观，不盲从标准一致的审美显得尤为重要。美是建立在健康的基础上的，美的容貌应该是健康、和谐的结合
了解 医患沟通技巧	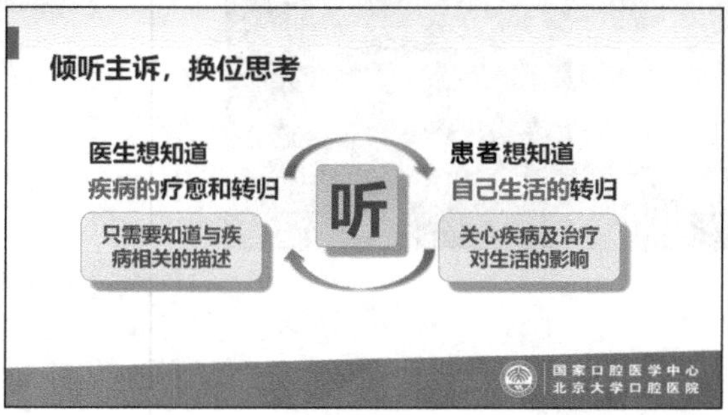 医生和患者想知道的往往存在不同	**启发教学**：引导学生思考正畸患者的特殊性，提示在医患沟通上的注意事项

续表

<table>
<tr><th>教学目标</th><th>教学内容</th><th>教学设计</th></tr>
<tr><td>**了解**
医患沟通技巧</td><td>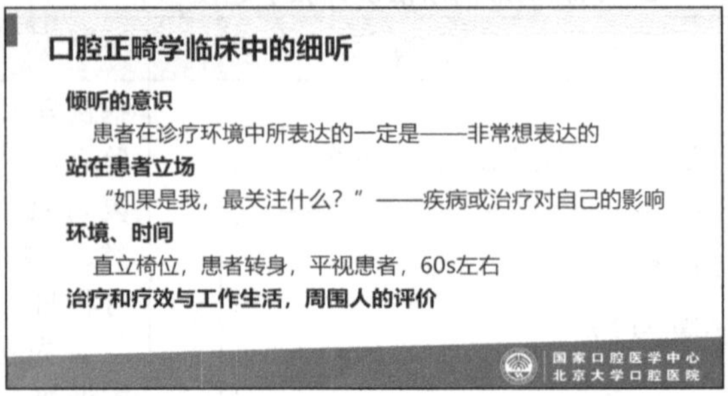

口腔正畸学中的医学人文涉及心理学、伦理、法律等，医生的使命不应当仅仅是治疗患者的疾病，更是帮助生病的人</td><td>**课程思政（医学人文精神与医患沟通）**：通过讲解患者临床资料的整理，启发学生做一名“有温度”的医生，懂得倾听，认识到医学是治病，同时也是帮助患者心理达到健全和健康</td></tr>
<tr><td>★
掌握
正畸目标的确立</td><td>1. **面型目标**
◇面部比例
◇面部突度
◇面部对称性
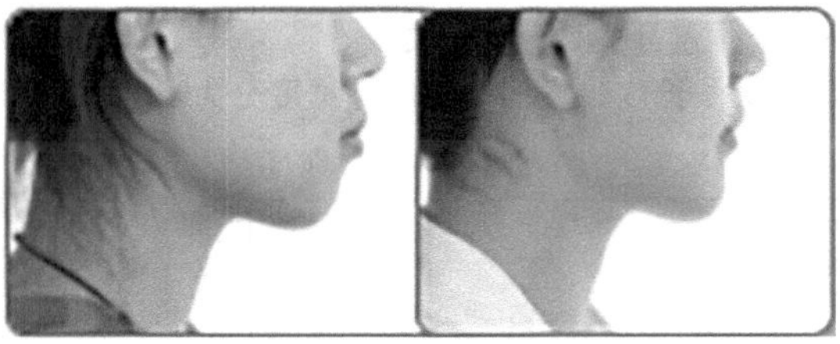
2. **唇齿关系**
◇开唇露齿、露龈笑
◇牙齿暴露不足
◇微笑美学提升
3. **牙齿排列**
◇排列整齐
◇位于牙槽骨中
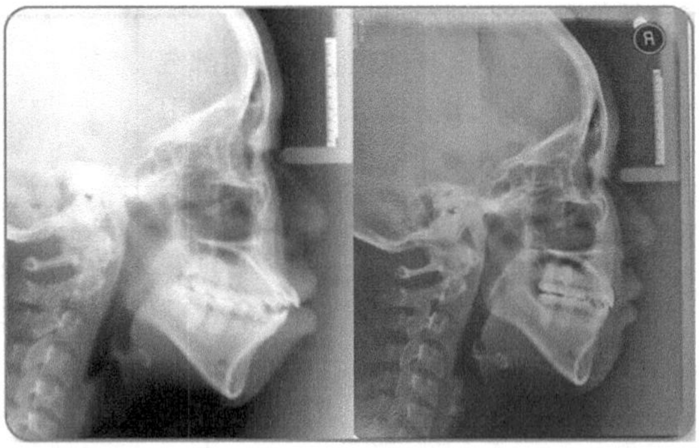
4. **咬合关系**
◇尖窝交错
◇浅覆殆、浅覆盖
◇无咬合干扰
◇尖牙中性关系</td><td>**归纳拆解**：通过将正畸目标分为四个部分，对每个部分进行详细讲解
形象教学：通过实际病例的展示，形象化讲解，增强学生理解正畸目标的直观性
提问复习：正常殆的标准</td></tr>
</table>

续表

教学目标	教学内容	教学设计
熟悉 形成治疗方案——治疗时机	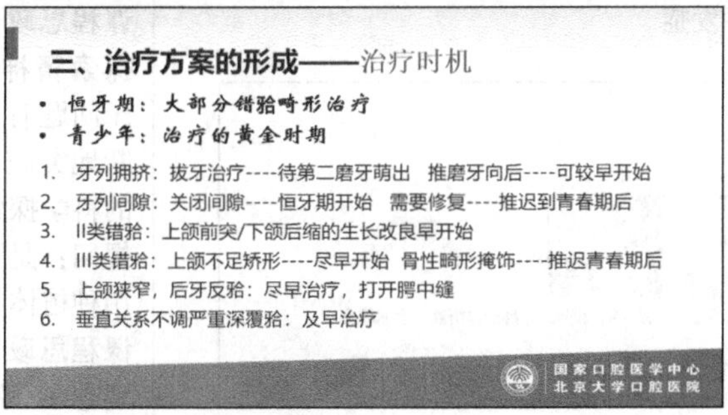 ◇**大部分错𬌗畸形治疗在恒牙期** ◇**小部分需要早期矫治**	**归纳总结**：通过归纳总结，单独列出不同治疗时机的错𬌗畸形类型，便于学生理解和记忆正畸治疗的治疗时机 **病例分析**：比较需要早期矫治的实际病例，使学生直观认识到需要尽早治疗的病例
熟悉 形成治疗方案——拔牙与否	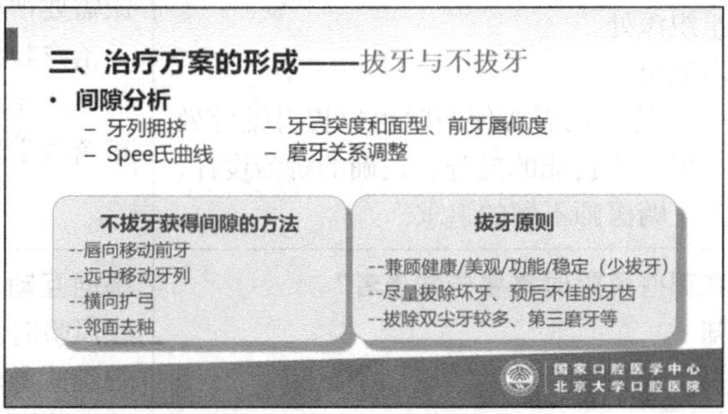 根据患者**牙列拥挤程度**、**牙弓突度和面型**、**前牙唇倾度**、**Spee 氏曲线**以及**磨牙关系**进行间隙分析； 首先考虑不拔牙获得间隙的方法： ◇唇向移动前牙 ◇远中移动牙列 ◇横向扩弓 ◇邻面去釉 若需要通过减数获得间隙，应**遵循拔牙原则**： ◇兼顾健康 / 美观 / 功能 / 稳定（少拔牙） ◇尽量拔除坏牙、预后不佳的牙齿 ◇拔除双尖牙较多、第三磨牙等	**教具**：实际患者的牙列模型、面𬌗相照片及曲面体层片、头颅侧位片 **课程思政（爱伤观念）**：临床设计方案时，应根据患者的实际情况，选择合适的获得间隙治疗方案：一方面尽量保存健康牙；另一方面，若需要通过减数获得间隙，应遵循拔牙原则，培养全面、严谨的医学逻辑思维以及爱伤观念，提升学生的医学人文素养
熟悉 形成治疗方案——支抗设计	1. **广义支抗控制**：三维方向支抗控制 2. **种植体支抗** 介绍种植体支抗的发展历史，它山之石可以攻玉——从种植体到微螺钉；传统支抗增强装置的劣势是体积大、不易清洁；种植支抗的出现增强了在三维方向上实现支抗控制的可能性，帮助临床治疗疑难复杂病例 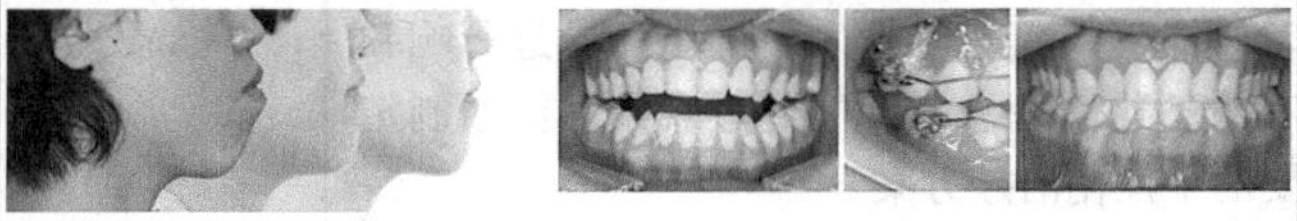	**启发教学**：支抗仅仅包含矢状向上的控制吗？ **教具**：实际病例照片，直观认识到种植体支抗可以帮助临床治疗疑难复杂病例

续表

教学目标	教学内容	教学设计
熟悉 形成治疗方案——支抗设计	**3. 种植体支抗的并发症** 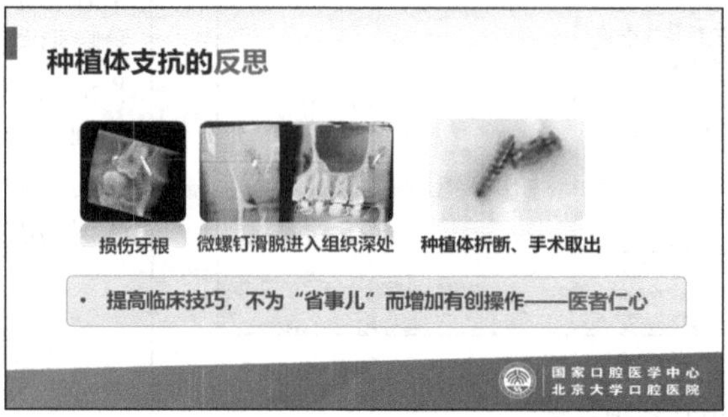 ◇损伤牙根 ◇微螺钉滑脱进入组织深处 ◇种植体折断、手术取出 种植钉作为一种绝对支抗，在需要使用时可以提升治疗效果和提高矫治效率，但临床技能的提升、正确的矫治设计、降低有创操作应该是正畸医师不懈的追求	**课程思政（自主创新、科学探索精神）**：在面对实际临床问题时通过融会贯通，不断地突破、改进，培养学生的科学探索精神 **提问**：是否所有患者都要使用种植体支抗？ **课程思政（辩证思考与爱伤观念）**：引导学生针对现象和问题思辨，自主发掘思政教育点——种植钉支抗的优劣，将微种植体支抗引入临床需要严格掌握适应证，提升治疗技术，降低有创治疗的使用率，在此过程中培养正畸医学生的辩证思维
熟悉 形成治疗方案——风险评估	**提问：正畸治疗存在哪些风险时需要告知患者？** **牙周风险评估及告知** ✓ 牙周炎症全程控制、避免复杂移动 **牙体风险评估及告知** ✓ 龋易患者、复杂正畸治疗（牙体）、牙根异常（根吸收） **牙槽骨风险评估及告知** ✓ 龋易患者、复杂正畸治疗（牙体） **稳定性风险评估及告知** ✓ 过度扩弓、生长发育、不良习惯 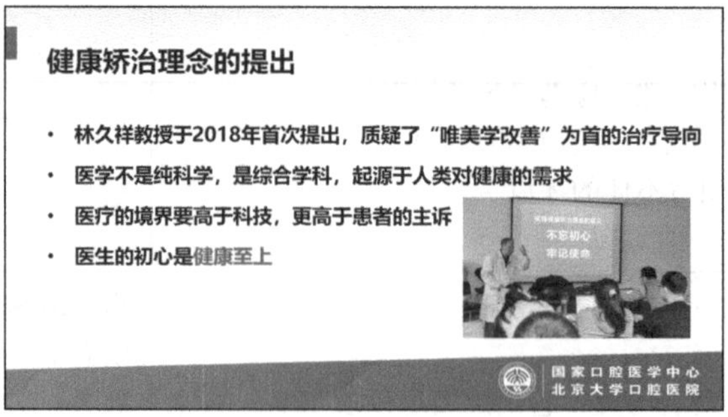 林久祥教授于2018年首次提出，质疑了“唯美学改善”为首的治疗导向，使学生认识到医学起源于人类对健康的需求。介绍林久祥教授率先提出的“健康、科学、艺术相统一”的健康矫治理念，及其对专业发展产生的深远影响和重大贡献。只有秉持这一理念，才能通过观察和沟通制定出符合患者需要的个性化治疗方案	**提问互动**：正畸治疗存在哪些风险时需要告知患者？ **归纳式教学**：将正畸治疗风险概括为牙周、牙体、牙槽骨以及稳定性风险四方面因素 **课程思政（以人为本，健康至上）**：培养加强“以人为本”的思想教育，强调人的主体性—人的感受。在教学中将人文精神和正畸专业理论紧密结合是培育新时代高素质口腔正畸学人才的必然要求

续表

<table>
<tr><th>教学目标</th><th>教学内容</th><th>教学设计</th></tr>
<tr><td>总结</td><td>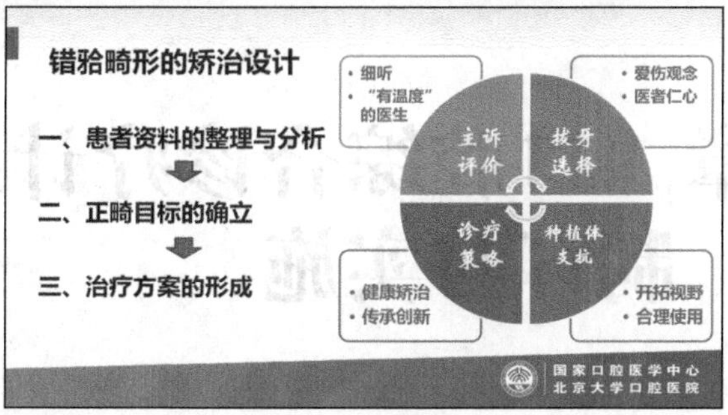

课程总结：以知识点梳理的方式，启发学生回忆课程所学，进一步将知识条理化、系统化</td><td>**知识点梳理：**通过回答问题，回忆当堂所学，将知识点条理化、系统化，利于学生记忆重点内容，通过总结课程知识点，促进记忆和强调重点</td></tr>
<tr><td>思考题与课后作业</td><td>1. 简述错殆畸形的矫治设计思路
2. 阅读种植钉临床应用相关文献，了解新进展</td><td></td></tr>
</table>

第三十二章　口腔综合诊疗计划的制订与实施

一、课程定位和课程思政建设目标

（一）口腔综合诊疗计划的制订与实施课程定位

口腔全科医学是研究口腔常见病和多发病预防、诊断和治疗的一门学科，包括牙体牙髓专业、牙周专业、口腔修复专业、口腔颌面外科等亚专业的知识和技能，注重通过预防、治疗、功能恢复和定期维护解决口腔问题。口腔综合诊疗计划的制订与实施是口腔全科医学的核心理念，本课程拟通过讲授口腔综合诊疗理念、学习口腔综合诊疗的重要经典文献、讨论典型病例等方式，使学生深化全面检查、综合设计和系统治疗的全科理念和诊疗思路，提高学生自主学习、自我知识更新的能力，为提高研究生临床胜任力打下坚实的基础，同时培养学生在综合诊疗过程中的医学人文品格，有利于他们成为服务人民口腔健康的创新型人才。

（二）口腔综合诊疗计划的制订与实施课程思政建设目标

口腔综合诊疗计划的制订与实施的课程思政的建设目标主要包括以下几点。

第一，培养全科理念。课程通过讲授口腔全科医学的核心理念，使学生深化全面检查、综合设计和系统治疗的全科理念和诊疗思路，提高综合诊疗能力，为患者提供更好的医疗服务，促进全民口腔健康。

第二，树立爱伤观念。课程从综合病例资料收集、口腔疾病诊断、治疗计划全身因素考量、治疗计划分期等方面展开，将“以患者为中心”的医学人文精神及爱伤观念贯彻在整个课程中。特意设置了特殊人群治疗方案的制定，包括老年人及孕产妇，体现了人文关怀。教导学生不忘初心，开展有温度的医疗。

第三，提升沟通技巧。通过学习知情同意在法律制度中的发展过程，体现人们对自我权益的日益重视，以及知情同意在医学人文中的重大意义；通过学习国内外关于沟“通”和沟而“不通”的文化典故、文艺作品等，使学生更加深入理解“以患者为中心”的诊疗过程，明白医学生不仅要具备高超的专业知识和技能，更要有良好的沟通能力，提高患者在诊疗过程中的配合度和满意度。

二、教学内容和思政要点设计

本课程的教学内容、知识点和对应思政元素设计及呈现如表 32-1 所列。

表 32-1　口腔综合诊疗计划的制订与实施教学内容、知识点和对应思政元素设计及呈现

教学内容	知识点	思政元素设计及呈现
综合病例的资料收集与患者评估	1. 综合病例的定义 2. 患者的基本情况和病史收集 3. 口腔检查 4. 影像学检查 5. 临床照片 6. 研究模型等其他辅助手段	1. 通过结合门诊现状和中国口腔全科学科发展的历程和未来发展趋势，使学生了解口腔全科病例其实是目前门诊中占比最高、最常见的病例，帮助学生建立“以患者为中心”的服务理念 2. 通过学习如何更深入地了解患者的基本情况和如何进行完善的病史收集，使学生树立起要想更好地服务患者就必须全面深入地了解患者的意识 3. 口腔的全面检查是从不同专业方面对患者口腔进行全面、细致的检查总结，既要全面，又要有重点和次序，由此充分体现口腔全科的综合诊疗思路，帮助学生建立构建复杂系统的能力，为探索创新型思维打下基础 4. 通过案例教学，使学生意识到认真理解医学理论是对疾病进行正确诊断和治疗的根本，也是对患者最好的人文关怀和医者初心 5. 通过课堂讲授，培养爱伤观念和尊重患者的理念，激发学生努力学习的决心和动力，塑造为人民口腔健康服务的理想抱负
基于全科理念的口腔疾病诊断	1. 口腔常见疾病的诊断 2. 基于全科理念的口腔综合诊断 3. 如何设计与诊断相关的问题列表	通过病例展示和课堂提问，培养学生的辩证思维能力，对多个学科的不同疾病作出准确诊断，建立以人为本的诊疗理念。通过强调口腔综合诊断和问题列表的重要性，培养学生如何在工作中深入理解以患者为中心、全面考虑患者问题的能力，与患者良好沟通，为后续制定合理的治疗方案打好基础
基于循证医学的口腔治疗计划——风险评估、预后、预期治疗效果	1. 循证医学的概念 2. 治疗计划和循证的关系 3. 制订治疗计划时涉及循证的内容	1. 通过一篇与口腔治疗有关的文章，使学生看到不同医生对同一名患者制订治疗计划的多样性，引导学生思考哪个才是有利于患者的治疗计划，将医者仁心的要求落实到每一位患者。强调作为一名医生除了要拥有精湛的医术，更要恪守医德医风医道，加强人文关怀 2. 通过讲述循证医学的概念，使学生再次意识到所有的知识和技术都是为患者服务的，要防止“专业至上”的心态，树立“修医德、行仁术，怀救苦之心、做苍生大医”的志向

续表

教学内容	知识点	思政元素设计及呈现
基于循证医学的口腔治疗计划——风险评估、预后、预期治疗效果		3. 通过多个临床场景和临床病例展示，引导学生了解制订治疗计划时对风险、预后和治疗效果循证的重要性，使学生通过多个临床实例意识到一个好的治疗计划必须是个性化的，是以患者口腔健康为核心，以患者利益最大化为目标的。同时也让学生感受到当一名医生有明确的工作目标时，“为人民群众提供更加优质高效的健康服务”就不是一句空话，而是可以通过临床工作中的每一个细节落实，成就自己的职业理想
综合治疗计划制订的全身因素考量	1. 综合病例引入 2. 口腔疾病与全身疾病的关系 3. 各专业治疗的全身因素考量 4. 结合引入综合病例分析全身因素考量	1. 通过伴有全身疾病的综合病例引发学生思考，意识到全身因素对口腔综合诊疗计划制订的重要性，培养学生的大局观和全局意识 2. 通过讲述口腔疾病可能是病灶引发的全身疾病，全身疾病或药物对口腔有影响，使学生学会辩证看问题，进行辩证思维培养 3. 在各专业治疗过程中，需要考虑全身因素，保证治疗的安全性，体现医学人文素养。加强爱伤观念的培养，关爱患者，培养具有医学人文品格的口腔医师 4. 通过病例分析明确全身因素考量的重要性，只有全面考量，才能制订完善的治疗计划，保证治疗的安全性，更好地为患者服务。培养学生建立“以患者为中心”的服务理念，坚定为“健康中国”“健康口腔”建设贡献力量的决心
综合治疗计划的分期	1. 如何制订口腔综合治疗计划 2. 治疗计划的具体分期，包括系统期、急症期、疾病预防控制期、功能美观修复期和维护期 3. 知情同意和口腔综合序列治疗 4. 总结如何完成规范的口腔综合诊疗	1. 通过回顾前序课程学习的口腔综合病例资料收集、正确诊断和循证分析的基本要点，引导学生思考现代医学核心与口腔实践的结合，从患者实际需求角度出发，以促进健康和预防疾病为目标，帮助学生深刻理解“以患者为中心”的医学理念，思考如何制订口腔综合治疗计划 2. 结合《健康口腔行动方案（2019—2025年）》提出的全人群、全周期口腔健康管理优化行动，深刻理解治疗计划分期的意义，各治疗周期涵盖的内容和诊疗要点 3. 探讨治疗计划的理想模式，引导学生换位思考，以平等、信赖和尊重的态度向患者呈现治疗计划，获得共识，实现真正意义上的知情同意，进而展开规范有序的综合治疗 4. 通过案例教学，使学生意识到人文关怀和医者仁心在综合诊疗临床实践中的实际应用

续表

教学内容	知识点	思政元素设计及呈现
特殊人群治疗方案的制定	1. 孕期口腔疾病的危害 2. 我国孕妇口腔健康现状 3. 孕期常见口腔疾病 4. 孕期妇女口腔健康维护 1. 老年人群的口腔健康 2. 老年患者治疗前评估 3. 老年患者口腔治疗的系统期 4. 疾病控制期以及预防维护期的策略 5. 老年患者的最终治疗计划	1. 结合国内外孕期及老年患者的口腔健康现状，引导学生在口腔诊疗中始终以患者生命健康为核心，避免过度医疗或忽视风险 2. 通过孕期患者及老年患者口腔治疗的特点和难点，使学生意识到医学的根本使命，思索如何在医疗中不忘初心 3. 使学生认识到，对于特殊人群的人文关怀是医疗的起点，也是医疗的终点，对于特殊人群的治疗，医生应抱有更加温暖的胸怀给予患者关心和爱护
治疗计划中的伦理及人文思考	1. 加强医学人文建设的意义 2. 医学伦理的四项基本原则 3.《中华人民共和国民法典》对知情同意的规定 4. 医患沟通的技巧	1. 通过学习国内外医学生誓言以及医学模式的发展史，结合医学现况，使学生建立“以患者为中心”的服务理念 2. 通过学习优秀医者事迹，展现中国自古至今医者仁心的人文精神 3. 通过学习知情同意在法律制度中的发展过程，体现人们对自我权益的日益重视，以及知情同意在医学人文中的重大意义 4. 通过学习国内外关于沟“通”和沟而“不通”的文化典故、文艺作品等，使学生更加深入理解“以患者为中心”的诊疗过程，明白医学生不仅要具备高超的专业知识和技能，更要有良好的沟通能力，提高患者在诊疗过程中的配合度和满意度

三、教学设计与方法

1. **建立“以患者为中心”的服务理念** 该理念是在医学诊疗中实践“以人民为中心发展思想”的具体体现。它强调在口腔全科诊疗中，始终将患者的需求和利益放在首位，关注患者的身心健康和诊疗质量。医生应倾听患者声音，尊重患者意愿，提供个性化、人性化的治疗方案，确保患者得到全面、细致的关怀，真正实现医学服务中以人民健康为中心的目标。

2. **全面培养医学生的医学人文品格** 从综合病例资料收集、口腔疾病诊断、治疗计划全身因素考量、治疗计划分期等多方面体现医学人文素养。关爱患者，培养具有医学人文品格的口腔医师。对特殊人群，如老年人及孕产妇，给予特殊的考量及关爱，使医学更有温度。

3. **加强医学生培养中的伦理教育** 通过学习知情同意在法律制度中的发展过程，体现人们对自我权益的日益重视，以及知情同意在医学人文中的重大意义。加强医学生在全科诊疗过程中的沟通能力，尊重患者的知情权。

4. **强调医患沟通的重要性** 通过学习国内外关于沟通的文化典故、文艺作品等，使学生更加深入理解“以患者为中心”的诊疗过程，明白医学生不仅要具备高超的专业知识和技能，更要有良好的沟通能力，提高患者在诊疗过程中的配合度和满意度。讲述沟通技巧，全面提升医学生服务患者的综合能力。

5. **建立防大于治的综合理念，为人民提供更好的服务** 口腔方面排名前二的常见疾病龋病和牙周病均为慢性进展性感染性疾病，做好预防工作会大大降低患病率或延缓疾病进程。口腔全科医学是研究口腔常见病和多发病预防、诊断和治疗的一门学科，应注重通过预防、治疗、功能恢复和定期维护解决口腔问题。口腔医师应建立防大于治的大健康综合理念，做人民口腔健康的守护者。

四、课程思政教学案例

课程题目：特殊人群治疗方案的制定

授课教师：赵晓一（副主任医师）

学时数：3 学时

1. **教学内容分析** 特殊人群治疗方案的制定是口腔全科研究生应该重点掌握的内容，尤其是在方案设计考量及计划执行步骤等方面，要在掌握大原则的基础上，对每个病例进行个性化分析。本节课在教学内容的安排和设计方面，在广泛查证国内外现有临床指导原则的基础上进行了创新设计。例如：对孕期患者的治疗，在适当的范围内应采取积极的治疗态度，孕期患者仅仅是处于特殊时期的健康人，为了使学生能够充分理解并掌握孕期患者治疗计划制定的原则，用国外的失败病例报告作为蓝本，引导学生用现有的知识和理论，再现患者的就诊过程，并为患者制定合理的治疗计划及安排实施步骤。再例如，对于老年患者的治疗方案制定，毫无疑问要更多地考虑与衰老相关的众多问题，包括健康问题、精神状态、财务考虑以及住房和交通方面等的挑战。在课程讲授中，巧妙融入思政内容，培养医学人文精神与爱伤观念，培养社会责任感和家国情怀，培养法治意识及团队精神。培养学生从医学人文方面，产生对人的生命、情感、心理的关注和尊重，以及医生所应具备的职业道德和人文精神。培养医学生的医学人文情怀，这种情怀包括对生命的敬畏和尊重，对患者情感和心理的关注和回应，以及对医生职业道德的深刻理解和实践。

2. **教学目标**

（1）**掌握：**孕期患者口腔疾病的特点及治疗要点，老年患者全身情况的评估及口腔疾病的特点。

（2）**熟悉：**孕期口腔疾病的危害，孕期患者及老年患者的口腔健康现状。

（3）**了解：**国外孕期患者口腔治疗的临床指南，老年患者的医患沟通特点。

（4）**拓展：**如何利用新技术、新方法、新材料，提高治疗疗效，降低孕期患者及老年患者口腔治疗中的不适感，增强患者治疗的信心。

3. **课程思政目标**

（1）**临床思维能力：**培养学生通过对孕期患者及老年患者全身情况及局部情况的分析，制定合理的治疗方案。对不同患者的疾病情况、全身情况以及社会心理情况进行综合考量，制定符合患者需求的个性化治疗方案。

（2）**自主学习能力：**培养学生以孕期用药、药物间相互作用等关键词为线索，主动检索查阅与特殊人群治疗相关的知识。以老年患者全身疾病与口腔治疗的相关影响因素为线索，深入学习了解老年患者口腔治疗的风险因素及规避方案。

（3）**开拓国际视野**：学生应积极了解并掌握国际上权威口腔医学团体所制定的最新指南内容。同时，应进一步了解有利于特殊人群口腔治疗的新进展，如手术显微镜、活髓切断术等的应用，以提高治疗效率，降低患者不适感等。

（4）**承担社会责任**：孕期和老年期是人生的特殊时期，在这种时期，患者的全身和局部都会产生一些变化，并且家属的意见也可能对治疗方案的制定产生明显影响。因此在制定方案过程中，应使学生更加深刻地认识到作为医生的社会责任和使命，从而增强他们的社会责任感，并能够更加深入地了解患者的需求和痛苦，从而更加尊重生命、关爱患者，提高自己的医德素养。

（5）**不忘医学初心**：讲解目前临床上对孕期患者和老年患者这类特殊人群所采取的相应措施，鼓励学生发现临床瓶颈问题，重视患者需求。引导学生树立正确的职业观念，培养学生的责任心、团队协作精神、创新能力等职业素养。

4. 教学重点难点

（1）**教学重点**：孕期患者和老年患者的全身及局部因素对口腔治疗方案制定的影响。**教学对策**：通过对孕期患者和老年患者全身及局部因素的逐级分析，按照递进式策略，使学生掌握口腔治疗方案制定需要考虑的各个影响因素。

（2）**教学难点一**：孕期患者口腔治疗方案制定的影响因素。**难点分析**：孕期患者局部和全身状况的个体差异较大，且与正常患者存在明显差异，学生缺乏对具体风险因素的认识，难以把握治疗方案的制定要素。**教学对策**：①从结果向治疗逆行推进：学生之所以对治疗方案制定的原则掌握不清，是因为对治疗所产生的后果不清楚，因此应从结果入手推断治疗可能面临的风险以及不治疗可能面临的后果，使学生能够理解并掌握治疗方案制定的基本原则；②总结孕期患者治疗方案，制定决策链：什么时候能进行口腔治疗——什么时候该进行口腔治疗——什么治疗可以在孕期完成——什么治疗应推迟到产后——如何对孕期患者进行有效的口腔预防保健。

（3）**教学难点二**：老年患者口腔治疗方案制定的影响因素。**难点分析**：老年患者全身和局部因素复杂。从全身因素考虑，患者系统性疾病发生率高，长期服用多种药物；从局部因素考虑，患者牙齿及牙周组织增龄性变化会对治疗造成诸多影响；从社会心理因素考虑，患者的行动配合力、思维配合力可能都有欠缺，对治疗方案的接受度个体差异较大。**教学对策**：①系统化：通过对全身各个系统的系统性疾病进行逐一分析讲解，使学生对系统性疾病与口腔治疗的关系有明确的认知。②具体化：通过临床病例（牙体、牙周等相关组织的增龄性变化），使学生直观地看到老年患者口腔治疗所需要面对的各类局部因素。③综合考量思维的建立：总结归纳，使学生将老年患者全身因素、局部因素、社会心理因素等多方面因素进行全方位思索考虑，建立口腔全科的诊疗思路和理念，抓住重点，理清临床思路。

5. 学情分析　孕期患者及老年患者全身情况和局部情况较为复杂，并存在大量的社会心理因素，在制定治疗方案的决策中，研究生可能会感到无从下手。同时对于孕期患者及老年患者的治疗操作的复杂程度，也可能使研究生望而生畏。但正是因为本课程内容的挑战性，才能够将更多的思政元素融入课程中，培养医学生的职业道德和职业操守，使其明确医学行业的责任和使命，增强对患者的关爱和尊重，提高医学生的道德素质。本课程针对学生的特点进行了如下创新设计。

（1）**巧妙融入课程思政**：①提升医德医风：孕期患者及老年患者全身因素、局部因素及社会心理因素十分复杂，因此治疗方案的制定必须根据患者的具体情况，通过耐心细致的全面检查和全方位沟通，才能达到医患双方都满意的效果。②培养职业责任感：医学生作为未来的医务工作者，需要具备强烈的社会责任感和公益意识。通过本次课程中各种病例的展示，使医学生了解社会问题、关注弱势群体，培养他们的职业责任感和公益意识。③提高法律意识：通过分析真实的医学案例，可以使学生更加深入地了解和认识到依法执业的重要性。④开拓国际视野：培养学生主动查阅中外文献，学习国际上权威的口腔医学团体所制定的关于孕期患者以及老年患者的口腔治疗指南。

（2）**系统梳理强调重点**：教学中点线结合，先从系统方面梳理特殊人群治疗方案制定的线索，再从基本疾病着手逐一分析治疗方案的实施，反复强调与回顾重点，通过提问、手绘板书等方法拆解难点；在课程多处设计便于记忆的合成词或短语，引导学生学习归纳的方式。同时，引导学生积极思考，当面对不同的临床问题时，应如何制定符合患者需求的个性化治疗方案。

（3）**团队合作医患沟通**：特殊人群口腔治疗存在着诸多风险因素，教学中需强化医疗安全意识，使学生认识到医疗安全是医疗工作的基础和保障。同时，对于全身情况较为复杂的患者，应该教育学生注重培养团队协作精神，包括团队合作、沟通协调等，使学生认识到医学是一个整体。培养医学生的沟通技巧和人际交往能力，使其能够与患者进行有效的沟通和协作，提高医学生的沟通能力和团队合作精神。

（4）**结合病例举一反三**：充分利用课堂讨论的过程，利用现有病例引导学生主动思考，使学生能够认识到医学的局限性，认识到医学行业的特殊性和重要性，提高医学生的行业责任感和使命感。同时，在面对不同患者的疾病 - 社会心理状态时，能够根据所学的基本知识，融会贯通，灵活掌握，尽可能制定出最符合患者利益和要求的治疗方案。

6. **教学设计思路** 利用病例实例作为主线，将教学主线内容、重要知识点和课程思政贯通起来，通过启发式、对比式、互动式和归纳式教学，以板书、视频录像等为载体，生动地讲授特殊人群口腔治疗方案制定的原则和方法，具体教学设计思路如图 32-1 所示。

教学主线	知识点	能力培养 思政教育	教学设计
孕期口腔疾病危害	疾病类型及相关危害	对比分析能力	案例导入 问答互动
孕期妇女口腔健康现状	多数孕妇口腔健康不良	归纳总结能力	引发思考 自主学习
★ 孕期患者口腔疾病特点	治疗原则	学习探索能力	手绘板书 视频演示
国外孕期患者治疗指南	各指南的一致性及可信性	逻辑分析能力	结合病例 强化记忆
★ 孕期患者口腔治疗要点	治疗时机及方式	全面严谨分析	结合病例 形象类比
老年患者口腔健康现状	疾病类型及原因	归纳总结能力	视频演示 形象类比
★ 老年患者全身情况评估	全身疾病对口腔治疗的影响	逻辑分析能力	结合病例 强化记忆
★ 老年患者口腔疾病的特点	增龄变化对口腔治疗的影响	科技自立自强	动画演示 视频演示
老年患者的医患沟通	方案制定与患者需求	医学人文素养	结合病例 引发思考
课堂总结	原则，个性化	全面严谨分析	板书总结 思考预习

图 32-1 特殊人群治疗方案的制定教学设计思路

7. **教学过程**　具体教学过程如表 32-2 所列。

表 32-2　特殊人群治疗方案的制定教学过程

教学目标	教学内容	教学设计
课程导入	**课程导入：通过国外临床病例提出问题** 患者 30 岁，孕 32 周，左侧面部间隙感染。既往多次口腔就诊，未治疗。 **根据患者就诊的需求贯穿课程主线：** 课前问题 1：应不应该为孕妇治疗？ 课前问题 2：什么时候应该为孕妇治疗？	**病例导入**：引入一段国外病例报告 **复习巩固**：智齿冠周炎的标准诊疗过程及用药 **启发教学**：思考为何国内外的孕期患者经常无法得到及时的治疗？ **课程思政（医生的神圣职责）**：医生的职责是什么？医学生入校时宣读的《医学生誓言》的意义是什么？未曾给予孕期患者及时的口腔治疗，是否有违救死扶伤的职业道德？
了解 孕期患者口腔疾病的危害	**复习** **常见口腔疾病的种类** **与不良妊娠有相关性的口腔疾病：** 妊娠期牙周炎 妊娠期龋病 妊娠期根尖炎 **可能产生的不良影响包括：** 早产风险升高 低出生体重儿风险升高 先兆子痫风险升高	**复习提问**：口腔常见疾病的种类 **对比教学**：引出妊娠期患者的口腔疾病 **分析归纳**：孕期患者口腔疾病影响孕妇与胎儿的健康 **承上启下**：为什么强调孕期患者口腔健康的重要性和必要性？ **课程思政（中国传统文化、文化自信）**：中医认为，口腔与多个脏腑器官有关，主要包括心、肝、脾、肺、肾。口腔疾病与全身疾病息息相关
★ **掌握** 孕期常见口腔疾病	1. **妊娠期龈炎** 妊娠期龈炎是妊娠期最常见的口腔疾病之一 据统计，受累孕妇高达 60% ~ 75%。妊娠期龈炎最易受累的区域为前牙区。研究证实，这种规律与孕期激素的分泌规律相关 2. **妊娠期龈瘤** 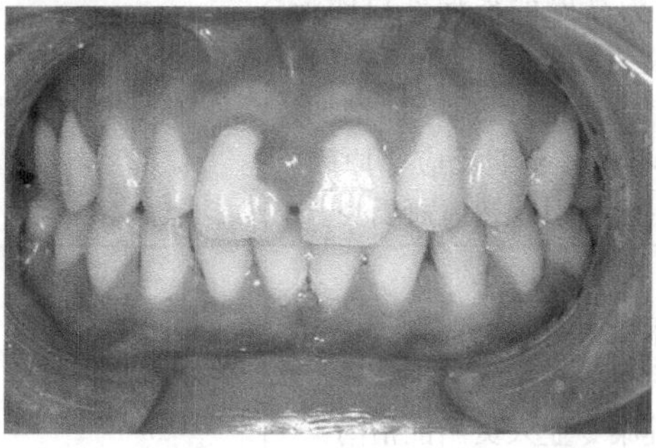	**启发教学**：引导学生思考为什么妊娠期龈炎的发生率较高 **课程思政（医学人文精神）**：从关爱女性健康、降低发病率的社会责任角度，考虑如何为患者提供孕前口腔健康指导，降低妊娠期龈炎的发生率 **分析归纳**：牙龈瘤的治疗时机 **课程思政（爱伤观念、科学探索精神）**：牙龈瘤会给孕妇造成明显的痛苦。随着医疗技术的不断发展，新兴的激光治疗技术能够明显降低手术出血的风险

续表

教学目标	教学内容	教学设计
★ **掌握** 孕期常见 口腔疾病	牙龈瘤是发生在牙间乳头部位的炎症反应性瘤样增生物。孕期妇女龈瘤的发病率高于 5%，称为妊娠期龈瘤。局部菌斑、创伤刺激或激素水平波动是妊娠期龈瘤的主要促进因素 3. **牙齿松动** 妊娠期间，即使孕妇不表现出牙周炎症状，仍可能出现牙齿松动。其原因可能在于孕酮和雌激素水平上升影响牙周组织（如牙周膜和牙槽骨）的稳定 4. **龋病** 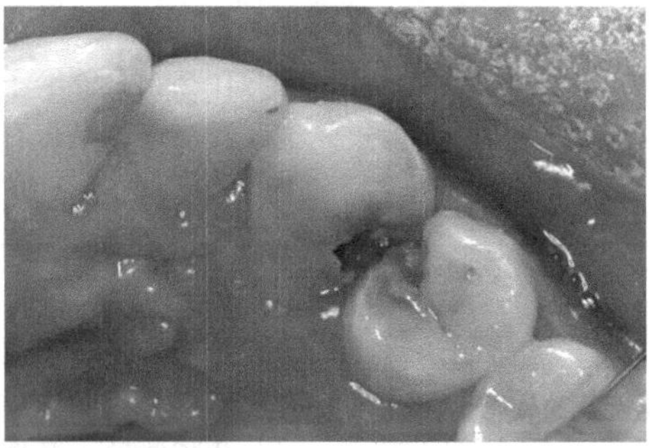 虽然龋病并不是妊娠期患者所特有的，但龋病是孕产妇容易罹患的、高发的口腔疾病。妊娠期是特殊的生理时期，多种因素可造成其口腔环境不良，影响龋病的发生发展 5. **智齿冠周炎** 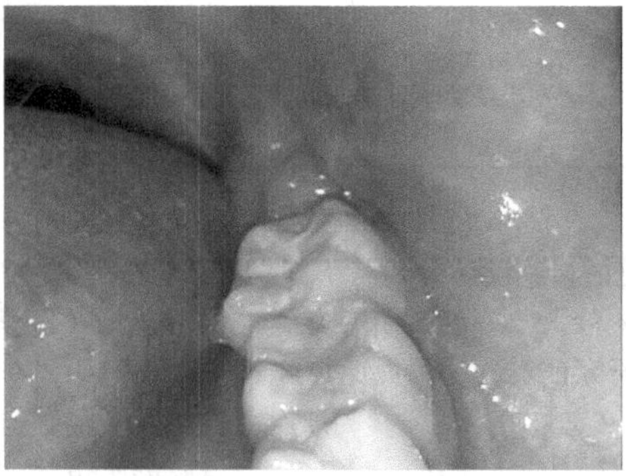 智齿冠周炎也是妊娠期较为高发的炎症性口腔疾病。此病虽然不是妊娠期特有的疾病，但由于妊娠期存在激素水平的变化，会造成感染风险的增加，同时孕妇由于饮食、生活习惯、孕期反应等原因，造成口腔卫生状况不佳，更容易引起智齿冠周炎	**对比教学**：牙齿松动的常见原因——牙周组织的破坏 **归纳教学**：孕妇龋高发的原因 **启发教学**：开篇所提及的病例，是不是孕期患者的个例？如何能够降低孕期患者智齿冠周炎的发生率？ **课程思政（核心价值观）**：引导学生对患者心理和社会因素的考虑，以及强化对医生职业道德的要求
熟悉 国外孕期患者治疗指南	2006 美国纽约州卫生署 妊娠期及婴儿口腔保健临床指南 2010 美国加利福尼亚州牙科协会 妊娠期及婴儿口腔健康：健康专业人员循证指南	

续表

教学目标	教学内容	教学设计
熟悉 国外孕期患者治疗指南	2012—2020 美国国家妇幼口腔卫生资源中心 妊娠期口腔保健国家共识公告 2016 美国马萨诸塞州公共卫生署 妊娠期及幼儿口腔卫生实践指南 2016 美国儿童牙科学会 围产期与婴儿口腔卫生保健（2016 版） 2016 美国儿童牙科学会 怀孕青少年口腔卫生保健指南（2016 版） 2020 欧洲牙周病协会 口腔健康和妊娠——口腔卫生专业人士指南	**归纳拆解**：我国现阶段还没有相关的妊娠期临床诊疗指南，我们参考了 7 篇国际上关于妊娠期口腔保健的临床指南及专家共识 **分析教学**：这些临床指南多是基于观察性研究的专家共识 **课程思政（开拓国际视野）**：鼓励学生积极查阅国外文献和国际指南，开拓视野
★ **掌握** 孕期患者口腔治疗要点	**（1）孕期患者口腔治疗时机** 对有症状的牙体牙髓疾病和牙周病等，可在孕期进行充填修复、根管治疗、拔牙，以及牙周洁治、刮治、根面平整等相应治疗措施。恰当的口腔疾病治疗，可以在妊娠期的任何时间进行 那么口腔治疗与诸如胎儿发育、早产、流产等问题到底是否有相关性呢？其实，这是一种明显的耦合反应的状况。这些妊娠期的健康问题与口腔治疗之间就是一种耦合反应 **（2）妊娠期 X 线检查的选择** 必要的诊断性 X 线检查在妊娠期是安全的，需要注意有效的防护措施 **（3）局部麻醉** 参考国外指南明确指出，含肾上腺素局部麻醉药的应用在妊娠期是安全的 在治疗中应用正常范围的阿替卡因肾上腺素是安全的	**对比教学**：国际共识，与我国现有的传统医疗思维进行对比 **形象展示**：一个牙片的放射剂量与两根香蕉一致 **启发教学**：为何传统医疗思想对局麻有所顾忌 **课程思政（人文关怀、团队合作）**：尽可能降低患者尤其是孕期患者治疗中的痛苦，是基于医疗本身的基本要求。不能要求患者进行无谓地“忍受”，也不能使患者经历不必要的危险。同时，考虑到孕妇作为特殊人群的全身状况，口腔医生应主动与产科医生合作，共同为孕妇制定合理的治疗方案
了解 老年患者口腔健康现状	**1. 老年患者的定义** 不同地区对老年的定义不同。其实年龄只是一个数字，重要的是功能状态 **2. 老年患者的特点** ◇慢性疾病多见 ◇同时服用多种处方药 **3. 老年患者口腔健康现状**	**对比归纳**：西方国家把 65 ~ 89 岁称为老年期。我国把 60 ~ 79 岁称为老年期，而 80 岁以上是长寿期 **课程思政（人文关怀、家国情怀、优良文化传统）**：要关注老年人的全面需求，以提高其生活质量。培养学生全面的医学人文素养与爱伤观念。同时，尊老之礼是中国的传统美德，形成于尧舜，发展于夏商，到了周代，已经形成行为规范和社会准则。老吾老，以及人之老

续表

教学目标	教学内容	教学设计
★ **掌握** 老年患者全身状况评估	**1. 系统性疾病** （1）心血管系统疾病，如高血压、冠心病 （2）内分泌系统疾病，如糖尿病、骨质疏松、甲状腺疾病 （3）呼吸系统疾病，如肺炎、支气管炎、哮喘 （4）消化系统疾病，如肝炎、肝硬化 （5）神经系统疾病，如阿尔茨海默病、帕金森病 （6）泌尿系统疾病，如前列腺增生、肾功能不全 （7）免疫系统疾病，如系统性红斑狼疮 **2. 用药史** **3. 全身治疗史** **4. 老年患者社会性评估** （1）认知功能评估 （2）日常生活能力评估 （3）健康意识评估 （4）社会支持体系和家庭护理 （5）就医能力	**启发式教学：**系统性疾病如何影响老年患者的口腔治疗？ **归纳式教学：**掌握系统病史的目的是确保口腔治疗的性质和方式是适当的 **提问：**老年患者全身状态对口腔治疗的影响是否与其他年龄患者一致？ **课程思政（医学人文精神、生命教育）：**使医学生了解社会问题、关注弱势群体，培养他们的社会责任感和公益意识，提高医学生的综合素质和职业能力，为未来的医疗事业做出更大的贡献。同时，涉及生命观、生死哲学等方面的知识，引导学生思考生命的意义和价值，培养他们对生命的敬畏和珍惜
★ **掌握** 老年患者口腔疾病诊疗特点	**1. 老年患者口腔检查** （1）口外：包括对面部、颈部和所有裸露皮肤的评估 （2）牙体：常存在龋坏、重度磨耗或楔状缺损 （3）牙周：牙齿松动，牙龈退缩，牙槽骨吸收，临床牙冠长 （4）牙列：缺牙数目较多，甚至是无牙颌 （5）咬合关系：垂直距离降低，面下1/3高度降低，咬合紊乱 （6）腺体：唾液分泌减少，口腔自洁能力有限 （7）黏膜：口腔黏膜病变，黏膜感觉异常，口腔癌 （8）颞下颌关节：可能存在退行性改变 **2. 老年患者口腔增龄性变化** （1）老年患者牙齿最常见的问题是磨损 （2）牙齿衰老最明显的特征是髓腔的减少 （3）增龄性牙龈退缩也非常常见 （4）唾液腺分泌唾液的能力下降 **3. 老年患者常见的口腔疾病** （1）龋病和硬组织慢性损伤 （2）牙髓根尖周疾病 （3）牙周病 （4）口腔癌 （5）牙体缺损、牙列缺损、牙列缺失 **4. 老年患者口腔治疗的总体原则** （1）预防和治疗口腔疾病 （2）恢复或者维持口腔功能和生活质量 （3）预防由口腔疾病或状况引起的全身并发症	**启发式教学：**常规口腔检查包括哪些内容？ **提问互动：**老年患者口腔检查的步骤和选择放射学检查的标准，与成年人是否一样？ **课程思政（人文关怀）：**当为老年患者进行口腔检查时，应考虑到老年患者的身体特点，如动作不协调、听力较差等因素，尽可能操作轻柔，指示明确，声音洪亮，给予老年患者足够的关心和耐心 **前沿拓展：**新技术、新方法的应用能够大大降低患者治疗中的不适感，增加患者治疗的信心 **课程思政（医学人文精神、社会责任）：**老年患者口腔治疗的人文关怀是口腔医疗中非常重要的一个方面。在针对老年患者的治疗中，除了医疗技术的运用，还需要关注患者的心理、社会和身体需求，提供全方位的关怀

续表

教学目标	教学内容	教学设计
了解 老年患者社会医患沟通	**与老年患者成功沟通的一个重要障碍是与年龄有关的感觉过程的衰退** **1. 沟通中视觉衰退的补偿** （1）当为老年患者准备书面材料时，应使用粗体大字 （2）在书面信息中使用对比强烈的颜色 **2. 沟通中听觉衰退的补偿** （1）直接面对患者并保持目光接触 （2）靠近老年患者站立 （3）讲话的模式和音量 （4）在一个安静的环境中交谈 **3. 沟通中认知能力下降的补偿** （1）环境安静、轻松、无背景噪声 （2）信息结构化，并按时间逻辑或按步骤呈现 （3）留出更多的时间来重复信息 （4）不要一次提供太多的信息 （5）使用多种沟通方式 **4. 知情同意** （1）患者对自己的病情以及医师的诊断与治疗方案明了并进行选择 （2）一些老年人在决定治疗计划时可能需要另一个家庭成员的参与 （3）承认患者的自主性 对老年患者口腔治疗的关键特质是同情心、关爱和对最佳解决方案的深入思考。这里的最佳方案，绝对不是仅针对疾病的最佳方案，而是包含医学、社会、心理的最佳方案 作为全科口腔医师，应该有能力为老年患者提供全面的口腔诊疗及预防维护	**形象教学**：通过日常生活中与老年亲属的交流经历，引导学生如何与老年患者沟通 **课程思政（家国情怀）**：中华民族历来以尊老爱幼为美德 **提问互动**：你在接诊老年患者时遇到过什么问题？ **课程思政（伦理道德、团队合作）**：针对老年患者的人文关怀是口腔治疗中不可或缺的一部分。医护团队需要关注患者的身体、心理和社会需求，提供全方位的关怀和治疗。只有这样，才能使老年患者在治疗过程中感受到温暖和支持，提高治疗效果和生活质量
总结	孕期患者和老年患者的全身及局部因素对口腔治疗方案制定的影响（重点）、孕期患者及老年患者口腔治疗方案制定的细节（难点）	
思考题与课后作业	1. 孕期患者口腔急症治疗的时机 2. 老年患者口腔治疗方案的原则	